# FARMAGEDDON

# ファーマゲドン

## 安い肉の本当のコスト

フィリップ・リンベリー｜イザベル・オークショット＝著
野中香方子＝訳

日経BP社

# ファーマゲドン――目次

CONTENTS

# 日本語版発刊に寄せて

フィリップ・リンベリー

岩手山は、日本で最も美しい山の一つで、空高くそびえ、ふもとには青々とした牧草地が広がっている。東北地方にあるこの活火山は、「巌鷲山《がんじゅさん》」という名でも知られる。春の訪れとともに雪がとけて現れる岩壁が、羽を広げた鷲のように見えるからだ。ふもとの、濃い緑の森に縁どられた草地では、黒白まだらの牛が草を食《は》んでいる。日本最大の私営農場といわれるここは観光農場として人気で、(注1)屋外で自然のままに飼われている牛の乳を搾ったり、その乳から作ったアイスクリームを味わったりできる。年間50万人を超える来訪者の大半にとって、生まれて初めて体験する本物の農場である。

わたしがここを訪れたのは、食べ物がどのようにして生産されるかを調べるための3年に及ぶ旅の途中だった。このような農場が農場の標準なのか、それとも、「安い」肉と牛乳には暗い秘密があるのか。そうしたことを解明するため、霧に包まれたカリフォルニアから夜景輝く上海へ、南米の太平洋沿岸と熱帯雨林からブルターニュの海岸へと、大陸をまたがる旅をした。その旅でわたしが見たり聞いたりしたことが、英国、米国、あるいは日本の人々が食べているものとどんな関係があるのか。わたしが発見することになったのは、工業型食料生産システムの長い触手は世界中に伸びており、食卓にのぼる食べ物に密接に絡みついているということだ。

日本は食料のほとんどを輸入に頼っている。それは山がちな地形のせいで、広大な農場を作りにくいからだ。不足気味の肉と、家畜の飼料にするトウモロコシの大半を、米国から輸入している。米国はかつて集約農業が生まれ、今では農業の工業化が最も進んでいる国だ。パッケージに隠された秘密を暴こうとするわたしの旅は、その米国から始まった。その起点として、『沈黙の春』の著者、レイチェル・カーソンが子ども時代を過ごした家ほどふさわしい場所はないだろう。カーソンはこの問題にいちはやく気づき、最も著名な代弁者となった。

4月中旬、ペンシルベニア州は春の盛りを迎えていた。白い板張りのファームハウス（農場の館）の庭では鳥が鳴き、スイセンの花がそこかしこに咲いている。環境保護運動の母、レイチェル・カーソンが子ども時代を過ごした部屋から、アレゲニーの谷を見渡す。幼い頃のカーソンが遊んだ谷だ。自然から大いに刺激を受けている少女の姿、りんご園で実をもぎ、林や山をそぞろ歩き、行く先々で数えきれないほどの発見をしている様子が目に浮かぶ。しかし、朝日に輝く風景に目を凝らすと、工場の大きな煙突が2本、煙を吐いているのが見える。カーソンは、工業と田園が隣りあう環境で成長した。そして彼女が生きている間に、その境界はぼやけ、工業的な手法が農業に入り込み、破滅的な結果をもたらしたのである。

1962年、カーソンは、食料と田園地帯が直面する危機について、他に先駆けて警鐘を鳴らした。著書『沈黙の春』は、農業が新たに取り入れた工業的手法、空からの農薬散布の影響にスポットライトを当てた。現在、その手法は世界中に広まった。日本の農業用地は比較的狭く、その総面積は国土のわずか12・5パーセントで、英国と比較するとほぼ3分の1にすぎないが、日本は先進国の中で農薬を最も多く用いる国の一つだ。このことが田園地域にもたらす代償は、すでに表面化している。多くの作物にとって非常に重要な花粉媒介者であるミツバチの著しい減少が、この日本でも起きている。食料自給率がわずか40パーセントの国にとって、生産に深刻な影響を及ぼす現象は、何であれ懸念に値する。

警告はすでに発せられている。静岡大学大学院の横沢正幸教授は、次のように述べている。「日本は主要穀物である麦、トウモロコシ、大豆を、米国、オーストラリア、ブラジルから輸入している。気候変動に伴う自然災害が、これらの偏在化している生産地域で、同時に発生した場合、世界の穀物生産と日本への食料供給は、多大な損害を被るだろう(注2)」

日本は牛肉、豚肉、鶏肉の一大輸入国であり、牛肉、豚肉は生産量と同量を輸入し、鶏肉は生産量の半分を輸入している。毎年300億ドルを超える農産物を輸入し、その3分の1は米国から買っている。

半世紀前、カーソンは、人々と家畜の食用となる作物がどれほど多量の農薬を使って生産されているかについて警鐘を鳴らした。同じ頃、大西洋を渡った英国では、ピーター・ロバーツという酪農家が、新しい飼育技術に懸念を抱いていた。彼はヨーロッパで初めて、米国から押し寄せる集約農業について語った人物のひとりである。農場を歩き、雌牛の乳を搾りながら、ロバーツは周囲の状況に不安を募らせた。家畜は牧草地を追われ、窓のない巨大な建物へと押し込められつつあり、農業雑誌は農業革命を喧伝し、仲間の農家はそれらを推奨する産業界からの宣伝攻撃にさらされていた。どうにかしなければ、と彼は思った。

特に、工場式農場で動物が残忍な扱いを受けていることにロバーツは憤りを覚え、有力な動物愛護団体に協力を求めた。だが耳を貸してくれる人はいなかった。動物愛護団体は、猫や犬、馬の保護に忙しく、家畜にまでは手が回らなかった。ロバーツはがっかりしたが、あきらめる気になれず、友人の法律家に自らの思いを打ち明けた。すると友人はこう答えた。「ピーター、少なくとも自分の立ち位置はわかっているよね。だったら、自分で始めるんだ」

1967年の秋、ロバーツは、現在わたしが所属する慈善団体、コンパッション・イン・ワールド・ファーミング（Compassion in World Farming：世界の家畜に思いやりを）を設立した。拠点は彼の自宅で、メンバーは彼と妻アンナ、3人の幼い娘だけだった。立ち向かうべき相手は、政府が政策と税金で後押しし、農業アドバイザー、化学薬品企業、製薬企業、農業機器メーカーなどが支える巨大産業だ。流れを変える見込みはゼロに等しかった。

問題の種がまかれたのは前世紀のことだ。1940年代、世界は引き裂かれ、歴史上、最も悲惨な戦争を繰り広げていた。この第2次世界大戦が分水嶺となり、食料および農業は大きな変革を遂げた。爆弾が戦場を揺るがせている間に、田園地帯にコンクリートブロックが運ばれ、農業の工業化が始まった。もとをたどれば、30年前の1910年に、2人のドイツ人科学者が空気から爆薬を作る方法を見つけたのがその始まりだった。彼らは大気中の窒素をアンモニアに変えることに成功した。アンモニアは、高性能の爆薬トリニトロトルエン（TNT）の主成分だが、化学肥料にもなる。

また、第２次大戦中には、同じくドイツの科学者が、有機リン酸化合物の神経ガスを大量生産する方法を完成させた。それが化学兵器として使われることはなかったが、戦後、米国の企業がその技術を農業向けに転用した。カーソンの言葉を借りるなら、「化学兵器を開発していて、殺虫力のある薬が見つかった（中略）昆虫を実験台にして、人間を殺す作用を調べていたからだ」。こうして大量破壊兵器が、農業の大量生産の手段になったのである。

１９２９年に起きた世界恐慌（第２次大戦勃発時まで続く厳しい不況）を受け、米連邦政府は１９３３年に農業調整法を制定した。この法律は、今日に至るまで、連邦政府が食料生産を管理する主な手段になっている。それは過剰流通による農産物の価格下落に苦しむ農家を助けるための法律で、政府が余剰穀物を買い上げることも盛り込まれており、その結果、生産高は急増し始めた。

戦時中は、富裕国の中にも、海外からの輸入が敵に妨害され、食料が不足した国があった。その経験から、平和が回復すると、多くの国は自給自足の強化を図るようになった。１９４７年、英国は農業法を可決し、助成金と集約化による「効率的な」大量生産を奨励した。つまり、最新の化学肥料、農薬、機械を用いて、同じ土地からより多くを得ようというのだ。米国では、兵器工場が化学肥料の工場へと変貌し、神経ガスから生まれた殺虫剤が、新たな敵である農業害虫の駆除に用いられた。品種改良によって穀物生産量は急増し、より安く豊富に買えるようになった穀物は、安価な餌として家畜に与えられるようになった。

先進国はその工業力によって農業の大量生産化を図り、食料と田園地帯を様変わりさせ、意図的ではないにせよ、重大な結果を招いた。それは、質より量が重視されるようになったことだ。農家は最高のものを作るのではなく、市場の最低基準を満たすことを奨励された。狭い場所に家畜をぎっしり詰め込むことで生じる病気を抑え込むために、抗生剤の投与が許可された。抗生剤には成長を早める働きもあり、ホルモン剤とともに、家畜を早く太らせて肉にするのに役立った。

かつて田園地帯では、多様な作物と家畜を育てる混合農業が見られたものだが、今やそれは過去のものとなり、ただ一種の作物あるいは家畜だけを育てる単式農法《モノカルチャー》に取って代わられた。もはや農業に自然との調和は求められなくなった。同じ作物を同じ畑で何度も繰り返し栽培し、土壌がくたびれたら、化学肥料を投入して早々に回復させる。厄介な雑草や害虫は、除草剤や殺虫剤を大量に散布して排除する。家畜は農場から姿を消し、工場さながらの家畜小屋に詰め込まれ、それらの肥やしに代わって化学肥料が、畑や果樹園の疲れた土壌を無理やり再生させるようになった。次第に、かつてない農業の手法が語られるようになった。それは、工場の生産ラインのような飼育方法である。太陽を見ることもなく、動くこともできず、暗闇の中で生まれ死んでいく家畜たち。１９６４年、ルース・ハリソンは著書『アニマル・マシーン』で集約畜産の問題を告発し、ある世代の人間は、自分が育てている家畜に「人間の食料への換算率」しか見ようとしない、と書いている。(注3) 工場式畜産の誕生である。

歴代の政府は、多大な資金を投じてこの新たな農法の広がりを支援し、表に出ないコストには目をつぶった。生産高を上げるために、すべてが過熱した。企業は品種改良によって、急速に成長する家畜を開発した。たとえば鶏は、たった6週間で、小さなヒヨコからグロテスクなほど巨大に成長するようになった。それは通常の倍のスピードに当たる。そして、政府に雇われた大勢の「専門家」が農家の人々に、「流れに乗らなければ、破産するぞ」と詰め寄った。ピーター・ロバーツも同じような経験をした。60年代初期、彼の農場を農業アドバイザーが訪ねてきた。長々と話をしたが、メッセージは単純だった。事業を盛んにしたいなら工場式養鶏に移行するしかない、つまり、養鶏に専念し、工場のような建物で大量に飼育しなさい、というのだ。「大企業からヒヨコと飼料を購入し、十分成長したら、と言ってもそれほど月日はかかりませんが、その企業に売ればいいのです。そうすれば先方が食肉にして市場に出してくれます。この方法は衛生的で、近代的で、無駄がありません。あなたはただ契約書にサインして、大量の鶏を飼えばいいのです」

ロバーツはすでに数百羽の鶏を飼っていたが、不快な気分だった。相手の言うやり方では、農家としての主導権を奪われると感じたのだ。正しいことだとは思えなかった。その晩、妻のアンナと話しあった。妻の反応はすみやかで、直感的なものだった。「あなたがそうしたいなら止めないけれど、わたしは反対よ」。結局ロバーツはその話を断ったが、ほかの多くの農家はセールストークに屈した。

国民の納める税金が、この新たな農業を支えるために使われるようになり、それは今も続いている。EUでは1962年に共通農業政策（CAP）が導入され、現在ではEUの予算の半分近くを飲み込んでいる。年間500億ユーロが農家に流れている。同じように米国では農業法により、約300億ドル(注4)が補助金として農家に渡されているが、その4分の3は、およそ10パーセントの最も裕福で規模の大きい農家に送られる。トウモロコシは一貫して高額の補助金を交付されており、草やまぐさに代わって、工場生産される家畜の餌となり、「安い肉」を支えている。

今から思えば、平凡な農家はいったいどんな「流れ」に乗ろうとしたのだろう。より少ないものからより多くを生産しようとするその方法は、報酬も少なかった。当然ながら、大量生産は農家から価格決定権を奪い、多くの農家はその新たなシステムが期待どおりではないと悟った。そしてきわめてシンプルな結果として、彼らは倒産した。

家畜と作物は、かつては円満に共存していたが、工業化がそれらを分かった。大規模モノカルチャーで穀類を生産する〝大麦男爵（富豪農家）〟が台頭し、農地の規模は大きくなり、かつてその境界を示していた生け垣は消えた。多様性をよしとする自然の采配は排除され、土壌は酷使され続けた。そして、以前はより自然な方法で退治されていた害虫や雑草が、薬剤散布で一掃されたことにより、野生生物が暮らす環境は失われ、鳥の鳴き声は消えた。カーソンが著書のタイトルに掲げた「沈黙の春」が訪れたのだ。

カーソンとロバーツが最初の警鐘を鳴らしてから50年がたち、食料生産はまた別の岐路に立っている。飽くことのない工業化と集約化は、米国ではすでに限界に達しているが、ヨーロッパや日本へも伝わるのだろうか？　また、ラベル表示が曖昧な状況で、食料がどのように生産されたかを見分けるにはどうすればよいだろうか？　そして、工業化された食料システムのサプライチェーンが異常に長くなり、他大陸の閉ざされた扉の向こうで生産されたものまで含むようになった今、わたしたちはその実情をどうすれば知ることができるだろうか？　集約的生産がもたらした、最も悪名高い「自殺点《オウンゴール》」は、かの有名な「狂牛病」、すなわち牛海綿状脳症（ＢＳＥ）である。その致命的な牛の脳の病気は、汚染された食料を食べた人間に伝染し、変異型クロイツフェルト・ヤコブ病として発症する恐れがある。ＢＳＥの原因は、草食動物である牛に、牛を含むほかの動物の肉骨粉（訳注＊食肉を取り除いた骨や内蔵などを原料にした飼料）を飼料として与えて肉食動物に変えたのが原因だと考えられている。英国産の牛肉は世界的に規制され、根絶計画によって数百万頭の牛が処分されたが、それでも病気が全世界に広がるのを止めることはできなかった。ＢＳＥは２００１年に日本を襲い、北海道で生まれ千葉県で育った5歳の牛が発病した。36件の症例が確認されたことで、日本のＢＳＥ発生件数はヨーロッパ以外では最多となった。（注5）２年後の２００３年に米国でＢＳＥが発症すると、日本政府は米国産牛肉の輸入を全面禁止にした。

ＢＳＥは工業化食料時代を震撼させた悪名高い事例だが、食品にまつわるいくつものスキャンダルの一つにすぎない。最近では、馬を愛好する英国が、馬肉が「牛肉」として広く売られていたというスキャンダルに揺れた。２０１３年に発生した「ホースゲート事件」は、大手ブランドの評判を著しく傷つけ、政治家を大いに慌てさせ、商品に対する消費者の信頼を失わせた。

その同じ年、不思議にも同じようなことが日本でも発生し、日本の消費者は、ありふれた食材に高額を支払っていたことを知って騒然となった。この、食の偽装スキャンダルには、一流のホテル、レストラン、デパートが関わっており、それらの名声は地に落ちた。大阪に拠点を置く阪急阪神ホテルズの社長は、トビウオの卵をヒメマスの「キャビア」と偽装して売っていたことが露呈し、辞任に追い込まれた。（注6）政府は国の安全神話が崩れることを恐れて、高級食品を厳重にチェックするようになった。弁解の余地はなかった。「実際よりもぜいたくな製品に見せかけて消費者をだましたという事実は消えない」。ある新聞の社説はそう断じた。古都、奈良の歴史あるホテルでさえ、オ

ーストラリア牛の肉を、高級な「和牛」と表示していたことが発覚した。(注7)

実のところ、わたしたちは食べ物がどのように生産されているかを本当に知っているだろうか？「和牛」がいい例だ。正しく表示されていようといまいと、和牛は岩手山のふもとの牧草地で草を食んでいるどころか、大方は穀物飼料を与えられ監禁状態で育ったものであることを、それを食べる日本人のいったい何人が知っているだろうか？　これこそ、本書が提起する問題の要である。

わたしは光栄にもピーター・ロバーツが設立したコンパッション・イン・ワールド・ファーミングの最高経営責任者を務めている。これは世界をリードする畜産動物保護団体で、欧州、米国、中国、南米に事務所と代表を擁している。２０１１年、この団体の会長、ヴァレリー・ジェイムズから、国と世界を養うために始まったはずのこの産業が、なぜ、こんなひどい状況に陥り、食料の供給より利益を優先するようになったのかを明らかにしてほしいと依頼された。人間と動物と地球はどのような影響を受けており、それに対して何ができるのか？　それを考えるために本書は生まれた。

本書では、今日のフードシステムの本質に迫るつもりだ。調査ジャーナリストの役割を担い、手がかりや内部情報を追い、集約的な食料生産の実態を暴いていこう。常に公的な立場を維持し、やっかいな状況に陥ったら、コンパッション・イン・ワールド・ファーミングの名刺を活用して脱出を図ろうと思う。

２年間にわたって、サンデー・タイムズ紙の政治部記者、イサベル・オークショットと撮影班を伴って旅をし、わたしたちの食べ物に影響する農業および漁業の実態と、工業生産と国際貿易の複雑な網を探求することにした。世界中の友人知人に、どこへ行き、誰に会えばいいかを尋ね、グローバル化した食品業界との関連から、訪問する国と場所を決めた。カリフォルニアは映画などの文化を輸出するだけでなく、超現代的な農業を進めているので、当然のごとく訪問先に選んだ。中国は台頭する勢力で、人口と豚の数は世界一である。アルゼンチンは飼料用大豆の世界最大の輸出国だ。わたしたちの食卓にのぼる食品を作っている人々（多くは遠く離れた土地で）の生活が、急激な工業化の影響を受けているかどうかをこの目で確かめ、工業型農業に携わる人々とその影響を受けた人々の話を直接聞きたい、と強く思った。これは彼らの物語だが、わたし自身の物語でもある。

# 序章
# マクドナルドじいさんの農場

毛沢東は、権力の頂点にあった時期に、スズメに戦争を仕掛けた。農業の大増産を図る毛沢東は、スズメが穀物の収穫高を減らす害鳥であると判断した。そして1958年の冬のある日、中国人民を動員し、スズメの撲滅に乗り出した。その作戦は、あたかも凶悪な敵に立ち向かうかのように、容赦ないものだった。

指示が出され、兵器が集められ、メディアは勝利の重要性を力説した。ある日の明け方、都市でも田舎でも、若者から老人までが一致団結して、攻撃を開始した。それぞれ役割が決まっていた。老人は木の下に立ち、旗を振りながら鍋釜を叩いて鳥を追い、小学生の少女は貸与されたライフルで飛び立つスズメを撃ち、年かさの少年は、木に上って巣を壊し、卵を割り、ひな鳥を殺した。(注1) 北京のラジオ局から大音量で流れてくる国歌に鼓舞され、あるいは地方の役人から指示され、人々は課せられた任務を懸命にこなした。

そのような猛攻を受け、スズメに勝ち目はなかった。その日のうちに上海だけで19万4432羽のスズメが死んだと、ある新聞は報じた。(注2) 中国全土で、スズメの個体数は激減した。何百万羽ものスズメの死骸が転がった。

毛政権が、スズメは収穫を盗む害鳥ではなく、生態系のバランスを保つために不可欠な存在だと気づいた時には、すでに手遅れになっていた。スズメが消えると、それらが食べていた昆虫が勢いづいた。イナゴがどうしようもないほど増え、バッタも同様だった。昆虫は穀物を食べつくし、飢饉が起きた。毛沢東の軍勢は撤退し、スズメは平和を取り戻した。しかし、回復には数十年を要した。自然のバランスがあまりにも崩れたために、ソ連からスズメを輸入するという話まで出たほどだ。

ここで、英国の首相や米国の大統領が似たような愚行を犯そうとしたと想像してみよう。頭がおかしくなったのかと、あなたは思うはずだ。しかし、過去数十年の欧州および米国の農業政策は、毛沢東の大躍進政策と同じ結果をもたらした。かつて毛沢東がターゲットにしたスズメは、この40年間で97パーセントも減少した。その主な原因となっているのは農業の集約化だ。キジバトやハタホオジロなど、人気のある鳥も、深刻なまでに減少している。近代農業が「あまりにも効率的に」なったせいで、田園地帯は不毛になり、鳥を養えなくなったのだ。状況は危機的で、英国政府は農家に補助金を交付して鳥の餌台の設置を促し、いくつかの種が飢えて絶滅するのを防ごうとしている。(注3)

農村に棲む鳥の激減は、農業の集約化がもたらした弊害の一つにすぎない。農業の集約化は数十年前から政府の主導で進められており、現在では、「持続可能な集約化」を標榜して、さらにそれを加速しようとする人もいる。しかし、集約農業はわたしたちをどんな世界へ連れていくのだろう？　それが目指すのは、すべての家畜からより多くの肉を得て、すべての土地からより多くの収穫を上げることだ。そもそも集約農業は多額の初期投資を必要とするので、それに見合う収益が求められる。こうして化学肥料による単一栽培や、家畜の屋内飼育が増え、かたや、牧草地と畑、作物と家畜が混在する伝統的な混合農業は、徐々にすたれてきた。

より少ない投資でより多くを得ようとする集約農業のシステムは、鳥だけでなく、多くの動物や昆虫の命を犠牲にし、市民の健康を危険にさらし、何千キロも離れたところに住む人々に多大な犠牲を強いている。

本書は「かわいそうな動物」の本ではない（鶏、豚、牛、魚が、工場式農場で悲惨な目に遭っているのは事実だが）。また、本書は菜食を説くものでもない。本書は肉食に反対するものでもなければ、遺伝子組み換え作物や農業の企業化に反対するものでもない。本書が問いたいのは、農業の大規模化の是非である。さらに、工場式農場が、世界中の人に肉を供給する最も「効率的で」唯一の方法なのか、ということも検証していきたい。

農業の工業化は、その地域に暮らす人を除けば、誰にも気づかれないまま、ひっそりと進行している。それはおそらく、そのような農業の大半が、文字通り閉め切った扉の内側で行われているからだろう。騒動も宣伝もなく、家畜は徐々に牧草地から姿を消し、混み合った息苦しい小屋に詰め込まれていった。

人々は、状況の変化をうすうす感じてはいたが、農場とは鶏が駆けまわり、数頭の豚がぬかるんだ小屋で居眠りやくしゃみをし、雌牛が満足げに餌を反芻する、健全な場所だと思い込もうとする。

これは子どもたちがずいぶん幼い頃から教え込まれる寓話である。まだあんよもおしゃべりもできない幼子が読んでもらう絵本には、アヒルの池が点在する青々とした草原で楽しげに過ごす動物の姿が描かれており、健康そうな赤ら顔の農民とその妻、それに、快活な子どもたちといたずら好きの犬が登場する。幼稚園に入ると、いつわりの田園風景は、童謡やおとぎ話によってさらに補強される。やがて小学生になると、遠足や家族の小旅行で、一般公開された農園を訪れるようになる。そこで目にするのは、現実とは異なる農場の風景だ。子どもたちは、トラクターに乗せてもらって花々の咲き乱れる春の牧草地を走り、生まれて間もない豚や羊をなで、子馬やロバに乗り、さらには豚のレースまで見たりする。そのすべては美しい田園風景の中で繰り広げられるが、ハリウッドの恋愛映画が現実離れしているのと同じく、その笑い声に満ちた世界は、現実の農場とはかけ離れている。

現在、英国の農場で、2種以上の家畜を飼い、作物も育てる「混合」農業を行っているのは、わずか8パーセントにすぎない。(注4) そのような農場は懸命に生き残りを図っているが、その大半は、穀物、卵、鶏肉、牛乳、豚肉、牛肉など、一つの農産物に特化した農場に取って代わられた。工場式農場に行けば、誰もが陰鬱な気分になる。小学生はショックを受け、「ゆかいな牧場」の物語は嘘だったことに気づくだろう。

ありがたいことに今でも英国には、動物が自然の欲求のままに、牧草地を歩きまわって草を食むことのできる農場がかなり残っている。(注5) しかし農業の集約化を推進する政策が、反対されることなく続けば、動物を牧草地で幸せに育てようとする農場は、観光農園か、金持ちの私有農場だけになるだろう。英国と欧州の農家は、比較的最近、この集約化のゲームに参入したばかりだが、農業政策は、米国などですでに一般的になった疑わしく問題の多い集約化を奨励する。このまま行けばやがて、大規模養豚場、大規模酪農場、肉牛の密集飼育、それに遺伝子組み換え作物と遺伝子組み換え動物が標準になるだろう。

こうしたシステムが侵入した地域では、その影響がはっきり出ている。田園地帯は不毛になり、生産活動の主軸となっている動物や作物以外は、ほぼ排除されている。家畜にとって集約化はしばしば悲惨な苦しみをもたらし、その結果、生産物の質は落ちる。毎年、世界全体で700億頭もの家畜が生産されているが、そのうち3分の2は工場式畜産によるものだ。それらは生涯を通じて屋内で飼育され、機械のように扱われ、自然の限界以上の生産を強要される。より多くの牛乳や卵を生産し、より早く成長して肉にできるよう品種改良される。典型的な工場式酪農場の乳牛は、あまりに多くの乳を無理やり生産させられるために、弱冠5歳で、平均寿命より10年も早く疲弊し、使いものにならなくなる。

家畜たちの苦しみに心を動かされない人でも、集約農業がもたらす大量の廃棄物と高脂肪で低品質の肉についてよく知れば、そのシステムは果たして正しいのだろうかと考え直す気になるだろう。もはや家畜は大地に立つこともなければ、牧草やかいばを食べることもない。それらの餌は遠方から、時にはいくつもの大陸を越えて、運ばれてくる。家畜たちは、世界で生産される穀物の3分の1(注6)、大豆粕《かす》(訳注*大豆から油分をとった後、粉砕して作られた粉末)の90パーセントと、漁獲高の30パーセント[注7]を消費する。直接、人間の食料にすれば、何十億もの飢えた人を養える量だ[注8]。

一方、飼育の場である小屋は、しばしば病気の温床になる。非常に多くの動物が、きわめて狭い空間に詰め込まれるのだから、無理もないだろう。そのような飼育方法は、病気を防ぐため大量の抗生剤に依存しており、その量は、世界で使用される抗生剤の半分に相当する[注9]。その結果として、抗生剤が効かないスーパーバグ（強力な耐生菌）や、新たな致死性のウイルスが生まれるのではないかと懸念されている。

企業は、「消費者が望むもの」を作っているだけだ、と責任を消費者に転嫁しようとする。しかし消費者は、目隠しされてスーパーマーケットの通路を歩いているようなもので、自然な形で生産されたものと、工場式農場の産物を見分けることができない。倫理的な是非は別としても、食べ物が生産される方法は味や品質に影響し、たとえば動物に草でなく穀類を食べさせると、肉は脂肪が多くなる。だが、企業が正確な表示をしようとしないので、消費者は商品の素性を知らないまま買わざるを得ない。

時として、食を巡るスキャンダルが、このシステムの暗い側面を暴露することがある。2013年に起きた馬肉スキャンダルは、消費者が食べ物の来歴をすべて知っているわけではないという懸念を裏づけた。このニュースは、たちまち激しい非難合戦を招いた。馬の肉が牛肉と称して売られていたことは、馬を愛する英国民を驚愕させ、疑念で満たした。汚名を被るのを恐れて、デヴィッド・キャメロン首相はスーパーマーケットを非難し、スーパーマーケットは供給業者を非難し、供給業者は遠く離れた土地の貿易業者を非難した。消費者は当惑し、ますます怒りを募らせた。

最初に告発の声をあげたのは、アイルランドの食料安全機関（Irish Food Safety Authority）だった。英国最大手のスーパーマーケット、テスコは、プライベートブランド「エブリデイ・バリュー」のビーフバーガーに馬肉が29パーセント混じっていたことが露見し、最初の当事者となった。問題のバーガーの表示はアイルランド産、肉はポーランド産牛肉とされていた。ほかのスーパーマーケットも影響を受けた。数日のうちに、１０００万個のビーフバーガー（１００万人の１日分の消費エネルギーに相当する）が、小売店の棚から撤去された。(注10)

偽りのラベル表示は、ヨーロッパ全体で行われていた。(注11)連日、新たな大手ブランドの関与が暴かれた。消費者は冷凍のハンバーガーを買わなくなり、英国での販売は43パーセント落ち込んだ。テスコは全国紙に全面広告で「お詫び」を掲載し、(注12)この20年間で最大となる市場シェアの落ち込みを経験した。(注13)

「ホースゲート」と呼ばれるようになったこの事件は、まさに信用に関わるできごとだった。消費者の信頼は裏切られ、企業は名声を傷つけられた。スーパーマーケットに届くまでのサプライチェーンがあまりにも長く複雑になり、もはやコントロールできなくなった、という声もある。２００7年から始まった世界的な不況を受けて、低価格を求めるプレッシャーが強まったせいだとする見方もある。「今こそ、スーパーマーケットは最も安い製品を求めて世界中探し回るのをやめるべきだ」と、英農業者組合の会長、ピーター・ケンダルは強い口調で言う。(注14)

英国の食品業界にとってホースゲートは、20年前のＢＳＥ（狂牛病）騒動（英国産の牛肉の輸出が10年間禁じられた）以来の衝撃となった。ＢＳＥは草食動物である牛に肉や肉骨粉を食べさせたのが原因で、工業型農業のオウンゴールといえる。だが、そのシステムがもたらす害はそれだけではない。

もちろん工業型農業の広がりによって得をした人もいる。農家にかつてない生産高を約束する製品を売り歩く企業もその一つだ。しかしこのシステムは、短期的には効果があるかもしれないが、早晩誰かがツケを払うことになる。たとえばインドでは、1997年以来、20万人もの農民が、大方は借金を苦にして自殺した。彼らは全財産を投じて「魔法のような」遺伝子組み換え種子を買ったが、後になってそれが現地の環境に向かないことを知った。収穫はできなかった。英国では、同じ理由から数十人の農業従事者が自殺して大騒ぎになったが、インドでは、その悲劇が公に語られることはなかった。

わたしは、本書の調査のために訪れた米国で、数千エーカーにわたって整然とアーモンドの木だけが植えられた畑に立ち、化学薬品を散布したせいで洗剤のような臭いのする空気を吸った。そこには草1本生えておらず、チョウもほかの虫も見あたらなかった。遠くには、大規模酪農場があった。ビーチボールのように大きな乳房をした何千頭もの乳牛が、ものうげにぬかるみに立ち、餌や搾乳や薬物の投与を待っている。あたりに土地はいくらでもあるので、牧草地に乳牛を放牧しない理由はない。このシステムは、農家にとってもうまく機能していないようだ。近隣の町で会った家畜市場のオーナーは、大規模酪農場が倒産して、経営者である友人が自殺したいきさつを、涙ながらに語った。

アルゼンチンでは遺伝子組み換え大豆の畑に足を踏み入れた。何千匹もの蚊が、頭の周囲に集まってきたが、近くに淀んだ川はなく、それほど多くの蚊がわく理由はわからなかった。何かが狂っていた。

ペルーでは、栄養失調の子どもを目にした。水産加工業がもたらす大気汚染のせいで皮膚はただれていた。医師は、近くで獲れるカタクチイワシを食べさせれば栄養状態も良くなり、回復するのだが、と言ったが、そのカタクチイワシは、工場式畜産で飼う動物の餌にするために、ヨーロッパに送られる。

フランスでは、海岸を覆う緑の藻を除去していてメタンガスで倒れた労働者の家族から話を聞いた。かつては美しかったブルターニュの海岸が、今では夏になるたび、ねばねばした藻で覆われている。大規模養豚場による汚染が目に見える形になって現れている。

英国では、8000頭の乳牛を飼おうとする英国初の大規模酪農場の建設に反対する運動に参加し、勝利を収めた。しかし、この勝利がいつまで続くだろう。

工業型農業、すなわち動物を飼い、土地を耕すというデリケートな仕事を、機械の部品やゴムタイヤの製造のようにこなす農業が、安い肉を生産する唯一の方法なのだろうか。この考え方は、広く浸透し、長い間、疑う余地のないこととして信じられてきた。政府も、消費者が鶏肉を2ポンドで買える環境を大急ぎで整えた。それが誰にとってもいいことだと信じて。しかし、安い肉がどうやって作られているかは、隠されたままだった。

本書では、食料供給よりも利益を優先したために生じた、思いがけない結果について探っていく。国民に食料を供給するためよかれと思って始められたことが、なぜこれほど間違った方向に進んでしまったのか。本書では以下の問いを追及する。

牧草地で飼うこともできる無数の動物を小屋に詰め込み、抗生剤を投与し、巨費を投じて遠い国の畑から餌を輸送するのが、効率のいいことなのだろうか。

何十万キロも遠くの何百万エーカーもの肥沃な土地で家畜用の飼料を栽培するシステムが、本当にスペースの節約になっているのだろうか。

動物たちを野に置けば、その糞は土に戻り、大地を豊かにするはずなのに、コンクリートの床から山のような糞を取り除き、捨てる先を探して苦労するのが、果たして賢明な方法なのだろうか。

大きく太るよう品種改良された鶏や豚や牛の、脂肪分の多い安い肉を食べるよう、消費者に奨励することにどんな意味があるのか。

そして最後に、田園が破滅し、疫病が蔓延し、数十億の人が餓死するファーマゲドン（ファームがもたらすハルマゲドン）という結末は避けられないのだろうか。工業型農業に関わりのある人が隠そうとする事実に光をあて、もっと良い方法はないのかを問いたい。

# PART I

## RUDE AWAKE

## 厳しい現実

時おり、食に対する見方を根底から揺るがす事件が起きる。「ホースゲート」はその一つで、英国人は、愛する馬がひそかに食べられていたことを突然、知らされた。食品流通網において大規模に、牛肉と馬肉がすり替えられていたという事実を前に、多くの人は自分が食品に関していかに無知であるか、つまりそれに何が入っていて、どのように作られているかをほとんど知らないことを自覚した。食べ物についての理解には、大きな溝があるようだ。英国の若者の3分の1は、ベーコンは豚肉だということも、牛乳は乳牛から、卵は鶏から生み出されたものであることも知らないのだから。(注1)

ラベルには書かれていないが、スーパーマーケットの棚に並ぶ肉の大半には、生産方法という後ろ暗い秘密がある。消費者が、肉や牛乳が生きて呼吸をしていた動物に由来することを知らず、ましてやそれらがどのように飼われていたかを知らないことは、生産者にとって都合のいいことだ。生産者のなかには、その秘密を守るためならどんなことでもしようという人がいる。おそらくその最たる例は、米国で起きたいわゆる「農業口封じ法」導入の動きである。これは、集約農業の実態を許可なく写真に撮ったり、映像に記録したりすることを禁止するものだが、いったい何が明るみに出るのを恐れて、そんな法律を作ったのだろう。

絵本に登場する農場（自然豊かな田園でたわむれる動物が描かれる）は、昔からずっと変わらない。わたしは10代後半で、現実はそうではなく、むしろ、ほど遠いものであることに気づき始めた。それに気づいたことで、食べ物に対する考え方が変わった。いい方向に変わればよかったのだがそうはならなかった。それから30年にわたって世界各地を巡り、（たいていははるか遠い国の）人々が、わたしたちの食料に果たす役割を見てきた。本書をスタートさせるのに、豊かな土地を誇るカリフォルニアほどふさわしい場所はない。わたしは、陽光に照らされた華やかで魅力的な場所は素通りして、埃っぽい谷へと向かった。ある作物の収穫量で世界に知られる谷である。『鏡の国のアリス』の鏡を通って異界に入りこんだような気がした。そこで見たものは、もう一つの疑問を浮上させた。これは、常軌を逸した世界でのできごとなのだろうか、それとも農業の未来の姿なのだろうか。

# 第1章 カリフォルニア・ガールズ——これが未来か？

カリフォルニアは、ビーチボーイズのヒット曲「カリフォルニア・ガールズ」によると、世界でいちばん素敵な娘たちがいるところだ。しかしわたしがそこを訪れたのは、カリフォルニア式の農業が世界に広がれば、地球はどうなるかを知るためだった。あの曲がヒットした60年代以来、同州では「女性」の数が急増したが、新たにやってきた「女性」たちは、「元気で、フレッシュで、ホットなカリフォルニア・ガールズ」とはまるで違う。その女性とは乳牛のことで、その生涯の目的は信じがたいほどの量の乳を出し、やがてはハンバーガーになることだ。

ハリウッドはカリフォルニアに大金をもたらし、何十万人もの観光客を、陽光が降りそそぐビーチや、きらめく夜景や、ナパ・ヴァレーの美しいワイン畑に引き寄せた。しかし、訪れる旅行者はほとんどいないが、カリフォルニアの真の動力源となっているのは、セントラル・ヴァレー——米国のデザート皿とも呼ばれ、世界屈指の大規模酪農場が集中している場所だ。同州では175万頭の乳牛が飼われているが、(注1)米国の広大さを愚弄するかのように、乳牛たちは殺風景な狭い小屋に詰め込まれている。そして1年で約60億ドル分の牛乳を生産し、(注2)900万人分の糞尿を出す。(注3)品種改良、濃厚飼料、成長ホルモンを施し、自然の限界を異様なほど超えて乳を出させるため、それらはわずか2、3年で使いものにならなくなり、食肉に加工される。

米国式の大規模酪農業は、英国の平均的な酪農場の20倍から100倍の規模を誇るが、現在、英国を始め世界各地に侵入しようとしている。またセントラル・ヴァレーでは、ほかに例を見ない熱心さと情熱をもって、農業の集約化が推し進められてきた。ゆえに、セントラル・ヴァレーを見れば、ほかの国の田園地帯の未来が見える、そう考えてわたしはここへ来たのだった。


米国大規模酪農場を訪れるのはこれが初めてではなかった。リンカーンシャー郡に、8000頭の乳牛を擁する英国初の大規模酪農場を作る計画が持ち上がった時、それを阻止するために、その計画がモデルとするウィスコンシン州の酪農場を見学した。反対運動のピークに国営のラジオ番組で約束したことを果たすための、慌ただしい訪問だった。そこで見たのは、乳牛は24時間体制で家電製品のように材料を飲み込んで別の形にして出し、疲弊して役に立たなくなると処理されるという、冷徹に管理された、人間味のかけらもないシステムだった。その時の経験から、いくらかはカリフォルニアの状況を想像できたが、実際のスケールは、予想をはるかに超えていた。

11月、わたしはイザベル・オークショットとカメラクルーとで小さなチームを組み、カリフォルニアへ飛んだ。1週間弱という限られた時間で、セントラル・ヴァレーをできるかぎり見て回る予定だったが、到着して早々、サンドウィッチのせいでその計画が頓挫しそうになった。チームのひとりが、機内食がまずい場合にそなえて、ヒースロー空港のプレタ・マンジェ（サンドウィッチのチェーン店）でチキン・サンドウィッチを買った。彼女は機内でそれを食べなかったが、モーテルで食べるものがないといけないからと、手荷物に入れて米国に持ち込んだ。

サンフランシスコ空港の手荷物受取所で荷物を待っていたところ、麻薬探知犬が勢いよくレーンに飛び上がってきた。サンドウィッチのにおいを察知したようだった。数秒のうちにハンドラー（探知犬を操る役人）が現れ、わたしたちは総力を挙げての警戒の対象となった。サンドウィッチは不発弾のように調べられ、チームのバッグはすべてX線検査を受けた。

サンドウィッチはさらに法医学的検査を受けてから、押収され、廃棄された。わたしたちは狂牛病についての長いお説教を聞かされた後に、ようやく解放された。この一件は、英国はすでに狂牛病を歴史の恥ずべき一章として葬ったが、米国はそれを許しも忘れもしていないという、痛烈な戒めだった。しかし、その後、カリフォルニアで大規模農場が公衆衛生をまったく重んじていないのを目の当たりにし、この一件はますます奇妙に思えた。

サンフランシスコで時間を無駄にしたりせず、すぐセントラル・ヴァレーに向かった。車に乗り込み、畑以外は何もない地域を5時間、南へ向かった。セントラル・ヴァレーに近づくと、彼方の地平線に、黄みを帯びた灰色の煙が漂っているのが見えた。大都会を覆うスモッグかと思ったが、近づいてみると、そこにあるのは、そして汚染源とおぼしきものは、農場だけだった。(注4)

セントラル・ヴァレーでは、多くの乳牛を飼っているだけでなく、膨大な量の果実、ナッツ、野菜が生産されている。雨が少なく、気候区分では半砂漠に分類されているのだが、ザクロ、ピスタチオ、ブドウ、アプリコットの木々が植えられ、トマトやアスパラガスの畑、それに何エーカーにも及ぶ赤やピンクや黄色のバラ農園もある。オレンジやレモンの果樹園が何マイルも続く。世界で消費されるアーモンドの5分の4はセントラル・ヴァレー産だ。こう書いていると、まるでエデンの園のようだが、実態はそうではない。そこは作物を除けば高木も低木も、それどころか草一本生えていない、自然のバランスが破壊し尽くされていた。

果物と野菜の驚くべき生産高は、おそらく、シェラネバダ山脈から流れる澄んだ川に恵まれているのに加え、さまざまな農薬を使っているからなのだろう。自然の水路を変え、乾いた土壌に化学肥料、殺虫剤、除草剤、消毒用燻蒸剤をばしゃばしゃとかけることで、茶色のポリスチレンも同然の有機物を含まない土壌から、何十億ドルもの収益を上げている。

これらの農薬はすべて、大気に異様な臭いをもたらす。のどから肺へと、その臭い空気が入っていくのを感じた。山脈と海岸線にはさまれた風の吹かない盆地では、大型の噴霧器から作物にスプレーされた除草剤と殺虫剤は、細かな霧となって大気中に漂い続ける。気温と気圧のバランスによって、数日にわたって化学物質の雲が上空に浮かぶこともある。果実は鳥やハチ、チョウ、その他の虫を引きつけずにはおかないはずなのに、1羽も、1匹も、目にすることはなかった。

これといった特徴のない農薬まみれの荒れ地にあるのが大規模酪農場だ。そこは言うなれば、牛乳工場で、乳牛は機械にすぎず、酷使されてたちまち壊れ、交換される。セントラル・ヴァレーに酪農場ができたのは1990年代のことで、ロサンゼルスの郊外から追い出されてここへ来たのだった。当時、ロス郊外の土地はかつてないほど貴重になり、また、酪農場の牛の数が増えるにつれて、排泄物の廃棄費用がかさむようになった。そこで多くの農家は、不動産業者の勧めに応じて、農地を売り払い、何でも好きなようにやれる僻地、セントラル・ヴァレーに引っ越したのである。

当時、農業は、カリフォルニアのクリーンエア法の適用を免れていた。しかし1990年代後半、いとこ同士のジョージ・ボルバとジェイムズ・ボルバが、カーン郡の隣りあった地所に、それぞれ1万4000頭、合わせて2万8000頭の乳牛を飼う酪農場の建設を申請し、それを機に、環境や健康への影響が真剣に議論されるようになった。当初、ボルバの計画に反対する人はいなかったが、その全容が明らかになると、すでにセントラル・ヴァレーの状況に眉をひそめていた人々は、衝撃を受けた。法廷闘争が長びき、反対派は専門家に、環境への影響を徹底的に調べさせた。その結果はすさまじいもので、流れは一気に変わった。その後、このような環境アセスメント（影響の評価）は、同様の計画を申請する際に不可欠なものとなり、農業がクリーンエア法から外れていることが問題視されるようになった。

2003年になって、ようやく新たな許可システムが導入された。農家は、表向きは大気汚染と水質汚染の厳しい基準を守らなければならなくなり、それを大いに嘆いている。しかし、実のところ、農家の多くはこの法を無視しており、多忙な当局は見て見ぬふりをしている。

わたしたちは数日かけて、フレズノ郡、トゥーレアリ郡、カーン郡を見て回った。全米最大の農業生産高を誇る3郡である。旅を始めてすぐ、最初の大規模酪農場が見えてきた。ぬかるんだ土地に、波形鉄板屋根の牛舎が並んでいる。2011年の秋で、快晴の空に太陽が輝き、心地よい気温だった。壁のない牛舎で、日陰を求めて押しあう牛もいた。ほかの牛は、退屈そうに日向《ひなた》にたたずんでいた。地面に草はなく、土と糞が混じり合ったものが堆積しているだけだ。遠くからだと、牛と、外に積まれたゴムタイヤの見分けがつかなかった。

もっとよく見ようと車を近づけた。大きな黒いカブトムシが急ぎ足で道を横切ったが、それが5日間で遭遇した唯一の飛んでいない虫だった。黒いハエは嫌というほど見てきた。ハエは大規模酪農場のオープンと同時にこの地域に押し寄せ、家庭や学校、職場に侵入するようになり、おかげで住民は、網戸を設置し、ドア枠にシール（密閉部材）をつけなければならなくなった。

車から出て、牛舎へと歩いていった。強烈な糞便の悪臭がした。英国の田園を漂う、草を消化した糞のかすかに甘い、土のような臭いではなく、不快きわまりない臭気である。乳牛たちは乳房があまりにも大きく、動くこともままならない。歩いたとしても、ピンクとグレーのビーチボールのような乳房がじゃまで、足を広げた、ぶざまな歩き方しかできない。こうした酪農場が約2キロごとにあり、そのすべてで何千頭もの乳牛が、ぬかるみと鉄板屋根とコンクリートに囲まれて暮らしている。牛舎の大半は、さびた扇風機があるだけで、夏の焼けつくような暑さへの対策はほとんどとられていない。給餌と搾乳のあいだ、乳牛はぼんやりとただ待つだけだ。次の餌か、搾乳か、あるいは投薬を――。

トゥーロックの町の近くで、発電所の隣に立つ大規模酪農場を見た。伝統的な農場とは似ても似つかない代物で、田園らしさはみじんも感じられなかった。巨大な工業団地が形成されていて、蒸気を上げる超大型の生乳加工施設と、給餌施設が目を引く。すぐそばに線路があり、全長500メートルの貨車が走る。

酪農場の案内ツアーに申し込もうとしたが、その必要はなかった。施設の大半は公道に面し、開かれていたからだ。見ることができないのは搾乳施設だけで、大方は回転式のコンベアになってい る。乳牛たちは列をなしてコンベアに乗せられ、搾乳機につながれる。搾乳が終わると、コンベア から降りて次の牛と交替し、牛舎に戻る。

そのあたりは起伏のない平地で、地上からでは規模がわからないので、4人乗りのセスナ機をチャーターして上空から見ることにした。料金はロンドンのレストランでのディナー2人分より安かった。受付でパイロットの奥さんが、夫は50年間無事故ですと、太鼓判を押してくれた。「孫をとても可愛いがってるから、危ないことはしませんよ」と奥さんは付け加えた。そこでわたしたちはパスポートを見せ、料金を支払い、ヘッドセットをつけて滑走路に出た。すべて、路線バスに乗るような気楽な感じだったので、緊張がほぐれた。

セスナ機の後部座席は狭く、2人がどうにか座れる程度だ。わたしは操縦席の後ろの席に身を押しこみ、イヤフォンをつけて離陸に備えた。パイロットは、お決まりの無線のやり取りをすると、エンジンをかけた。機体は滑走路を走り、空中に舞い上がった。高度600メートルで、水平飛行に移った。機材一式を持ち込んでいた前席のカメラマンが、上空からの写真を撮ろうと窓を開けると、強烈な風が吹き込み、スタッフのコンタクトレンズが飛びそうになった。

窓から下界を見やると、まるで巨大な蒸気ローラーが、すべての植物と生物を押しつぶしながら小山や小丘をならしていったあとのようだった。残ったのは、何も描かれていない巨大なキャンバスで、それがきれいに分割されていた。農薬で無菌化された区画で育てられているのは、世界中の食卓にのぼるオレンジやアーモンドなどの作物だ。空から見た大規模酪農場は、広大な野原のようで、白黒まだらの斑点と、汚物と奇妙な鉄板屋根が点在していた。山積みにした牧草のてっぺんに被せた樹脂製の白いカバーが、午後の日を浴びて光っている。どの酪農場のそばにも、黄色っぽい茶色の排泄物をためた池がある。上空からでも、その臭いは嗅ぎ取れた。その実態を知っていたなら、自尊心を持つ牛が、果たしてカリフォルニア・ガールズになりたいと思うだろうか？

飛行場に戻ると、フライトが楽しかったせいか、妙に高揚した気分でセスナを降りた。しかしその日の午後、さらに憂鬱な光景を見ることになった。中でも、その工業団地の一角にある大規模酪農場はひどかった。それは巨大な飼料工場と変電所の間に割り込むようにして建っていた。フェンスは錆びて破れ、波形鉄板の屋根は、おそらくコスト削減のために、並はずれて低い。道の先には巨大なバタリー式養鶏場（訳注＊ケージに鶏を入れて積み重ね、集約的に飼育する方法）があり、鶏糞の刺すような臭いと牛糞の臭いが混じりあって漂っている。

農場の脇にある雑草の茂る狭い荒地に、ぼろぼろの平屋が2軒あった。荒地の片隅に、錆びた屑鉄や古タイヤ、捨てられたプラスチック製のおもちゃが山積みにされている。怪しげな木製の小さな檻が並んでいるのが道路から見えた。行ってみると、若い雄鶏が200羽ほど入っていた。メキシコ人のオーナーは英語をほとんどしゃべらなかったが、闘鶏用の鶏なのは明らかだった。闘鶏は違法だが、このあたりの貧しいコミュニティーでは人気の娯楽となっている。もう日暮れ時で、かなたの地平線には濃いグレーの積乱雲が沸きあがっている。糞便の山の上で身をかがめる、疲れ果てた乳牛の姿が、宵空にシルエットになって浮かぶ。アルマゲドンの一シーンのようだ。

もちろん、これは畜産業界の見方ではない。カリフォルニア乳業協会は、酪農は、州内の44万3

000人にフルタイムの仕事を提供し、毎年630億ドルの経済効果をもたらしている、と主張する。また、1頭の乳牛が3万4000ドルを産むと計算している。この組織のウェブサイトは、如才ない宣伝文句で飾られており、牧草地で満足げに草を食む乳牛や、健康的な食べ物、互いに腕をまわしてポーズをとるいかにも米国的な農家の家族の写真が掲載されている。この仕事をすれば、幸せで満ち足りた人生が送れると言わんばかりだ（中にはそういう人がいるかもしれない）。

1969年以来、毎年、カリフォルニア乳業協会は、酪農家の若い女性を対象とした美人コンテスト「酪農プリンセス」コンテストを開いている。プリンセスに選ばれた20人の若い女性は、1年間、酪農の宣伝大使となって、ラジオやテレビのインタビューを受けたり、学校行事で講演をしたり、集会や農業フェアに顔を出したりする。すべては、市民の健康や環境、動物愛護の観点からすればきわめて疑わしいその産業のうわべを飾るためだ。

大規模酪農場のそばには、単一の施設としては世界最大のチーズ工場があり、カリフォルニア酪農産業の成功を喧伝している。1階には豪華な喫茶店があり、きれいに包装されたチーズやケーキや菓子が売られている。上階のビジターセンターは、大規模酪農業の有益性をほめちぎる。その窓から、製造工場のフロアを見下ろすことができ、白衣と白い帽子を身につけた人々が、巨大な樽に入った鮮やかなオレンジ色のチーズを加工しているのが見える。あとで試食したが、味も風味もないゴムのようなチーズだった。

酪農業に関する「教育的」な展示の隣のテレビスクリーンには、にこやかな農民と妻、そして子どもたちが、干し草でいっぱいの牛小屋に座っているようすが映し出されている。生まれたての子牛に哺乳瓶をくわえさせる農民や、優しそうな獣医に健康状態を検査されている乳牛の感動的な映像も続く。つまり、酪農家は「水を保全し、空気を大事にし、土地を愛し、環境に注意を払い」、もちろん地域経済に貢献する、と言いたいのだろう。そのプロモーションフィルムをまとめた人が誰であれ、牧草地でくつろぐ乳牛の姿を織り込むほど、厚かましくなかったようだ。

当然ながら、ビジターセンターの展示は、大規模酪農場がもたらす深刻な環境問題や健康問題には触れていない。数枚のパネルに、廃棄物処理システムがフローチャートで図示されているだけだが、そのシステムは完璧で、無害だという印象を与える。

それはひどい歪曲である。セントラル・ヴァレーに住む子どもの5人に1人は、大規模酪農場がもたらす大気汚染のせいで喘息を患っている。全国平均の3倍の水準だ。セントラル・ヴァレーには、400万人強の人が住んでいるが、その3分の1近くが、大気と水の深刻な汚染の影響を受けていると見積もられている。

排出される汚物の量を考えると、それも当然だろう。1頭の乳牛は50人分の排泄物を出す。つまり、1万頭の乳牛を飼う大規模酪農場は、英国で言えばブリストルくらいの都市で出るのと同量の排泄物を出していることになる。カリフォルニア乳業協会によると、2011年11月の時点で、同州には1620の大規模酪農場があり、175万頭の牛が飼われているそうだ。その排泄物をすべて合わせると、英国の全国民の排泄物より多い。

その排泄物をどこに捨てるかという問題が、頭痛の種になっている。大半は排水路を伝って、農場の脇に作られた汚水貯水池に送られる。池にたまった汚物は有毒ガスを出し、また、地中に染み込んでいく。池の底には遮水材の粘土ライナーを敷いているが、隙間や穴から漏れる。米国の当局は、汚水の漏れは避けようがないと考えているようだ。このような汚染と健康問題について、酪農場の近くに住む人の考えを聞きたいと思った。生涯を通してカーン郡に暮らしてきた元数学教師のトム・フランツに会うことができた。アーモンド畑に囲まれた、下板張りの居心地の良い家に暮らし、元気な犬を2匹と、賑やかなアヒルを飼っている。周囲には消毒された畑が何エーカーも広がる中、フランツの庭は、ヤシの木々がそびえ、鮮やかな色の花が咲き、灌木が青々と茂り、まるで小さなオアシスのようだった。

彼は、カーン郡に骨を埋めるつもりだ、と言った。セントラル・ヴァレーの汚染に関する近年の研究結果が正しければ、本来の寿命より10年早く彼は骨を埋められることになるだろう。「ここに住み続ければ、10年、もしかしたら15年、寿命が縮むかもしれない。けれども、わたしはここで生まれた。どこにも行く気はないね」。彼は淡々と言った。

最近フランツは後鼻漏（鼻水がのどに落ちる症状）を患っている。原因ははっきりしている。「大規模酪農場の近くに住むことが危険なんだ。わたしたちは潜在的な健康被害について調べているが、セントラル・ヴァレーで新たな大腸菌が生まれ、流行するのが想像できるよ。最悪のシナリオだ。人ごとではない。すぐそこに危険が迫っているのだ。誰も気にしていないようだが、気づいたときには手遅れになっているだろう」

フランツは、髪はぼさぼさでレゲエが好きで、まるで年を取ったヒッピーのように見えるが、大規模酪農場と環境の話になると、その表情は硬くなり、揮発性有機化合物や窒素有機化合物について複雑な情報と数字を語った。彼は長年にわたって、この地の汚染について熟考を重ねてきた。これまでの10年で、カーン郡の酪農家にとって、フランツは悩みの種になった。フランツは酪農家たちの行動を厳しく監視し、環境基準に違反した証拠を見つけると、説明を求めた。政府機関が忙しすぎて、あるいはやる気がなくて、動こうとしない場合には、正式に不服を申し立て、必要とあらば、訴訟を起こした。弁護士が介入しなければ、人々は話を聞こうとしないということを彼は理解した。これが米国だ。何かを変えるには、訴訟を起こさなければならない、と。

現在、彼の自宅から13キロ以内に、10軒の酪農場がある。1994年に最初の酪農場が建てられ、残りは2002年以降にできた。合計7万頭の乳牛がいるとされているが、実際はそれよりはるかに多いらしい。酪農場が申請するのは、ある時点で搾乳している乳牛の頭数だけで、休んでいる（搾乳していない）牛は数に入らないのだ。フランツによると、大規模酪農場ができて、人々が最初に気づいた変化は、ハエの大量発生だった。最も打撃を受けたのは、最初にできた酪農場からわずか1キロのところにある学校である。エアコンがないので、夏はドアも窓も開放していたが、今そうしたら、とんでもないことになる。「教室にはハエの大群が押し寄せてきた。ハエがぶんぶんと飛び回る中で、子どもたちは勉強どころではなくなった。最初の年、教室にはハエ取り紙を吊るしたが、とても追いつかないので、翌年からは網戸を入れ、ドアは密閉するようにしたんだ」

だが、フランツがいちばん頭を痛めているのは大気汚染だ。ほぼ1年じゅう、濃いスモッグが垂れこめているため、谷の底からは高度3000メートルのシェラネバダ山脈が見えない。そこに人間は住んでいないが、空気の質で言えば、北京のほうがましかもしれない。もちろん大気汚染には、農産物など載せてひっきりなしに行き来するトラックの排気ガスから、飼料工場の排煙まで、多くの要素が絡んでいる。大規模酪農場の影響はそれらに比べると見えにくいが、牛糞と貯蔵牧草から出る有毒ガスは、等しく油断がならない。

フランツや、環境に関心を持つ地元の住民は、毎月会合を開いて何をするべきか議論している。彼らの立場を理解し、無償で協力してくれる弁護士もいる。彼らが訴訟に勝てば、環境破壊に責任があるとされた企業は、何百万ドルもの罰金を科せられる可能性がある。もっとも、その金を受け取るのは、フランツたちではなく、環境団体であるが。

しかし、セントラル・ヴァレーにある小さなコミュニティーの多くは、大気汚染ではなく水質汚染を心配している。さまざまな研究から、集約酪農場は井戸の汚染、特に大腸菌と硝酸性窒素による汚染に直接関係があることがわかっている。(注5) わたしたちは旅の途中で、大規模酪農場の境界の数メートル外にある井戸に気づいた。その井戸は、地元のコミュニティーに家庭用水を供給している。「沸騰させること」(水道水を沸騰させずに飲んではならないという、当局からの指示)がここでは当たり前になっている。

マライア・エレラは4人の子を持つ母親で、サン・ホアキン渓谷の真ん中にあるバイセリア市のコミュニティー・ウォーター・センターの運営に携わっている。この組織の目的は、安全な飲料水を誰でも利用できるようにすることだ。米国のように豊かな国で、そんなことは当たり前だと思われるかもしれないが、セントラル・ヴァレーのある地域では、それはぜいたくなことになってしまった。農場労働の担い手として誕生した小さなヒスパニックのコミュニティーでは、水道水をそのまま飲む人はほとんどいないという。エレラはこう語った。

このあたりの地下水はひどく汚染されています。原因は主に硝酸性窒素ですが、ヒ素も心配です。ヒ素は、ある種の化学肥料に含まれ、牛の飼料に添加されることもあります。住民との会合はいつも満員です。酪農業者とそのロビイストが来て、農場とは何の関係もないと弁解しますが、数々の証拠がそれが嘘だと語っています。

大規模酪農場は、水質汚染を無害なレベルに保つシステムを備えていなければ、建設を許可されない。だが実際には、大規模酪農場に付属する50メートルプール並みの汚物用貯水池からの漏出は防げないことがわかった。「貯水池は十分な防水がなされておらず、廃水が漏れるのです」とエレラは言う。「とんでもないことです。人間の排泄物が水源を汚染しないように気をつけていても、乳牛の汚物は垂れ流しになっているのですから。まったく無意味です」。水道水に含まれる硝酸性窒素の濃度が高くなると、水道会社から生水を飲まないようにという手紙が届く。エレラの案内で、被害を受けている人々に会うために、バイセリアから数キロのところにある、柑橘類の果樹園に囲まれたトレーラー・パークへ行った。簡素な木造の平屋が立ち並んでいる。いくつかは必要最低限の設備しかなく、トイレは外にあった。貧しいのはひと目でわかるが、暖かな雰囲気に包まれている。トレーラーや車庫はきれいなパステルカラーに塗られ、子どもや子猫が走り回っている。ここでは誰もが顔見知りだ。

ルイ・メデリンという25歳のハンサムな若者を紹介された。彼は大規模酪農場で働いているが、自分のコミュニティーの水源に酪農場がしていることに憤慨していた。「実際のところ、ここの水は臭く、濁っていて、塩素の臭いがするんだ。信用できない水だよ。汚染されているとわかっていて水道水を飲むこともあるけれど、たいていはボトルに入った水を買っている。第三世界の国でも、ここより安全な水を提供する国はあるはずだ」。メデリンは、毎週、特大のプラスチックボトル2本に濾過された水を補充し、それをキッチンに置いておく。1回におよそ4ドルかかる。照明は裸電球一つで、換気の設備もろくにない狭いトレーラーで暮らす家族にとっては(金持ちの米国人には信じられないような環境である)、ばかにならない金額だ。

コミュニティー・ウォーター・センターによれば、水質が深刻な問題となっているコミュニティーが、メデリンの家から2、3キロ以内に少なくとも六つある。メデリンは、高校の時からクリーンな水を求める活動に携わってきた。汚染の原因となっている企業から生活の糧を得ているという皮肉が、頭を離れることはない。「本音を言えば、酪農場で働きたくはないんだ。そこには二つの巨大な糞尿の貯水池があって、ほかにためる場所はないので、水への影響を考えずにはいられないよ」。それでも彼が酪農場で働き続けているのは、よいボスに恵まれているからで、ボスは作業員の面倒見がよく、乳牛にも優しいそうだ。メデリンの父親も同じ酪農場で14年間働いた。それがここでの暮らし方だが、だからといって彼らが、酪農場が及ぼす害をそのままにしておいていいと思っているわけではない。

大規模酪農場のそばに住むと健康を害するという科学的証拠が増えている。最近の研究では、大規模酪農場のそばに住む人の寿命は、平均より10年も短いことが明らかになった。フレズノ市の総合病院、クリニカ・シエラ・ヴィスタの呼吸療法士（RRT）、ケヴィン・ハミルトンに話を聞いた。彼は率直に語る人物で、医療の最前線での経験から、大規模酪農場に対する反対運動に関わるようになった。

> 医療の現場では、心臓病、先天性異常、戸外で長時間スポーツする子どもたちに見られる肺の発育不良のことが話題になっています。高血圧と脳卒中の増加も、懸念されています。この一帯は、小児喘息の発症率が全米で2番目に高いのです。15年前、これらの病気のどれについても、自信をもって断言することはできなかったのですが、今では証拠はいくらでもそろっています。恐ろしいことです。

最も影響を受けやすいのは子どもと妊婦で、短期間、酪農関連の汚染にさらされただけで、長期的に影響が出る恐れもある。65歳以上の人も影響を受けやすい。あいにく、これらの高リスクグループが、セントラル・ヴァレーの人口の大半を占めている。そのほか、深刻な影響を受けているのは、有毒ガスに日々さらされている酪農場の作業員たちだ。「彼らは文字通り、攻撃から逃れることができません」とハミルトンは言う。「彼らの家は粗末で、ドアや窓は隙間だらけです。農場の労働は過酷で、息をすればするほど、汚染物質が体に入ります。彼らは貧しく、無力です。多くは違法入国者で、騒ぎを起こせば国外退去を命じられます。そういうことはよく起きているのです」

ハミルトンは、最近、同僚の医師が、息子の喘息が悪化したために、よそへ引っ越していったと語った。「彼女らはコロラドに移りました。半年前に絵はがきが届きましたが、ここを離れてから、息子さんはすっかりよくなったそうです」。ハミルトンは大規模酪農場を、グロテスクなまでに不自然な農業生産システムのシンボルと見なしている。

この土地から大量の作物を生み出すには、とんでもない量の農薬が必要とされます。1平方マイルに使用された殺虫剤の量についての公式データを見れば、その数字に仰天することでしょう。一般の人は想像もしていないはずです。これらの殺虫剤は、人体にゲノムレベルで侵入します。つまり人間の体の構成要素に影響するのです。

わたしの故郷はカンザスで、家族は一毛作をし、1年に一度の収穫に心から感謝していました。CAFO（工場式畜産）のおかげで世界の食料がまかなわれている、と主張する人もいますが、CAFOがなくても、世界は十分に自給自足できていたのです。人間は農業を、本来あるべき畑から切り離し、不似合いな場所で、自然に逆らって営むようになりました。大規模酪農場が必要だとしても、なぜセントラル・ヴァレーのような風の通らない盆地に作ろうとするのでしょう？　とても支えきれない量の乳牛をこの盆地に詰め込み、もはや手に負えなくなっているのです。

わたしは疲れ果て、このシステムの勝者は誰かと考えながら、ハミルトンのオフィスをあとにした。大規模酪農家を非難するのはたやすいが、彼らが皆、大儲けしているわけではない。その多くは、環境活動家の反対や、規制に締めつけられている。ロサンゼルス郊外での小規模な農業をやめて、大規模酪農をスタートさせた時、こんなことになろうとは誰も想像していなかったはずだ。

大規模酪農は、世界規模での物価の変動に影響されるハイリスク産業だ。さまざまな証拠から、小規模の牧場で行う農場と同じく、それらも不況には弱いと考えられる。２０１１年から翌年までに、餌の価格がほぼ2倍になり、資金繰りに行き詰まる酪農場も見られた。英国の酪農業界がまとめた報告によると、大規模酪農場は、牛乳価格が10年間変わらないという仮定においてのみ、競争上の優位性を保てるそうだ。しかしそれはあり得ないことで、報告書は、牧場式農場のほうが利益を得やすいと結論づける。つまり大規模酪農システムは、誰にとっても、それほどいいものではないらしい。

しかし、大規模酪農がいかに悲惨なビジネスであるかをわたしが本当に理解したのは、この旅の最終日になってからだった。その日わたしたちは、スタニスラウス郡タ一ロックの家畜市場を訪れた。大規模酪農場から連れてこられた乳牛の、生涯最後の姿を見届けたいと思った。大方、予想はついていた。乳房は枯れて垂れ、黒白まだらの骨と皮だけのみじめな姿だった。年齢の5倍は年老いて見えるのではないだろうか。

「ヴァレーの中心」と呼ばれるタ一ロックは重苦しい雰囲気の町で、荒廃した家屋や店舗が並び、ガソリンスタンドや安食堂、刺青の店や手相見の店などがちらほらとあった。周囲には、コンクリートと鋼鉄でできた、集約農業の施設がそびえている。市場は辺鄙な場所にあったので、ＧＰＳではつかめず、二度も車を止めて道を尋ねた。親切そうな人はほとんど見当たらず、また、土地の人にわたしのイギリス英語は聞き取りにくいようだった。市場では邪険な扱いを受けるだろうか、どんな対応をされるだろうか、と考えた。これまでの経験からすると、疑い深い目を向けられそうだった。米国動物愛護協会は米国最大の動物保護団体で、最も強い影響力を持っており、家畜業界の人々は、その団体の不愉快な訪問を恐れている。だが、わたしたちの訪問はうまくいった。家畜市場のオーナーであるチャック・コッツィは警戒しながらも、思いがけない英国からの訪問者に興味を持ち、好意的に迎え入れてくれた。彼は案内を申し出ただけでなく、撮影も許可してくれた。この手の施設では珍しいことだ。

競売場は小さな町のサッカークラブのような場所で、みすぼらしい事務所と安っぽいカフェがある。カフェは、卵2個分の好みの卵料理とベーコン2枚、ソーセージ2本、パンケーキ2枚の朝食を3ドル99セントで提供している。競売場は小さな劇場さながらで、家畜が出される円形の陳列場があり、それを取り囲むように、一段高くなったところにごつごつした木製のベンチが並べられ、競売人たちが陣取っていた。

わたしは、カウボーイハットをかぶった日焼けした男たちに混じって、場違いな気分を味わいながらベンチに座っていた。セリが始まり、あっけにとられた。動物の姿に、ではなく、競売人がすさまじいスピードで、聞き取れない言葉をまくしたてたからだ。値段を言っているらしいが、聞き慣れない耳には、なぜかカントリーソングの「コットンアイジョー」のように聞こえた。彼は家畜競売人のチャンピオンに選ばれたばかりだと聞いた。

ぶらぶらしながら待っていると、ひからびた乳牛が数頭、よろよろと陳列場に牽き出された。競り落とされた牛は、2人組の作業員がプラスチック製のパドル（ラケット状の板）でたたいて追い出す。それらは食肉処理場に送られ、安価な肉になる。場外では、まだら馬にまたがった金髪のカウガールが、囲い柵の中を駆けまわって、牛たちを競売場へと追い立てていた。駐車場には大きな木製の看板があり、歩けないほど具合の悪い牛を連れてきてはならないと書かれている。ありがたいことにこの家畜市場では、あからさまな残酷な行為は見かけなかった。

撮影チームはオーナーのコッツィにインタビューした。牛乳が安すぎるとか餌が高すぎるといったよくある不満を聞かされるのではないかと予想していたが、身長が190センチはありそうな、いかにも米国人らしいコッツィが、意外にも、いきなり泣き出した。彼は大規模酪農場の経営に失敗した親友の話をした。「もう限界だったのだろう。ピストルで自分を撃った。家族を残してね。まだ幼い子どもがいたのに。悲惨な結末だ」。涙がこみ上げ、彼は恥ずかしそうに顔をそむけた。気を取り直し、こう続けた。「おそらく借金が膨らんで、ついに音をあげた。気力が尽きたのさ。そうでなきゃ、自殺なんかしないはずだ。よっぽど追い込まれていたにちがいない」。コッツィの言葉は胸に刺さった。わたしたちは心から同情し、彼の正直さに感謝した。

つまり、奇怪な農業に苦しめられているのは、カリフォルニアの乳牛だけではない。乳牛が若くして命を終えるのは事実だが、牛を世話する人間もそれは同じだ。誰もが生き残ろうともがいている。牛乳がもたらす年間数十億ドルもの利益の分け前にありつこうとする農家も例外ではない。

工場式農場の誕生には、経済的圧力と企業の利害が複雑に絡み合っており、何が正しく何が間違っているのかははっきりしない。一つ明らかなのは、大規模酪農場は危機的なまでに人々の身近に迫っていて、そこでは人と牛と環境とが、搾取と消耗のおぞましいダンスを踊っているということだ。そして人も牛も環境も、限界まで絞りとられ、枯渇していく。

# 第2章 くちばしでつつく——ラベルに隠された真実

1990年代初めの冬のある日、厳しい寒さの中、わたしはルノーの古いハッチバックでノーサンバーランドに向かっていた。新型のぜいたくな「家」を見るためだ。宣伝によると、それは最新の設備を備えており、イングランド北東部、タインサイドの岩がちな海岸という素晴らしい場所にあるそうだ。そのあたりのことはよく知っている。特徴は、強風と潮風、フィッシュ&チップス、そして気さくな住民である。ツノメドリをはじめ、ありとあらゆる海鳥が集うバードウォッチャーの楽園、ファーン諸島に行くために、わたしはよくそこを訪れていた。海に出ると、海鳥たちは騒々しく鳴きながら、手が触れるほど近くを飛び交い、息をのむような光景を見せてくれる。もっとも、グアノ（営巣地に堆積した鳥の糞や死骸）の臭いが鼻をつき、また、頭の後ろをつつかれることもあるのだが。

だが今回は野鳥を観察しに来たわけではない。別の種類の鳥、すなわち雌鶏と、その最新式の住まいを見にやって来た。英国政府の諮問機関である動物福祉評議会（Farm Animal Welfare Council）の依頼を受けて、「止まり木つきのバタリーケージ」という画期的なケージを視察することになっていた。役人たちはその新たな設備を自慢にしており、わたしの反応を知りたがっていた。何時間もドライブして、ようやく養鶏場にたどりついた。ジョーディ訛りの強い、背の高い男性に迎えられた。握手を交わし、彼はコーヒーを出してくれた。そして、やはり新しいケージを見に来た動物福祉評議会の委員たちを紹介した。そのひとりは政府に雇われている獣医師で、髪はグレーで薄く、緑色のアノラックを着ていた。

コーヒーを飲み終えると、さっそく見学に向かった。鶏舎の一つに入ると、バタリーケージがぎっしり並んでいた。ケージは狭く、鶏は羽をひろげることもできない。一つのケージに通常、5羽の雌鶏が詰め込まれている。そこでできることと言えば、卵を産み、どうにか生きていくだけだ。わたしたちが見に来た特別なケージは、普通のものとほとんど変わらず、ただ木製の止まり木があるというだけのことだった。「雌鶏はこの止まり木が気に入っていましてね、生活はずいぶん変わりましたよ」と担当者は言ったが、わたしはあきれ顔を隠すのに苦労した。金網だけのケージに比べれば多少はましかもしれないが、革新的とはとてもいえない代物だった。

見学を終えたわたしたちは、集まって議論を始めた。今見てきたものすべてについて、さまざまな意見が交わされ、わたしに発言の順番が回ってきた。立ちあがり、あらゆる根拠を挙げて、止まり木があろうとなかろうと、1羽にA4サイズ1枚分のスペースしか与えられないケージで鶏を飼うのがいかにおぞましいことであるかを語った。そして腰をおろし、反応を待った。部屋は静まり返っていた。政府の獣医は、いぶかしげな表情でわたしを見つめた。「フィリップ、きみの意見にはほぼ同感です。ただ、なぜ雌鶏が苦しんでいるとわかるのですか？」。信じられないかもしれないが、当時は、雌鶏が痛みや苦しみを感じるはずがないという考え方が一般的だった。その頃のわたしは、コンパッション・イン・ワールド・ファーミングで補助的な仕事をしていた。最初は事務処理を担当していたが、まもなく運動そのものに関わるようになった。知識が増えるにつれて、政府機関を含むさまざまな組織から、見解を尋ねられることが多くなった。そもそも家畜が苦しんだりするのだろうか、と訊かれたこともある。仲間とわたしは、多くの時間を費やして、自分たちにとっては明らかなこと、つまり雌鶏もそのほかの家畜も、神経システムは人間と同じ作りで、苦痛や恐怖や喜びや興奮を、人間と同じように感じることを証明する科学的証拠を集めた。

英国では50万人もの市民が今でも庭で雌鶏を飼っているが、その人々がわたしの見解を疑うとは思えない。(注1) 彼らは、鶏が繊細な生き物で、環境や状況に敏感に反応することを知っている。砂浴びをし、日光を翼に浴び、土を踏むことが、鶏たちにとっていかに重要であるかを知っている。そう確信するのは、感傷からではない。犬や猫をペットにするように、鶏などの家畜を楽しみのために飼う人は、その動物たちと深いつながりを感じることが多い。家畜に人間の感情を投影して、擬人化する必要は感じない。なぜなら動物は人間でもなければロボットでもなく、それ自体が繊細な感覚を持っているからだ。

わが家に数羽の雌鶏が来たのは、2010年の夏、妻が地元の農園の販売所を訪れた日のことだった。雌鶏を飼うことについて、何カ月も前から妻と話し合ってきたが、意見は一致しなかった。結局、事後承諾となった。妻は販売所の店員から、そこで飼っている雌鶏をもうじき処分する予定だと聞かされると、即座に店の脇にあった段ボール箱を持ってきて空気孔をあけ、3羽を押し込んで持ち帰った。わたしがそれを知ったのは、オフィスでの長い1日を終えて帰宅し、外で冷たい飲み物を手に、くつろいでいた時のことだった。ふいに、コッコッという、すぐそれとわかる声が聞こえてきたのだ。

雌鶏は、急ごしらえの粗末な鳥小屋で2、3日過ごし、その後、庭に解放された。大喜びで羽をばたつかせながら走りだし、庭のリフォームを始めた。アジアのジャングルで進化したという来歴にふさわしく、しょっちゅう低い茂みをつついていた。羽を広げて土の上を歩きまわり、地面をひっかいたり葉をつついたりするのがどれほど好きか、よくわかった。それぞれ個性があり、好みも違った。冬が訪れるまでに4羽に増え、ヘティ、ヘンナ、ハニー、ホープと名づけられた。

1月の寒い日の午後、雌鶏たちは庭で歩き回っていた。ふいに、恐ろしげな鳴き声が聞こえた。聞き覚えのある声だ。子どもの頃、家でチャボを飼っていた。時おりネコに襲われることがあり、突然の叫び声に続いて、羽をばたつかせる音、わめきたてる鳴き声が聞こえた。母にせかされて救出に向かうと、たいていは手遅れで、ネコはチャボをくわえてどこかよその庭に逃げた後だった。だが今回、うちの雌鶏を襲ったのは、キツネだった。わたしは動転し、大声でわめきながら、階段を駆けおり、裏口から飛び出した。侵入者は雌鶏をくわえて逃げようとしているところだった。2メートル近い垣根を飛び越えようとしたが、失敗し、茂みに飛び込み、それを抜けると隣家の納屋のほうへ突っ走った。わたしは必死になって追いかけた。

この逃走劇の途中で、キツネは雌鶏を落としたが、それがどこなのか、わからなかった。死んだか、そうでなくても致命傷を負ったにちがいないと確信した。家に戻ると、ほかの雌鶏は家のそばに避難し、ストレスで羽をばたつかせ、首を振っていた。わたしは数を数えた。1羽はゲートのところ。2羽目はテーブルのそば。3羽目は裏口。そして……もう1羽、ゴム長靴の上に座っていた。

とても信じられず、もう一度数を数えてからその雌鶏を抱き上げ、けがをしていないか調べた。驚いたことに、足に少し血がにじんでいるだけで、ほかは無傷だった。傷の手当をし、草の上に放した。雌鶏はすぐ仲間のところに戻った。餌をついばんだり探したりするのをしばし邪魔されたことを怒っているように見えた。わたしはほっとし、とてつもなく幸せな気分になった。

鳥を飼うのは、学生時代以来だった。学校の授業はあまり好きではなかった。授業中に窓から外の鳥をながめていて、よく先生に叱られたものだ。だが、ある日の講義では違った。金曜の午後、18歳になっていたわたしは、クラスメートとともに階段教室で、外部の講師の話を聞いた。毎週、さまざまな分野で活躍する人が訪れ、レクチャーしてくれることになっていた。

1980年代初頭の当時、地元出身のポップグループ、カジャグーグーがヒットチャートに載り、皆が興奮していた。うちの近所には、キーボード担当のスチュアート・ニールの実家があった。その頃からわたしは野鳥に興味があり、鳥好きが高じて伝書バトも飼っていた。ハトが空を飛ぶのを眺めるのが好きだったが、時おり、ハトたちは我が家に戻らず、スチュアートの実家の雨樋をねぐらにした。スチュアートの親父さんがハトに向かってこぶしを振り上げ、一方、ハトのほうは、のほほんと気にしていない様子だったのが、今でも目に浮かぶ。

階段教室に入った生徒たちは、騒いでいて先生に叱られた。ようやく静かになると、先生は、その日の講師を務めるコンパッション・イン・ワールド・ファーミングのクリス・アストンを紹介し、「アストンさんは、わたしたちの食卓にのぼる食べ物が、どこから来るかを教えてくれます」と言った。工場式畜産場で飼われている豚や子牛の写真を見せられて、ぞっとしたのを覚えている。特にわたしを動揺させたのは、バタリーケージに詰め込まれ、飛ぶことはもとより、羽を動かすこともできない雌鶏たちの姿だった。飼っている伝書バトや、わたしを虜にしている野鳥のことが頭に浮かんだ。ケージに雌鶏を詰め込むのは犯罪だと思った。この日、わたしの人生は変わった。雌鶏や家畜を救うために何かをしようと決心し、それから10年がたち、タインサイドの農家で、政府が雇った獣医に鶏も苦しむのかと問われ、なぜ動物福祉評議会は存在するのだろう、雌鶏に感情などないと考えているのであればそのメンバーがなぜ止まり木に興味を持つのだろう、と逡巡することになったというわけだ。

幸い、人々の意識は変わりつつあった。1997年、総選挙で労働党が地滑り的な大勝利を収め、18年ぶりに与党の座についた。それから数週間後、わたしはデモに参加するため、アムステルダムへ行った。デモはEUの法令を変えようとするコンパッション・イン・ワールド・ファーミングの、長年に及ぶ活動のクライマックスだった。動物が「繊細な感覚を持つ存在」として分類されること、つまり動物も痛みや苦しみを感じることを公に認めさせようとしていた。色とりどりの旗やバナーを掲げ、焼けつくような暑さの中を行進したが、汗を流すだけの価値はあった。なぜならこのデモ行進は、重要な分岐点となったからだ。

その日のうちにEUのリーダーたちは、わたしたちの訴えに応えて、家畜に「繊細な感覚を持つ存在」という法的地位を与えた。追い風が吹き始めた。家畜はもはや単なる「商品」でもなければ、「農産物」でもなくなった。ついに家畜の幸福が、真剣に考えられるようになった。法的に認められたことで、条項ができ、それがEUの協定の核となった。「動物は繊細な感情を持つ生き物」であり、EUは「その福祉を重んじる」ことが明文化されたのだ。

しかし、変化には時間がかかる。と畜のために遠距離を移動させたり、製品のように扱ったりする残酷な習慣が、ぴたりとやんだわけではなかった。それでも法律上の地位の変化は、動物の福祉を求める戦いを永遠に変えた。ついに、動物はひどい扱いを受けると苦しみ、大切にされると喜ぶという、科学的証拠と常識の両方を反映した法令が敷かれた。この成功を機に、改革を求める声は一層強くなった。それはまた、タインサイドで獣医が言ったようなことを、少なくとも政府サイドの人間からは聞かないであろうことを意味していた。

それから2年後の1999年、わたしはヨーロッパ中を巡って、バタリーケージの禁止を訴えた。それは苦しい戦いだった。英国、オランダ、ドイツ、オーストリア、スウェーデンは改革に賛成だったが、フランスと南欧の国々は大反対だった。わたしたちは全力を尽くして戦った。国会議員と欧州議会議員に、平飼い卵（放し飼いにした鶏の卵）の朝食を提供し、平飼い卵で作ったケーキを各国の大使館と政府に送り、有名人や支援者を人間サイズのケージに入れて、ヨーロッパ中でデモ行進をした。デモはいつもカラフルに、にこやかに行い、そんなことは知りたくないと目をそむけがちな市民に、参加を呼びかけた。

EUとの最終的な交渉の直前まで、わたしたちは敗北を覚悟していた。南欧の国々に譲歩する気配はなかったが、イタリアの若者アドルフォ・サンソリーニが、バタリーケージ廃止を唱えてハンガーストライキを始めた。そのような手法をわたしは支持していなかったが、それが状況を変えた。サンソリーニはイタリア政府につてがあり、数日のうちにその人々の態度が変わった。禁止を支持したのである。これがドミノ式に流れを変え、動物福祉の歴史において最も重要な勝利をもたらし、残酷なバタリーケージは禁止された。

生産システム、特に、ある産業の安定的な生産を支えているシステムを禁止するには、とてつもない努力を要する。しかしわたしたちは旗を振り、手紙を書き、より上質な卵を買い、多くの人が関心を寄せていたことをはっきり口に出すことによってそれをやり遂げた。そのニュースを聞いた時の感激は忘れられない。当時、わたしは、どうなるか予測がつかないまま、発表を聞くためにルクセンブルクに来ていた。欧州委員会本部ビルの階段のところで各国代表の討議が終わるのを待っていた。ついに現れた英国の大臣は、合意に達した、と告げた。それを目指して必死に努力してきたすべての人にとって、実に誇らしい瞬間だった。

しかし、新たな法律は完璧というにはほど遠かった。まず、バタリーケージの撤去までに12年というあまりにも長い準備期間が設けられており、さらに、いわゆる「改良型」ケージも認められていた。それはわずかに広いケージで、止まり木があり、かろうじて巣ごもりや砂浴びをすることができるだけの代物である。

２０１１年の夏、コンパッション・イン・ワールド・ファーミングのチームは、英国最大の鶏卵生産業者であるノーブル・フーズの施設を見学できることになった。ノーブル・フーズは２０１２

年の最終期限を前に、改良型鶏舎への移行を完了させていた。見学の許可を得るまでが大変で、長い申請書に記入しなければならず、セキュリティーチェックも厳しかった。同社はこちらの身元や社会的立場を徹底的に調べ、動物の権利運動家でないことを確認して、ようやくノッティンガムシャーにある鶏卵農場の見学を許可した。

車で美しい田園地帯を走り、その施設に向かった。金色の小麦畑がうねり、緑陰の小道を収穫したばかりの作物を積んだトラックが走っている。到着すると、そこには波形鉄板の屋根で覆われた巨大な鶏舎が並んでいた。中にはおびただしい数の雌鶏がいた。72週(約1年半。本来鶏は8〜10年生きることができる)という短い生涯で、日光を見ることは一度もない。業界で「コロニー」と呼ばれる長さ5メートルほどのケージに暮らす。吊り下げられた電球は一定の間隔でついたり消えたりして、人工的に昼夜を作り、産卵プロセスを調整する。

各ケージには4カ所、産卵場所が設けられており、雌鶏の頭部が暗くなるよう覆いがかけられている。また中央には、爪研ぎ場がある。ケージの高さは50センチに満たないが、小さな止まり木もある。くちばしは、ケージ式農場ならどこでも見られるように、攻撃を防ぐためレーザーで切断されている。処理の仕方は雑で、くちばしの上下の長さが違うものや、斜めに切られているものもいた。すべて法律に基づいてこのありさまだ。自分たちはいったい何をしてきたのか、と思えた。

とはいうものの、バタリーケージの禁止は、世間一般と企業の意識を大きく変えた。世界有数の大企業、例えば、欧州マクドナルド、セインズベリー、ユニリーバ傘下のヘルマン・マヨネーズなどは、今では平飼い卵のみ扱うようになった。ただしヨーロッパは前進したが、世界の卵用鶏の60

パーセントは金網だけのケージに閉じ込められている。この10年間、わたしは世界各国を回って、卵と肉と牛乳の生産にまつわる受け入れがたい現実を目のあたりにしてきた。

3000万羽の卵用鶏を飼育する台湾で見た光景は、脳裏に焼きついて離れない。案内役を務めてくれたのは仏教の僧侶で、剃髪し、白い僧衣をまとっていた。わたしたちは地図も持たないまま車であちこちを巡り、養鶏場を探した。台湾人の運転手が時おり車を止め、僧侶が窓をあけ、大声で通行人に養鶏場の場所を尋ねる。通行人は同じように大声で言葉を返した。そうやって、2週間にわたって走り続け、台湾島をほぼ一周し、政治的論争のかまびすしいこの国で、食料がどのように生産されているかを見て回った。養鶏場には二つのタイプがあった。一つは「伝統的」なもので、もう一つは「環境制御型」と呼ばれるものだ。残念ながら、どちらのタイプでも雌鶏はケージ飼いされている。「伝統的な」養鶏場は、ケージを何段も重ね、トタン屋根で覆ってある。ケージには何羽も雌鶏が詰め込まれ、空きスペースはほとんど残っていない。雌鶏たちに与えられるのは、生きていくのに最低限必要な餌と水だけだ。「環境制御型」もほとんど同じで、違いは、鶏舎が密閉されており、コンピューターと換気扇で空調が管理されていることだ。

世界中にあるこのような密閉鶏舎については、鳥が外界のウイルスにさらされないので安全で健康的だという偏った見方が横行している。しかし数年前、英国のバーナード・マシューズの七面鳥農場で高病原性鳥インフルエンザが発生・流行し、それが嘘だったことが露呈した。(注2) このインフルエンザの流行は、鶏舎を密閉してコンピューター制御しても、自然の法則を逃れることはできないということを証明した。

台湾で訪れたある伝統的な養鶏場は、鶏舎が外気にさらされている点が、ほかの養鶏場と違っていた。ここでも鶏たちは非常に狭いケージに詰め込まれていたが、少なくとも自然光を浴び、そよ風を感じることができた（もっとも、夏場には熱風にさらされることになるのだが）。麦わら帽をかぶり、ピンクのブラウスに青いズボンの女性が、ケージに沿って錆びたカートを押し、卵を集めていた。

しかし、集めているのは卵だけではなかった。ケージのそばにプラスチック製のゴミ箱が二つ置かれていて、どちらも鶏の死骸であふれていた。その脇に密閉されたビニール袋があり、それにも死骸が詰め込まれているように見えた。しかし、ふいにそのゴミ袋が動いた。恐る恐る開いてみると、1羽の雌鶏が頭を突き出した。その鳥は喘ぎ、どうにか生きようとしていた。少しすると立ち上がり、警戒しながらゴミ袋の穴から這い出てきた。その養鶏場では、死にかけた雌鶏や、卵をあまり産まなくなった雌鶏を、このような方法で片づけていた。ビニール袋に押し込んで窒息させ、死んだらゴミ箱に入れるのである。

台湾の苗栗県《ミャオリシエン》では養鶏場をいくつも訪れた。そのほぼすべてが、雌鶏をケージ飼いしていた。世界でも例を見ないほど過密に詰め込んでいるところもあった。気の滅入る光景だった。2002年当時の台湾では唯一の「オーガニック」養鶏場も視察した。しかしそれは期待したものとは違っていた。ヨーロッパでは、オーガニックの条件は厳しく、きわめて自然な環境で、戸外にも出して育てることが求められる。しかし、台湾のオーガニック養鶏場でわたしが見たのは、数羽の雌鶏が鶏小屋のまわりで楽しげに餌をついばむ様子ではなく、30万羽の雌鶏が4棟の工場のような建物の中で、7層に積み上げられたケージで飼われている光景だった。「オーガニック」とは、単に餌のことで、その餌も、本当にオーガニックと呼べるものかどうかは疑わしい。

台湾ではさらなるショックが待ち受けていた。ヨーロッパの集約化の進んだ養鶏場では、卵用鶏は1年でと畜される。鶏は毎年、羽が生え換わり、換羽する数週間は産卵しなくなるからだ。しかし、台湾では、卵用鶏を通常2年間飼育するそうだ。そして換羽期の産卵の落ち込みを最小にするために、「強制換羽」を行っている。驚くべきことに、10日ほど給餌を止めると、羽の生え変わりがスピーディに進み、産卵の再開も早まるというのだ。金網だけのケージに1年間閉じ込められ、10日間、餌を与えられず、さらに1年、ケージ暮らしをした末にと畜されるのか？　さっさと処理される雌鶏のほうが、むしろ運がいいと思えた。幸い、ヨーロッパでは「強制換羽」は禁止されているが、米国では今でも合法である。

台湾での経験は、苦々しいものばかりではなかった。訪問先の多くで、わたしはショックを受け、気が滅入ったが、変化の兆しも感じた。人々は、抗生剤や成長促進剤を日常的に投与されていない家畜から得られる、より健康的な食品を求め始めていた。恒春の畜産研究センターで講演を行った時には、ヤギや牛を飼う農家の人も聞きに来ていた。彼らが屋内飼育から牧場飼育に移行したいと強く思っていることを知って、勇気づけられた。

しかしまだ大きな山が立ちはだかっている。台湾訪問から10年ほど後に、アルゼンチンのバタリー式養鶏場を訪れた。南米に来たのは、大豆の生産と養牛施設を見るためだった。それはよく晴れた秋の日で、ブエノスアイレスから50キロのところにある、のどかな田舎町、マルコスパスにいた。

わたしたちを乗せた車は、フォークランド紛争の退役軍人センターを通り過ぎた。紛争から30年がたっていたが、アルゼンチンはまだその影を引きずっていた。公園があり、ブランコ、すべり台、バスケットゴール、ミニサッカーゴールがあり、囲いの中には栗毛の馬も飼われていた。でこぼこ道を走っていくと、巨大なパン工場があった。外からでは何を作っているのかわからない、いかにも工場らしい工場だが、どうやらこのあたりの養鶏場で生まれる卵の最終目的地であるらしい。

まもなく周囲に養鶏場が見えてきた。道路から少し入ったところに、同じような造りの養鶏場が7、8軒ある。かつてここは僻地だったが、町が広がったため、住宅地と養鶏場がかなり近くなったそうだ。ハエの害と臭いがひどく、地元の人々は何年も前から養鶏場の閉鎖を求めている。わたしは車から降りた。どこも高いフェンスが巡らされていたが、1軒のゲートが全開になっていたので、中へ入っていった。

鶏舎のすぐ隣に小屋があった。鶏舎の脇の2本の木に渡したロープに、洗濯物が干してある。きついアンモニア臭と埃のせいで、息ができないほどだ。小屋の窓から、3人の幼い子どもと1匹の犬が顔を出し、不思議そうにわたしを見つめた。こんな場所に住んでいる彼らの健康状態については、考えたくもなかった。

子どもたちの父親らしい作業員がやってきた。出ていくようにと言われたので従った。ゲートを出ると、背後で鍵をかける音がした。わたしたちはほかを当たることにした。多くの養鶏場はもぬけの殻になっており、ケージに鶏の姿はなく、金網に羽がびっしり絡みついているだけだった。長さが300メートルはありそうな開放型の鶏舎を見にいった。端から端までケージが高く積み上げられているが、どれも空っぽだった。換気扇は錆びつき、クモの巣に覆われている。ぼろぼろのスニーカーがケージの上に置きっぱなしになっていた。ひっそりと静まりかえっていたが、気配からすると、つい最近まで雌鶏がいたようだった。突然、短パンに野球帽というでたちの男が現れ、「出ていけ」と怒鳴った。男は大きな石を拾って、威嚇した。わたしはおとなしく退散した。

それからまた別の養鶏場へ行った。今度は雌鶏のすぐそばまで行けた。10代の若者が亜鉛めっきのカートを押して、波形鉄板の屋根に覆われた鶏舎の通路を行ったり来たりしていた。ケージには7羽ずつ入れられていたが、立っているのがせいぜいの狭さだった。若者は餌を配っていた。カートの動きに雌鶏は混乱し、騒ぎ、激しく羽ばたいた。夏には、耐えられないほどの暑さになるだろう。ここの雌鶏のとさかは真っ赤で、オンドリ並みに大きかった。それは異常な暑さへの対策である。なかには大きなとさかが垂れて、片目がふさがれているものもいる。首や背の羽は薄かった。羽が生えていないところが多く、尾は羽根ペンをひとつかみ束ねたような感じだった。

いらついて互いの羽をついばんだりしないよう、くちばしは短く切断されていた。一つのケージの金網の床の上には、死骸が横たわり、踏みつぶされ、朽ちて灰色になっていた。その上に、生きた雌鶏が立っている。鶏たちに選択肢はない。ハエがたかる。金網の下には、灰色の糞が積み上がっている。雌鶏たちは悲痛な鳴き声をあげる。わたしはぞっとした。ケージの後ろから卵が転がり出ていた。「幸せでなければ雌鶏は卵を産まない」と主張する声もある。それがどれほどナンセンスな言い分であるかは、この光景が証明している。このような状況にいる鶏を目の当たりにして、そんな妄言を信じる人がいるとはとても思えない。

ケージに囲まれ、のどを臭気にやられ、気の滅入るような鳴き声を聞きながら、「新鮮卵」のラベルが貼られたこぎれいな小箱に収まって、スーパーで売られている卵のことを思った。その様子は、不潔きわまる出所とはかけ離れている。何千マイルも離れた英国から妻が、ヘティとヘンナとハニーとホープの近況を楽しげにメールで知らせてくれた。目の前の状況に比べたら、時おりキツネに狙われることなど何でもないことのように思えた。

# PART Ⅱ

## NATURE

## 自然

イングランド東部リンカーンシャー郡のノクトンは、生け垣や古木の緑に彩られた静かな村だ。住民は600人ほどで、小さな郵便局、集会所、小学校が生活の中心である。古い条例で飲み騒ぐことが禁じられているので、居酒屋は一軒もなく、それでも酒を飲みたい人は、田舎道を1マイルほど歩いて宿屋兼パブに行くしかない。20世紀末に、ダグラス・ホッグ元農相の発案で、村の史跡を巡る遊歩道が整えられた。中には古代ローマ時代の遺物もあり、16世紀にヘンリー8世が植えたとされる栗の木も、当時と同じ場所で大きく枝を広げている。(注1)

ところが2009年に、この静かな村が全英のメディアの注目の的になった。村の一角が、8000頭の牛を飼う巨大酪農場の候補地に選ばれたからだ。米国の大規模酪農をまねた、英国では初めての計画だった。地元住民、下院議員、環境問題の専門家、さまざまな活動家が、一斉に反対の声をあげた。そんなにも多くの牛が狭いスペースに押し込まれ、糞にまみれて過ごすことの影響を恐れたからだった。それに対して、推進派のひとりが地元のラジオ番組で、「牛は野原にいると決まっているわけじゃない」と言い放った。(注2)その発言は世間の猛反発を招き、村の小学生は抗議の絵を描き、地元のバスは、牛は野原にいるべきだという広告を車体に載せた。下院では侃々諤々の議論が起きた。市民の抗議があまりに激しく、環境汚染も懸念されたため、環境庁の判断で計画は廃案になった。だが、この小競りあいは、長期的な戦いの端緒にすぎなかった。

田園地帯は、その土地に長く暮らす人々に世話をされ、守られてきた。英国の国土の4分の3は耕作地で、変化に富む豊かな風景を形作っている。だが、それもこの60年でずいぶん変わった。主に米国で開発された工業的な農業技術が取り入れられてきたからだ。そして今、そのダメージが表面化してきた。以前よく目にしたものを、今ではあまり見かけなくなった。空を舞うムクドリの大群、チョウセンメスアカシジミなどのチョウやマルハナバチ。(注3)野生のままの草原は消え、美しい風景はかつてない危機に直面している。畑や牧草地を縦横に走る生け垣は、森とともに消えつつある。あちこちで宅地の造成が進んでいる。農地は減り、農民の暮らしは苦しくなる一方だ。

ノクトンの巨大酪農場計画は頓挫したものの、その背後にある潮流は止めようもなかった。産業化の影響を受ける家畜は、乳牛だけではない。「持続可能な集約化」という耳当たりのいい言葉と、世界に食料を供給するという怪しげな大義名分のもと、さらなる変革が起きた。その結果、田園地帯とそこに暮らす人や野生生物が、限界に追い込まれようとしている。

# 第3章 沈黙の春——農薬時代の始まり

30年以上にわたってわたしは、ほかの人に見えているものが自分には見えないという、奇妙な不足感に悩まされてきた。何がきっかけでそうなったのかは、よく覚えている。１９７０年代後半、1冊の本が、まだ10代だったわたしの想像力に火を灯し、その炎は生涯ずっと燃え続けることになった。そのせいでしばしば授業中に窓から外をながめ、先生に叱られたものだった。その本とは、J・A・ベーカーの『The Peregrine（ハヤブサ）』（１９６７年刊行）で、自然を描いたノンフィクションの傑作と謳われた作品だ。わたしは大いに驚き、刺激を受け、心を奪われた。ベーカーは、エセックスの自宅近くで観察したハヤブサの様子を、鮮やかかつ繊細に描写しており、以来、わたしは、ハヤブサを見たいと切望するようになった。しかし、それらしい鳥を見つけても、よく見てみるとチョウゲンボウかほかの鳥だった。

何年もたってようやくハヤブサを見ることができた。美しく威厳があり、翼を閉じて急降下する際のスピードは、動物界最速の時速２００キロメートルに達する。その後、世界各地で、あるいはサウスダウンズの自宅近くでも、ハヤブサを見てきた。だが、物足りない思いはぬぐえなかった。

数えきれないほど出会ったというのに、ベーカーが描いた鮮烈さや迫力を感じとることができなかったからだ。なぜだろう。わたしの観察の仕方が間違っているのだろうか。35年にわたって謎は解けないままだった。

謎が解けたのは、妻のヘレンとともに、毎年冬に訪れる北ウェールズに行った時のことだ。お目当てはコンウィ河畔に広がる自然保護区で、川向こうでは、スノードニア山を背景にして、コンウィ城の円柱と石壁が、いにしえの名残をとどめている。のんびりと午後を過ごすには最高の場所だ。しかし、あいにくその日は雨だったので、土産物店に併設されたカフェで時間を過ごした。店内は野生生物関連のものであふれていたが、本棚に収まった1冊の本のタイトルが目に飛び込んできた。『Silent Spring Revisited（沈黙の春を再考する）』。著者はコナー・マーク・ジェームソン。レイチェル・カーソンの名著を再検討した本だ。カーソンは、英国と米国における農薬散布の危険性と鳴鳥の消滅について、世に先んじて警鐘を発した。

その本を手にとり、読み始めた。「鳴鳥や鳥のさえずりに関する本をハヤブサのことから始めるのは奇妙に思えるかもしれないが、しばしおつきあい願いたい」と冒頭にあった。奇妙に思うどころか、大いに興味をそそられた。この本の著者も、ハヤブサとJ・A・ベーカーのあの本の熱烈なファンだった。ハヤブサもベーカーも「神秘的な預言者」に等しい、と書かれていた。ベーカーが描いたハヤブサが、いかに速く飛び、いかに身近で、いかに素晴らしい存在であったかが脳裏に蘇った。しかしその先に思いがけないことが書かれていた。ベーカーが見たものの正体をほかの人は疑っているというのだ。「解剖学的に見て、それは野生のハヤブサではないだろう。鷹匠に飼われていた鳥だったのではないか、だから人に慣れていた」と、著者は書いていた。そもそもハヤブサでさえなく、近種の鳥だったというのである。

確かにこれは、単なる仮説でしかない。しかし、その瞬間わたしは、何十年も悩まされてきた謎から解放された。ベーカーが見たものが自分に見えなかった理由がついにわかった。あまりにうれしかったので、店中を駆けまわって、誰かれなく告げたいほどだった。「ご存じでした？　ベーカーがあの本を書いた1960年代、英国南部のハヤブサはほとんど死に絶えていたんです。農薬のせいで野生動物が死に、食物連鎖の頂点にいる猛禽類も消えたのですよ」と。人々は今もよく覚えている。化学物質が食物連鎖によってタカなどの捕食動物に蓄積し、巣が絶えるということを。しかし、かつて田園地帯に鳥の死骸や、死にかけた鳥が散乱していたことはほとんど覚えていない。当時キツネは謎の病気に冒され、人間を恐れなくなった。(注1)その異常な時代、大西洋の両側の田園地域で、野生動物は劇的な末路を迎えた。

1962年に出版された『沈黙の春』には、英国の上院議員シャクルトン卿が序文を寄せている。「英国はまだ、米国ほどの攻撃にはさらされていないが、この物語には厳しい一面がある」。当時、英国の状況は悪かったが、米国はさらに悪かった。田園地帯を工場用地のように扱ったことが、予見し得ない破滅的な結果を招いた。半世紀が過ぎ、歴史は繰り返そうとしている。米国で開発された工業的な大規模農業が、英国やほかの国に輸出されているためだ。

その後、わたしは米国を訪れた。カメラマンのブライアンが運転するレンタカーでホテルを出た

が、少し走っただけで車は止まった。車窓から外を見やると、広大な庭の奥に大きな家が建ってい
た。レイチェル・カーソンが幼少期を過ごした家だ。彼女が環境保護活動を始めたのは何がきっか
けだったのか、わたしたちは彼女の警告をどれほど心に留めているか、それを知るためにわたしは
カーソンの家を訪れた。ペンシルベニア州スプリングデール郊外の、冷え冷えとした朝の空気と弱
い日差しの中、傍らの木の上方では、黒と白のまだら模様の小さなキツツキが幹をつついている。
カーソンの家は、白い板張りの簡素ながら堂々たる趣のファームハウスで、緑豊かな通りを見おろ
している。かつて周囲にあった果樹園は消え、今では近隣の家のきれいに刈り込まれた芝生に囲ま
れているため、館はどこか所在なさげに見える。今日は4月14日、『沈黙の春』の刊行から2年も
たたず早世したカーソンの命日だ。

坂になったドライブウェイを上っていき、裏口のドアをノックした。窓ガラス越しに中をのぞく
と、がらんとした家の中に、カーソンが使った品々が飾られていた。返事はない。来るのが少し早
すぎたようだ。庭には、家を守るようにオークやカエデ、マツの大木がそそり立っている。開けた
場所に低い木のベンチが並んでおり、訪れた人はそこでレクチャーを受けることができる。「野生
生物の遊歩道」という標識が客人たちを歓迎する。まさにこの地で、カーソンは生涯続く自然への
愛情を育んだのである。14歳の頃のカーソンの言葉がそれを語っている。「5月の朝、露を帯びた
小道の美しさに思わずうっとりしてしまいました。（中略）この場所の荘厳な静けさには、畏怖さえ
感じます。聞こえる音と言えば、そよかぜに揺れる葉の音と、遠くを流れるせせらぎの音だけ」

当時、この小道は果てしない森と草原に続いていたはずだ。しばらく小道をたどって丘を上って

いくと、その先は事務所と駐車場になっていた。少しがっかりしたが、無理もない。カーソンがここを売ってからすでに80年以上たっている。

カーソンの家に戻ると、58歳の建築家ロバート・ファフマンが笑顔で出迎えてくれた。カーソンの家を博物館として管理しているトラストの役員だ。この家はペンシルベニア州でよく見かけるドイツ式ファームハウスで、部屋は五つある。1900年にカーソンの両親が買った時には65エーカーの果樹園がついていたが、後に両親は、子どもたちの教育費にあてるためにその一部を売却した。

ファフマンの案内で、狭い階段を上って小さな寝室に入った。暖炉、低い天井、パステルピンクの壁。奇妙なつながりを感じた。わたしの生家である18世紀に建てられた田舎家の寝室によく似ていたからだ。幼い頃のカーソンは、この部屋で外をながめながら空想にふけったのだろう。わたしも窓から外を見てみた。木々の緑に覆われたアレゲニーの渓谷が見える。しかし、その景色を2本の太い煙突がさえぎり、吐き出される煙が空の青に溶け込んでいく。このコミュニティーは、農業だけでなく石炭を燃料とする工業にも支えられている。カーソンが育った時代もそれは同じだった。彼女は生活と風景の現実をよく知っていた。おそらくその経験が後に、工業と農業を分かつあいまいな線を見極める助けとなったのだろう。そうしたことを理解するために、わたしはここに来た。

計画では、まずこのカーソンの家を訪れ、その後、歴史に名高いチェサピーク湾まで行くことになっている。この田園地帯が、カーソンの遺志をより深く理解する何らかの手がかりを教えてくれるだろうと期待したからだ。チェサピーク湾に向かう途中、友人のブリット・ビル・スレーデン（＝ウィリアム・スレーデン）に電話をかけ、会う手筈を整えた。彼は92歳で、カーソンが動物学を学んだボルティモアのジョンズ・ホプキンス大学の元教授である。再会した時、彼はふざけて、完璧な古英語のアクセントで挨拶をした。「お目にかかるのは初めてでしょうか？　貴殿はなぜさようにはげておられるのですか？」

スレーデンは正真正銘の「両極経験者」である。つまり北極と南極の両方を訪れた、勇敢な男である。第2次世界大戦中にロンドンのミドルセックス病院で訓練した後、フォークランド諸島属領調査局（現在の英国南極調査局）と米国南極研究プログラムのメンバーとして、南極に赴いた。その遠征で彼は、化学汚染が世界全体に及んでいることを示す最初の証拠を見つけた。１９５９年に南極でアデリーペンギンを研究していた時のことだ。分析のために米国に送った6羽のペンギンと1頭のカニクイアザラシに、わずかながらＤＤＴ汚染の痕跡が見つかった。農薬による汚染が、はるか南極圏にまで達していたのである。[注2]

彼は古風な革張りの椅子にゆったりと腰かけ、もう一つの画期的なプロジェクトについて懐かしそうに語ってくれた。それは「刷りこみ」の習性を利用して、渡り鳥を超軽量飛行機で導いて、昔のルートで渡りをさせるというものだ。全長２００マイルに及ぶチェサピーク湾に、再びナキハクチョウを飛来させるのが彼の夢だ。この取り組みは映画化されたが（『Fly Away Home（日本語タイトルはグース）』）、映画では主役はカナダガンに変更された。[注3]

彼の後ろの板張りのテラスには、明るい色のオウゴンヒワやミソサザイが来ていた。彼は続けた。「レイチェルは現代の保全活動の先駆者です。彼女の遺産は、環境を保護しようとする運動を起こしたところにあります」。それはチェサピーク湾を救うのに役立ったのですか、とわたしは尋ねた。

すると彼は、チェサピーク湾が衰退したのは、農薬汚染のせいだけでなく、おそらく養鶏産業による過剰な鶏糞がもっと大きな原因だ、と語った。それはまさに、求めていた情報だった。

トラクターが緑色のトレーラーを牽いてガタガタと畑を進んでいく。トレーラーの後部から吹きだす赤い色の煙のようなものが、畑の表面を赤く染め、付近の道路にも広がっていく。粉状の鶏糞を散布していた。「用水路や畑の縁にたまったものが雨で流されて、チェサピーク湾に達する恐れがあります」と、環境保護団体「ウォーターキーパー」のメンバーであるキャシー・フィリップスが警告する。「まき散らされた鶏糞の鼻をつく臭いが、ここでは春の恒例になっているのです」

キャシーは、メリーランド州の「肥料サファリツアー」を案内してくれた。彼女は1970年代に、海辺での暮らしに憧れて、夫とこの地へ越してきた。水の浄化を訴えて郡政委員に立候補した後、ウォーターキーパーのメンバーになり、アサティーグ沿岸を保護する連邦法の強化に取り組んできた。「CAFOは、この地域のどこにでもあります」。CAFOとは集中家畜飼養施設(Concentrated Animal Feeding Operations)の略語で、一般に工場式畜産と呼ばれる。「このあたりで作っているのはトウモロコシと大豆だけで、すべて鶏の餌にするためです」

鶏糞を安い肥料として畑にまき、トウモロコシや大豆を育て、それらが鶏の餌になる。鶏がトウモロコシを食べ、その糞がくたびれた土の栄養になるのだから、一見よくできた循環に思える。唯一の欠点は、こんな狭い地域に膨大な数の鶏がいるということだ。鶏糞は窒素とリンが豊富なので、適切な量であれば貴重な栄養となるが、多すぎたり、まく時期を誤ったりすると、雨に流されて水路に入り、深刻な汚染をもたらす。

キャシーの車でその一帯を見て回った。森林、畑、高い松の林、牧草地、海辺らしい白とパステルブルーに塗られた美しい家並み——。風景は次々に変わる。「臭いますか？」と彼女は遠くを指差しながら尋ねた。「あそこで肥料をまいているのです」。かつてこの地域は、木材にする木や果物、トマト、キュウリなどの野菜の生産が盛んだった。しかし現在の主な「農作物」は鶏である。大規模な工場式畜産は家族経営の農場のようなものだと言う人もいるが、そんな詭弁は通用しないとキャシーは言う。「家族経営の農場は、すべての決断を自らの責任で下しますが、工場式畜産ではそれは不可能です」

ポコモーク川を渡り、山積みになった茶色の肥料の脇を通り過ぎた。すぐまた別の肥料の山があり、その後も次々に肥料の小山が現れた。実際、いくつかはとても大きく、小さな山のようだった。「これらの畑は肥料がまかれたばかりです。かたまっているのが見えるでしょう」。臭いが車内に充満した。続いて「肥料小屋」を見つけた。散布するまで肥料を雨などから守るための小屋だ。林や茂みが防御壁となって、工場式畜産の巨大な換気扇から吐き出される埃やアンモニアからコミュニティーを守ってくれていると、キャシーは言った。

わたしはキャシーに、安い鶏肉を買うかどうか尋ねた。「いいえ、買いません。スーパーマーケットで鶏肉を買うと安くていいのですが、目に見えないコストがかかっています。肥料小屋も、農場が吐き出す埃やアンモニアを吸収させる緑地帯も、税金で作られるのです。ほかにも、肥料が川に流れ込まないようにするために、州のお金が使われているんですよ」。前農務長官の農場のそばに車を停めた。大きな「肥料小屋」が見えるが、中は農機具置き場になっていて、肝心の鶏糞は外に山積みになっている。「これは州の管理プログラムがうまくいっていない実例です。このあたりの川は、チェサピーク湾に流れ込んでいるというのに」とキャシーは嘆いた。

その日の午前はずっと、たくさんの鶏小屋と肥料の山を見て過ごしたが、鶏の姿を見ることはなかった。のろのろ運転するトレーラートラックを抜こうとした時に、初めてそれを見た。その荷台に積み上げられた金属製のケージには、鶏がぎっしり詰め込まれていた。食肉加工場に向かうところだ。使い古され錆びたケージから、羽根が飛んでくる。2羽の鶏が、金格子の間からなんとか首を出しているが、くちばしは開き、目は苦痛にゆがんでいる。

じきに車はオーシャンシティ空港に到着した。今度は空から、この一帯を眺めてみようと思った。ミヤコドリ（ニンジンのようなクチバシを持ち、頭と羽が黒く、腹が白い騒がしい鳥）の甲高いさえずりが、海が近いことを語る。小さな飛行場だが、遊覧飛行を提供している。事務所では、サンバイザーをつけたアロハシャツ姿の陽気そうな男が、コンピューターのキーボードを叩きながらブルートゥースのヘッドホンで話していた。彼はわたしたちに気づくと、話を切りあげた。ヘリコプターで空の旅を案内してくれるのは、本業は医師であるニール・ケイだ。環境保護活動のフライトを支援するボランティア団体「ライトホーク」のメンバーで、無償でパイロットを務めてくれる。

ケイが所有する4人乗りヘリコプターに乗り込み、シートベルトを締めた。翼《ローター》が作動し、回転速度が上がり、機体が揺れ始める。わたしは少し緊張した。ヘリコプターは浮きあがり、向きを変え、前傾した。わたしも前のめりになった。500フィートの高さまで上がった。ハクトウワシが飛ぶ高さだ。ひっきりなしに揺れるロンドン大観覧車の小型版に座っているような感じだ。ヘリコプターは大きく揺れながら、森林地帯の上空を川に沿って進んだ。じきに森林は野原に変わった。やがて最初の「ＣＡＦＯ」が見えてきた。「一つの鶏舎に2万羽が収容されています」。ヘッドホン越しにケイが教えてくれた。ヘリコプターは急降下し、長く、背が低い倉庫のような八つの鶏舎のすぐ上を飛んだ。それぞれ隣に大型のサイロ（飼料貯蔵庫）が建っている。遠くにいくつか鶏舎が見える。おそらく別の人が経営しているのだろう。さらに二つ、また四つと、あちらにもこちらにも同じような鶏舎が点在している。ここでは養鶏は一大産業になっている。

ヘリコプターは傾き、旋回する。「ここが特に心配な場所です」とヘッドホンからキャシーの声が聞こえる。「大規模な鶏舎が九つ。やっかいなことに、そのすぐ右を川が流れています」。雨水処理施設が不十分なため、雨が多く降ると、あふれた水が小川に流れ込む。キャシーによると、かつてここは小さな畑だったそうだ。このようなＣＡＦＯは、小型のショッピングセンターほどの土地を必要とする。もっとも、ショッピングセンターを作るには入念な計画と申請、そして許可が必要だが、ＣＡＦＯの扱いははるかに軽い。つまり、「外部の人には、建設が始まってようやく、何が建つのかがわかるのです」

わたしたちは飛び続けた。遠くに、森に囲まれた湖のようなものが見える。近づくと、それは灰色の鶏舎が密集したものだった。「ここは大きいですよ」とケイ。巨大な工場のような鶏舎が30前後並んでおり、それぞれ約２３００平方メートルはありそうだ。詰め込まれた鶏が死なないよう、巨大な換気扇がついている。成長の早い木が周囲を囲んでいる。ここに降る雨水はマノコン川に流れ込み、やがてチェサピーク湾に達するそうだ。75万羽も鶏がいるのに、その姿がまったく見えないというのは不気味な感じがする。ちょっと計算してみた。ここだけで年に500万羽以上の鶏を生産することができる。こうして「高級新鮮若鶏」が生産されるのだ。

チェサピーク湾は北米大陸最大の河口域で、数々の戦いの歴史が刻まれている。米国独立戦争中の1781年にはこの湾で、英国海軍がフランス海軍に大敗を喫した。また特産の牡蠣をめぐって、1950年代までおよそ100年に及ぶ「牡蠣戦争」が繰り広げられた。

6州にまたがるこの河口域に、現在、1700万人が暮らし、3000種以上の動植物が生息している。力強いハクトウワシが空を巡回し、海岸や干潟に群れる海鳥の数は、西半球の海岸としては最多である。(注4) しかしこの湾にとって最近にして最大の戦いの相手は、それらとは異なる鳥、つまり鶏と、その糞である。

メリーランド州の、チェサピーク湾に臨むシェイディ・サイドには、真夏のような日差しが照りつけていた。ここでチェサピーク湾を守る戦いの最前線にいる人々に会うことになっている。魚を狙うミサゴ（タカに似た鳥）が1羽、海の上を舞っている。カーブを描いて飛んでいたかと思うとふいに空中で静止し、褐色の翼を後方にそらせ、白い塊となって急降下した。足から海面につっこみ、一瞬、動きが止まる。再び翼が力強く羽ばたき、ミサゴは舞い上がった。その足は、大きな魚をつかんでいた。

桟橋へ行くと、チェサピーク・ウォーターキーパーズの事務局長であるベッツィ・ニコラスが待ってくれていた。彼女とボートに乗り、湾を渡った。プラスチックのようなブルーのくちばしをした元気なカモの群れが、ボートの前を泳ぐ。海岸に目をやると、コバルトブルーの縞のあるカワセミが飛んでいる。遠くの空では若いハクトウワシが、きらきらした目でこちらを見ている。チェサピーク湾は牡蠣の養殖で知られるが、現在、それは苦境に陥っている。乱獲と汚染のせいで、収穫量が以前の1パーセント以下に落ち込んでいる。「この地域の汚染の三つの元凶は、農業、農業、そして農業です」とベッツィは言う。「藻類ブルーム（藻が高密度に発生すること）が起こり、しばしば湾の一部が完全に死んだ状態になります」。しかし、人々は汚染について声をあげようとしない。家族経営の農場を攻撃しているように見られたくないからだ。「けれども工場式畜産は別です。実際にそれは汚染をもたらしているのですから、真剣に取り組まなければ」

ベッツィが特に心配しているのは、説明責任の欠如、つまり、農業に関して都合の悪いことはすべて隠蔽されてしまうことだ。「秘密のベールをはがさないかぎり、問題に取り組むことはできませんし、良心的な農場とそうでない農場を見分けることもできません」。水の管理に関して、ウォーターキーパーズは、窒素やリンの流出を抑えるよう関係者を説得してきた。「けれども十分ではなかったのでしょう。誰ひとりとして、率先して事を起こそうとしないのです」。この件に関して、利害が異なる諸州は、行動を起こすどころか互いを非難してばかりいる、と彼女は嘆いた。

シェイディ・サイドの真北のボルティモアでは、ジョンズ・ホプキンス大学の首席政策アドバイザー、ボブ・マーティンに会った。彼もまた、この一帯の養鶏業の異常な成長ぶりと、チェサピーク湾への影響を心配していた。「現在、湾を囲む地域で生産されている鶏の数は、60年前の米国全体の生産量とほぼ同じです」。その大半は工場で育てられる。ボブは野生生物への影響を詳しく説明してくれた。「工場型の養鶏場から流れ出る汚染物質のせいで、海底の海草が減り、牡蠣が育ちにくくなりました。加えて、大きく成長したカニが牡蠣を食べるのです。また、海水中の窒素の増加は、藻類の大量発生を招き、その結果、酸素が不足し、頻繁に魚が大量死しています。すべてのバランスが崩れてしまったのです」

ボブは工場式畜産を、この地域の環境と公衆衛生にとっての最大の脅威と見なしている。「わたしも肉は好きです」と彼は認める。「けれども、何にせよ常識というものが必要でしょう」

農地はチェサピーク湾河口域の4分の1を占め、最大にして唯一の汚染源である。汚染の大半は鶏糞に起因する。(注5) この湾は、米国の養鶏の中心地「ブロイラーベルト」の東端に位置する。(注6) 大量に出る鶏糞が周辺の畑にばらまかれ、それが雨水に運ばれて湾に流れ込んでいる。環境問題の専門家は徐々にその危険性に気づくようになり、チェサピーク湾は史上初の「公害国会」の懸案になった。いくつもの州が環境保護庁（ＥＰＡ）と協力して、水に流れこむ養分を減らそうとしているが、目標には遠く及ばないのが現状である。チェサピーク湾に流れ込む川の半分以上は巻貝や昆虫など、健全な水環境を保つのに欠かせない水生生物が欠如しており、(注7) 環境保護基準に照らせば「乏しい」か、あるいは「非常に乏しい」状態にある。責められるべきは農業だけではないが、やはり主な原因となっているのは、耕作と鶏糞処理の無秩序さだ。そして、問題は早急に解決できるわけではない。何らかの手を打ったとしても、すでにまき散らされた鶏糞が、これから何年にもわたって湾を汚染し続けるのは間違いない。

『沈黙の春』でレイチェル・カーソンが告発したのは20世紀半ばの化学農薬の濫用だった。メリーランド州農薬ネットワーク事務局長のルース・バーリンにわたしは会った。彼女は、『沈黙の春』後、50年にわたって改善が図られてきたが、農薬は今もチェサピーク湾の広域を汚染し続けていると語った。それはこの地域に限ったことではない。飲料水や魚からさまざまな化学物質が検出されている、とルースは言う。農業は農薬の最大の使用者にして、公衆衛生に多大な影響を及ぼしており、農薬の濫用は「50年前よりさらに深刻化しています」と彼女は語った。

カーソンが子ども時代を過ごした家を起点に、チェサピーク湾の一帯を巡るうちに、彼女の先見の明を讃える人に何人も出会った。しかしその一方で、『沈黙の春』の核となっているメッセージである「田園地帯を工場のように扱うことの危険性」が実を結んでいないことも痛感した。確かに、いくつか改革はあった。中でも、有機塩素系の殺虫剤ＤＤＴの使用が世界中で禁止されたことは大きな進歩だった。おかげで母国英国の空には、再びノスリやハイタカなどが飛ぶようになり、時にはハヤブサの力強いとがった翼と黒い「口ひげ」も見かけるようにもなった。けれども、工場式農場は今も環境に破壊的影響を及ぼしており、それはチェサピーク湾だけの話ではない。英政府は、野鳥の数を田園地帯の健康の尺度、生活の質の指標と見なしている。カーソンの画期的な著作が世に出てから半世紀がたつが、悲しいことに英米両国の農地では、かつてよく見かけた鳥たちが減少の一途にある。

# 第4章 野生生物——大いなる喪失

## 飛ぶもののいない地帯

1970年代半ば、わたしは11歳だった。当時はパンクロックがはやっていて、わたしもロックの荒々しいエネルギーと、反抗的な歌詞に惹かれ、友達とセックス・ピストルズの曲を聴いたりしていた。しかしその一方で、田舎の静けさにも惹かれていた。鳥の魅力に目覚めたのは、ノーフォークのコテージで家族と休暇を楽しんでいた時のことだ。祖父にもらった鳥類図鑑をめくって、窓から見える鳥をその本の写真と照合しようとした。甲高い声で鳴きながら空を舞う鳥がヒバリだとわかると大喜びし、美しいヤマウズラが窓枠にとまってこちらをのぞきこんでいるのを見つけると大いにわくわくしたものだった。

それがきっかけとなって、鳥に情熱を傾けるようになった。休暇から戻るとすぐ、RSPB（王立鳥類保護協会）の青少年鳥類学者クラブに入会し、地元で開かれる勉強会に出かけるようになった。テレビの自然番組の熱心なファンにもなった。放課後や週末は、まだ見たことのない鳥を見つけようと、近隣の森や畑を歩きまわり、低木の茂みをのぞきこんだり、木々の梢や空に目を凝らしたりしたものだった。

ある週末、青少年鳥類学者クラブがハートフォードシャー州のトリング貯水池への日帰り旅行を計画した。19世紀初頭に、チルタンヒルズを背景に作られたその池には、数多くの鳥が集まっていた。カイツブリが水に潜り、カモが泳ぎ、サギが葦原をぶらつく。その旅行ですっかり鳥の魅力に取りつかれた。以後、時間があれば、ロンドン周辺の田舎を自転車で巡るようになり、たいていは貯水池に立ち寄った。昔ながらの農場や生け垣では、キアオジなどの鳥をたくさん見かけた。電線に止まったハタホオジロのさえずりが好きだった。鍵をジャラジャラ鳴らす音に似ていると思ったのを覚えている。

しかし、わたしには知る由もなかったが、当時すでに鳥の姿は消えつつあった。1979年から20世紀末までに英国の田園地帯では、10種の鳥、1000万羽が姿を消した。それは英国にとどまらず、オックスフォード大学の科学者グループによると、ヨーロッパの鳥種の5分の1にあたる、116種が危機的状況にある。「第二の沈黙の春」の警告として、農業の集約化が原因なのは「明々白々だ」と彼らは語った。(注1)

消えたのは鳥だけではない。家畜の姿も消えた。50年ほど前から、豚、家禽、牛は農場から姿を消し、工場式の畜産場で飼育されるようになった。生け垣で仕切られた農場で作物と家畜が自然とともにうまく循環していた農業は、過去のものになりつつある。英国の田園風景の象徴だった生け垣は消え(1980年から1994年までに10万キロメートルが消失した)、農家は一種類の作物を集中的に作るようになり、疲れた土を肥沃にしたり害虫を駆除したりするのに、どんどん化学物質を使うようになった。産業革命は田園地帯を直撃し、好ましからざる結果を招いた。

英国鳥類保護協会の故クリス・ミードが地域の鳥類クラブで講演をした時のことを覚えている。彼は『State of the Nation's Birds（国内鳥類白書）』という本を出版したばかりで、文学や昔話によく登場する鳥、ヒバリ、キジバト、ユリカモメなどの激減について話した。集約農業が「野生生物の砂漠」をもたらすという彼の言葉を忘れることができない。彼の本は、畑のこぼれ種が壊滅的に減ったことを指摘していた。50年前に比べると鳥が食べられる種の量は、10分の1に減ったそうだ。また、化学殺虫剤は、虫を食べる鳥に同様の影響を及ぼしている。

具体的な数字は衝撃的だ。英国鳥類保護協会によると、ここ40年ほどでスズメの97パーセントが消えた。ヨーロッパヤマウズラは90パーセント、キジバトは89パーセント、ハタホオジロは86パーセント、ヒバリは61パーセント、キアオジは56パーセントがいなくなった。ムクドリやウタツグミなどの一般的な種でさえ、それぞれ85パーセントと48パーセントが消えた。(注2) 2010年、英国政府は鳥の個体数を調査し、1966年に比べて、農地の鳥は半分以下に減ったことを発表した。その調査では、特に1976年から1980年代後半にかけて激減したことが明らかになった。(注3) それは英国の農業が、従来の混合型から集約型へ大きく変化した時代である。

この荒涼とした光景は、ヨーロッパや米国でも繰り返された。ヨーロッパでは、農地の鳥、33種について調査が行われ、1980年から2005年の間に、その44パーセントが失われたことが明らかになった。こちらも、1970年代後半から1980年代前半にかけて急激な減少が起きてい

る。農業が急速に集約化した時代である。(注4)

米国では2011年に複数機関による調査報告書『The State of the Birds（鳥類白書）』が発表され、同国の1000種の鳥の4分の1が「絶滅危惧、絶滅危惧ⅠB類、保護懸念」のいずれかであると結論づけた。米国では、農地の鳥はしばしば「草地《グラスランド》」の鳥と呼ばれる。この調査によると、国内の公有地の草原の97パーセント以上が「主に農地への転換によって」失われ、その結果、草地の鳥はほかのどのグループの鳥よりもはるかに減少したそうだ。(注5)また、米国の風景を象徴する鳥で夜も昼も狩りをするコミミズクや、物悲しい鳴き声の、美しい黄色の胸をしたマキバドリなどは危機的な状況にあるという。加えて、牧場は「過放牧のせいで砂漠化して」おり、渡り鳥が冬に訪れる南米でも草地は農地に転換され、状況はさらに悪い、と述べている。(注6)

これまでわたしはかなりの年月をかけて、工業型農業は持続不可能だということを、政府や食品業界に訴えてきた。しかし、彼らは、あれこれごたくを並べてそのシステムを擁護しようとする。限られた土地を集中的に耕作すれば、ほかの土地を野生生物のために残すことができる、と言われたこともあった。なかなか立派な考えだが、実際には、野生生物のための土地はほとんど残されていないのである。

ほかの場所（たいていは海外）に原因があると主張する人もいる。地域の指導的立場にある農業従事者たちと、スズメ（tree sparrow）――都会にいるイエスズメ（house sparrow）の近縁で、より希少な種――の激減について語った時には、その鳥が冬に渡っていく土地に原因があるのだと返された。なるほど。だが、その論理には一つ欠点がある。スズメは渡りをしないのだ。

しかし集約農業を強気で擁護する人々も、その影響をきっぱり否定することはできていない。あまりにも多くの証拠が集まっているからだ。英国でもヨーロッパでも農地の鳥は、森林や湿地帯に暮らす鳥より減り方が激しい。[注7] 事実、試験的に農業のやり方を変えたところ、少なくとも局所的に、4種の鳥の減少を食い止めることができた。ヨーロッパヤマウズラ（オレンジ色の可愛い顔つきの、丸々と太った狩猟鳥）は、農薬を減らし、営巣地の草を茂らせたところ、個体数の減少に回復のきざしが見えてきた。ノドグロアオジ（ヨーロッパ原産のキアオジの仲間で、元々英国の寒い気候に苦しんできた）は、秋の収穫後、畑に刈り株を残しておくと、以前より楽に冬を越せるようになった。小さなウズラクイナ（草地に隠れて過ごすことが多い）に対しては、収穫を遅らせ、背の高い草を残しておくと効果があった。イシチドリ（夏に英国南部に飛来する、細長い黄色の脚と大きな目をした鳥）は、家畜が牧草を食む傍らに春植えの作物が育っている混合農業を喜んでいるように見える。[注8]

悪いニュースばかりではなく、EUや米政府の主導によるさまざまな取り組みにより、一部の種の減少に歯止めがかかった。EUの共通農業政策の下、農地への助成金は、収穫高だけで決まるわけではなくなった。環境を守るためのさまざまな計画が立てられた。1ヘクタールあたりの肥料の使用量は、1987年には150キログラムだったが、2009年には100キログラムに減少した。[注9] これは、土壌が守られ、ひいてはその土地の生物がより守られるようになったことを示している。たとえば、人工肥料は土を酸性にし、ミミズなどを殺しがちだが、[注10] かなりの数の英国の鳥が、ミミズを食べる。2011年の調査で、有機農場には一般の農場の2倍から4倍のミミズがいるこ

とがわかった。人工肥料ではなく有機肥料を使用し、農薬を使用しないからだろう。(注11)

米国では、保全休耕プログラムが何百万羽もの鳥の命をつないでいる。これは休耕地に対して国が地代を払うシステムだが、バイオ燃料を普及させようとする政府の決定により、その効果が危ぶまれている。休耕地を使って、車のためのトウモロコシが栽培されるようになりかねないからだ。(注12)

農業と野生生物保護の両立は可能で、実際に両立できている例も多い。生涯を通じて農業に従事してきた60代の農業従事者、リチャード・オーウェンに会って話を聞いた。現在、彼はイングランド西北部、チェシャー州のビックリーホール・ファームで働いている。そこは食料生産と自然が共存し、皆に利益をもたらすことを実証するための実験農場である。彼は350ヘクタールの永年牧草地と、牛や羊の飼料にする干し草用の牧草地の世話をしている。彼は「昔の知恵」を学び直すことについて語った。それは、思いやりを持って土地を耕し、化学物質の使用を控え、家畜を放牧して土の健康を守るということだ。「農業従事者は往々にして、仕事や支払いに追われて視野が狭くなっている」と彼は言う。「肥料を使わず、異なる種の家畜を用いるこのシステムは、コミュニティーや人間を農場に戻す。やってみた人は、必ず夢中になるんだ」

地元の農家の一部は、このモデルを導入し始めている。これは田園地帯に調和した農業の一例にすぎない。オーウェンと話しながら急な坂を上り、土手の上から葦に縁取られた湖を見渡した。湖畔の草原ではタゲリが巣作りをし、ヒバリがさえずっていた。茂みをのぞきこむと、茶色の羽がぼんやりと見えた。スズメだ。今の英国では珍しいが、ここではうまくやっているらしい。

鳥に興味を持つ人は多い。王立鳥類保護協会(RSPB)の会員は、100万人以上いる。この数十年、鳥の減少が、以前ほど急激でなくなったのはおそらく、工業型農業の打撃を一般市民が認識し始めたせいだろう。鳥にスポットライトを当てた『スプリングウォッチ』のようなテレビ番組も助けになっているはずだ。

わたしは、住まいのあるサウスダウンズで、毎日のように双眼鏡を携えてあちこちを歩き回っている。コスタリカ、米国、トルコ、イスラエル、セイシェルなどへの野鳥観察旅行の案内を務めたこともある。英国で希少な鳥を見つけると、今でも大いに興奮する。これまでに観察した鳥は470種を超す。鳥を探して夜通しドライブすることも多く、また、最北のシェトランド諸島のフェア島や、南西部のシリー諸島では、6人乗りの飛行機にぎゅうぎゅう詰めになって珍しい鳥を追ったりもした。

さらに、常日頃から、庭には野鳥の餌をまき、自然保護活動を支援し、無農薬食品を買うようにしている。そんなわたしの心を何にも増して動かしたのは、ある1羽の鳥だった。ハンプシャーの自宅にいた時に、見知らぬ人から助けを求める電話がかかってきた。よくある類の電話だった。というのもわたしは、ボランティアで野生動物病院の「救急車」の運転手をしているからだ。ひどい嵐の直後で、電話の相手は、傷ついた鳥を見つけたと言っていた。種類はわからないそうだ。わたしは場所を確認し、車に飛び乗った。到着すると、若い男女が美しいチョウゲンボウ（小型のハヤブサで、よく野原や高速道路の緑地帯の上を舞っている）を保護していた。骨折はしていないようだったが、明らかに様子がおかしかった。後部座席にその鳥を乗せ、地元のブレントロッジ野生動物病院へ運んだ。そこには専門の獣医師がいる。

数週間後、病院から、そろそろ引き取りに来てほしいと電話があった。見つけた場所に戻すようにと指示されたが、うまくいかなかった。数週間のリハビリテーションでは足りなかったようだ。手を放すと、チョウゲンボウは地面に落ちた。飛ばせようとあれこれ手を尽くしたが、だめだった。それでも、羽ばたき、ぴょんぴょん跳びながら、かなり速く動くことはできた。草原を横切り、小道を進み、土手を上ってまた下りてきた。わたしははらはらしながらその後を追った。こうして地面を進むことはできるけれど、捕食者から逃れるすべはなく、おそらくキツネに食われてしまうだろう。そう思ったので、チョウゲンボウをつかんで箱に入れ、野生動物病院を再度訪れ、それを預けた。

数カ月後、引き取りに来てほしいとまた電話がかかってきた。今回は、どうしても飛ばないのなら安楽死させると、はっきり言われた。鳥が保護された場所の近くの野原に連れていった。幸運を祈りながら、鳥をつかんだ両手をぐっと前に突き出し、一緒に空を見上げた。鳥は翼を広げ、しぶしぶ飛び立とうとしたが、地面に落ちた。わたしの気持ちも落ち込んだ。しかし、不意に、何かに導かれるように翼に力がみなぎり、ついに鳥は飛び立った。しばらく同じ高さを飛んでいたが、次第に上昇し、木の梢を越えた。やがて空の小さな点になり、ついに見えなくなった。わたしは飛び跳ねて喜んだ。何とも言いようのない気分だった。今、こうして書いていても、チョウゲンボウのような素晴らしい生き物の生涯に、自由と新たな章をもたらすことができたという喜びが胸に湧きあがってくる。

本書の序文で、1950年代後半に中国で、毛沢東の大躍進政策の一環として行われたスズメ駆除作戦について述べた。毛沢東の自然との戦いは敗北を喫し、人々は餓死した。(注13)今から振り返ってみれば、ずいぶんばかげたことのように思える。しかし今でも同じような戦いが、はるかに見えにくい形でではあるが、広大な土地に大量の農薬を投入してただ一種の作物を作っているすべての国で、日々、繰り広げられている。今日の英国ではスズメはめったに見られない。田園地帯が変化したのに加え、殺虫剤や化学肥料を過剰に使ったせいで、スズメは事実上、一掃されたのである。毛沢東の戦いほど劇的なものではなかったが、スズメやそのほかの農場の鳥にとって、結果は同じだった。

## 消えたハチ

アイダホ州アイランドパークの消防署長を務めるケニー・ストランドバーグにとって、2011年7月10日は、いつもの日曜と同じように始まった。その地域の週末はたいてい何事もなく穏やかに過ぎていく。夏場の数カ月、牧草地には黄色と青の花が咲き、太陽は空で輝き、雪とは無縁の爽快な日々が続く。カウボーイはブーツを脱いでポーチでくつろぎ、山の爽快な空気を満喫する。スネーク川支流のヘンリー・フォーク川では、釣り人がマスを狙ってフライフィッシングを楽しみ、山ではエルクやアンテロープが柔らかな草を食む。ログキャビンや観光牧場に泊っている行楽客が時おりハイキングにやってくる以外、マツやポプラの森の静寂が破られることはない。

最近の調査によると、アイランドパーク市の人口はわずか215人だ。「市」どころか町とも呼びがたいが、1940年代に、州間高速道路20号線沿いに建つロッジのオーナーたちが、市外でのアルコール販売を禁止する法律をかわすために、当局に働きかけ、「市」に昇格させたのだった。現在、アイランドパークは、米国で最も長く、閑散としたメインストリート（長さ53キロメートル）を誇りとしている。

ストランドバーグはいつものように待機していた。このあたりでよくあるトラブルは、森林火災か自動車事故だ。この日は何ごともなく終わるかと思われたが、午後4時半になって突然、無線機が鳴った。20号線で事故が発生したと言う。それを皮切りに、911番の緊急電話がひっきりなしにかかってきた。詳細は不明だが、トレーラートラックが道路からそれ、戻そうとハンドルを切った際に一部が横転したそうだ。積み荷の大半が落下したらしい。ストランドバーグは急いで現場に向かった。そこで彼は異様な光景を目にした。道路一面に何百個ものミツバチの巣箱が散乱し、その上をハチの大群総勢1400万匹が、殺気立った様子で飛び交っていたのだ。

ストランドバーグと電話で連絡を取り、その時の経緯を聞いた。

「ハチは黒い雲のようだった」と彼は言う。「外には出られないし、窓さえ開けられなかった。手も足も出ない、というのが正直なところだ」。彼はトレーラーの運転席の横に車をつけ、運転手の無事を確認した。「運転手は防護服を着ているところだった。数分後、彼は外に出て、消防車のホースをつかんだ」。防護服を着た運転手と消防士たちは、放水してハチを鎮めようとした。だがハチはおとなしくなるどころかますます怒り狂ったので、あわててハチの専門家に電話して、どうすればいいかと尋ねたところ、泡消火剤を浴びせて殺せばいい、とアドバイスされた。そうすればトラックに近づいて後片付けもできるだろう、と。

ストランドバーグの心配事はもう一つあった。それはハイイログマだ。A・A・ミルンが『クマのプーさん』に描いたように、クマはハチミツが大好きだ。それにハチも食べる。高速道路はハチミツで覆われ、まだたくさんのハチが飛び回っている。おいしそうな匂いに惹かれてクマが高速道路上に出てきたら、また別の事故が起こりかねない。そういうわけで隊員たちは何度も刺されながら、1日がかりでハチミツとハチを取り除いた。ストランドバーグは自らとチームの準備不足を認めた。「火事や救助の訓練はしていたが、ハチへの備えはしていなかった。とても勉強になったよ。二度と起きないことを願っているが、またこんなことが起きたらどうすればいいか、今ならわかっている」

それはよかった。おそらく彼と同僚は、早晩、同じような災難に立ち向かうことになるだろう。その年のある時期には毎週のように、ミツバチの巣箱を積んだトラックが3、4台、20号線を走った。目指すのはカリフォルニア――そこで受粉のためのハチが必要とされている。わたしはカリフォルニアで巨大搾乳場を調査していた時に、極端な集約農業が招いた異常な結末を知った。それは受粉の産業化で、自然のハチがいなくなったせいで、急速に発展しているビジネスである。世界のある地域では、農業が工業化された結果、作物の受粉を担うハチが消えた。その結果、農家は、お金を払ってハチを借りるしかなくなった。

野生のマルハナバチも飼いならされたミツバチも、深刻な危機に直面している。英国には24種ほどのマルハナバチがいたが、この70年の間に、2種が絶滅した。6種は絶滅の危機に瀕しており、(注14)残り半分も危険な状態にある。(注15)英国養蜂家協会は、今後10年以内に英国は自国のハチをすべて失うのではないかと恐れている。(注16)米国では、1990年代には一般的だった数種が姿を消した。世界のほかの地域でも同様のことが起きている。

ハチの減少が何を意味するかを考えると寒気がしてくる。果物や野菜の大半は受粉をハチに頼っており、このままハチが減り続けると全世界の農産物の3分の1の先行きが危うくなる。政府がこの問題に気づくのは遅かった。2007年に米国の下院が、北米の受粉媒介者の状況について緊急公聴会を開き、500万ドルをミツバチの調査にあてることを決めたが、その金額はのちに半減された。(注17)

農家の人たちにじっと待っている余裕はなかった。彼らは莫大な費用を払って、商業的に飼育されたハチを借り、それをトラックで運ばせている。非常時の窮余の策だ。自然受粉に不可欠な野生のハチは、農薬まみれの単一栽培を行う工業型農業のせいで、生息地を奪われ、駆逐された。今のところ、ハチを貸すビジネスがその代役を務めている。

この奇妙な新産業の規模は、アイダホでの事故が唯一のものではないという事実からも想像ができる。2年前、ミネソタ州ミネアポリス付近でも同じような事故が起きた。1700万匹のハチが入った巣箱700個を載せた平台型トラックが事故を起こし、何百個もの巣箱が外に放りだされたのだ。(注18)

その事故の様子をレイクビル消防署長のスコット・ネルソンは語る。彼は現場に到着し、車のドアを開くとすぐ、顔を刺された。「（ハチの群れは）黒いもやのようだった。あんなものは見たことがない」。一方、トラックの運転手はレポーターにこう語った。「衝撃を感じてドアミラーをのぞくと、箱とハチの巣が爆発するのが見えた」。レスキュー隊は、ハチの大群が分散するまで救助工作車の中にいるしかなかった。3時間後も、ハチを片付ける作業は続いていた。

現在、養蜂家の多くは、ハチミツの生産より受粉サービスでお金を儲けている。アイランドパークでトラックから落ちた荷物は、25万ドルに相当した。ハチサービスの利用料は上昇する一方だ。(注19)2004年に比べるとその金額は3倍になり、今では巣箱を一つ借りるのに180ドルもかかる。中には、ハチのレンタル料が高騰したせいで、農業をやめた人もいる。

カリフォルニアの状況は特に切迫している。アーモンド産業にハチが欠かせないため、米国のミツバチだけでは足りず、オーストラリアなどからもハチを運んでいる。(注20)そうやって、究極の単一栽培を支えているのである。

毎年、晩冬や早春には3000台ほどのトラックが米国を横断し、カリフォルニアのセントラル・ヴァレーまで約400億匹のハチを運ぶ。南北が400マイルに及ぶその広く平らな谷間には、約60万エーカーのアーモンド畑があり、世界のアーモンドの80パーセントが生産されている。その受粉は、まさに史上最大規模の受粉イベントである。(注21)その費用は高額で、現在、カリフォルニアの栽培者は、年に2億5000万ドルをハチに費やしている。(注22)これは、農業の持続不可能なやり方のせいで、自然のサポートシステムが壊れていくもう一つの事例である。

中国では、同じ問題を、別の方法で解決している。毎年春になると、四川省のナシ園は雪のように白い花に覆われ、おとぎの国のような景色が見られる。その花がすべて瑞々しい果実になる。数百年にわたって農民たちは何もせず、ハチと夏の太陽の魔法のおかげで秋にはナシがたわわに実るのを待っていた。ところが21世紀になって、自然はそうした無料サービスをやめてしまった。その代わりに今では何千人もの村人がナシ園にやってきて、鶏の羽やタバコのフィルターをくりつけた棒で、ナシの受粉を手伝うようになった。木に登り、花粉の入ったプラスチックの瓶に棒を入れ、一つひとつの花に花粉をつけていくのである。(注23) わずかな報酬で、膨大な人数が長時間働く。妥当な解決策かもしれないが、この方法が、人件費の高い西欧諸国で実行できるとは思えない。

11月のことだったが、本書のためにカリフォルニアで巨大搾乳場を調査していた時に、商業養蜂家に出会い、このビジネスの詳細を聞くことができた。巨大搾乳場の牛と野生のハチの窮状にはつながりがある。どちらも農業の工業化の犠牲になった。

マイク・マリガンは、カリフォルニアの養蜂家の3代目で、底抜けに陽気な人物で、わたしと取材チームを自宅での朝食に招待してくれた。イザベルとカメラ班の2人とともにマリガンの家を訪れると、彼は飛び跳ねるようにして喜び、英国から来た客を歓迎してくれた。「ホットドッグ（すごい！）」と何度も大声で言って、わたしの背中を叩き、満面の笑みを浮かべて、ごちそうが並ぶキッチンを駆けまわった。テーブルの上にはパンプキンパイと、皿に山盛りにした揚げたてのシナモンブレッドがあった。キッチンカウンターには、ボウルいっぱいの果物、ヌテラ（チョコレート風味のスプレッド）の特大瓶、ピーナッツバター、メイプルシロップが置かれている。ビスケットとイングリッシュブレックファースト・ティーも用意されていた。彼は敬虔なクリスチャンで、彼の会社は「グローリー・ビー（聖なるハチ）」という名前だ。

　彼の家は立派な一戸建てで、趣味よく装飾され、見事な庭は整然としたアーモンド畑に囲まれている。それを見ると、ビジネスがうまくいっているのがわかる。広い裏庭には、片側が開いた納屋がいくつもあり、養蜂の道具が置かれている。アーモンド畑と商業用のバラ園に挟まれた低木地に、ミツバチの巣箱が二つあった。わたしたちに見せようと、マリガンが急遽（この訪問は、前日に電話で決まった）、用意してくれたものだった。ほかのハチたちは、温暖なカリフォルニア中部の沿岸部で、「冬越し」をしているそうだ。つまり今は休暇中で、繁忙期に備えてエネルギーを蓄えている。ハチたちは1月下旬か2月上旬まで沿岸部に滞在し、バレンタインデーまでには帰郷して、仕事に取りかかる。アーモンド畑で受粉作業を行った後、オレンジ畑に移動し、さらにチャパラル（カリフォルニアのヒースの生えた低木地帯）へ移って、ソバやセージの受粉をする。そして6月中旬にはセントラル・ヴァレーに戻り、綿やアルファルファの受粉を助け、その後は毎年恒例となっている海辺での休暇を楽しむ。

　楽しい仕事のように思えるが、マリガンは、「ロマンティックなことは何もないよ。難しいビジネスさ」とぶっきらぼうに言った。父も祖父も養蜂家だったが、その頃はハチミツが収入源だった。受粉のためにハチをレンタルするようになったのは、彼の代からだ。6000個の巣箱を所有し、それぞれに3万匹から5万匹のハチが入っている。2011年には、巣箱一つあたり150ドルから160ドルで貸し出した。かなりの儲けになりそうだが、ハチは繊細で、寄生虫や化学物質に弱く、実際、彼の事業は、何度か危機に見舞われた。ある年には、ノースダコタでさんざんな目に遭った。

その年、セントラル・ヴァレーは干ばつに見舞われ、ビジネスがうまくいかなかった。マリガンは、中西部にいい仕事があると聞き、米国のハチミツ産業の中心であるノースダコタ州へトラックでハチを運び、そこで家を借りた。最初から悪夢のようだった。到着したのは早春で、地面にはまだ雪が残っていた。

マリガンたちは、寒さへの準備を整えておらず、特に、餌にする花粉と花蜜が足りなかった。ハチが飢えてしまうのではないかと彼は心配した。それでも、どうにかハチは持ちこたえ、気候はゆっくりと暖かくなった。5月になり、彼は野草の花が咲く草地に巣箱をおろし始めた。しかしこの頃になってハチが次々に死に始めた。

「ノースダコタへ行く前、わたしはハチミツで金持ちになることを夢見ていた。調子に乗っていたんだ。けれどもハチが死に始めた――無数のハチが死んでいった。何が起きているのか、さっぱりわからなかった。苦境を家族に知られるのが恥ずかしかった。ばかなことをしたと後悔した。けれども、妻に秘密にできないのはわかっていた。正直に話さなければ。泣きそうになりながら、祈ってほしいと妻に頼んだ。生活が破綻するのが想像できた。」

ハチは、リシリソウ（アルカロイド系の毒を含み、死のヒナユリと呼ばれる）という麝香のような香りのする花の花粉や蜜を食べていたことがわかった。それが命を奪ったのだ。結局、マリガンは、すべてのハチを失ったわけではなかったし、この旅は、彼が恐れていた経済的な破滅もたらさなかった。しかしセントラル・ヴァレーに戻る頃には、彼は疲弊しきっていた。また、ハチの健康を守るための、年に一度の作業も予定より遅れていた。ミツバチへギイタダニ（ピンの頭ほどの大きさの寄生虫）は彼の生活を脅かす脅威の一つである。それが巣箱に入って繁殖すると、ハチは全滅する。巣箱に殺虫剤をスプレーする以外に方法はないと彼は言う。「そんなことをしたくはないが、ダニの繁殖はどうしても避けなければならない。しかし、ハチの中に殺虫剤が蓄積するのも心配だ」

養殖されているハチは、化学物質の絶えまない攻撃にさらされており、マリガンはその影響を心配している。「知らず知らずのうちに、巣箱の中に致死量の化学物質が蓄積する恐れがある」と彼は言う。また、ハチは農薬に対してもきわめて敏感である。柑橘類は、花が咲いた直後に農薬をスプレーされるので、ハチはひどくダメージを受けるそうだ。そこで農家との契約では、農薬をまく時期と、巣箱を設置する時期をずらすようにはっきり定めている。彼のハチはカーン郡当局に登録されており、そこが日程表を管理している。また、彼のクライアントの農家や、ほかのハチを借りる農家は、それぞれ農薬の噴霧スケジュールを当局に提出しており、それを見れば、農薬を噴霧したばかりの畑や果樹園にハチを送りこむのを避けることができる。しかし、絶対に確実というわけではない。風が強ければ、農薬は近隣の農園に流れ、そこで働いているハチに影響してしまう。

わたしたちが訪れた朝、マリガンは郵便で１００匹の女王バチを受け取った。１匹につき16ドルで、側面に網を張った小さな段ボール箱に入れられ、はるばるハワイから送られてきた。女王バチはとりわけ化学物質の影響を受けやすい。「女王バチは寿命が長く、おまけにずっと巣箱の中にいるからね」と彼は話す。「女王バチに負担がかかっていることに気づいてやらないと、産卵する期間が短くなるんだ」

「蜂群崩壊症候群（ＣＣＤ）」と呼ばれるハチの減少の原因については、今も議論されているが、専門家のほとんどは、農業の集約化、特に化学農薬の使用の結果だと考えている。(注24) 特に、ネオニコチノイド系の農薬との関連が疑われている。それは水溶性のニコチン様化学物質で、地面に噴霧され植物に吸収されると、植物を「毒の工場」に変える。(注25) 植物は昆虫や、もちろんハチにとって強い毒になる。

２０１３年、ＥＵはハチが好む作物へのネオニコチノイドの使用禁止を決定した。英国はハチの大量死との因果関係ははっきりしないとして、この法案に反対した。ＥＵの保健・衛生政策担当委員、トニオ・ボルジは、禁止を歓迎した。「ハチが必ず守られるようわたしは全力を尽くす。ハチは生態系にとってきわめて重要で、ヨーロッパの農業に年間２２０億ユーロ（２９０億ドル）以上の貢献をしている」(注26)

スコットランドのスターリング大学の生物学教授で、マルハナバチの世界的専門家であるデイヴ・グルソンも、化学肥料や農薬の大幅な増加を、ハチの減少の主因と見なしている。

マルハナバチは、北半球の温暖な地域で、作物や野草の受粉に大きく貢献している。しかしその種の多くは減少しており、やがてわたしたちは受粉の危機に直面するかもしれない。

ヨーロッパでは、集約農業よる生息地の喪失やその他の変化のせいで、減少したようだ。南北アメリカでは、一部の種は、外来の病気のせいで減少した可能性がある。(注27)

窒素肥料が使われるようになると、昔ながらのノーフォーク式輪作（麦の後にクローバーを植えて空中窒素を土壌に取り込む農法）は不要になり、ハチが蜜を集めていたクローバーは消えた。その上、クローバーの代わりになる野草も、除草剤で根絶やしにされた。巣を作る場所もなくなった。密生した草の間に巣を作る種もいれば、地下の空洞（主に使われなくなったげっ歯類の巣穴）を好む種もいる。生け垣や畑の縁の緑地が消えたせいで、地上に巣を作るハチは直接的なダメージを受け、緑地が消えてハタネズミやハツカネズミが餓死したため、地下に巣を作る種も間接的なダメージを受けた。仮にどこかに巣を作れたとしても、農業機械につぶされたり、農薬にやられたりする可能性が高い。

ハチは、工場式畜産場に詰め込まれた豚や鶏や牛と同様に、農業の集約化の犠牲になったのである。工場式畜産は往々にして、その餌を作る集約農業を伴う。

開発途上にある国々では、小規模な生産者は、ミツバチを借りたり、手作業で受粉する人を雇ったりする余裕がないため、ハチの減少が続くと、収穫が減り、国全体が飢餓に陥る恐れがある。世界の食料の90パーセントを占める作物の約70パーセントがハチの受粉に頼っていると、国連は推定している。(注28)

カルカッタ大学の生態学者、パルティバ・バスー博士は数々の研究により、ハチの減少と収穫高の低下にはつながりがあることを明らかにした。バスーは別のプロジェクトに関わっていてその関係を発見し、思いがけずハチの世界的権威になった。もともと彼は、インドの農家が政府の押しつける集約農業を拒否してもやっていけるかどうかを調べていた。答えは完全にイエスだった。彼の調査では、インドの16の地域（ヒマラヤ山脈のふもとの丘陵地帯から、亜大陸南端の湿地帯まで）の18軒の農家について調べた。それぞれ1、2種の作物か家畜を集中的に育て、概して多量の農薬や肥料を使用していた。バスーは彼らに、混合農業を試させた。同じ土地で、数種の家畜と数種の作物を育て、100パーセント無農薬ではなかったが、徐々に化学肥料への依存を減らしていった。1年に及ぶ実験の結果、参加した農場の大半は収入が増えた。理由の一つは、作物を多様化したことで、雨季だけでなく年間を通して作物を育てられるようになったことだった。

この結果にバスーたちはとても興奮した。インド政府は西洋式の集約農業を富を得る鍵として支持したが、インドの変化に富む独特な環境には適さないのではないかという、バスーの疑念が正しいと証明された。しかし、もう一つ興味深い発見があった。受粉をハチに頼る作物が、予想したほどの収穫をあげなかったことだ。

バスーに会ったのは、2011年の秋のことだった。彼は、シェフィールドで開かれた国際ミツバチ会議に出席するためにロンドンに滞在していた。彼は、ハチの危機的状況とインドの貧しい人々への影響を心配していた。「ベンガルではそれが特に目立ちます。そこではすぐ金になる作物として、さまざまな野菜が育てられています。いずれも受粉媒介者を必要としますが、ハチが足りないので、最近は手作業で受粉を行うようになりました。植物はあまり背が高くならず、列になって育つので、多くの子どもが働いています。子どもなら列の間に入れるし、かがまなくても作業できるからです」

インドでは、世界全体の生産量の約14パーセントに当たる年間約7500万トンの野菜が生産されている。半世紀前、インド亜大陸の食料は、輸入に大きく頼っていたが、1960年代以降、農業改革が進められ、今では、全人口を十分養える食料を生産できるようになった。流通がスムーズでないため、栄養不良が蔓延しているが、ともかく、政府はこの成功に自信を得て、さらに先へ急ごうとしている。しかし最近、バスーは、ほかの開発途上国のハチの問題に注目するようになり、ハチの減少と森林伐採に関係があることを見いだした。「受粉媒介を維持するには、森林が欠かせません。ハチが生きるには木が必要なのです。農薬の使用と森林の喪失という二つの要因が重なると、強力なダメージとなるでしょう」

彼は、農業の集約化に問題があるのだと確信している。

「ハチの減少が、開発途上国では欧米諸国ほど深刻化しないことを祈ってきましたが、無駄だったようです。とても悲しいことです。いい方向に導くには、相当な努力が求められるでしょう。けれども、残念なことに、現在、開発途上国の大半は、西洋式の集約化を取り入れるという望ましくない道をたどっています。今後ますます、単一栽培と化学肥料や農薬の使用は増え、ハチが必要とする自然豊かな生息地は失われていくことでしょう。」

国連の環境計画事務局長のアヒム・シュタイナーは、21世紀に人類は科学技術によって「自然から独立」するとわたしたちは錯覚している、と語る。70億近い人間がいる世界で、ハチは「人類が自然の営みに頼らなくなったのではなく、より頼るようになったという現実を強調している」と彼は見ている。

## 永遠の太陽の踊り子

チョウをつかまえるのは時代遅れで残酷な趣味のようだが、現代の米国ではそれがはやっている。19世紀のビクトリア朝時代の人々は、繊細な網で昆虫をつかまえ、頭にアヘンの液をたらして殺した。そうすると、しばらくの間、チョウの体が軟らかく保たれるので、羽を開いて、きれいな形に整えることができる。その後、胸部にピンを刺して板に固定し、誇らしげにガラスケースに陳列したものだった。(注29) しかし、現在のコレクターは、殺して飾りにするためではなく、羽に小さなタグをつけて逃がすために、チョウを捕まえている。

チョウのように繊細な生物が捕まえられ、いじられてもなお飛び続けることができるというのは想像しがたいが、そっと扱えばそれは可能だ。そして、捕虫網を持つ何千人もの誇り高き米国人が認めるように、その作業はやりがいがあって、楽しい。これは「モナーク・ウォッチ」と呼ばれ、米国北部のあらゆる年齢のチョウ愛好家が熱中する、類いまれな保護プログラムだ。(注30) 毎年秋には庭や学校、大学、公園などで、捕虫網を持ったチョウ愛好家たちが、できるだけ多く「モナーク（帝王）」（オオカバマダラ）を捕まえてタグをつけようとしている。目的は、農業の工業化が進んだせいで存続が危ぶまれているモナークの独特な「渡り」を追跡することだ。

モナークは米国を代表するチョウで、一般の人の多くもその名前を知っている。さらに重要なこととして、モナークは自然界の華やかなショー、すなわち米国北部からメキシコまで何千キロメートルも飛んで、また戻るという国際的な渡りの主役だ。オレンジと黒のステンドグラスのような模様の羽を持つこの繊細な生き物は、その旅の途上でさまざまな試練に出会う。およそ時速12キロのスピードで飛びながら、高速道路や煙突、鉄道や鉄塔、有害な煙を吐き出す発電所を越えていく。嵐や豪雨に耐えて川や山脈を越え、町や都市を通りぬける。途中、飛行機のスリップストリームに吹き飛ばされたり、車のフロントガラスにたたきつけられたり、水たまりやバードバスでおぼれたり、たき火で焼かれたり、クモの巣にかかったりして、数百万匹が死ぬ。そして、残りの数百万匹がどうにか旅をやり遂げる。毎年、何千万匹ものチョウがこの驚くべき旅に出るが、出発はいつも同じ日だ。夜と昼の長さが同じ秋分の日である。（注31）

また、毎年、旅は同じ場所で終わる。メキシコシティから西へ約１８０キロの、新火山台地の高高度のマツやモミの森である。ここでチョウたちはほぼ水だけを飲んで冬を過ごす。どのチョウにとってもこれは初めての旅で、春になって米国へ戻るのも、初めてである。つまり、メキシコへ向かうチョウも、米国へ戻るチョウも、新しい世代である（南下は1世代で行われるが、北上は3、4世代かけて行われる）。それでも、体内のナビゲーション・システムのようなものに導かれ、いつも同じ場所で旅を終える。

モナークになぜそのようなことができるのかは、自然界の神秘の一つで、本当のところはまだわかっていない。だが、もしかすると、謎が解明される前に時間切れになってしまう恐れがある。モナークは減少しており、渡りは危機にさらされるからだ。現在その個体数は史上最低を記録している。原因は農薬だ。

モナークはすべての個体が、メキシコの同じ場所に集まって越冬するので、それらが群れている森の面積が個体数の目安になる。WWF（世界自然保護基金）のメキシコ支部によると、現在その面積は、1・92ヘクタールで、これまでの最低値、2004年の2・19ヘクタールより減り、記録に残る最高値、1995年の21・6ヘクタールに比べると、桁違いに少なくなった。(注32) 今のところモナークが絶滅する危険性はないが、数がかなり減ってきているので、渡りがまったくなくなるか、現在のような壮大な光景が見られなくなるのではと、専門家は懸念している。

この問題の核心にあるのは、小さな淡いピンクの花をたくさんつけるトウワタという目立たない植物である。モナークの幼虫は主にトウワタの葉を食べるので、成虫はこれ以外のものには産卵しない。だが残念なことに、これは雑草で、農家の人々には好まれない。遺伝子組み換えで、強力な除草剤に耐える作物が誕生すると、除草剤が多用されるようになり、トウワタも含め、作物以外の植物はほぼ全滅してしまった。

カンザス大学の昆虫生態学者、オーリー・〝チップ〟・テイラー博士は、モナーク・ウォッチの事務局長を務める、世界的に名高いチョウの専門家である。彼に電話をかけ、何が起きているのでしょう、と尋ねた。モナーク・ウォッチのタグづけ作業は、今では大規模なものになったが、ボランティアが見つけるチョウの数は8年前の3分の1に減ったそうだ。博士は、原因は農薬だと確信しており、証拠は「いくらでもあります」と言った。

モナークはトウワタに依存して生きていて、そのトウワタは雑草です。かつて農家の人々は機械で畑を耕して、雑草を除去していましたが、トウワタの一部はそれを切り抜け、わずかながら、トウモロコシやダイズの畑に残っていました。その頃にわたしが撮った写真を見れば、トウモロコシ畑やダイズ畑のあちこちにトウワタが群生しているのがわかります。そのような畑はモナークにとってきわめて生産的な場所でした。けれども、1996年以降、遺伝子組み換えで除草剤に耐性のあるダイズとトウモロコシが開発され、その結果、強い除草剤が畑にまかれるようになり、トウワタは駆逐されてしまいました。遺伝子組み換えのトウモロコシとダイズが植えられるようになった時期と、トウワタが減り、モナークが激減した時期は一致しています。

モナークは、このような渡りをする唯一のチョウである。かつて、モナークの渡りの詳細は謎だったが、1970年代にひとりの生物学者がこのチョウの驚くべき生態を明かした。彼は生涯をかけて、モナークの行き先を突き止めたのである。

フレッド・アーカートがモナークの渡りを追い始めたのは、1937年のことだった。当時、その渡りについては、毎年9月になると数千匹が南に向かうことしかわかっていなかった。アーカートは、ロイヤル・オンタリオ博物館の昆虫部門のキュレーターだったが、トロント大学にも籍を置いていた。1940年代から50年代にかけて、彼は、同じ大学に勤める妻のノラとともに1000匹以上のモナークを飼育し、それらの未来を守るための研究を続けた。大学の動物学部門に所属していたので、研究に必要なスペースや設備には不自由しなかった。

夫妻は、1匹1匹に印をつけて放し、発見された場所とそこまでの距離を記録することによって、モナークの秋の旅を追跡することにした。何年もかけてタグのつけ方を研究し、ついに雨でもはがれない繊細な粘着ラベルを見つけた。それは羽にそっと押しつけると簡単にくっついた。その一枚ごとに「カナダのトロント大学動物学部へ送付」と書いた。

1952年、ノラが雑誌の記事で「タグづけプログラム」を手伝ってくれるボランティアを募集したところ、12人が応募してきた。組織を立ちあげるには十分だった。夫妻はその組織を「国際渡り協会」と名づけた。ボランティアの人たちは、タグを渡され、説明を受けると、さっそく作業に取りかかった。まもなくカナダと米国の各地から、タグのついたモナークが入った小さな箱が届き始めた。モナークが実際に何百キロメートルも飛んでいることがついに立証されたのだ。

1971年には、600人のボランティアが新たに加わり、さらに何千人もが毎年このプログラムに参加するようになった。アーカート夫妻のもとに寄せられる多くの情報から、モナークが北東から南西へ移動しているのは確かだった。しかし、旅の終着点はわからないままだった。夫妻はそれを見つけようと、何度も調査旅行に出かけた。ニューイングランドからカリフォルニア沿岸まで、カナダ南部からメキシコ湾まで旅したが、成果はなかった。

1972年、ノラは、プロジェクトについて説明する記事を、メキシコの新聞に投稿し、目撃情報を集めたり、タグづけを手伝ったりしてくれるボランティアを募集した。これが大発見につながった。当時メキシコシティで働いていた若い米国人エンジニア、ケン・ブラガーがその記事を見た。彼はモナークのことはあまり知らなかったが、アマチュアの自然愛好家《ナチュラリスト》だったので、ぜひ手伝わせてほしいと申し出た。それから2年にわたってブラガーは週末と休暇を費やし、モナークの越冬地を探してメキシコの山々を車で走りまわった。1974年、彼はキャシーという女性と結婚した。彼女もチョウがとても好きだったので、2人は一緒に捜索を続けた。ある時2人は、羽がぼろぼろになったモナークが発見された場所にやってきた。付近の山で木を切っていたメキシコ人にモナークの標本を見せたところ、こんなチョウがたくさんいる場所を知っている、と言われた、

1975年1月9日、ついにすべてが明らかになった。アーカートのもとにブラガーから電話がかかってきた。「見つけました。何百万匹ものモナークを!」。彼は喜びと興奮で息を切らしていた。それもそのはずで、彼は実に驚くべき光景を目撃した。チョウの大群が幹も枝もすっかり覆い、木がオレンジと黒のぼさぼさの毛皮をまとったようになっていた。チョウの大半は、マツの木で羽をたたんで休んでいるが、目のくらみそうな大群をなして、木々の間を飛んでいるものもいる。この驚くべき光景を見た人は皆、最大の驚きは羽ばたきの音だと言う。それは水が押し寄せてくるような音だ。

当然ながら、アーカート夫妻はこの類まれな光景を自分たちの目で見たいと思った。さっそく次の冬のメキシコ旅行を手配した。2人は60代になっていたが、「チョウの山」に登ろうと決心した。

40年に及ぶ研究の最大の報酬として。

生涯をかけて探しあてたモナークのコロニーを見るのは、素晴らしい瞬間だったが、さらに奇跡的なことが起きた。アーカート夫妻が羽ばたく集団を見つめていた時、マツの枝がチョウの重みで折れ、チョウの大群が巨大な雲のようになって舞い上がった。夫妻の足元に落ちてきた1匹の羽に白いタグがついていた。そのチョウはメキシコへ旅立つ前に、ミネソタでボランティアにタグをつけられていた。それは夫妻が必要としていた決定的な証拠だった。北米で見られるモナークが、2000マイル離れたメキシコで冬を過ごすチョウと同じであることは、もはや疑いようがなかった。(注33)

その後、モナークの大きなコロニーが、五つの山に分散する13カ所で見つかった。しかし、現在、トウワタの激減がモナークの未来に暗い影を落とし始めている。脅威はそれだけではない。もう一つの深刻な問題は、違法伐採のせいでメキシコの越冬場所が破壊されようとしていることだ。

500年前、アステカ文明の人々は、死者の魂はチョウになって戻ってくると信じていた。それゆえに彼らはチョウを「永遠の太陽の踊り子」と呼び、大切に扱った。しかし今では、モナークの越冬場所は、国が指定する生態学保護区であるにもかかわらず、依然として木が伐採されている。マツとモミはシェルターとなって、気温の変動からチョウを守っている。樹冠がまばらになると、チョウは嵐や冷たい突風にさらされ、しばしば死に至る。

メキシコ政府は、モナークのコロニーを保護するために数百万ドルを投入し、森の木を切って売るより、チョウで観光客を呼ぶほうが利益が多いということを、5万ヘクタールに及ぶチョウが冬越しする地域の人々に教え込もうとした。そのキャンペーンが始まった2007年、WWFの報告によると、メキシコでの違法伐採は48パーセント減少したそうだが、コロニーの減少は続いている。テイラー博士はこの状況を大いに心配している。「ここでは生物が繰り広げる世界有数の素晴らしい現象が見られるのです。それを失うのはきわめて残念なことです。それは地球上で起きる最もみごとな現象の一つなのですから」。博士は、メキシコ当局への働きかけを続けるのが肝心だと考えている。「メキシコの現状を維持することが肝心で、チョウが減少するにつれてますますそうなります。今でさえ越冬中に、厳しい気候に見舞われ、70から80パーセントが死ぬこともあるのです。個体数が少なくなれば、そうした打撃から回復するのは難しくなるでしょう。回復できたとしても、何年もかかるはずです」

モナークの渡りをこの目で見ることができたのは、幸運だった。野生動物の観光ツアーを率いてニュージャージー州のケープメイを訪れていた時のことだ。わたしたちは、9月の空を南へ渡っていく猛禽類を観察していた。茂みにはこちらも渡りの途中の小さなムシクイがたくさんいた。どちらも見ごたえがあったが、その時、空を覆う雲のように現れた、美しいオレンジと黒のチョウの大群は圧倒的で、わたしたちは息を呑んでそれを見続けた。1カ月後、わたしは英国南西部沖のシリー諸島にいた。大西洋に面した小さな飛行場の周辺を歩きながら、渡り鳥を探していると、驚いたことにモナークが力強く羽ばたきながら、草地の上を飛んでいた。はるばる米国からやってきたにちがいない。おそらくは風に飛ばされ、進路をはずれたのだろう。こんなに繊細な生き物が、何千マイルも海を越えてきたというのは衝撃的だった。

しかしこれらの渡りの名手は危機に瀕している。集約農業の影響に苦しんでいるのはモナークだけではない。英国では、チョウの4分の3は農地に生息しているが、チョウ類保全協会、ナチュラル・イングランド、農業・野生生物諮問グループの報告をまとめると、「現在、チョウの多くは、比較的狭い地域でのみ生存している」そうだ。これらの組織は、チョウが生きていくには、野草が生えている牧草地が欠かせないと述べている。そのような牧草地には25種ほどの生物が生息しているが、その一部は数が減って希少になっており、牧草地に肥料や農薬を使用すべきではないと各組織は忠告する。(注34)

最近、英国チョウ監視計画(UK Butterfly Monitoring Scheme)(訳注＊公的資金による組織で、54種のチョウの動向を監視する)は、ここ10年で30種が減少したことを発表した。21種が4分の1以上減少し、12種は半分以上減少した。ヨーロッパアカタテハ、ヒメアカタテハ、ルリシジミなど、英国の代表的な種も、被害者リストに含まれる。(注35)

わたしが野生生物に興味を持ち始めたころ、英国ではアリオンゴマシジミの絶滅が世間の注目を集めていた。数十年にわたって保護活動がなされてきたが、努力の甲斐なく、1979年、ついにその絶滅が宣言された。集約農業による生息地の破壊がその原因だった。(注36)この種は、世界的に絶滅しかけているので、なおさら残念だった。しかし、保護活動家はあきらめず、「世界最大にして最長の、昆虫を含む保護プロジェクト」と称して、英国の田園地帯にアリオンゴマシジミを再導入した。それから25年がたち、その繊細なパステルブルーの羽が、30カ所以上のかつての生息地で見られるようになった。(注37)この事例は、種の減少は逆転できることを証明しているが、もとより減少を避けることができていれば、そのほうがずっといい。

モナークは、ほかの国々に渡りをしないものが多数いるので、絶滅の心配はなさそうだが、その減少は非常に深刻な事態の前兆である。大自然の驚異であるその渡りがなくなるのは、大きな衝撃となるだろう。テイラーは次のように言う。

> モナークはそれ自体が重要なわけではありませんが、人間の行いの象徴と見なすことができます。いうなれば、米国の生物多様性に関わる問題の偶像なのです。モナークを支えることができなければ、ほかの種を支えることもできないでしょう。なぜならモナークは、米国のほぼすべての受粉媒介者や、多くの小型哺乳類および鳥類と、生息地を共有しているからです。

危険を警告する炭坑のカナリアのように、チョウは、鳥やミツバチと同じく、田園地帯が健全かどうかをわたしたちに教える。その窮状は、食料生産や農業の犠牲になっているさまざまな生物の苦難の一部にすぎない。

# 第5章 魚──農業が海洋資源を奪う

## きらめく鱗

何もかもが完璧だと思えた。白く輝くカタマラン（双胴船）の甲板で、新妻のヘレンとともに日差しを浴びながら海を眺めていた。モーリシャスの澄みきったターコイズブルーの海、魅惑的な白い海辺、冷たいビールやカクテル──パラダイスにいるような気分だ。実際わたしは、夢見ていたハネムーンの最中だった。船は、モーリシャス屈指の美しい海岸があるといわれる小島、イル・オ・セルフに向かっていた。船上にはパーティーのような雰囲気が漂っていた。何組も新婚旅行のカップルが乗っていて、ビールやミネラルウォーターを飲みながら、結婚したいきさつを語ったり、結婚指輪をいじっているとすぐ新郎だとわかると言って笑ったりしていた。

海面にしぶきがあがった。イルカだ！　皆、おしゃべりをやめて、船の前を泳ぐ陽気なバンドウイルカに目をやった。興奮のあまり、飲み物をこぼしそうになった。この旅ではイルカを見ることを何より望んでいたからだ。だがその時、ヘレンが遠くに奇妙なものを見つけた。「あれは何？」。

双眼鏡をのぞき込んだ。養魚場だ。その瞬間、わたしの頭は仕事モードに戻った。そして、海面に浮かぶ輪状の白い柵と緑の支柱を見つめた。申し分のない風景を台無しにしている。その下にある袋状の網には、数千匹の魚が閉じ込められているのだろう。それらの糞が、この穢れない海にどんな影響をもたらすかを考えずにはいられなかった。

近年、モーリシャス共和国では魚の養殖が盛んになりつつあり、環境省が指定した20以上の場所に養魚場が作られた。(注1)現地の人々はそれによって海がどんな影響を受けるのかをよく知っている。モーリシャスの環境保護活動家は、海にまかれる飼料や有毒な化学物質が、汚染や病気を引き起こしたり、さらにはサメをおびき寄せたりして、何より大切な観光事業に深刻な悪影響を及ぼすことを恐れている。(注2)また、珊瑚礁の健康状態も心配される。モーリシャス大学の海洋学と環境科学の教授であるデオラル・デイビー博士は、その影響は致命的なものになるのではないかと懸念する。「きわめて慎重になるべきだ。この国に美しい海岸があるのは珊瑚礁のおかげなのだから。珊瑚礁は海岸を守り機能させる上で、非常に重要である(注3)」

ネッタイチョウが、白く長い尾をリボンのようになびかせながら船を追い越した。忘れることのできない素晴らしい一日だった。しかしわたしの心は、養魚場を見た時に覚えた違和感をずっと引きずっていた。すでにモーリシャスの野生動物と環境は、残酷に破壊されつつあった。田園地帯に広がるサトウキビ畑は、固有の野鳥が絶滅しかけている理由を語っている。この島国には世界でも稀な鳥がいるが、そのいくつかが消えようとしている。例えば、モーリシャス・チョウゲンボウやモーリシャス・ホンセイインコは数百羽しか残っていない。それでもモーリシャスがまだ牧歌的に見えるのは、自然に回復力があるからだ。その日わたしは学んだ。工業型農業は今や、パラダイスの海までも奪おうとしている。その時まで、魚の養殖と聞いて頭に浮かぶのは、スコットランド沿岸部でのサーモンの養殖だったのだが。

ロッホ・マリーホテルは、雪を頂く山のふもとにある世界有数の美しい湖、マリー湖のほとりにある。周囲にはシダが茂り、カレドニア松がそびえている。スコットランドのウェスター・ロスにあるこのホテルは、1877年にビクトリア女王が逗留して以来、野趣に富む寂しげな風景に惹かれる旅行者の人気を集めている。

マリー湖はスコットランドで4番目に大きな淡水湖だが、昔から、神秘的な力があると信じられてきた。18世紀末から19世紀初頭にかけては、その魔法じみた力で精神疾患が治ると噂され、精神を病んだ者が、最後の手段として連れてこられた。治療の儀式では、患者を小舟に縛りつけ、マリー島と呼ばれる小島に向かう。島に近づくと、まず時計回りにそのまわりを回る。1周するごとに、気の毒な患者は凍りつくような湖水に頭からつけられる。その後、島に上がり、ピクト人の時代にさかのぼると思われる古い教会や墓、聖なる井戸のそばで、さらに儀式が続く。患者は井戸の水を飲んだり、古びた木に古布やリボンを釘で打ちつけて捧げものにしたりする。1772年にその儀式を見た人の記録によると、何としてでも病気を治そうと、患者は井戸の水を飲んだり壊れた祭壇の前に跪いたりする儀式を数週間にわたって続けたそうだ。(注4)

その後、マリー湖が人気を集める理由は、もっと具体的なものになった。それは魚である。かつては夏になると、数千匹のシートラウトやサーモンが海から戻ってきた。それらは入り江に群れをなし、驚異的な釣果をもたらした。10キロ近いトラウトが釣れる場所として、湖は世界有数のトラウトの漁場になった。(注5)記録に残る最大のサーモンは、13キロを超えた。(注6)その当時、ロッホ・マリーホテルは10隻のボートとハイランドの釣りガイド「ギリー」を釣り客に提供し、繁盛していた。繁忙期には、9人ものギリーを待機させた。日が暮れると、釣り客たちはギリーズ・バーのぱちぱちと音を立てて燃える暖炉の前で、モルトウイスキーのグラスを片手に、その日の成果を自慢しあった。しかし今、ホテルに往時のにぎわいはない。魚がいなくなったからだ。

近頃では、1キロ以上のトラウトが釣れればいいほうだ。天然魚資源の状態を調べる最近の調査もそれを裏づけている。(注7)２０１０年9月17日、出漁期が終わる1カ月ほど前、それぞれ経験豊かなギリーを乗せた3隻のボートが、魚種を調査するためにマリー湖に漕ぎだした。この調査を企画したウェスター・ロス漁業トラストの報告によると「その日は寒く、にわか雨が降り、北西の微風が吹いていた。21匹のトラウトを捕獲・測定し（すべて後にリリースされた）、個体識別のために鱗を採取した。アンドリュー・ラムゼイが一番大きなシートラウトを釣り上げたが、それは８７５グラム、約2ポンドだった(注8)」。つまり、それ以外はもっと小さいということだ。マリー湖と近くのユー川のトラウト漁は崩壊し、ホテルのオーナーは客を集めるほかの方法を探すようになり、釣り産業に生計を頼っていた人々は失業した。

ホテル賃借権を持つニック・トンプソンは、釣り客は週にひとり来るか来ないかだと言う。彼のホテルは現在、改装のために閉めている。彼はそこをエステ付きのスパリゾートにしようかと思案中だ。釣り人の楽園としての未来はないと、はっきりわかっているからだ。魚資源の枯渇をもたらすのは、通常は乱獲だが、マリー湖の場合、釣り人たちはシーズンに1匹か2匹、大物を釣り上げて喜んでいたのだから、責められる筋合いではない。真犯人は誰か。それは、近くにある二つの養魚場だ。(注9) そうした集約型の魚の養殖が、天然の魚を破滅に追い込む。同じような光景が、世界各地で繰り返されている。

養魚場は人里離れた海辺や峡谷に作られるため、あまり人目につかないが、水面下の工場式農場であり、急成長している集約的な動物飼育の部門の一つである。世界全体で、毎年、約1兆匹の養殖魚が生産されており、個体数で言えば、鶏、牛、豚など陸生家畜の総計より3000億匹多い。(注10) 肉の生産量で言えば、2009年には全世界で、550億羽の鶏から8000万トンの鶏肉が生産されたが、海洋牧場とも呼ばれる養魚場では、その70パーセントに相当する魚肉が、およそ1兆匹（鶏の個体数の約2倍）の魚から生産された。(注11)

天然魚の資源が危機的なまでに減少しているのを受けて、魚の養殖は望ましい解決策だという見方が広まった。だが実のところ養魚業は、海の負担を減らして天然魚を保護するどころか、サーモンやトラウトのような肉食性の魚の餌となる小魚を、海からさらに多く奪いとっている。はっきり言って、養魚場は魚を浪費するだけで真の利益を生み出さない。(注12) 数字がそれを語っている。産業データによると、トラウトやサーモンのような養殖魚を1トン生産するのに、小魚を3トンから5トン必要とする。(注13)(注14) しかし天然魚は、枯渇の危機に瀕している。ＦＡＯ（国連食料農業機関）によると、天然魚の半数以上はすでに「完全に搾取され」、残りの3分の1は乱獲されている。(注15) 2008年、世界で水揚げされる魚の23パーセントは浮魚《うきうお》（海面近くを群れで回遊する小魚）で、それらは養殖魚の餌や魚油になる。言い換えれば、世界の漁獲高の約5分の1が、ほかの魚の餌として浪費されていることになる。(注16)

さらに困ったことに、この水揚げされた魚の3分の1もが、鶏や豚といった家畜の餌にされている。(注17) チキンナゲットやポークチョップに変な臭いがしたら、そのせいかもしれない。この数十年で、主に養殖魚の餌になる魚粉や魚油を作るために、2000万トンから3000万トンの魚が海から奪われた。(注18) その大半は浮魚、つまり、カタクチイワシやニシン、ニシン属の小魚、サバなどだが、一般に考えられているように、魚粉は切り落としや、加工する際の余り物から作られるわけではない。それどころか大半は、人間でも十分食べることのできる栄養価の高い魚肉から作られている。(注19)

浮魚を動物の餌にすることは、魚の乱獲を招き、ひいては魚資源の枯渇を招く。浮魚にしても、無限に捕れるわけではない。FAOによれば、太平洋南東部のカタクチイワシと南部のスケトウダラ、それに大西洋のブルーメルルーサは、ほぼ捕り尽くされたそうだ。大西洋のニシンの数種も同様であり、日本近海のカタクチイワシやチリ近海のマアジも枯渇している。(注20) いずれにせよ、「投入する魚」対「得られる魚」という大ざっぱな比率で見ても、養殖漁業が限られた資源のきわめて非効率的な利用法であるのは確かだ。(注21)

天然の魚を養殖魚の餌にする方法は持続不可能だということに、養殖漁業者たちは気づきつつある。驚いたことに、一部の人は代替策として、家畜の肉や骨粉を餌にすることを提案している。養殖漁業が急速に発展している中国やベトナム、インドなどでは、養殖魚は、集約的畜産場から出る糞便を含む飼料を与えられている。

2010年にタイで開催された水産養殖世界会議で、科学者たちはそれが浮魚資源への脅威になっていることを強調し、養殖魚の「飼料の質の危機」を警告した。2050年までに、鶏処理場の廃棄物や鶏糞を飼料にするようになる、と彼らは予測した。(注22) つまり、いずれは鶏の糞で魚を育てるようになるというのだ。そんな魚を欧米の消費者が受け入れるとは思えないが、すべては真実をどこまで知らされるかにかかっているのだろう。

工場式畜産場の動物と同じく、養殖漁業の魚も狭いところに押し込められる。最大5万匹ものサーモンが一つの檻で飼われている。魚たちは、白内障による失明、ヒレや尾の損傷、体の変形、寄生虫感染に苦しみながら、空間と酸素を求める競争を強いられる。サーモンの状況は、体長75センチの魚が1人用の浴槽で飼われているようなものだ。群れで海を泳ぐのが本性であるサケたちは、動物園の動物がいらいらと檻の中を行ったり来たりするように、ケージの中でも群れを成してぐるぐる回り続ける。仲間の体やケージの側面と擦れあって、ヒレや尾がぼろぼろになる。

養殖されるトラウトの暮らしはさらに過酷だ。一般に淡水の「水路」か池で、1立方メートルあたり最大60キロという高密度で飼われる。それは体長30センチほどのトラウト27匹が、1人用の浴槽に入れられているのに等しい。1立方メートルあたり30キロから40キロというのが一般的な密度だ。過密と閉じ込められているストレスのせいで、病気への抵抗力が衰える。近年、サーモンの養殖では、何度も病気が大発生し、数百万匹が死んだ。養殖サーモンの死亡率は驚くほど高く、平均で10～30パーセントにもなる。(注23) 家畜の死亡率がそこまで高ければ、警鐘が鳴らされるはずだが、人間は、魚の福利にはあまり関心がないらしい。魚はほ乳類でも鳥でもないので、苦しんでいても問題ではないという感覚がある。

わたしはある経験を通じて、それをありありと感じた。アルザス地方のストラスブールで開かれた欧州会議に招待された時のことだ。それは政府間の協力と人権を向上させるための会議で、養殖漁業の共通基準となる法案も起草され、わたしはそのオブザーバーを務めた。古い歴史のあるその都市で、玉石が敷き詰められた細い道を散策し、古風なティンバーフレームの家々をながめ、町の中心にそびえ立つ名高いゴシック様式のカテドラルに感嘆したりもしながら、楽しい数日を過ごした。強制給餌されたガチョウのフォアグラを食べないように気をつけながらではあったが、さまざまな地元料理も楽しんだ。とはいえ、ほとんどの時間は、殺風景な欧州評議会の建物の中で過ごした。白っぽい建物で、脇には旗竿が並び、加盟国の色とりどりの国旗がはためいていた。行き帰りに近くの公園で白いコウノトリを探すのが楽しみだった。

会議は長く、緊迫していた。グレーのスーツに身を包んだ各国の官僚は、法案の込み入った文言を巡って、「should」と「shall」のどちらがふさわしいかを議論し続けた。「should」だと「したほうがよい」という弱い指針だが、「shall」にすれば、「すべきだ」という強い指針になる。わたしは折に触れ、「専門家」のオブザーバーとして、マイクロフォンを通して意見を述べ、望ましい方向に導いた。できるだけ多くを「shall」にしたかった。そんなふうにしながら、これまで保護とは無縁だった動物たちについて、少なくとも保護が検討され始めたのだと、感じていた。

ストラスブールはフランス北東部のライン川沿いにある都市で、川向こうはドイツである。この一帯はぶどう畑が多く、おいしいワインで知られている。旅程には内陸部の養魚場を見学する日帰り旅行が含まれていた。おそらく、連日果てしない官僚的な議論につきあうことへの御褒美なのだろう。同行するEUの官僚は、これまで何度もそこを訪れたにちがいない。そうでなければ、この部門での法案を起草するポジションにはいないはずだ。

30〜40人の官僚、アドバイザー、獣医らとともに観光バスに乗った。最初に訪ねたのは、ライン渓谷にあるコイの養魚場だ。そこには2種類の池があり、一つは魚用で、もう一つは稚魚が食べる小さな生き物、動物性プランクトンの池である。水槽で過ごす稚魚の時期は別として、そこのコイは、ごく普通の池で、自分で見つけたものを食べながら、比較的ゆったりと飼育されていた。

次に立ち寄ったのは、草地にあるコンクリート製の長方形の池でトラウトを育てている養魚場だった。近くの泉から引かれた水が、階段状に並ぶ池に、上から流れ込んでいる。下へ行くにつれて、魚のサイズが大きくなる。水も環境も、そこそこ良さそうだった。水は澄んでいて池の底がよく見えたが、一番下の池に届くころには、それほどでもなくなるだろう。魚たちは日曜を除いて毎日、2回、手で給餌されるという。日曜の断食は魚たちのためなのか、それともオーナーのためなのだろうか。

3番目で最後となる訪問先は、「現代的水路漁場」として宣伝されていた。その遠回しな表現から、工場式農場の養魚場版なのだろうと想像できた。自動酸素注入システムが完備されていると聞いていたが、確かに必要なはずだ。容積あたりで言えば、これまでに見てきた養魚池の3倍近い魚がここの水路には詰め込まれていた。水は茶色く濁っていて、魚の姿は見えず、ましてや底はまったく見えなかった。

官僚、獣医や専門家たちはうんざりしているように見えたが、批判や驚きの言葉は出なかった。魚の多くは、水槽の側面や互いと擦れあったせいで、尾が擦り切れていた。尾の付け根に赤い肉が露出しているものもいれば、尾がすっかりなくなっているものもいた。注水口では、格子に水がぶつかって酸素が溶け込むので、魚たちは酸素を求めて、死にものぐるいでそのまわりに群がっている。大きな魚が集まってけだるそうに泳いでいたが、その背は水面の上に出ていた。魚たちが幸せでないのは明らかだった。ひとりの専門家が、「魚が不快そうなのは、おそらくエラが詰まっているからだろう」と言った。

養魚場のオーナーと話をした。背の高い、愛想のいい男性で、仕事用の長靴を履いていた。どんな質問にも答えよう、写真も自由に撮っていい、と言われたので、わたしは工場のように殺風景な養魚場を回りながら、何度もカメラのシャッターを切った。先に訪れた二つの養魚場とは、ずいぶん違っていた。

目が飛び出た魚もいた。そばにいた獣医は、「衝撃による損傷」か、感染症を患っているのだろうと言った。その魚の姿もカメラに収めたが、それが別の獣医の機嫌を損ねた。彼は怒りを隠しきれない声で、その写真を公表するのか、とわたしに尋ねた。何度も繰り返し訊かれたが、彼を安堵させてやる気にはなれなかった。彼は、こうした場所で何が起きているかを世間に知られたくなかったようだ。

結局、わたしはその写真を公表しなかった。水が濁っていたせいで魚が写っていなかったからだ。それから10年たつが、その日の記憶は鮮やかなままだ。今でも、尾を失い、目を飛び出し、すさまじい環境で泳いでいる魚たちの姿、そして視線を落とし、何も言わない獣医や官僚たちの姿もまざまざと思い出される。バスに戻ってから、まわりの人が誰も、今見たことを気にしていないようであり、実に奇妙に思えた。獣医は一般に動物の擁護者だと思われている。だが驚いたことに、同行した獣医の中には、あの劣悪な飼育環境を見ても動じない人がいた。彼らは動物のために立ち上がるどころか、現状を認め、むしろその維持を図ろうとしていた。なぜなのか、と思わずにいられなかった。陸上であれ水中であれ、動物の飼育に関するモラルは、複雑な迷路をなしている。その迷路の中では、農家あるいは養殖業者の利益ばかりが追求され、動物の姿は見えなくなる。このテーマについては、第6章で再び取り上げよう。

わたしがストラスブールを訪れた頃から、養殖漁業は活気づいてきた。2009年までに、世界の市場に供給される魚の半分近くが養殖魚になった。その生産量のほぼ3分の1は2004年から2009年までの間に増加した。地域的に見ると、アジアが世界生産量の約90パーセントを占め、遠く及ばないものの、ヨーロッパ（4・5％）と南米（3・3％）がそれに続く。アジアでは、主にコイとティラピアを生産しているが、テナガエビやエビ、オオクチバス、ナマズ、カレイも養殖されるようになった。欧米の養殖漁業を引っ張っているのは、サーモンとトラウトの需要である。（注24）スコットランドの西海岸には、養魚場がびっしり並んでいる。高度に集約された産業だ。市場の3分の2は、マリン・ハーベスト社を筆頭とする「4大」養殖会社が抑えている。マリン・ハーベスト以下、スコティッシュ・シー・ファームズ、ライトハウス・カレドニア、グリーグ・シーフード・ヒャットランドはすべて、オスロ証券取引所に上場している。(注25)

しかし養魚場は、マリー湖のサーモンのような天然魚にとってきわめて危険な存在になる。というのは、ウオジラミの温床になるからだ。(注26) オタマジャクシのような形をしたこの小さな寄生虫は、サーモンの養魚場が抱える深刻な問題の一つである。(注27) 魚に寄生し、その皮膚や鱗を食い破る。頭の周囲への影響は特に甚大で、魚は生きたまま頭蓋骨が露出し、「死の王冠」と呼ばれる状態になる。

天然のサーモンは、自然にウオジラミから逃れることができる。産卵のために淡水域に入ると、ウオジラミがはがれるからだ。また、成熟した天然のサーモンは粘膜に覆われており、ウオジラミはくっつくことができない。(注28) しかし、養殖サーモンにそのような強みはないので、ウオジラミを退治するには、強い化学物質に浸すしかない。また、養殖魚は非常に密集した状態で飼われているので、ウオジラミはあっという間に増殖し、拡散する。天然サーモンの稚魚は、海へ戻る際に養殖場のすぐそばを泳ぎ、数週間にわたってウオジラミの大群にさらされ、そのせいでやがて命を落とすものもいる。(注29)

水産業界のニュースと情報を提供するウェブサイト「フィッシュサイト」によると、天然サーモンは、産卵のために川をさかのぼる際に、「サーモン養殖場でふさがった」河口を通る。天然サーモンの中にはウオジラミを持つものがいるが、海洋にいる間は大した害にはならない。しかし、養殖場のそばを通るとき、その体からウオジラミがはがれることがある。ケージ内のサーモンはぎっしり詰め込まれているので、侵入したウオジラミは恐ろしい勢いで増殖する。フィッシュサイトによると、養殖サーモンは、「寄生虫の貯蔵所」になる。川を下ってくる稚魚は、おとなのサーモンのような粘液や鱗を持たない無防備な体で養殖場のそばを通り、寄生虫に取りつかれ、多くは命を落とす。(注30)

アトランティック・サーモン・トラストによると、スコットランド高地と島嶼《とうしょ》部には、寄生虫や病原体の宿主となる養殖サーモンは6100万匹以上いて、それは天然サーモンの個体数の700倍に相当する。(注31)サーモン・アンド・トラウト協会に雇われている環境弁護士、ガイ・リンリー・アダムズは、次のように語った。

> 養漁場にサーモンの成魚が40万匹から50万匹いて、そのすべてに数匹のメスのウオジラミが寄生し、それらがすべて産卵するとしたら、川を下ってきた天然サーモンの幼魚は、このウオジラミの大群の中を通過することになります。5〜6インチ（13〜15センチ）のスモルト（海水に適応できるようになった幼魚）に10匹のウオジラミがついていたら、そのスモルトはおそらく死ぬでしょう。

養魚場で増殖したウオジラミが天然魚に壊滅的な害を及ぼすことは、かなり昔からわかっていた。すでに1999年には、スコットランド環境保護省による研究が、サーモンの減少とウオジラミとの関連は「疑う余地なし」と結論づけている。(注32)

2006年に論文として出版されたブリティッシュ・コロンビア州で行われた研究は、それぞれ複数の養魚場を含む三つの移動経路において、天然サーモンの幼魚がどのようにウオジラミに感染するかを調べた。その結果、どの経路でも、養魚場がウオジラミの源になっていた。科学者たちは、ブリティッシュ・コロンビア州でウオジラミ感染の流行がこのまま続けば、「天然サーモンの地域的な絶滅は確実であり、カラフトマスは4世代たつうちに99パーセントが失われるだろう」という結論に至った。(注33) 2009年には、業界団体であるブリティッシュ・コロンビア・パシフィック・サーモン・フォーラムが天然サーモンを保護するためにさらに多くの対策をとるべきだと訴えた。(注34)

同年の業界誌は、「養魚場で繁殖したウオジラミは天然サーモンの存続には無関係だと主張する人はほとんど見当たらず」、業界はこの問題に取り組む必要がある、と主張する。(注35) 生物学者、ピーター・カニングハムは、マリー湖とその周辺で天然魚の漁業を復興させようとする団体、ウェスター・ロス・フィッシャリーズ・トラストに所属している。天然魚資源に何が起きていて、養魚場がどんな影響を及ぼしているかについて、彼はこう語る。「かつてマリー湖には5ポンド（約2・3キログラム）を超える魚がいくらでもいましたが、最近では、そんな大きな魚は見たことがありません。1980年代、1ポンドを超すシートラウトの約12パーセントは、4ポンド（約1・8キログラム）を超えていました。今ではそのような大物は見かけなくなりました。以前に比べると、海で生きる年月が短くなっています。1～2ポンド（約450～900グラム）の魚はいくらか見かけますが、たいていは非常に多くのウオジラミがついています」。カニングハムは、マリー湖の天然サーモンが減ったのは、ウオジラミだけのせいではないと考えている。それでも、ウェスター・ロス・フィッシャリーズ・トラストは、ウオジラミの問題が解決すれば、シートラウトの数は「かなり回復する」と確信する。

このような取り組みの一環として、数年前、複数の養魚場がユー湖を数キロ北上したところに移転した。だが、カニングハムによると、まだ問題は解決していないそうだ。

> 多少の改善は見られましたが、大きなシートラウトを取り戻すことはまだできていません。毎年、調査のためにトラウトを捕獲していますが、大量のウオジラミに寄生された魚が今でもかなり見つかります。湖の外に出て、よそでウオジラミをつけて戻ってくる魚もいるようです。ウオジラミが1カ所の養漁場から広がったかどうかはよくわかりません。おそらく、よそから流れてくるものもいるのでしょう。

言うまでもなく、養殖されているのはトラウトとサーモンだけではない。2008年に科学雑誌『ネイチャー』に掲載されたある論文は、養殖漁業がタラやオヒョウなど、ほかの魚に広がるにつれ、「それらについても、病気や寄生虫による打撃が懸念されるようになるのは確かだ」と指摘し、「それらの魚を大々的に養殖し始める前に、環境コストを調査し、それを減らす努力が欠かせない」と警告する。(注36)

養殖漁業は、天然魚に対するもう一つの深刻な脅威を秘めている。それは脱走である。凍えそうな11月の夕刻、スコットランドで起きた事件がその意味を語る。じきに水揚げされ、市場に運ばれるはずだった2万4000匹のスコティッシュ・サーモンが、運良く逃げ出した。網が破れたので、囚われていたサーモンたちは、ためらうことなく濃い藍色のユー湖に逃げ出し、姿をくらました。(注37)脱走した魚たちにとっては幸運なできごとだったが、ユー湖とその周辺の天然魚にとっては、命を奪われかねない脅威となった。養漁場を所有する企業は、大量の脱走が起きたことは非常に遺憾であり、その理由は経済的損失というだけではない、と公に認めた。

サーモンの脱走は、管理者の不注意や、嵐や補食動物によってネットやケージが破られることにより、頻繁に起きている。時には、市場価値のない若いサーモンを故意に逃がすこともある。トラウトの養殖場でも脱走は起きている。2000年には6件の脱走事件が報告されており、スコティッシュ・レインボウ・トラウト社の養漁場だけで、6万3000匹を超すトラウトが逃げ出した。(注38)

養殖サーモンは1970年代以来、成長はより速く、性的成長はより遅くなるよう、品種改良されてきた。大規模な脱走は、それらと天然魚が、限られた空間と食料を取りあうことを意味する。スコットランドの川で釣りあげられた脱走魚の胃の中に、サーモンの卵や稚魚が見つかることがある。つまり脱走サーモンは天然サーモンを捕食しているのだ。(注39)

両者の交配も、望ましくない。1991年、英国サーモン諮問委員会は、両者の交配は環境への適応能力の低い子孫をもたらす恐れがあると述べた。天然魚は遺伝的に環境に適応しているが、養殖サーモンの遺伝子が混ざると、その強健さが損なわれる可能性がある。1999年、スコットランド環境保護省は、このような「遺伝子の汚染」を「現実に起きている危険」として認識すべきだと明言した。(注40)

養殖魚が自然環境に適応できないのは事実であるらしい。養殖サーモンが岸に打ち上げられたり、潮に流されたりしている様子が多く目撃されている。この奇妙な状況について、海洋生物学者、ジェームズ・モーティマーは「オークニー」紙に、「天然魚なら、波と呼ばれる現象を知っているはずなのだが」と語った。(注41)

これらの懸念によって、現在では、養殖漁場からの脱走は厳しく監視されるようになった。企業は脱走が起きたらすぐ当局に報告しなければならない。2009年、スコットランドでは5件の脱走が公に報告され、8万8000匹のサーモンが大西洋の養漁場から逃げ出した。もっとも、状況は好転しつつあるようだ。2010年、スコットランドの養殖業者の95パーセントが所属するスコティッシュ・サーモン生産者組合は、1万5000匹の魚が脱走したと報告した。それは記録が始まった2002年以来、最低の数字であり、養殖サーモンのわずか0・1パーセントにすぎない。脱走の大半は「人為的ミスか、網の穴」のせいらしい。(注42)脱走が減少したのが、たまたまなのか、それともシステムが向上した結果なのかは、今のところ不明である。

養殖漁業が天然魚に悪影響を及ぼすとしても、養殖魚が天然魚と同じくらいおいしく、健康に良いのであれば、案ずる必要はない。しかし、残念ながらそうではなかった。養殖のサーモンやトラウトは、天然のものより脂肪が多い。米国農務省の調査によると、養殖されたアトランティック・サーモンは、天然ものの2倍の脂肪を含み、養殖のニジマスは天然ものとタンパク質量はほぼ同じだが、脂肪の量は最大で79パーセント多かった。(注43)インディアナ大学の環境分析化学教授、ロナルド・ハイトは、養殖魚に含まれる化学物質を調査し、2004年にはその含有量が懸念されるレベルに達していると、大々的な警告を発した。彼のチームは、世界中の2トン以上の養殖魚と天然魚を分析し、養殖魚は化学物質の濃度が「明らかに高い」ことを発見した。その結論には愕然とさせられる。「養殖のアトランティック・サーモンの摂取は、有益な栄養効果を上回る有害なリスクを伴う(注44)」

化学物質は、養殖魚を健康そうな色にするためにも用いられる。天然のサーモンやトラウトは甲殻類や藻類を食べ、それが肉をピンク色にする。養殖魚をピンク色にするには着色料が必要で、そうしないと肉は灰色になる。カンタキサンチンやアスタキサンチンといった合成色素が単独、あるいは混合で用いられている。

工業型農業と同じく、養殖漁業も、最小限の投資で最大限の魚肉をとることを目指している。魚は性的に成熟するとそれ以上太らなくなるが、1990年代初頭、科学者たちはそれを避ける方法を探し始めた。そして見つけた答えが、3倍体法と呼ばれる技術で、現在ではトラウト養殖に広く用いられている。それは、オスでもメスでもない繁殖力のない魚を作る技法だ。

釣りの愛好家で、ドーセット州でトラウト漁場を経営するトレバー・ワイアットは、早くも1990年代から3倍体法を取り入れ、以来、その技術を熱心に擁護している。「魚は成熟すると、食欲が落ち、全エネルギーを繁殖行動に注ぎこむようになります。魚を性的に成熟しないようにするこの方法は、資源の有効活用につながります。下ごしらえ（はらわたを抜く作業）でのロスを25パーセントから16パーセントに減らすことができ、また、餌を9パーセント節約できるのです」

3倍体法は比較的簡単で、現場の労働者でもこなせる作業だ。トラウトから卵と精子を集め、温めながら授精させる。熱を加えることで、減数分裂が抑制され、本来なら1本消えるはずの母親の染色体が二つとも残り、それに父親の染色体（1本）が加わって、3本の染色体を持つ魚が生まれる。この処理をした魚は生殖能力がない。それは自然に起きる欠陥であり、3倍体法はそれを確実に起こさせる技術である。

ワイアットは、3倍体の魚は温度変化に弱いが、それを除けば利点が多いという。「3倍体処理をした魚は少しおとなしくなります。そのため群れが穏やかになり、管理しやすい」

一つ、明らかな利点がある。それは脱走しても繁殖しないことだ。2015年、英国環境省は、天然魚資源を保護する目的で、国内の養殖ブラウントラウトはすべて3倍体処理しなければならないと定めた。天然魚の保護に情熱を注ぐワイアットの1990年代以来の努力が実を結んだ。

> 繁殖能力のない魚のメリットにわたしが気づいたのは、ずいぶん前のことです。西部地方にはブラウントラウトがたくさんいる素晴らしい湖がありましたが、細い川が2本注ぎこんでいるだけでした。産卵の時期になると、魚がいっせいにその川を遡上し始めるので、個体数が過密になり、先に行ったものの卵が破壊されていました。この湖の魚の半数に繁殖力がなければ、卵が壊されることはない。それによって、生産性は上がり、死亡率は下がると思ったのです。

ワイアットはそれを、天然魚の遺伝子を強化し回復させるチャンスと捉えた。環境問題を発生させず、むしろ解決する新技術は、必ず歓迎されるからだ。しかし3倍体の魚には、形状の異常、呼

吸器の故障、血中ヘモグロビン低下、ストレスへの対処能力の低さが見られるのも事実である。(注45)

養殖産業は、ほかの生物にもしばしば悪影響を及ぼす。2008年5月、その問題がクローズアップされた。頭部のない2体のアザラシがスカイ島の海岸に打ち上げられた。そのおぞましい発見は大衆の抗議を駆りたて、警察も動き出した。(注46)発見者は、スカイ島で野生動物観察クルージングを運営し、受賞歴もあるナイジェル・スミスだった。養魚場近くの海岸を歩いていて、子をはらむメスと子どもの死骸を見つけた。「2体の頭部は吹き飛ばされていました」と、スミスはわたしに語った。彼にとってはそれほど珍しい発見でもなかったが、この事件は、養殖漁業の最も不快な側面であるアザラシへの攻撃にスポットライトを当てた。

1カ所に膨大な数の魚がいることは、アザラシだけでなく、鳥やカワウソ、そのほかの野生動物にとって、抗しがたい誘惑となる。そして養漁場業者の中には、それらを撃ち殺すことを、自らの財産を守るための合法的手段と考える人もいる。事件が起きた当時、アザラシとハイイロアザラシは、1970年のアザラシ保護法のもとで保護されていた。しかしその法律は、繁殖期にのみ適用され、また、養魚場は除外されていたので、経営者たちはケージのネットを守るために、年間を通してアザラシを殺すことができた。

養殖漁業者によるアザラシの間引きは、かつてはほとんど規制されておらず、大口径のライフルと銃の使用許可証があれば行えた。現在では新たな法律が定められ、それは最後の解決手段とされたが、いまだその業界には、銃弾を、問題を解決する最も安く手軽な方法と見なす人がいる。

スコットランドの動物福祉活動家、ジョン・ロビンスは、養殖漁業者の多くは保護ネットといった代替策にわざわざ投資しない、と訴える。

> 1980年代に業界の人に聞き取り調査をして、そう悟りました。当時、わたしたちの計算では、正式な数字ではありませんが、毎年少なくとも3000頭のアザラシが、養殖漁業者に殺されていました。1カ所の養漁場で年間に約10頭が殺されるとしての推計です。中には、1年に60頭以上殺したと語る業者もいました。ほかの情報から考えても、3000頭というのは、かなり控えめな見積もりだと思います。

2006年、ロビンスのような活動家の支援により「動物の健康・福祉スコットランド法」が制定され、魚が公的に保護されるようになった。養殖漁業者は、適切な方法によって魚資源を補食動物から守ることを義務づけられた。しかし、養殖業界の中には、これを銃の使用を認めるゴーサインと見なした人もいた。方法はもう一つある。丈夫な網だ。アザラシの食害を防ぐには、銃弾よりもはるかに効果的だとロビンスは確信している。「銃で魚を守るには、連日24時間見張っていなければなりません。本当に必要なのは、アザラシ除けの網なのです」。法律も、アザラシを撃つのは最後の手段にすべきだ、と明言している。

問題は、その網が高価で、設置や維持にも費用がかかることだ。情報公開法に基づく調査により、ロビンスはスコットランドの養殖漁業者の80パーセントがアザラシ除けの網を持たず、使用している業者はさらに少ないことを知った。「その結果、銃が最後の手段ではなく、第一の、あるいは第二の手段になっている」とロビンスは言う。スコットランドの養殖漁業界は、アザラシを管理するために銃を日常的に用いているわけではない、と弁明し、たった1頭のアザラシでも何千匹もの魚を殺すことがある、と訴える。

スコットランド政府は、射殺されるアザラシは近年、急激に減少していると言っている。だが、2011年3月、政府は、アザラシを間引きする許可証を65の業者に発行し、トータルで1298頭まで殺すことを許可した。射殺は人里離れた場所で行われるため、何頭が殺されているかは、業者の言葉を信じるしかない。ロビンスは確信している。「スコティッシュ・サーモンを買うとき、あなたはアザラシを撃つ銃弾の代金も支払っているのです」

## ペルーからの略奪

ペルーで1週間同行するガイド兼フィクサー（仲介者）がポケットに銃を仕込んでいるのに気づいたのは、砂漠に向かっているときだった。リマ郊外で野生動物と野鳥の観察ツアーを主催するステファン・オステムールは、ドイツ生まれの動物学者だが、かなり荒くれた生活をしている。言うなれば、緑の辺境で金鉱を探す冒険者だ。少なくとも今のところは。

この文無しの自然保護活動家は、誘拐に備えて、自身の安全に神経を配っている。これまでの経験から、銃の携帯は自己防衛の基本にすぎないと彼は悟っていた。ペルーの環境破壊を調べるのは死と隣り合わせだ。警察は彼に銃の使用許可証を与え、使う練習もさせてくれたそうだ。

わたしは驚きを隠しつつ、ステファンとペルーについての考え方を急いで改めた。彼が穏和な生態学者でないのは明らかで、この旅は、想像していたよりずっと危険なものになりそうだ。ペルー最大のビジネスの一つ、魚を加工し、家畜の飼料として中国やヨーロッパに輸出することの影響を調べるこの旅では、この後も、次々に思いがけないできごとに遭遇する。

魚粉は工業型農業の裏に隠された忌わしい秘密の一つで、数百トンの小魚を海から吸い上げ、つぶして魚油を搾り、養殖魚、豚、鶏用の乾燥飼料にしている。それはすなわち、大きな天然魚や鳥、海洋哺乳動物から食料を略奪することであり、重要な種の激減を招く。また、汚れた油性廃棄物を垂れ流し、海に「デッドゾーン」を作る。さらには、加工工場周辺の大気を汚染し、住民の健康を害する。何より、人間にとって非常に価値のある栄養源を、工業的に飼育される家畜の餌にしてしまう。

その実情を見るのに、ペルーほどふさわしい国はない。ペルーは中国に次ぐ世界第2位の漁業国で、カタクチイワシを年間10億ポンド以上水揚げし、すりつぶして魚粉にしている。(注47) 世界最大規模の漁船団を持ち、ただ1種の魚を追い、毎年100万トン超の製品を輸出し、世界の魚粉供給をリードしている。(注48) 2010年、英国は13万5000トンの魚粉を消費したが、(注49) その3分の1はペルーから輸入されたものだった。(注50)

この旅で、ステファンは、言うなればフィクサーの役目を務めてくれる。彼は、13年にわたってペルーで研究を続ける経験豊かな生物学者だ。魚粉業が海や鳥に及ぼす影響をその目で見てきており、この旅の案内人には最適の人物である。各国のドキュメンタリー制作者に協力した経験があり、魚粉産業の内幕を調べるのに必要な人脈も持っている。これまで10年以上にわたって、数々の自然保護プロジェクトの基金確保に奮闘してきた。わたしと会った時には、彼曰く「ペルー初の倫理的で環境に優しい金の採掘」を始めるための資金を集めようとしていた。それが動き出すまで、ガイドとして働いているという。

最初の目的地は、チンボテである。魚粉産業の中心で、スペインの漁獲量を上回る魚を水揚げする漁港だ。(注51)まずブエノスアイレスからリマに飛び、市内で数時間過ごした。リマは、砂漠を背に、太平洋を望む崖の上にある。ごみごみしているが陽気なその市の中心には、60年代、70年代、80年代の建物が立ち並び、時代もスタイルも異質なものが混じりあっていた。

ホテルから出て街をぶらぶら歩くうちに、バックパッカーが集まる安っぽい店や両替所、ジューススタンドが並ぶ賑やかな地域に出た。日曜なのでのんびりした空気が漂い、急ぎ足の人はいない。小さな古いステレオからボリュームを抑えたユーロポップが流れ、1970年代製とおぼしき古びた路線バスの「プー」という奇妙な警笛が時おり聞こえる。海岸へ向かって歩いていくと、周囲はコンクリートの高速道路、高層パーキングビル、灰色の市庁舎に変わった。高層アパート群が細長く連なって海を見渡している。薄く青や黒がかかったファサードガラスが日に当たってキラキラ光る。崖の端に立ち、弧を描く湾を眺めた。海岸というほどのものはなく、黒っぽい小石と灰黒色の砂が薄く海を縁取っているだけだ。数キロ先の湾の端には、ケープタウンのテーブルマウンテンを思わせる不毛の丘がそびえ、その全体が鉄塔に覆われている。正直言ってがっかりした。わたしにとってペルーは一度は行ってみたい場所のずっと上位にあったが、その首都には幻滅させられた。

ステファンは、チンボテに向かう前にアジア島へ案内してくれた。リマの沖にある岩の島で、かつては海鳥の営巣地だった。海鳥の暮らしがカタクチイワシ産業のせいで荒廃したのは明らかだ。その島は無人島で、数千年分の鳥の糞に覆われた「鳥糞《グアノ》」島だと、ステファンは説明した。場所によっては、鳥糞が90メートルも堆積しており、かつてそこに驚くべき数の海鳥が暮らしたことを物語っている。(注52)

ウ、カツオドリ、ペリカンたちがその島を埋め尽くしていた19世紀、鳥糞は価値ある産物だった。実のところそれは、1850年代までペルー最大の輸出品であり、国庫の主な収入源だった。1848～1875年までの間に約2000万トンが海外に出荷され、その半分は英国に送られた。当時、鳥糞は、上質な有機肥料として重宝されていた。(注53)その産業を支えていたのは、海鳥に数千万トンの食料を提供していたカタクチイワシだった。しかしその後、魚資源は略奪され、ステファンによると、鳥はほとんどいなくなったそうだ。

リマで4輪駆動のレンタカーを借り、近郊の村、プクサナに向かった。昔ながらの漁村で、ステファンはそこにモーターボートを係留している。また、プクサナはペルーの伝統料理セビチェ（刺身のサラダ）で知られ、日帰り旅行の行き先として人気がある。湾では、数十隻の小さな漁船が行き来し、村人たちが網の手入れをしたり、市場に魚を運んだりして忙しそうにしていた。市場の店先や、水揚げされたばかりの魚が入った木箱の間を、人間や犬や鳥がぶらついている。湾の端のほうでは、ペリカンがくず魚を探して羽ばたいていた。

運河沿いを歩いていく。海産物の臭いと、船の煙の臭いが混じりあって漂っていた。青い塗料を塗った東屋では、つば広の帽子をかぶった高齢の女性が、バケツから大きな真っ赤なカニを引っ張り出し、周囲の人々は売り物の海産物を台に並べていた。ザルカイ、イガイ、サバ、小さなサメの隣にはマグロが1尾。

ステファンは、霧が出るのを恐れて出発を急いだ。双発《ツイン》エンジンのモーターボートに乗り込み、エンジン音を響かせながら湾を出る。たちまち最初の商業漁船に出会い、追い越した。その30メートルほどの錆びて黒ずんだ船体には、黒い網が積み上げられていた。魚群を囲んだ網を徐々に狭めて魚を獲る、巻き網漁の船だ。今はぼんやりと衛兵のように突っ立っている2本のクレーンが、しばらく後には長い腕を伸ばし、のたくる銀色の魚の大群を網ごと持ち上げるのだろう。

岩場で釣り糸を垂れている漁師の横を通り過ぎる。霧が濃くなってきた。頭上では、驚くほど多くの海鳥が群れ騒いでいる。アジサシの色を濃くしたようなインカアジサシが優雅な翼を力強く羽ばたかせる。双眼鏡越しに、光沢のあるくちばし、付け根の明るい黄色、湾曲した白く細長い口ひげが見えた。カモメがボートのまわりを旋回する。2種のウと、島の高所に立つ希少なフンボルトペンギンを見た。ペルーカツオドリが急降下して海に飛び込む。

海中から、頬ひげが生えたブルドッグのような顔とつやつやした巨大な茶色の体が現れた時には、鳥肌が立った。アシカだ。霧の中、すべてが別世界のことのように思えた。遊び好きなバンドウイルカの小さな群れが、背ビレを光らせながら、ボートと並んで泳いでいく。そばに寄ってきたかと思うと、遅いぞ、と言わんばかりに、ボートの舳先を斜めに横切った。ステファンがスピードを上げると、イルカもスピードアップし、4頭がボートのすぐ前に並んだ。水面から顔を出したり、水中で舞ったりする。その滑らかな銀灰色の体は、手で触れられるくらいボートに近づいた。ヒレの傷や切れ込みが見える。地元の生物学者たちは、それを写真に撮って、指紋代わりに用いている。

小さな魚が跳ねた。海水がトウモロコシの粒のように飛び散る。イルカから逃れようとしているのだろう。そうこうするうちにボートはアジア島に着いた。今、その島は国立自然保護区として保護され、監視人しか住んでいない。島に近づくと、岩の上にいた監視人がもっと近づくようにと身振りで示した。彼は、島の立入禁止区域に不法侵入者がいるという内報を受けていた。その捜索を手伝ったところ、御礼にと、数分間の上陸を許してくれた。

ボートで過ごした楽しいひとときの後、それは気の滅入る経験だった。その島を保護区にしたのは、明らかに手遅れだった。まだいくらか島の姿を見かけたが、歴史に記録された様子とはかけ離れていた。腐りかけたペリカンの死骸、病気で動けないカツオドリを見た。鳥糞の強い臭い、乾いた、かびくさいアンモニア臭は、かつてこの島に海鳥があふれていた唯一の手がかりだった。

現在も鳥糞は採取されているが、その量ははるかに少なくなった。それを担う国営企業は存続が危ぶまれているそうだ。ステファンは語った。「前世紀の半ばごろ、ペルー沖の28の島に4000万羽の海鳥がいた。今では180万羽しかいない。鳥の減少は、魚粉産業の増加と連動している。これらの海鳥は皆、カタクチイワシを主な食料にしているからだ。カタクチイワシの加工産業が始まってから60年のうちに、鳥の数は95パーセントも減少したんだ」

もっとも、この地域で海鳥が激減するのは、今に始まったことではない。潮流が変わったせいで、海鳥の食料となる魚が、一時的に急激に減ることがある。ペルー沖を流れるのはフンボルト海流と呼ばれる北上する寒流で、海洋生物には暮らしやすい。

しかし、熱帯太平洋全域で起こる気候現象エルニーニョの数年間、海流が変わって温かい水が島の周囲に流れ込み、海洋生物の食物連鎖を土台から破壊する。プランクトンが姿を消し、それを食べていたカタクチイワシが消え、海鳥が飢える。しかし、エルニーニョが終われば、それぞれの個体数は回復する。1957年から58年にかけては、最もひどい打撃を受け、海鳥の70パーセントが消えたが、5年後にはほぼ回復した。しかし近年の持続的な減少は、それとは別の話だ。魚粉用のカタクチイワシを主とする乱獲のせいで、海鳥は減る一方だ。(注54)「島は空っぽになってしまった」とステファンは言う。「かつては、鳥糞労働者が作業すると、無数の鳥が空に舞い上がって雲のようになり、何時間も空が暗くなったものだが」。彼は、現在の様子を「恒常的なエルニーニョ現象」と表現した。

1970年にはカタクチイワシ漁が崩壊し、ペルーは乱獲がもたらす危機を悟った。それを機に政府は割当制度を導入し、産卵のために魚を残すようにした。(注55)これにより、カタクチイワシの減少は阻止できるかに思えたが、その数は最低レベルのままで、海鳥たちの絶望的な状況は変わっていない。ペルー政府は諸外国に向けて、カタクチイワシ漁はうまく規制され、持続可能だと訴えているが、別の話を語る人もいる。

ボートでの旅を終えると、リマに戻り、そこで開業している43歳の海洋弁護士、ビクトル・プエンテ・アマオに会った。2010年だけで、彼の事務所は、漁業の違反に関する訴訟を1万2500件扱い、罰金の総額は2億米ドルになったそうだ。政府はその半分も追跡調査していないと聞いても、わたしは驚かなかった。違反はどれもカタクチイワシ漁に関連していた。「当局は、割当を管理できていません。官庁でその部署にいる人々は漁業界とつながりがあるので、関連企業の扱いはきわめてルーズになる」と、アマオは嘆く。

1970年に漁業が崩壊するとともに、イルカ漁が始まった。イルカを捕ることは違法とされてきたのだが、ステファンの調査によると、年間2000～3000頭のイルカが、サメ漁の餌にするために殺されているらしい。

その日の早い時間、ボートから陸の養鶏場を見た。ペルーに数多くあるうちの一つだ。そこの鶏たちは魚粉を餌として与えられているのだろう。陸を見ても遠洋を見ても、工業型農業の犠牲になる海洋生物という、一つの大きな図式が浮かんでくる。

翌朝、チンボテに向かった。そこまでの400キロにわたる道程が絶景を謳われたのは、ずいぶん昔のことだ。リマ郊外の高速道路は、行けども行けども車列が途絶えなかった。ロンドン郊外の環状道路、M25のラッシュアワーよりひどい渋滞に巻き込まれ、カタツムリ並みのスピードしか出せない。道路沿いにはアパートや家が息苦しいほど密集し、その多くは2、3階建ての箱のような煉瓦造りの建物だった。セミヌードの女性の看板が、下に暮らす人々とは無縁のものを宣伝する。街路では、行商人が巻きタバコやブドウ、オレンジを積み上げて売っている。子どもたちは錆びた自転車で走り回る。街は雑然としているが色彩豊かで、やや威圧的だが刺激的で、活気にあふれていた。

ようやく市街を抜けたかと思うと、その先には不毛な半砂漠が広がっていた。低木の茂る丘に鉄塔が並ぶ。素朴な造りのとても小さな小屋があったが、人が住んでいる気配はなかった。丘のいくつかは無料の広告掲示板になっていた。打ち捨てられ、半ば砂に埋もれているのは、選挙ポスターが貼られた板で、政治家の名前がでかでかと書かれている。投票日が終わっても、そのままにされたのだろう。市境の数マイル先で新しい住宅地を通過した。数千軒もの、色とりどりに塗った煉瓦造りの低い小屋が、軒を寄せ合うようにして建っている。5年前に投機目的で造られた不法占拠の住宅群だ、とステファンが言う。「マフィアのような連中が勝手に土地を杭で囲み、バスで連れてきた人々に『借地権』を売りつけたんだ」と、ステファンは説明した。その開拓地はしばらくの間、武装した悪漢に管理され、出入りを厳しくチェックされたそうだ。逃亡中の犯罪者たちの隠れ家にもなったので、ついに政府が動き、警察署を設置し、法で治めるようになった。

高速道路をさらに数キロ行くと、最初の養鶏場に遭遇した。食肉用の鶏の飼育施設は、少なくとも外見はどれも同じだ。立ち並ぶ、長く背の低い小屋は、黒か灰色のたるんだ帆布が屋根代わりで、側面にはタール塗りの防水布が垂れ下がっている。きつい日差しを除けるためだろう。わたしたちは、あちこちつつくつもりはなかった。ペルー人が煩わしい侵入者を追い払う時には、言葉に頼ったりせず、いきなり実力行使に出るということを、ステファンの銃は語っていた。さらに先へ進むと、広大なサトウキビ畑に出たが、収穫しやすいように燃やしている最中で、暗い赤とオレンジの炎が6メートルも立ち上り、畑全体を黄色がかった茶色の雲が覆っていた。炎がパチパチと音を立てる。さらに行くと、小さな緑の丘に出た。過剰に灌漑され、密生するヤシの傍らにトウモロコシ畑が広がり、周囲を熱帯の花が彩っている。

リマから200キロほど走っただろうか。景色はまるで別世界のようになった。ペルー砂漠。月面を思わせる荒涼とした果てしない砂漠だ。わたしたちはアンデスのふもとにいたが、間近にそそり立つのは砂山だ。異なる色合いや質感が美しい。市外で見かけた不毛な茶褐色の小石の山ではなく、微妙な濃淡を見せてうねる巨大な塊である。ブラウンシュガーでできているかのようになめらかで、巨大な砂山もある。ごつごつした山もあり、そちらは暗い灰色、ピンクがかったオレンジ、古代紅と、色もさまざまだ。あちこちに岩山の尾根が顔をのぞかせる。そこでは、金鉱が見つかることもあるそうだ。初めて見る景色だった。わたしは車から降りて写真を撮った。砂のなかに貝殻をいくつか見つけた。海ははるか彼方だ。アンデスの貝殻。実にシュールな経験だった。

それでも道路沿いのところどころでは人間の気配が感じられた。壁代わりにペラペラの帆布を下げた掘っ建て小屋は、海水浴客の折り畳み式シェルターを思わせる。住居の最も原始的な形だ。道路工事の現場も通り過ぎたが、顔全体を覆うマスクをつけた労働者が道ばたに立って赤や緑の旗を振っていた。対化学兵器用スーツのような保護服を着た男たちが、工事を監視している。不気味な光景だったが、ここではそのような重装備が欠かせない。通り過ぎる大型トラックはどれも大量の砂と埃を巻きあげた。

チンボテに近づくと、乾いた山々は柔らかな砂丘の中に消え、砂漠の切れ目に突如として南太平洋が現れた。空は厚い綿雲に覆われ、雲間から刺す日差しに、海は鋼のような灰青色に輝いていた。実に劇的な眺めだった。

現実離れした美しい景色を巡る旅は爽快だったが、目的地はそうでないとわかっていたので、なおさらそこに至るまでの景観がありがたく思えた。ペルーのアンカシュ地方最大の都市、チンボテの郊外にたどりついた。ゴミが散乱し、黄色い藻に覆われた淀んだ水たまりが点在する、汚染された湿地帯だ。大通りに掲げられた色褪せた看板には「ようこそ漁業の首都へ」と書かれている。鼻をつく魚の臭いが混じった空気は湿っていた。車が進むにつれて、わたしの気持ちは沈んでいった。

数日泊まる予定のホテルは、外観からはかなり期待できた。市街の喧噪から離れた海沿いにあり、正面は真っ赤な支柱、しゃれた白い錬鉄のランプ、モザイク貼りのポーチに飾られ、小さな鳥糞島が連なる湾を見渡すことができる。しかし内部は、ずいぶんさびれていた。ホールは古びた公共施設か学生会館のようで、閑散とした長い廊下を行った先の部屋は、バックパッカー用のホステルのように殺風景だった。薄暗い裸電球、茶色のカーテン、床は汚れたリノリューム。おまけに唯一の空調設備は扇風機で、スイッチを入れると離陸時の飛行機のような爆音を発した。そのスタンドには「高速で心地よい風を」とでかでかと書いたステッカーが貼られていたが、むせかえるような暑さをしのぐことはできそうにない。夜が更けていった。

気持ちが落ち着かず、廊下をぶらついた。1階に泊まっているのはわたしひとりのようだ。暗い階段が、さらに人気のない階につながっている。1階には、鍵のかかっていない扉がいくつかあり、真っ暗な駐車場に続いていた。ステファンは、チンボテが危険な場所であることを隠そうとしなかった。しかし、ここは街で一番のホテルだと聞いていたので、わたしは心から不安を締め出し、ベッドに横たわった。

翌朝、腐ったイガイを食べたかのように渋い顔つきの、耳が不自由らしい中年のウェイターの給仕で朝食をとった後、港に向かった。地元の貝採り漁師に会い、その船で湾を巡ることになっていた。1キロほど先にある豊かな貝の漁場と、魚の加工工場の周辺にたまった有毒なヘドロとの対比を見てほしいと言う。

湾内には、形も大きさも異なる1000隻ほどの漁船が係留されていた。商業漁船は通常、数日にわたって出漁する。冷凍設備のある船はごくわずかなので、初めのうちに水揚げされた魚は往々にして、帰港までに腐ってしまう。船を係留する浮き桟橋には、魚を吸い上げて工場に送るポンプ装置がある。魚を魚粉にする工程は複雑だ。生魚を蒸気で消毒し、水分を絞りだし、貴重な油分を分離し、残ったものを加熱し、乾燥させて固形にする。乾燥の工程で栄養分が圧縮され、ゴミとなる血液、内臓、鱗、脂肪などは遠慮なく廃棄される。その処理方法は実に原始的で、大方の工場では生のまま海に捨てているらしい。それらが流されていくパイプは、脂肪がこびりついた動脈のように詰まりやすい。工場のなかには、操業シーズンの終わりに、苛性ソーダでパイプ内のヘドロを洗い流すところもあるという。そうして有害な化学物質も海に流れ込む。これらすべてがもたらす結果が、酸素のない海底、デッドゾーンである。

港では、小さな市場が賑わい、ペリカンが群れていた。ペリカンは、倉庫の屋根の縁にずらりと並んで、魚の内臓を入れる錆びた青いドラム缶を狙っている。切り落としが捨てられるたびに、ばさばさと翼をはためかせてドラム缶に殺到し、賑やかに争奪戦を繰り広げる。やがて勝者が長いくちばしに魚の切れ端をはさんで抜け出し、自分だけで堪能しようと離れた場所によちよちと歩いていく。

港でバカガイを獲るダイバーたちに出会い、彼らのボートに乗せてもらうことになった。それは小さなモーターボートで、ごく基本的な装備はついているが、ライフジャケットはなかった。船首に漁師用の大きなナイフが置いてあったが、元の色がわからないほど錆びていた。座席はカモメの糞で汚れていたので、空の魚粉袋を敷いてその上に座った。ボートは港外へ出た。凪いだ海を、岸からそう遠くない鳥糞島、ブランカ島に向かう。その島の周囲の海底はまだ良好な状態を保っているそうだ。

湾を出ると、ペリカンたちが白い腹を見せて船の上を低く飛び、ナンベイヒメウが魚を求めて急降下したり潜ったりした。双眼鏡越しに、アオアシカツオドリの姿を見た。ガラパゴス諸島では珍しくないが、このあたりにはあまりいない鳥だ。アメリカミヤコドリも飛んでいた。空の魚粉袋が、ボートのそばをぷかぷかと流れていく。日差しが容赦なく照りつけるが、身を隠す場所はない。

島に近づくと、ダイバーたちはモーターを止めた。海面に油膜が浮いている。この船から出た油かと思ったが、ダイバーは、魚粉工場の油だと言った。テイクアウトのまずい料理のように、海面は日差しを受けてねばねばと黄色く光っていた。古びた黒のウェットスーツを着たダイバーが潜水の準備を始めた。酸素は船上のモーターにつないだプラスチックパイプで送られることになっている。彼らは小さな黒いバケツを手に持ち、海に飛び込み、数分たって浮かび上がってきた。バケツの中には、数十匹の小さなカニ、二枚貝、黒い巻貝、それに、黄色い粘膜に覆われたゴムでできたビリヤードの球のような生物が入っていた。ダイバーはバケツの中身をボートの床に空けた。言いたいことははっきりしている。この海の底には、たくさんの生き物がいる。わたしは、よくわかった、と伝えて、指を挟まれないよう気をつけながらカニや貝を海へ戻した。それから、気持ち悪いのを我慢して、ねばねばした生物も海に投げ入れた。わたしたちは、再びエンジンを稼働し、魚粉工場が並ぶ湾に向かった。

浜辺に近づくと、古びた桟橋と、係留されたままになっている「スザンナ」や「メアリ・カルメン」と船腹に書かれた漁船が見えた。ダイバーたちは再び海に潜り、今度は黒くてべたべたしたものでバケツを一杯にして戻ってきた。指で触るとそれはべったりとまとわりついた。硫黄臭、つまり腐った卵のような臭いがする。ダイバーはボートを係留しながら、ここの海底には汚物が数メートルも沈澱し、どんな生物も生きられない、と言った。そこは完全なデッドゾーンだった。

1990年代まで、この環境災害の状況を調べようとする人はいなかったが、現在では、ペルー国立漁業調査機関がいくつか調査を行っている。2008年にフェローラで音響調査が実施され、湾内にたまった有機物（有毒の汚泥）の量は、約5400万立方メートルに及ぶことがわかった。

チンボテにある国立サンタ大学も独自の調査を進めている。生物学部長、ロムロ・アギラールは魚粉工場の廃液が海洋生物に及ぼす影響を数年前から調べている。わたしたちは大学でアギラールに会った。彼は自分の研究についてこう述べた。

> チンボテの南にサマンコと呼ばれる別の湾がありますが、そこは（魚粉工場が並ぶ）フェローラ湾と形も大きさも同じで、フェローラが本来どうあるべきかを示す基準として最適です。調査したところ、サマンコには今も素晴らしい天然資源があふれていました。多様な貝、

魚、甲殻類、そして藻類。豊かな海洋システムが健在であり、生物は多様性に富んでいます。しかしフェローラでは、それらはすべて消えました。

アギラールのチームはフェローラ湾で、酸素要求量を測定している。水質汚染レベルを判断する標準的方法である。結果は、1リットルあたり5万6000マイクログラムの生化学的酸素要求量だった。その意味を尋ねると彼はこう答えた。「汚染レベルが上限を超えているということです」。湾は、汚染の指標となるプランクトンさえ生きられないほどひどい状態だと彼は訴えた。「生命の兆候は全く見られません、ほんの少しも」

政府は企業に対して、廃棄物をきちんと始末するよう働きかけてきたが、効果はほとんどなかった。下水処理技術を向上させた工場もいくらかあるそうだが、アギラールによると、大半はこれまで通り、未処理の廃棄物をそのまま垂れ流している。シーズンの終わりに苛性ソーダでパイプを掃除することについて、アギラールはこう語った。「何度か、企業と激しい議論を戦わせましたが、彼らは、苛性ソーダは使っていないと言い張るのです。けれども、湾内の海水のペーハー値からすると、使っているのは明らかです。わたしは、苛性ソーダの使用は続いていると確信しています」

排出される廃棄物があまりに多く、未処理なせいで、ちょっとした産業が生まれた。脂肪収集業だ。加工工場に近い浜辺で、無法者たちが下水管に穴を開け、廃液をいくつも並べた桶に流し込む姿が見られるようになった。そして表面に脂肪が浮かぶとすくい取り、集めて数ドル相当の安値で売る。生きるためとはいえ、何とも浅ましく悲惨な仕事だ。それを見にいくことにした。

ステファンとカメラマンは以前、ノルウェーから来たドキュメンタリー・チームとともに海岸に行ったことがあるが、それは忘れがたい経験だったそうだ。その一帯を歩いた靴はもう履けなくなる、と忠告されたので、浜へ行く前に市場へ寄っていちばん安い靴を買って、履きかえた。

海岸への道は、町はずれを通る今にも崩れそうな小径だ。行けるところまで車で行き、その後は徒歩で、コンクリート片や壊れたレンガ、廃棄タイヤが散乱する場所を抜けていく。両側には魚粉工場がある。最上部に割れガラスを埋め込んだ高い塀に囲まれ、四方には監視塔もあった。浜辺に近づくと、魚の腐敗臭のあまりのきつさに、みぞおちを強打されたような衝撃を受けた。

労働者の一団が壁にもたれて座り、うさんくさそうにこちらを見ている。彼らの前にはタンクと桶からなる素朴な装置があり、桶は黄土色の液体でいっぱいになっている。表面は黒いべとべとした液で覆われている。ヒメコンドルが急降下し、脂肪の入った大桶の上をかすめた。腐敗した魚がゴミ袋の上に山積みになっていた。みすぼらしい場所だ。

労働者たちは攻撃的で、金をせびろうとしてきた。彼らがやっていることは非合法だが、彼らの設備はよくできていた。誰かに異議を唱えられるどころか、彼らの作業は魚粉工場に支援されてさえいるようだ。長々と交渉した後、親方はわたしたちと話すことに同意した。彼らは、会社から水を「処理する」権利を買ったそうだ。海に排出される脂肪の量を減らして社会の役に立っているのだと、自分たちの行いを正当化し、１０００人以上の人がこの方法で生計を立てている、と言い添えた。

こんな大変な仕事より漁業のほうがいいのではないか、と尋ねると、親方は苦笑した。「何もかもいなくなった。もう漁業はできない」。彼は将来に対して悲観的で、自分の仲間もできることならチンボテを離れたいと思っていると言う。「湾をきれいにするのは無理だ。おれたちにできるのはせいぜいこれぐらいだ。だが、ここを離れるには援助が必要だ。子どもたちは苦しんでいる。毒でやられたんだ。それでもここにいるのは、よそに移る金がないからだ」。子どもたちが毒にやられ、病んでいるという彼の訴えは、大げさに聞こえるかもしれないが、証拠は揃っている。それにチンボテの平均寿命は国の平均より2割も短い。

医師のウィルバー・トレス・チャコンは、この地区の保健省で働いている。海岸からそれほど遠くない保育園で彼に会った。そこで彼は健康診断を行っていた。小さな可愛らしい幼稚園で、木やプラスチックの真新しいおもちゃがたくさんあり、床にはカラフルなフォームマットが敷かれている。昼寝用の小さなベッドには、可愛い釣り輪から染み一つない白い蚊帳が吊りさげられていた。子どもたちは年齢によって色の違うよだれかけをつけていた。健康で幸せそうに見えたが、チャコンは、中にはそうでない子もいると言った。「ここでの魚粉加工は深刻な健康問題を引き起こしている。重篤な呼吸器感染症、喘息、急性下痢、栄養不良、寄生虫性疾患……」。彼は、数人の子どもを診ながら、普通ではない様子のその皮膚を指差した。「この子たちは、常に工場の排煙にさらされている。吹き出物が出ているのがおわかりでしょう」

栄養不良はペルー全域に広がっているが、チンボテのあるアンカシュ県は特に深刻で、人口の20〜30パーセントが栄養不良だ。政府は数十年にわたってこの問題に取り組んできたが、チャコンによると、成果は上がっていないそうだ。この2年間は集中的な対策がとられたが、栄養不良率は2、

3パーセント低下しただけだった。

栄養不良対策プログラムの一環として、保健所長やＮＧＯは、地元住民に魚をもっと食べることを勧めている。魚粉産業の拡大とともに、その食習慣は衰退したらしい。チンボテで水揚げされるカタクチイワシのうち、食卓に上るのがわずか1パーセントというのは、(注56)地元住民がどれほど切実にタンパク質を必要としているかを思うと、衝撃的である。「ここの住民は炭水化物を過剰に摂り、タンパク質はまったく足りていません」とチャコンは語る。「沿岸部の職員たちは、幼児の栄養状態を改善するために、魚、特にタンパク質と不飽和脂肪酸を多く含むカタクチイワシを食べさせるようにしています」。チンボテの子ども10人中7人が皮膚疾患に苦しんでおり、特に魚粉工場に隣接して暮らす子どもでは、その割合は90パーセントにもなると、彼は嘆いた。

当局の役人の中には、チンボテの健康問題はあまりに規模が大きいため、解決するには魚粉工場を市外に移すしかないという人もいる。チャコンは、全工場を「住民から遠く離れた」工業地帯に移転させられたらいいのですが、と言った。ペルーでは、子どもの4分の1が栄養不良状態にある。(注57)数百万トンの魚を輸出している国の民に十分な栄養を提供できなかったチンボテの失敗が、いかに皮肉なことであるかを、その産業に関わる人は皆、痛感している。地元漁協の書記長、ハビエル・カストロ・サバレータは、政府は魚の栄養価を国民に教育し、家畜用の魚粉にしたりせず、人間が食べるように導く必要があると確信している。「カタクチイワシはタンパク質に富み、たくさん獲れるのに、ペルーにそれを食べる文化はなかった。ペルー人は青魚を食べることに慣れておらず、白身の魚や鶏などの肉を好むからね。カタクチイワシ産業を、人間が消費するための産業に少しずつ変えていかなければならないとわたしたちは考えている」

　サバレータに会ったのは、チンボテの大通りにある漁業組合の本部だった。彼は古い木製の机の向こうに座り、後ろの壁にはチェ・ゲバラのポスターが貼ってあった。60代のサバレータは、日焼けした海の男だ。机の隣の本棚は、本がぎっしり詰め込まれ、今にも倒れてきそうだ。部屋の隅に置かれた古い扇風機が、かろうじて空気をかき回している。室内は暑かった。漁師とおぼしき男がプラスチックカップに入れたコカコーラとビスケットを持ってきて、わたしたちに勧めた。

　サバレータは、組合は1700人の漁師を代表していると言った。全盛期には5000人が加盟していたが、その多くは、魚粉会社の社内組合に移ったらしい。サバレータは、現在、独立した漁師が生計を立てるのがどれほど大変かについて、脂を集めていた男たちと同じようなことを言った。「魚粉工場が来る前、漁師たちは海岸の4、5フィート沖でカタクチイワシを獲っていた。いつも大漁で、日に二度は漁に出ていたものだ。だが今では、ここで水揚げされる魚の70～80パーセントは工場に送られている」。乱獲のため、魚を見つけるには「200～300マイル、悪くすれば、500マイル沖まで出なければならない。個人営業の漁師にとってそれは密漁行為だ。15マイル沖までしか操業は許されていないからね」

　彼は、違法操業は恒久的な問題だが、事態は改善しつつあると言う。5年前に比べると、割当量違反は、年300万トンから60万トンに減った。「当局が割当制度を強化したわけではない。もっとも、中には水揚げ量をごまかす業者もあり、港に揚げる際に記録しなかったり、秤を固定したりしているようだ」。最も評判の悪い業者は、その道のプロを雇って監視システムをかいくぐり、最大40パーセントも漁獲高をごまかしている、と彼は非難した。

チンボテで最後に会ったのは、地元のヒロイン、マリア・エレーナ・フォロンダ・ファッロ、街の多くの人が知る有名人だ。彼女は1990年代からチンボテで、魚粉産業に関わる腐敗と環境ダメージを弾劾する活動をしてきた。気の毒なことに、ペルーのテロ組織、シャイニング・パスのメンバーだと虚偽の告発をされ、獄中で過ごした経験もある。1994年に20年の懲役を言い渡されたが、アムネスティ・インターナショナルを始めとする国際的な抗議が殺到し、13カ月後に釈放された。投獄されたのは、その遠慮会釈ない行動主義が災いしたのだと、誰もが認めている。

2003年、彼女は傑出した草の根の運動家に与えられる国際的な賞、ゴールドマン環境賞(注58)を受賞したが、受け取るまでにも紆余曲折があった。最初、米国に入国しようとした時には、「テロ行為」の有罪判決を理由に入国を拒否された。その後、8カ国から亡命受け入れの申し出があったが、結局、彼女が生まれ育ったチンボテを離れることはなかった。彼女の家は魚粉会社から2ブロックのところにある。

現在、彼女は50代になったところで、母体組織ナチュラを通じて、魚粉産業の環境基準を向上させる運動を続けている。予算は少なく、市内にある小さな事務所はみすぼらしいが、献身的で忠実なボランティアたちが彼女を支えている。その事務所で彼女に会い、近くのレストランに場所を移して昼食をとりながら話を聞いた。「最初の勝利は、多くの魚粉会社をチンボテの中心から郊外へ移転させたことです」と彼女は言った。「努力の甲斐あって、2009年に彼らに対する移転命令が出て、2010年に移転が始まりました。それは大がかりな引っ越しで、魚粉会社は一から工場を建てなければなりませんでした」。ある巨大企業は、移転に2700万ポンドを費やしたと報じられている。しかし収益に比べれば損失は微々たるものです、と彼女は冷笑した。「1回の漁期で、ここの魚粉産業は合計で1800万米ドルの収益を上げています。1年に2回、漁期があるので年間収益はその倍です。新工場の建設は企業にとってみれば、大した出費ではありません。それに新しい技術を導入すれば、生産高は向上するのですから」

フォロンダによると、工業地区で操業している26社が、2010年末までに技術を刷新することになっていたが、2011年3月現在、8社しか実行していないそうだ。しかし、彼女は明るくこう言った。「こうした活動は、2歩前進したら1歩、あるいは2歩、後退するのが常です。ようやく成果があったと思ったとたん、市当局が、レベルの低い魚加工工場の新設を許可し始めるのです。雇用につながる、と言って。一方、中央政府も、これまで以上に悪質な工場が開業しても、見て見ぬふりをするのです」

彼女が望んでいるのは、魚粉加工業界が自分らの行いの後始末をした上で、膨大な収益の一部をチンボテとその住民に還元することだ。「魚粉産業は、天然資源を略奪し、わたしたちが生きていくのに必要なものをろくに残さず、チンボテの発展に寄与することもありませんでした。かつてこの湾は南太平洋の真珠と呼ばれていました。今の姿を見てください」。彼女と話していると、レストランの前の通りに賑やかな一団が列をなしてやってきた。先頭は、赤と黒の派手な衣装をまとったブラスバンドで、それに続いて子どもから老人までさまざまな年代の人が、横断幕を掲げたり、風船を持ったり、クラクションを鳴らしたりしながら練り歩いていく。地元の油工場に抗議するデモ行進で、「油工場が魚資源を台無しにした」と訴えていた。チンボテで悪者と見なされているのは、魚粉加工業者だけではないようだ。

その日の午後、リマへ戻る車の中で、裏事情がわかったことが嬉しくて、わたしは歌っていた。80年代にはやったロックのCDの音量を上げ、ギターがあればいいのにと思いながら声を張り上げた。チンボテは工業型農業の邪悪な側面と、その長い触手が世界中に伸びていることを象徴している。その街も、堕落しきった魚粉産業も、二度と見たくなかった。

日は暮れ、車は砂漠にさしかかった。砂漠はぞっとするほど美しく、わたしは息をのんだ。太陽は砂山を赤紫に染めながら、ゆっくり落ちていった。代わりに月が姿を現した。じきに車窓からは漆黒の闇しか見えなくなった。もうじきリマに着くと思うと、心底ほっとした。

しかしペルーは最後にもう一つ驚きを用意していた。リマ郊外の料金所で高速料金を支払い、車を発進しようとした時、嫌な衝撃音を立てて車が揺れた。わたしたちのレンタカーの後部に誰かの車が追突した。ステファンは疲労困憊していた。何しろそれまで5時間にわたって、乱暴な運転をする何台ものトラックをかわしながら、風の強い砂漠の道を運転してきた。面倒事は避けたかったはずだ。しかし彼は車を飛び降り、後ろの車の運転手に、降りてくるよう手ぶりで合図した。喧嘩腰の言いあいが始まった。相手は酔っていて、状況を説明するのも、足止めを食うのもまっぴらといった様子だ。一方ステファンは男を逃がすまいと必死だった。逃げられたら、レンタカー会社に預けた多額の保証金が戻ってこないことに気づいたからだ。

酔っ払いの運転手がステファンと話している隙に、相手の車に差したままだったキーを、わたし

図表1｜工業型農業の流通ルートの一例

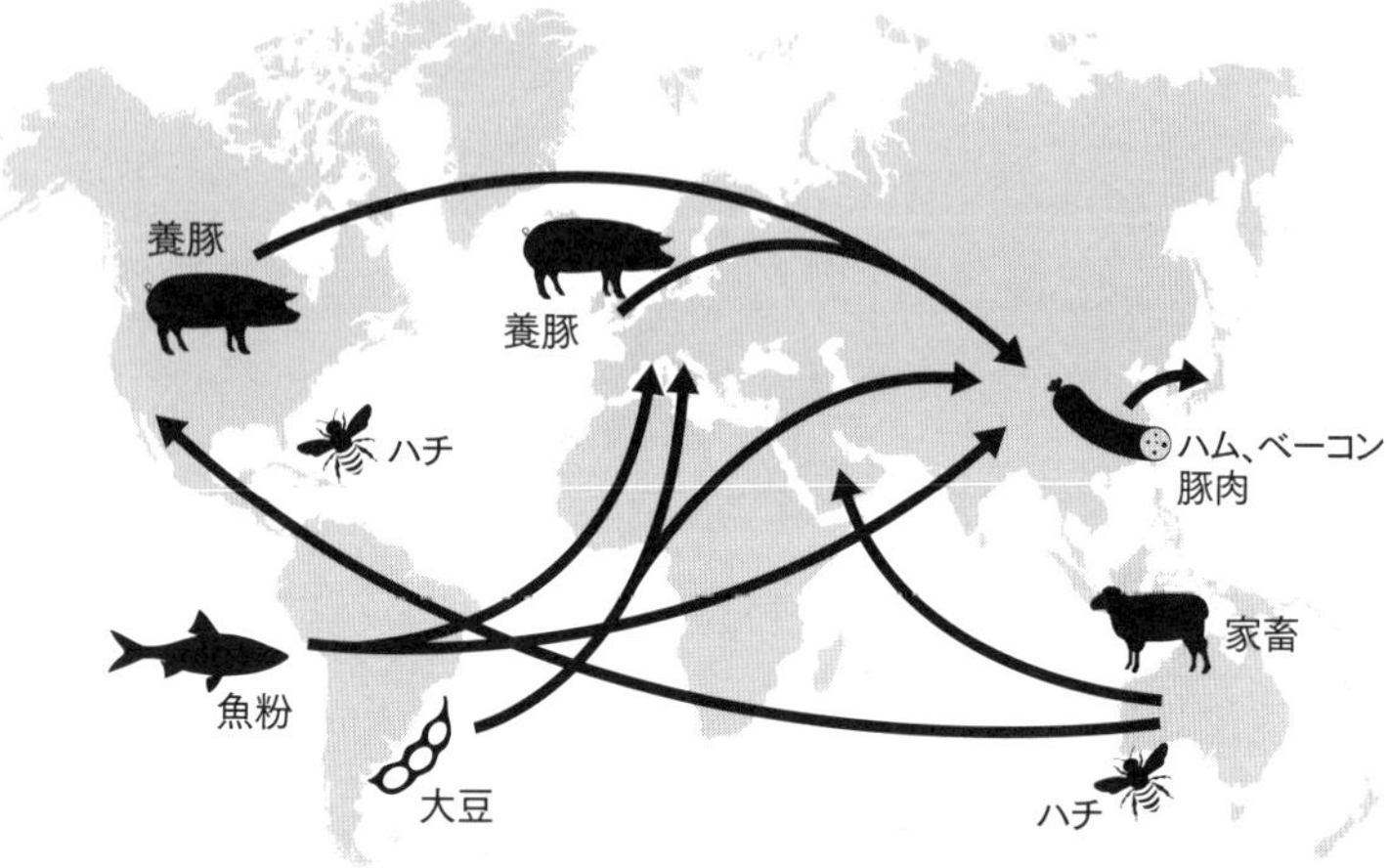


たちのカメラマンがさっと引き抜いた。でかした、これでもう敵はお手上げだ、とほっとした。ステファンたちはあたりをぶらつきながら警察を待った。しかしもう真夜中に近く、警察は一向にやってこない。ステファンと酔っぱらいは苛立ち、ますます険悪な雰囲気になってきた。弾を装填した銃がステファンのポケットに入っていることを思うとひやひやした。緊張は高まり、今にも爆発しそうだ。口出ししないのが一番と、わたしは後部座席に座ったままだった。第一、スペイン語が話せないので、出ていったところで何の役にも立たない。ステファンは携帯電話でレンタカー会社に連絡を取ろうとしていた。酔っ払いは、50代くらいの小柄でがっしりした男で、だらしない風体をしている。車の中に戻ったかと思うと、しばらくしてますます不機嫌になって出てきた。

　まさか、男が車の配線を引き出し直結させてエンジンをかけるとは、想像もしていなかった。気づいた時には、男の車は排気ガスを残し、音をたてて高速道路を走り去っていくところだった。残されたわたしたちは、笑うしかなかった。少なくともステファンの銃はまだポケットの中にあった。男を見たのはそれが最後で、保証金も露と消えた。こちらはまだ男の車の鍵を持っていたが、気休めにもならなかった。

# 第6章 アニマルケア——獣医に何が起きたか

英国の獣医師、ジェイムズ・ヘリオットの自伝的小説『ヘリオット先生奮戦記』は、ベストセラーになり、テレビ番組にもなった。病気の動物を助けようとポンコツ車に乗ってヨークシャーの片田舎を駆けまわるハンサムな若い獣医の楽しいエピソードに、誰もが魅了された。その小説が書かれたのは何十年も前のことだが、獣医という仕事を世に知らしめた功績はきわめて大きかった。瞳を輝かせた若い獣医が、雪や洪水をものともせず、糞便を踏みわけ、恩知らずな動物に蹴られ、ひっくり返され、噛まれ、さらに恩知らずな飼い主にさんざんな目に遭わされても、ひたすら穏やかに動物に尽くす姿は、人々の心に深く刻まれ、消えることはなかった。

しかし、世間にはあまり知られていないが、獣医という職業には暗い側面がある。小さな町で開業し、ペットの犬にマイクロチップを埋め込んだり、けがをしたネコの応急処置をしたりするのではなく、ヘリオットが活躍した美しい農場とは似ても似つかぬ「農場」で働く獣医が現在、増えつつある。彼らは薄暗い灯りのともる小屋や食肉処理場で働き、工業型農業システムを支えている。食肉にしたり、乳や卵をより多く生産させたりするために、動物を長生きさせ、その後はできるだけ手間をかけずに処分できるようにするのが彼らの役目だ。人々に尊敬され、動物を愛していると思われている獣医たちがこの業界で果たしている役割は、その職業のきわめて現実的な側面を映し出している。

そのような環境で職歴をスタートさせようとする獣医はめったにいないが、食肉処理場の仕事は、勤務時間が規則正しく、また、手術などの処置が求められず、観察や検査が主なので、老齢の獣医や、腰痛などの職業病を抱える獣医にはありがたい仕事だ。それに、と畜される何万頭もの動物たちの痛みと苦しみをできるだけ軽減するというのは、やりがいのある仕事でもある。

ブルターニュ出身の獣医、ジャン・クロード・ラティフは、英国の食肉処理場で9年間働いた。2010年、彼はその仕事を辞めたが、それは、衛生上の懸念から生産ラインを止めた時に、ドラッグ中毒の作業員に、「邪魔するな」と肉切り包丁で脅されたのがきっかけだった。わたしはブリュッセルで開かれた動物福祉会議で初めてラティフに会った。夕食をとりながら彼の話を聞いて、愕然とした。その件については現在法廷で係争中なので、彼の実名や勤務先を特定できるような情報は伏せるが、彼が経験したことは、動物福祉基準が世界で最も厳しいとされている英国の食肉処理場が、酔っぱらって出勤したり、休息時間にドラッグをやったりする荒くれた労働者であふれていることを語っている。驚くことではないが、獣医は、このような危険な男たちが動物を虐待するのを目撃しても、見て見ぬふりをするよう圧力をかけられたり、脅されたりするそうだ。

ラティフにとって英国での暮らしは、想像とはかけ離れたものだった。それまでは、フランスで小動物の獣医をしていたが、健康上の問題をいろいろと抱え、もっとストレスの少ない仕事を探すよう医師から助言された。ラティフと家族は、かつて休暇で訪れた英国の田舎にすっかり魅了されていたので、英国屈指の美しい地域にある食肉処理場の仕事があると聞いて、彼は飛びついた。「何より条件がよかった。週末は休みでしたし、いい経験になるはずでした。獣医が働きたがる場所ではないと、あなたは思うかもしれませんが、犬や猫の世話だけが獣医の仕事ではないとわたしは考えたのです」

英国の食肉処理場は、現場に獣医を置くことを義務づけられている。その職務には動物の到着と荷降ろしに立ち会い、それらが輸送できる健康状態であったか、輸送環境は良好であったかを調べることが含まれる。虐待があれば当局に通報されることもある。(注1)また、獣医たちは、と畜される前の動物がどのように扱われているか、適切に気絶させられているかどうかも監視する。いわゆる「気絶ミス」は、英国でさえ管理が行き届かない処理場では5〜10パーセント発生し、動物に多大な苦しみをもたらしている。それもまた、当局への通報の対象となる。そのほか獣医の仕事には、解体・加工と清掃が衛生的に行われているかどうかを監視する生肉検査員の指導も含まれる。(注2)

ラティフはじきにその新しい仕事に順応したが、彼によると周囲の環境は、「非常に敵意に満ちていました」。「死、騒音、糞、コンクリートに囲まれますが、それはしばらくすると慣れるものです。動物が苦しむ可能性の高い場所で、処理のどの段階においても、自分が重要な役割を果たしていると感じていました」。そんな彼がショックを受けたのは作業員の行動だった。

食肉処理場の大半は、同じ状況で、中でも月曜の朝は最悪です。というのも、新しい外国人労働者がやってくるからです。彼らは動物がどういうものであるかを知らず、この仕事の経験も皆無です。

獣医は、何かを見ておかしいと思えば、生産ラインを止めることができますが、それには大きな責任が伴います。容易にできることではありません。ラインでは50人ほどが働いており、何らかの理由でラインを止めて1、2時間、処理を遅らせると、労働者だけでなく、検査員、マネジャー、さらには生肉の配達を待っているスーパーマーケットまで怒らせることになります。作業の遅れは、労働者にとっては稼ぎが減ったり、休憩時間が短くなったりすることを意味し、ボスにとっては経済的な損失を意味します。そういうわけで、獣医には多大なプレッシャーがかかり、理想とはほど遠い状況も、受け入れざるを得ないのです。

ラティフが作業について質問したせいで遅れが生じると、労働者は苛立って罵りの言葉を投げつけたが、じきに彼はそういうことに慣れていった。不平を垂れても得にはならない、言いたいように言わせておけばいい、と達観したそうだ。しかし、半年ほど刑務所で過ごした経験のある作業員に殺すぞと脅されて、ついに辞職を決意したと言う。

この処理場の労働者の半分は英国人でした。残りは東欧の出身で、大半はポーランド人でした。ポーランド人労働者はたいていアル中で、英国人労働者の多くはヤク中でした。ある日、ふだんは問題なくやっている男がおかしくなりました。彼はヤク中で、その日も休憩時間にドラッグをやっていたようです。彼が戻ってきたとき、わたしはと畜後の2体の間に十分なスペースがないことに気づきました。交差汚染が懸念されたので、ラインの停止を命じました。すると彼は激昂しました。おそらく次の注射が遅れるから怒ったのでしょう。彼は肉切り包丁をちらつかせ、おまえの妻と子を痛い目に遭わせるぞ、とわたしを脅しました。同時に、別の男も包丁を持ってこちらに向かってきました。実に恐ろしい経験でした。どうにかラインを止め、何が起きたかを報告しました。そんなことがあって、ここは安全に働ける場所ではないと悟ったのです。

ラティフが語った、英国の食肉処理場の労働者の質と、時給ではなく「処理頭数」で賃金を払うという、動物福祉の軽視を奨励するような恥ずべき賃金体系は、肉を食べることにまつわる、誰もあえて考えようとしない暗部に否応なく光をあてる。それは、と畜される動物がどう扱われるか、ということだ。ラティフが経験したことは、特殊なケースではない。2009年から2011年にかけて英国の九つの食肉処理場で隠し撮りされたフィルムには、動物が蹴られたり、殴られたり、タバコの火を押しつけられたりする場面が記録されており、食肉処理場で残虐行為や違法行為が行われていることが暴露された。(注3) フランスでも、25カ所の食肉処理場で動物が乱暴に扱われ、悪質な気絶処置がなされていることが明かされた。(注4)

獣医はこの状況を改善できる立場にあるはずだ。しかしラティフの話は、多くの獣医が、よほど目に余る場合は別として、日常的な虐待には口をつぐむよう強いられていることを示唆している。

そして、工業型農業システムを支える獣医に求められるのは、その最終段階の監督だけではない。工場式農場に勤める獣医は、家畜の病気を防いだり治したりすることも含め、すべての段階で重要な働きをするが、黙っていることもその役目の一つなのだ。工場式農場をよしとせず、関与を拒む獣医は、そのような施設に雇われ、動物が機械の部品のように扱われるのを黙認する同業者を非難する。後者も理想を抱いてキャリアを歩み始めたはずだが、工場式農場はしばしば大企業であり、成果は数字で示される。そのような農場で働く獣医の中には、時がたつにつれて、その文化に染まり、病気の家畜を壊れた機械のように扱うようになる人もいる。工場式農場のオーナーと獣医は、整備士が壊れた車を評価するように、病気の家畜に対して迅速で冷静な診断を下す。修理する価値があれば治すが、その価値がなければお払い箱だ。

農場主が自然の限界を超えて家畜を太らせようとすれば、それだけ病気にかかるリスクが高くなり、それらの健康を保つという獣医の役目は重くなる。よく使われる武器は抗生物質だ。英国で獣医の資格を得た後、職歴の大半を発展途上国で過ごしてきたディル・ピーリングはこう語る。

> 現在、獣医の価値は、動物の福祉への貢献度ではなく、動物の健康と生産性を高める能力によって測られています。長年にわたって集約農業を支えてきた獣医を説得して、そうしたシステムに背を向けさせるのは容易ではありません。それは家畜管理の最高位にいる人々に、その世界のありようを否定しろと言うようなものです。彼らのまわりでは、物事は常にそのように動いてきたのですから。

現在、コンパッション・イン・ワールド・ファーミングのために働いているピーリングは、工場式農場は、死を目前にした動物の福祉を考える獣医よりも、生産性とのかねあいで家畜の健康を考える獣医を評価しがちだと確信している。

動物病院ではよくお尻を痒がっている犬を見かけますが、犬の肛門腺について論文を書く獣医はいません。そのようなテーマは魅力がなく、論文を書いたところで国際的に認められることはないでしょう。獣医は科学者であり、科学者は論文を書き、シンポジウムで発表することで評価されます。疾患によって人気のあるものとないものがあり、特に最近、よく研究されているのは、口蹄疫のように動物の輸出に影響する疾患です。

英国にある獣医学部のある七つの大学はすべて、動物福祉をカリキュラムに組み込んでいる。EUの各大学でも、1970年代後半からそれが必修になった。(注5) 英国の農場で働く獣医の圧倒的多数は、農場の動物を心から大切にし、それらが苦しんでいるのを見ると動揺する。動物の福祉をはなはだしく害する事例は、RSPCA(動物虐待防止協会)に通報することになっている。

アラステア・ヘイトンは英国有数の畜牛専門医で、サマセット州のいくつもの酪農場を担当している。中には、1000頭以上の乳牛がいる農場もある。彼は、大規模農場は必ずしも福祉がおそまつなわけではなく、福祉の善し悪しを決めるのは、農場の規模より経営の質だ、と主張する。彼は親切にも自らが働くまったく違うタイプの二つの農場を、本書の共著者イザベル・オークショットが視察できるよう手配してくれた。どちらもサマセット州にあり、一方は有機農場で、もう一方は、1000頭の乳牛を擁する英国最大規模の屋内農場である。後者は、わたしものちに個人的に訪問することになった。ヘイトンはどちらの状態にも満足していた。「システムが問題なのではなく、管理の仕方が問題なのです。大規模だからと言って、必ずしも劣悪なわけではありません。実際、小さな農場で、動物がひどい扱いを受けている例をいくつも見てきました。肝心なのは、個々の農場主がいかにうまく農場を運営しているか、飼っている動物の数に見合う設備を持っているかということなのです」

ヘイトンは、英国の農場主の大半は家畜をとても大切にしており、それらを最も望ましい環境で育てたいと強く願っている、と断言する。「病気の乳牛を処分しなければならないとき、多くの農場主が泣くのを見てきました。健康に育てれば、おのずと生産力が高まるのです」。だが、工場式農場では巧みに微調整することにより、畜舎を広げることなく家畜の数を増やす農場主がいることも、彼は知っている。

> 家畜たちは尾根に載っているようなものです。農場主が生産性を上げようとすればするほど、家畜が尾根から落ちないようにするのは難しくなります。多くの農場主は、その畜舎が望ましいものではないことを知っていますが、改善するためのお金がありません。何とかしなければならないとわかっていながら、経済的にそれができないでいるのです。しかし、草

原で乳牛を飼うという妥協の仕方もあるのです。

どんなシステムの農場でも、良質の管理と経営が最善の成果を得る鍵だ、というヘイトンの見方にわたしも賛成だ。しかし現実問題として、システムの中には動物の福祉をほとんど視野に入れていないものもある。たとえば、無機質なバタリーケージについて考えてみよう。それは鶏に、立っているのがせいぜいのスペースしか与えない。鶏は一生、むき出しの針金の上に立って過ごし、羽ばたくこともできない。そのシステムは本来、抑圧し、拘束するものなので、鶏は欲求不満と健康障害に苦しめられる。バタリーケージで飼っている以上、どんな工夫をしたところで、まともな環境は作り出せないだろう。要するにそれは本質的に福祉レベルがすさまじく低いシステムだ。

対照的に、放し飼いというシステムには、高い福祉レベルを期待することができる。鶏たちには、羽ばたき、歩き回るスペースが与えられる。背に太陽を、足の下に地面を感じることができる。そのシステムは鶏に快適な一生を送る機会を提供する。もちろんその潜在力を活用するには、依然として人間という要素が重要である。管理と経営がまずければ、あるいは放置され、世話をされなければ、やはり鶏たちは苦しむだろう。しかし、少なくともそのシステムには、動物がまともな生活を送る可能性がある。

わたしが話を聞いた英国の獣医は、工場式農場で働く獣医が動物にひどい仕打ちをしているという噂を断固として否定した。しかし、別の話を語る人もいる。ある若い女性の獣医は、ティーンエイジャーの頃に小さな有機酪農場で働いた経験から獣医を志したが、研修を始めたときに見た大規模農場の実態に衝撃を受けたという。

「見るに耐えないことばかりでした。局所麻酔なしに去勢される子牛、病気でもないのに抗生物質を飲まされる動物たち。獣医の多くは年配の男性で、今のやり方とは違う、間違ったやり方をしていました。それでもわたしたちは彼らの下で働いているので、言われた通りにしなければならなかったのです。それに農場主のほうも、血液検査や往診にお金を払いたくなくて、薬瓶さえあればいいといった態度でした……。」

獣医の資格を得た2年後、彼女は、小動物の獣医になるという夢をあきらめ、家畜の福祉を改善する運動を始めた。

ロンドンのロイヤル・ベテリナリー・カレッジを2年前に卒業したばかりのノーフォークの獣医、キャサリン・ジェニングズは、現実は「少し残酷かもしれない」と認めている。彼女はこれまでに、ろくに換気もされていない小屋に押し込められた食用子牛の肺炎の流行や、鶏インフルエンザの流行に対処してきた。どちらも相当数の犠牲が出たが、彼女はそれらを最悪の事例とは見ていない。「わたしは大農場へは行きません。そういうところは自前の獣医を持っています。そのほうが経済的ですから」

また工場式農場には、獣医のほかにいわゆる「エキスパート」がいて、無資格ながら削蹄（伸びた蹄《ひづめ》を切る）や人工授精といった仕事をこなしている。プロを雇うより安上がりなので、そのような無資格者は米国ではごく一般的に雇われており、英国でも徐々に増えつつある。さらに、工場式農場では「栄養士」も仕事に励んでいる。独立した栄養士もいるが、大半は動物飼料会社とつながっており、営利目的で特定の餌を勧めることが多い。

ビジネス志向の年配の獣医と、動物福祉意識の高い若い獣医との間には、恒久的な緊張が見られるが、両者の溝はゆっくりとながら狭まりつつある。ケンブリッジ大学、セント・エドモンズ・カレッジの動物福祉部門の研究員、アナベラ・ピントは、老人と若者という人口統計学的な分析は助けになるが、現在では、海外からの獣医が増えつつあると警告する。「昔に比べて、今の獣医は思いやりがあります。年配の獣医は男性が多く、頑固ですが、現在、獣医学部の学生の多くは女性で、彼女らは動物が大好きだから獣医を目指したのです。しかし、工業化された環境で働く外国人獣医たちは、必ずしも同じ背景を持つわけではありません」

獣医の中には、獣医大学が有機農業を見下しがちであることが、動物福祉の推進を阻んでいると考える人もいる。有機農業の技術をうまく活用すれば、非有機の農家でも、獣医と薬にかける費用を倹約することができる。そこで、先進的な（有機を良しとする）獣医は、農場主に対して、照明、薬、給餌、放牧など、さまざまな方向から包括的に家畜の健康を促進するよう促す。いわゆる群れ単位での健康管理プログラムだ。しかし獣医大学はそのような方法を重視しようとしない。学生は過剰な投薬はしないようにと教えられるが、教師たちは有機農業を原始的な農業と見なしている。獣医の世界には、集約農業への偏向があるようだ。何といっても集約農業は、獣医に多くの働き口を提供するのだから、驚くほどのことではない。

この問題を追及すればおのずと、動物の福祉とは実際のところ何であるか、今、農業はどのように変化しているか、そして、獣医であることは何を意味するか、といった事柄を深く考えることになる。動物の健康だけの問題ではない。再度、ケージ飼育の鶏を例に挙げよう。ケージ飼いを擁護する人々は、卵を産むのだから鶏たちは幸せだ、と主張する。だが真実は異なる。雌鶏たちは品種改良によって、年間約300個産卵するよう遺伝的にプログラミングされており、餌と水があるかぎりどんな環境でも卵を産み続ける。家畜が用をなしているからといって、彼らが「幸せ」で、健康とは限らないのである。

では、農場のサイズはどうなのか。大きいことは、悪いことなのだろうか。基本的に、問題は大きさではなく、運営の仕方である。わたしは中国の零細農家の庭先で、どの工場式酪農場よりも劣悪な飼育場を見たことがある。とはいえ、農業が土地から切り離されると問題が起きやすいのは確かだ

巨大酪農場がいい例だ。高泌乳牛（泌乳量が増えるよう品種改良された乳牛）ほど重労働を強いられる家畜はない。泌乳のピーク時には、人間が毎日マラソンを走るのに匹敵する重労働を強いられ、当然ながら、その寿命は非常に短い。高泌乳牛は、泌乳期を3回終えると処分されることも珍しくない。

30年前、英国の平均的な乳牛は、年間5000リットルの乳を出していた。肉牛の自然な泌乳量が年間わずか1000リットルであることを思うと、かなり多い。しかし現在ではさらにそれを上回り、平均的な乳牛は年間7000リットル以上も泌乳している。乳牛たちは、「背中まで搾り尽

くされ」、弱ったり痩せ衰えたりしないよう、栄養強化された高エネルギーの餌を与えられる。高泌乳牛にはさらに強いプレッシャーがかけられる。それらは年間1万リットル以上もの乳を出す。それほど大量の泌乳を支えるには、草だけではとても足りず、よりエネルギー価の高い穀物が与えられる。

牧草地に牛を放ち、草だけを食べさせたのでは栄養が足りず、採算が合わない。そこで登場するのが「草を食べさせない」システムで、そのシステムに組み込まれた乳牛は、生涯の大半を屋内で過ごすことになる。土地から切り離されたそのシステムでは、閉じ込められた牛の目前に餌が運ばれる。英国の酪農場は平均で約百頭の乳牛を飼っているが、それが「メガ酪農場」レベルの数千頭に増えると、土地の収容力をはるかに超え、後戻りできなくなる。

本質的に、そのシステムに関わる獣医は、工業型農業機械のしもべとなる。機械が壊れそうになると呼びだされ、機械を修理し、システムを動かし続ける。彼らの仕事は、十分な利益が出るまで、動物を健康に長生きさせることだ。雇用主を残酷だと非難して、敵に回すわけにはいかない。それは職業上の自殺行為なのだ。こうしてシステムは自己強化し続ける。

工場式農場を中心として、最新の家畜を開発する品種改良会社から、最新製法を誇る飼料会社、農業誌に大々的な広告を打つ医薬品会社、それに、飼育器具の製造業者までがまとまって、一大産業を形成している。科学者たちは、新しい飼育方法を擁護する証拠を構築するために雇われ、その給与は既得権益集団から支払われる。以前、ロンドンで開かれた会議で、米国卵生産者協会の幹部が、雌鶏のケージ飼育は福祉面からも最適の方法であることを示す証拠が山のようにあると、自信満々で言い放ったことをよく覚えている。ヨーロッパ諸国が動物福祉の観点からそのシステムを禁止することを投票で決めた直後のことだった。工業型農業には強力な後ろ盾がいくつもあるので、その代表が威圧的な態度で反撃に出たのも驚くにはあたらないだろう。

工業型農業システムでは、農場主も犠牲者となり、より低い賃金でより多く生産することを強いられる。ほかの産業では、過剰供給は価格低下をもたらし、生産の抑制を招くものだが、工業型農業では、過剰供給による利幅の縮小が生産の拡大を招きがちだ。収入を維持しようと飼育規模がさらに拡大され、家畜の苦しみや環境へのダメージもまた大きくなる。このような悪循環が続き、借金が膨らむことも多い。避けがたい結末として、多くの農場主が経営を維持できなくなり、廃業に追い込まれている。

今と異なる意見や方法は、小さな市場向けのものとして棚上げにされたり、あるいは真っ向から否定されたりする。そして、利益率をほかのシステムと比べるのは難しいので、現状維持が得策とされる。結局のところ、工業型農業というシステムはゆがんだ農業政策に支えられており、補助金や奨励金がふんだんに流れ込んでくる。そういうわけで、おのずと態度も威圧的になる。

ファストフード・チェーンやスーパーマーケットが成長し、繁栄しているのは、工業型農業のおかげだ。彼らが売っている安くて豊富な食品は、集中型の供給分配システムの、より限定された、より大きな食肉処理場で「加工」されたものだ。その工業的な方法が、規格化した商品を売ろうとする企業にぴったりなのは確かだ。市場はそれらの巨大企業が支配している。英国では、食費5ポンドのうち4ポンドは、5社のスーパーマーケットに支払われている。米国の小売業界の巨人、ウォルマートは、世界最大のスーパーマーケットで、英国最大にして最も広範囲に店舗を持つテスコは世界3位である。レストラン業界では、マクドナルドが2位に大差を開けての世界一で、ケンタッキーフライドチキンとピザハットのオーナーであるヤム・ブランズが2位である。農場主たちは、こうした企業に代表される巨大マーケットに引き寄せられるが、彼らの圧倒的な購買力をバックにした厳しい価格交渉に不満を述べる。

食品産業で何か不正が明らかになると、ニュース番組のコメンテーターは決まって「スーパーマーケットのせいだ」と語る。そう、彼らのビジネスの目的は、株主や投資家のために利益を上げること、つまり商業的成功である。しかし、そのことをもって企業は当然のごとく悪事を働くものだと決めつけることはできない。企業の目的は生産要素（生産に用いられる資源）を投資家の利益に変えることだと現代の経済学者の大半は見なしている、とホールフーズ・マーケットのCEO、ジョン・マッケイは考えている。「企業は今日の世界で最も影響力のある団体だが、多くの人は企業を信頼できるとは思っていない」と彼は言う。(注6) 石油会社であれ、銀行であれ、食品会社であれ、新たなスキャンダルが明らかになるたびに、この不信感が強化される。

2013年、英国やヨーロッパでは、馬肉スキャンダル（大手スーパーマーケットで販売されている牛肉に馬肉が混入されていた）が発覚し、消費者の信頼は裏切られ、株価は大きな打撃を受けた。この事件が残した教訓は、ビジネスの世界はもっと洗練され、社会や環境との関わりにもっと注意を向けなければならないということだ。企業のトップは、枕を高くして眠りたいのなら、サプライチェーンが信頼できるものであるかどうかを確認しておかなければならない。基本的なことだけでなく、製品がどこから来たか、何を含んでいるか、肉であれ、牛乳であれ、魚であれ、その品質を正確に知っておく必要がある。驚くべき事実や疑わしい倫理観が露呈してからでは手遅れだ。第一級の企業は徐々に、そうすることの重要性を認めつつある。

そのような企業の変化をわたしが目の当たりにしたのは、コンパッション・イン・ワールド・ファーミングが、投資家のために、畜産動物の福祉をどのくらい真剣に捉えているかに基づいて食品会社を評価し、格付けしようとし始めた時のことだった。ロンドン金融界のきわめて現実的な人々が、動物福祉に関心を寄せたりするだろうかと、わたしは危ぶんだ。しかしそれは杞憂に終わった。馬肉スキャンダルで痛い目に遭った彼らに、それ以上の説明はいらなかった。彼らは、大衆の利益や企業の透明性に関わる問題をないがしろにすることの危険性を知っていた。その格付けが始まったことは、英国の「フィナンシャル・タイムズ」紙のトップニュースになった。安く済ますことの危険性に人々は気づいていたのだ。

大型スーパーマーケットやレストランチェーンなどは、社会の「スーパー消費者」になりつつある。それらは柔軟で、いつでも自社や顧客にとって最適なシステムや製造方法を選ぶことができる。21世紀において、「スーパー消費者」である企業が、環境保護や動物福祉の観点からポリシーを変え、社会の変化を牽引し始めたのは偶然ではない。わたしはコンパッション・イン・ワールド・ファーミングのCEOとして、良い方向へ流れを変えようとする企業を支援してきた。たとえば、放し飼いの鶏の卵しか販売・使用しないと明言するなど、残酷な方法で生産された食品を使わないと約束する企業を称える賞を設けたのもそのためだ。購買の仕方を変えることによって無数の動物たちの生活を改善した企業とともに活動していることを誇りに思う。大企業であれ中小企業であれ企業というのは問題の発生源ではなく、企業こそ、利益の追求ばかり考えるゆがんだ産業モデルを変えるための重要な要素であり、人々に適切な商品を届けることができるのも企業だ、とわたしは見なしている。

政府も法律の制定や、補助金や報奨金の給付によって、何らかの役割を果たし続けるだろう。しかし企業は、政府よりはるかに速く、はるかに決然と動くことができる。ヨーロッパでは、指導的立場にある企業が問題を解決する機会を提供し、各国政府は畜産動物に対する残酷な行為をいくつか禁止したが、残念ながら今も多くの先進国で、工業型農業が動物福祉の向上を阻んでいる。そのシステムにおいて、動物は単なる生産単位、利益を生む手段と見なされがちだ。ジェイムズ・ヘリオットは「動物たちがどれほど無力で、どれほど人間に頼っているか、そして、人間は親切で自分たちの必要を満たしてくれると、子どものように無邪気に信じ込んでいるということを、人々に理解させたい。（動物の世話は）わたしたちの義務にして、責任であり、わたしたちに彼らを無視したり、残酷に扱ったりする権利はない」と語った。（注7）豚や鶏が工場式農場へと姿を消したことも含め、この20～30年の間に英国の田舎の農場に起きたことを知れば、彼はどう思うだろう。

# PART Ⅲ

## HEALTH

## 健康

ロンドンの、ガイズ病院のタワー・ウィングは、病院の建物としては、世界最高の高さを誇る。34階建てのそのビルは、白塗りの回廊でつながった病棟とオフィスの迷宮を見下ろすようにしてそびえている。受付は、たくさんの患者や職員でいつも大賑わいだ。ここは英国で最も歴史の古い大学付属病院の一つであり、院内のカフェでは、講義を聞き終えた医学生たちがくつろいでいる。

ガイズ病院は、アナイリン・ベヴァン国民医療保険サービスの記念碑さながらに、ロンドンの中心部に建っている（訳注＊アナイリン・ベヴァンは英国労働党左派の政治家、1897〜1960年）。現在、市民に大いに親しまれているこの国立病院は、第2次世界大戦後の労働党の圧倒的勝利に伴って設立された。(注1) 世界最大の公立病院で、170万人もの職員が働いている。この数は、ウォルマートのチェーン店すべての従業員数や、中国軍の兵士の数、インド鉄道の職員数に次ぐ多さだと言われる。1948年、ガイズ病院は年間4億3700万ポンド（現在の90億ポンドに相当する）の予算でスタートした。今日では年間予算額は1000億ポンドを超えている。ベヴァンの時代に比べると、平均余命は劇的に伸び、(注2) かつては死に至っていた病気も、予防や治療が可能になった。

けれども健康に対する新たな脅威が出現した。生命を脅かす病気である、がん、糖尿病、心血管疾患にかかる人は、以前よりはるかに多くなった。分子生物学者で、遺伝子治療薬の開発に携わるマイケル・アントニオウ博士は、タワー・ウィングの一角でコーヒーを飲みながら、この新たな病気の傾向の原因について考えを巡らせていた。人間の健康に幅広い関心を持つ科学者として、彼は特にがんに関心を寄せていた。今や3人に1人が、この恐ろしい病気にかかる。「単に寿命が延びたから、あるいは病気が発見されやすくなったからというだけのことではない」と彼は言う。「環境因子が絡んでいる」

では、いったい何が、20世紀の半ば以降のそのような変化を引き起こしたのだろう。アントニオウは、農業が一因というより、むしろ主因だと考えている。農業が工業的手法に支配され、化学農薬や化学肥料に頼るようになったからだ、と言う。

一方、先進諸国における肥満の蔓延も、危機なレベルに達している。これは安いレッド・ミート（牛肉など）のような飽和脂肪酸を多く含む食品や、運動不足が原因だと言われる。同時に、工場式農場では家畜の病気を予防したり治療したりするために、ますます多くの抗生物質が使われるようになった。この怪しげな習慣と、超強力な耐性菌の出現、そして新たな致死性の病気の発生との間につながりがあることを示す証拠が、次々に見つかっている。

ここで重大な疑問が沸きあがる。工場式農場はわたしたちを病気にさせるのだろうか？

第7章

# 無数の抗生剤——公衆衛生上の脅威

## 豚用のペニシリン

英国下院の議場で保健相イアン・マクラウドが、米国で発見された興味深い事実について報告し始めた時、耳を傾ける人はわずかだった。それは1953年5月13日、水曜日、午後7時35分のことだ。そのくらいに時間になると、大方の議員は議事堂のバーで夕食前のアルコールを楽しむか、テラスでタバコを吸うのが常だった。当時の首相はウィンストン・チャーチル。イアン・フレミングが、ジェームズ・ボンドが登場する最初の小説『カジノ・ロワイヤル』を出版し、誰もがエリザベス2世の即位を待ち望んでいた時代だ。

新たな法律、「治療薬法（薬物乱用防止法）」についての討議が、議員の関心を引かないのは驚くほどのことでもない。その夜、2人の大臣のほかに討議に加わっていたのは6人だけで、法案はわずか15分で承認され、次の議題に移った。マクラウドは、出席率が低いことを取りたてて気にしていなかった。マクラウドと副農相のジョージ・ニュージェントは、その法律に特に問題があるとは思っておらず、「ちょっとした法案」と見なしていた。

法案の最初の部分は、当時開発中の、有望だが危険を伴う恐れがある数々の医薬品の管理に関して、政府の権限を強めることを意図していた。しかしマクラウドの関心は「豚用のペニシリン」と題された第2条項にあった。それは、畜産農家が家畜に抗生剤を投与することを許可するものだった。マクラウドは議員たちに、飼料にわずかな抗生剤を混ぜると豚の成育に「目を見張る効果」が出たという、米国での研究結果を語った。「抗生剤の量はごく微量で、飼料の0・0002パーセントから0・002パーセントです」。彼は興奮した口調でそう言った。

マクラウドにとって、心配すべきことはほとんどなかった。というのも、医学研究審議会から、(豚への抗生物質投与が)「人間に有害な影響をもたらす心配はない」とのお墨つきをもらっていたからだ。マクラウドはこの件を「あくまで農業の問題」と見なしていた。しかし、出席者の中には、先見の明がある者もいた。当時、パトニーから選出された議員、ヒュー・リンステッドは、成長促進を目的とする抗生剤投与を認めることは「未知の国へ踏み込むようなもの」と感じていた。

> 実験期間は短く、それが長期的に、家畜、その肉、そしてその肉を食べる人間に、どんな影響をもたらすかはわかっていない。(中略)この薬は何にでも効く万能薬として、特に獣医学分野で評価を得てきたが、獣医の監督なしに農家がペニシリンを手に入れられるとなれば実に危険だ。農家は手当たり次第に、家畜にペニシリンを使いたくなるだろう。

そのリスクを警告した政治家は、リンステッドだけではなかった。ストークオントトレント中部から選出されたバーネット・シュトロース博士も、災いが起きるのではないかと懸念していた。

「我々はまさに未知の国へ足を踏み入れようとしている。豚がペニシリンを混ぜた餌を日常的に与えられるようになると、そのペニシリンに耐性を持つ新たな菌が誕生し、繁殖する恐れがある……そうなったら、われわれがその薬で得ようとしている恩恵は、失われる……さらに、豚の体で生まれた菌が人間に移るようなことがあれば、ますます困ったことになる。脅すつもりはないが、これは将来、現実となり得ることだ」

博士はさらに問題に踏み込む。

「……この分野の研究をリードする米国で行われたある実験を思い出す必要がある。彼らは、卵巣ホルモンのエストロゲンが、食肉用の家禽を太らせるのに利用できることを発見した。それを投与すると鶏は胸肉が大きくなり、その肉汁の豊かな肉は食卓を豪華にした。そのような鶏肉が高級レストランで出されていた頃、我々はもちろんのこと、上院議員も下院議員も知らなかったことがある。エストロゲンは鶏の胸肉に残存し、生殖不能の原因になる。そうなるのが男性だけなのは不幸中の幸いだが、いずれにせよこれは由々しき問題である」

英国の公式の国会議事録『ハンサード』には、シュトロースの警告は一笑に付された、とある。(注1)今となってみれば、議員たちが彼の言葉を真剣に受け止めなかったことが実に残念に思われる。60年後、リンステッドとシュトロースの予測は、ほぼ現実となった。抗生剤は〝特効薬〟として農場で広く乱用された結果、人間への効果が薄れてきた。そして、まさにシュトロースが予測した通り、科学は、細菌が耐性を獲得するスピードに追いつこうと悪戦苦闘している。

当時、英国の主席医療顧問だったサー・リーアム・ドナルドソンは、２００８年の年次報告書の中で、細菌が抗生物質に対してますます耐性を獲得しているため、「病気によっては……最後の防衛線が破られつつある」と警告した。(注2)状況が深刻であることから、世界保健機関（ＷＨＯ）の事務局長、マーガレット・チャン博士は、２０１１年の世界保健デーに、「ポスト抗生物質《アンティバイオテック》時代には、多くの一般の感染症は、治療薬がなくなり、再び致命的な病気になる」と警告している。(注3)それはつまり、腸チフス、結核、肺炎、髄膜炎、破傷風、ジフテリア、梅毒、淋病など、さまざまな致死性の病気に対して、有効な治療法がなくなるということだ。人間に対する濫用が主な原因ではあるが、農場での抗生剤の過剰投与が、医学上のハルマゲドンを早める一因となっているのは確かだ。

ペニシリンは最初に大量生産された抗生剤で、１９４２年には試験的に家畜に投与されたが、それは医療の現場に普及する前のことだった。わずかなペニシリンを餌にまぜると、雌鶏は卵を多く産み、メス豚は生命力の強い子豚を産んだ。(注4)農家がそれを使いたがったのも無理はない。しばらくは、この魔法薬にマイナス面はないように思えたが、１９６０年代にその最初の兆候が現れた。深刻なサルモネラ菌感染症の流行が何度も起こり、数千人が入院し、少なくとも４人の子どもが死亡した。これが、世界で最初に記録された、さまざまな薬に耐性を持つ「スーパー細菌」である。

人間や動物に抗生剤を与えるたびに、耐性菌が育つ機会を増やしているのは確かだ。その危険性が最も高くなるのは、農場でしているように、人間や動物に低用量の抗生剤を与えることだ。細菌にとってそれは、微調整をして耐性を獲得するのに理想的な環境であり、そうやって生まれた強力な細菌が、動物から人間に移る可能性はいくらでもある。

1968年、英国政府は、著名な生物学者、マイケル・スワン教授をリーダーとして、この問題を公式に調査することにした。(注5) スワン率いる委員会は、医学上重要な抗生物質を、農家が別の目的で使用することを禁止するようはっきりと求めた。(注6) けれども、状況はほとんど変わらなかった。政府は産業界の圧力に屈し、それまでと変わらず、農家の抗生剤の使用を認めた。スワンの委員会は、この薬を使えば家畜はもっとよく育つと製薬会社が農家をそそのかせば、農家は獣医にその薬を出すよう働きかけるにちがいない、と指摘し、抗生剤を農家に宣伝することを禁止するよう求めた。この勧告もまた、業界の圧力によって阻止された。それから40年以上たつが、現在も英国では、EUの中で唯一、農家に対して抗生剤を宣伝することが認められている。(注7)

この件について、人々はずっと前から警鐘を鳴らしていた。EU、米国、WHOなどの公衆衛生の専門家は、食用動物に由来する耐性菌が、人間に感染しつつあることを認めている。また、欧州医薬品庁、欧州食品安全機関を含む公衆衛生当局は、その危険性を強く警告し、手遅れになる前に畜産における抗生物質の使用を抑制すべきだと主張する。だが、動物用医薬品業界や工場式畜産関連の圧力団体は、科学に異議を唱え、法による締めつけに反対している。

畜産業は膨大な量の抗生剤を使用する。20世紀末に、世界で生産された抗生剤のおよそ半分は食用動物向けだった。(注8)ある調査によると、米国で使用される抗生剤の80パーセントは農場で使用され、その70パーセントが病気の治療ではなく、予防や発育促進のために使われているそうだ。(注9)現在ＥＵでは、発育促進のために抗生剤を使用することは原則禁止されているが、中には、抜け道を見つける農家もある。病気予防と称して少量の抗生剤を使用し、実際には発育を促進している。米国をはじめほかの国でも、このやり方は合法で、広く行われている。

当然ながら、抗生剤やそのほかの動物用医薬品は、家畜の病気を治療するために使われるべきであり、それに異論のある人はいないだろう。だが実際には、貴重な抗生剤が、病気の蔓延をうながす悪質なシステムを支えるために浪費されている。多くの動物を互いと接近した状態で飼う工場式農場は、病気の温床となっている。欧州医薬品庁は、工場式農場は「薬剤耐性菌が進化し、繁殖し、生き続けるのに最適の環境」を提供している、と述べている。(注10)

工場式農場は実際に病気を生む。細菌もウイルスも病原体は、動物が密集したところでは、とりつく宿主に事欠かないため、絶滅することはない。動物間で感染を繰り返すうちに病原体が突然変異を起こして感染力を強め、動物から人間へ、人間から人間へ感染するようになる恐れもある。さらに悪いことに、工場式農場で飼われる動物は、環境が劣悪なせいでたいていはストレスを抱え、免疫力が落ちている。輸送もまたストレスを高める。複数の研究により、動物が輸送される時には、細菌やウイルスの数を増やしながら、それらをばらまくことがわかっている。(注11)つまり、出発した時より、旅の終わりのほうが、病気に感染している動物が多いということだ。行き先が食肉処理場だった場合、病原体が食肉につく可能性もある。

鶏、牛、豚がますます密集した状態で飼育され、適応能力の限界を超えるにつれて、その無理な飼育システムを支えるために、農家はますます抗生剤に頼るようになった。たいていの場合、飼料や餌を介して、治療量以下の薬を投与する方法が採られる。このような措置はしばしば数週間続けられる。その狙いは、病気を招きやすい飼育環境の穴埋めだ。

最大の標的になっているのは乳牛である。「乾乳牛療法」とは、乳房炎を予防するために、乳房に抗生剤を定期的に注入する措置で、「包括的乾乳牛療法」では、飼われているすべての乳牛が、次の出産に備えて泌乳を止めている2、3カ月の間にこの措置を受ける。これは、一部の有機農家を除いてヨーロッパで広く行われており、乳牛は平均で年に2回、この処置を受ける。

豚も似たような処置を受けている。工場式農場では、母豚がすぐまた妊娠できるように、子豚は通常、生後4週間で母豚から引き離される。自然な環境では、子豚の離乳は生後3カ月から4カ月で、その頃になると免疫システムが確立しているのだが、EUの法律が認める最低月齢である生後1カ月で離乳した子豚は、免疫力が弱く、重い感染症にかかりやすい。そのため、多くの集約農家は、子豚が離乳するとすぐ、その飼料に抗生物質を添加し始める。生まれてから食肉加工されるまでの6カ月間、1種か2種の薬が入った飼料を規則的に与えられる。

すべての畜産農家が抗生物質のとりこになっているわけではない。畜産農家のコミュニティーの中には、薬に頼らない方法を強く主張する団体もある。わたしが話をしたリチャード・ヤングは酪農家だが、抗生物質と濫用の危険性について百科事典並みの知識を持っていた。彼の農場はコッツウォルズの美しい地域にある。彼が飼う牛たちは豊かな牧草地で草を食み、樹齢が600年を超すオークの木の下でくつろぐ。ヤングは、農業は薬に頼らずにやっていけると確信している。

> 10年以上にわたり農場で抗生剤が使用されてきたことについて、これまで公に問われることはほとんどなかった。だがその間わたしたちは、農家が使う抗生剤の量が飛躍的に増えるのを見てきた……それは人間にとってきわめて重要な薬なのだが。またわたしたちは、家畜の中で抗生剤の効かない耐性菌が生まれ、それらが食品などを介して人間に感染するのも見てきた。今こそ政府は真剣に、この問題に取り組まなければならない。抗生剤をほとんど使わなくても健康な動物を育てることができるということを、これまで有機農家は証明してきた。動物たちを自然な形で健康に育てるように、ヨーロッパ全体で速やかに農業変革を進めるべきだ。

抗生剤が病気の家畜を治療するために使われる際には、通常、多量の薬を短期間に用いる。多くの集約農場では、一部の動物が病気にかかると、ほかの動物もすべて、病気かそうでないかにかかわらず抗生剤を投与される。さまざまな抗生剤が農場で使用され、それと同じ薬を医師も用いることは、公衆衛生上、重大な意味を持つ。いわゆる「スーパー細菌」の感染者の出現がそれを物語っている。

2004年米国で、スーパー細菌、MRSA（メチシリン耐性黄色ブドウ球菌）に感染して死んだサイモン・スパローは、まだ1歳5カ月だった。MRSAの犠牲者の多くとは異なり、サイモンの場合、院内感染ではなかった。亡くなる前日、朝起きてきたサイモンは熱があり、意識がもうろうとしていた。両親は地元の病院の小児救急外来に連れていったが、医師らはそれほど心配しなかった。(注12)サイモンの母親、エヴァリー・マカーリオ博士によると、医師らは通常の検査を行い、おそらく喘息だろう、と診断した。(注13)しかし彼女はそうは思わなかった。

これほど苦しそうにしているのだから、どこかがとても悪いにちがいないと思いました。サイモンはぐったりしていたのです。車で迎えに来た夫は、サイモンの唇が青くなっていることに気づきました。診断室に戻って、医師にそれを伝えたのですが、医師はもう一度酸素の値を測り、正常な範囲だと言いました。家に帰り、サイモンに吸入器でアルブテロール（喘息の治療薬）を与えました。そうしている間に、サイモンが白目をむいたので、ぎょっとしました。それでも自分に言い聞かせました。「この子はきっとよくなる。この年頃の子どもがかかる病気になっただけよ。きっとよくなる」(注14)

サイモンの呼吸が変わり始めたとき、自身がハーバード卒の公衆衛生の専門家であるエヴァリーは、(注15)小児科医の友人に電話をかけ、友人が聞こえるように受話器を息子の口と鼻に近づけた。友人は、すぐ救急車を呼びなさい、と言った。サイモンは再び病院に搬送された。「サイモンがERに運ばれるやいなや、医師たちは思いつくかぎりの方法で彼を調べました。そして何度も言いました。

『お子さんは大変危険な状態です。非常に、非常に危険な状態です』。この時、わたしはすっかり動転していました」とエヴァリーはそう回想する。(注16)

サイモンの症状はどんどん悪化した。心拍は異常に速くなり、血圧は急激に下がり、肺には水がたまった。翌日の深夜、12時45分、死亡が確認された。死因はわからずじまいだった。

2カ月後、エヴァリーと夫は、サイモンを解剖した医師から、死因はおそらく「地域感染型のMRSAだったと聞かされた。エヴァリーはこう語る。「あれほど健康ではつらつとしていた子が、そのような細菌に感染するなんて、信じられないことのように思えます。菌は致死性の毒素を出し続けて、あの子の体の組織を冒し、24時間もしないうちに死に追いやったのです。MRSAはまたたく間に、そして完全に息子を連れていってしまいました」

サイモンの死後、エヴァリーはMRSAの拡散を防ぐ活動を始めた。今では「抗生剤を知るための母の会」の代表を務めている。同会は米国を拠点とする圧力団体で、シカゴ大学のMRSA研究センターの共同設立者でもある。支援するピュー慈善トラストは以前から、人への抗生剤の効果を弱めたことも含め、工場式農場の弊害にスポットライトを当ててきた。(注17)

EUでは、毎年2万5000人が、薬剤耐性を持つ細菌やウイルスに感染して亡くなっている。欧州委員会は、その経済的損失は、EU全体で毎年少なくとも15億ドルにのぼると見積もっている。委員会はまた、抗生物質が効かなくなることを「公衆衛生上の重大な、ほとんど未解決の問題」と評している。(注18)

病気が抗生物質に抵抗力を持つということは、初期治療が効きにくくなることを意味する。その結果、病気は重症化し、入院期間は長引き、死亡率は高くなる。医師はより高価で複雑な薬を使わざるを得なくなり、そのような薬は往々にして副作用が強い。幼児の場合は特にそうした副作用に対して脆弱である。

動物の耐性菌がその肉を介して人間にうつることは容易に想像できるが、それは感染の一経路にすぎない。動物の菌は、その世話をする人に、糞を介して、あるいは空中を浮遊する微粒子を介してうつる可能性がある。その後、人から人へ拡散していく。

「スーパー細菌」と呼ばれる中でもMRSAは特に悪名が高い。数年前まで、MRSA感染が起きるのは病院内にほぼ限られていた。その脅威に対して、病院は懸命に衛生管理に努め、おかげで院内感染の危険性は低くなった。しかし、現在MRSA菌は、幼いサイモンのように病院とは無縁の人々を襲い始めた。いわゆる「地域感染型」のMRSAが、英国、米国、フランス、ドイツ、スイス、オランダ、米国、カナダ、オーストラリア、ニュージーランド、日本など多くの国々で発生している。(注19)

英国の土壌協会《ソイル・アソシエーション》の報告によると、2004年、MRSA ST398(またはNT-MRSA)という、それまで知られていなかったMRSA株が豚に見つかり、現在それは人間に広がりつつあるそうだ。初めて記録された豚MRSAの人間への感染は、オランダの養豚家夫婦とその赤ちゃん(女児)の事例である。現在ではオランダの養豚家の半数がこの新たな菌に感染しているらしく、それは世間一般の保菌率の760倍という高い確率である。(注20) MRSAは生肉に付着していることが多い。オランダで調べたサンプルのうち、七面鳥の肉の35パーセント、鶏肉、豚肉、牛肉の少

なくとも10パーセントにＭＲＳＡが見つかった。(注21)

工場式農場の豚がスーパー細菌を誕生させるのも当然で、それらはほかのどの家畜よりもたっぷりと抗生物質を与えられている。欧州食品安全機関は、ＭＲＳＡ　ＳＴ３９８がおそらく食用動物の間に「広く蔓延し、……ＥＵ諸国の中でも集約型畜産を行う国においてその傾向が強い」と断言している。(注22)オランダ政府と科学者は、家畜へのＭＲＳＡの拡散は、集約型養豚とその抗生剤に依存しがちな体質に原因がある、と躊躇なく非難する。

２０１１年６月、権威ある医学雑誌『ランセット』は、英国の家畜動物のＭＲＳＡに関する発見をいくつか掲載した。英国の酪農場から出荷された牛乳に新型のＭＲＳＡが見つかるという事例が15件あった。イングランドとスコットランドには、すでにそのＭＲＳＡに感染した人がいたが、牛乳が原因ではない。低温殺菌によって菌は死滅するからだ。(注23)

ＭＲＳＡは、工場式農場における抗生剤の濫用がもたらした脅威の一つにすぎない。現在、耐性菌による食中毒が増加しつつあり、それらの菌への感染は命取りになりかねない。１年に何人が食中毒にかかっているか、その見積もりは難しい。大方の人は、わざわざ報告したりしないため、公の統計値が示すのはそのごく一部にすぎない。英国の政府機関であるＤＥＦＲＡ（環境食料農林省）は、実際にはその5倍から9倍の人が食中毒になっていると見ている。(注24)２００９年、ＥＵでは、ほぼ20万件のカンピロバクター食中毒、10万９０００件余のサルモネラ食中毒が報告された。(注25)主な感染源は鶏肉、豚肉、卵だった。実際には、ＥＵ内のカンピロバクターやサルモネラ菌による食中毒は、毎年２００万件以上起きていると思われる。

また、EU内では、O157などの毒性の強い危険な大腸菌による食中毒が3573件発生した。DEFRAは、O157は「英国の牛に蔓延している」と述べている。[注26] さらに抗生物質が効きにくい大腸菌も出現しており、英国で大腸菌がもたらす敗血症の12パーセントは、抗生剤がほとんど効かない菌によるものだ。[注27]

米国では毎年およそ940万件の食中毒が起きている。入院に至った事例の約3分の1はサルモネラ菌が原因であり、15パーセントはカンピロバクターが原因だ。[注28] 2011年の3月から9月にかけて、精肉販売を手掛ける食品大手、カーギル社が加工し流通させた七面鳥のひき肉がサルモネラ菌に汚染されており、42の州で119人が感染したと報告された。[注29] カーギルは、ある工場で生産された七面鳥のひき肉1万6000トン以上を回収した。このサルモネラ菌は、いくつもの抗生剤に耐性を持っていた（多剤耐性型）。[注30]

英国では1980年代後半に、卵のサルモネラ菌に関するスキャンダルが発生した。当時、英国で飼育される雌鶏の90パーセントはケージで飼われていた。[注31] 閣僚だったエドウィーナ・カリーは、英国の卵はほとんどが汚染されていると発言したせいで、辞任に追い込まれた。現在では産卵鶏のほぼ50パーセントが放し飼いか有機飼育で飼われており、[注32] サルモネラ保有率は0・25パーセントにまで減少した。[注33] サルモネラ保有率が下がったのは、いくらかは検査やワクチンが普及したり、感染した鳥を早期に選別したりした結果だが、放し飼いにしたことも影響しているようだ。2010年に発表された、英国の産卵鶏に関する研究の結果は、群れの規模を小さくしたり、放し飼いにしたりするとサルモネラ保有率が下がることを裏づけている。最も一般的な食中毒の原因菌、サルモネラ・エンテリティディスの検査では、ケージ飼いの鶏では18パーセントが陽性と出たが、放し飼いの鶏では、陽性は3パーセント未満だった。最大となる3万羽以上の群れのサルモネラ保有率は、最小となる300羽以下の群れより、7倍も高かった。(注34)

人間の病気を引き起こす細菌やウイルスの3分の2は、動物由来のものだ。(注35) 鳥インフルエンザや豚インフルエンザといった攻撃的なウイルスによる病気は、集約型畜産と密接に関わっている。集約型畜産は、そのような病気が発生して広まる新たなルートを提供している。H5N1型ウイルスのような高病原性鳥インフルエンザは、極東地域で家禽産業が急成長した時期に発生した。このウイルスは1997年、香港の活鳥市場と養鶏場で初めて発見され、当時6人が死亡した。2003年以降、東アジア全域に広がったが、それは家禽数が急増し、さらに集約的に飼育されるようになった時期と重なる。中国で鳥インフルエンザが猛威を振った2005年、中国で飼われる家禽の数は、1990年の3倍になっていた。(注36)

H5N1型ウイルスは、アジア、中東、ヨーロッパ、アフリカに広まっている。このウイルスは、飼われている鶏、ガチョウ、七面鳥のほか、ハクチョウやガンなど一部の野鳥にも見つかっている。2011年8月の時点で、感染者数は延べ546人、うち330人が死亡した。致死率はおよそ60パーセントだ。(注37)

感染者の大半は、鶏と密接した生活を送っているか、その食肉処理に関わっていた。ところが、2003年にオランダでH7N7型鳥インフルエンザが流行した時には、1人の獣医師が死亡し、ウイルスが養鶏業者から外部の人へ、つまり人から人へうつることが明らかになった。流行した当時、養鶏業従事者86人、彼らと接触のあった3家族が感染したとされ、30家族以上が感染を疑われたが、正確なところは不明だ。(注38)

そもそも集約型畜産は自然の限界を超えた畜産方法なので、病気という反動を招く危険性は常にあった。世界中で大量の家禽を狭い檻に押し込めて飼ってきた人間は、命を脅かす鳥インフルエンザという形で、そのしっぺ返しを受け始めたようだ。幸いにも、今のところH5N1型は人から人へは感染しにくい。最も懸念されるのは、誰かが感染するたびにウイルスが少しずつ変異し、やがて強い感染力を持つようになることだ。そうなると、パンデミックが現実となる。

最近、ある研究により、H5N1型は数回、変異が起きただけで、季節性インフルエンザ並みに感染しやすくなることがわかった。(注39)英国の科学雑誌『ニュー・サイエンティスト』の論説は、パンデミックの危険性は「フィクションではなく現実だ」と警告した。(注40)『ランセット』に寄稿する公衆衛生の専門家たちは、そのようなインフルエンザの大流行が起きれば、6200万人もの人々(多くは発展途上国の人々)が亡くなる可能性があると見積もっている。(注41)

かつてわたしは、元酪農家でコンパッション・イン・ワールド・ファーミングの創設者であるピーター・ロバーツと、病気蔓延の源になる工場式畜産はやめるべきだと語り合った。人間と豚や鳥の間でインフルエンザウイルスやウイルスの分子が交換され得るのであれば、動物の体内で誕生した感染力の高い致死性のインフルエンザが人間にうつるという、悪夢のようなシナリオが現実味を帯びてくる。人間と鶏や豚のウイルスが混ざりあうと、治療が非常に難しくなる。

農場で生まれた病気が広がる主な原因は、肥育や食肉処理のために家畜を長距離輸送することだ。

そのような輸送は動物福祉の観点からも望ましくないが、加えて、新たな場所や群れに病気を運ぶ危険性が高い。わたしがこの問題に気づいたのは、2011年、ガーナのアクラで開かれたガーナ獣医協会の会議に出席した時のことだった。その会議には、国連、欧州委員会、国際獣疫事務局の代表も参加していた。何人もの著名な研究者が、生きた動物を含む農産物の世界的な取引や輸送と、病気の発生との関わりについて発言した。「ワン・ワールド・ワン・ヘルス」のスローガンが会場の獣医の間で大いに交わされ、「動物と人間の健康は深く関わりあっている」という結論に至った。この会議は、生物を輸出入することの愚かさに光をあてたようだ。現在、何百万もの生きた動物が、海や山をはるばる越えて世界中に運ばれている。それも、旅の終わりにと畜されるためだけに。

それでも多くの科学者は、耐性菌や悪性のウイルス性疾患の出現と、集約型畜産との関わりについて、発言しようとしない。その科学は複雑で、産業界からの圧力はきわめて強いからだ。そのうえ、何らかの薬物耐性について、フードチェーンを遡って原因を特定するには時間がかかり、ウイルスや細菌は拡散しながら少しずつ変異するので、なおさらそれは難しい。当然ながら、集約型畜産の恩恵を受けている業界は、因果関係の曖昧さにつけこもうとする。たとえば業界には、集約農場で一般的な金網の床や横木を渡した床は、家畜を糞や外界の病原体から隔離するので、病気を防ぎ、食品の安全性を高める上で有益だ、と主張する人もいる。これには一理あるかもしれないが、人工的な狭い空間に押し込めて飼うことは、そのようなメリットを相殺して余りあるリスクをもたらす。

気がかりなことに、鳥インフルエンザを野鳥のせいにして、それを理由に大規模な集約化を支持しようとする人がいる。彼らは、家禽を屋内に閉じ込めておけば病気を持つ野鳥から守ることができると主張する。この主張が都合よく見落としているのは、野鳥のインフルエンザは、一般に低病原性であることだ。病原体は集約農場というプレッシャーがかかって初めて危険な変異を起こす。ウイルスは、多数の家禽が押し込められた小屋に入ると、感染を繰り返し、その都度、自分のコピーを作りながら、群れの中を移動する。そのコピーを作る間に遺伝子に起きたエラーや変異は修復されない。こうして病気の新たな株が生まれていく。野鳥が原因なのではなく、むしろ集約農場が攻撃的なウイルス株が生まれる理想的な土壌を提供し、野鳥はその犠牲になっているといえる。

2005年に発生した強い病原性を持つH5N1型鳥インフルエンザの拡散の状況は、この病気が渡り鳥の飛行経路というより、主要な道路や鉄道路線に沿って広まる可能性が高いことを語っていた。また、H5N1型感染が判明した野鳥の大半はすでに死んでおり、遠く離れた場所にウイルスを運ぶことはできないはずだった。2007年、英国のサフォーク州にあるバーナード・マシューズ社の七面鳥農場をH5N1型が襲った時、英国国内の野鳥に高病原性鳥インフルエンザが発生している兆候はまったくなかった。当時のDEFRAの報告によると、発生前の6カ月間に、4000羽を超える野鳥を調べていたが、鳥インフルエンザに感染していたのはわずか0・4パーセントで、高病原性鳥インフルエンザにかかっているものは皆無だったという。

野鳥のせいにするのは問題の主な原因、つまり工場式畜産システムを野放しにする口実にすぎない。神経学者で公衆衛生の専門家であり、オックスフォード動物倫理センターのフェローであるアイシャ・アクタール博士は、「わたしたちは集約農場に膨大な数の動物を閉じ込めることによって、

PART III 健康

感染力の強い致死性のウイルスを速やかに培養するための実験室を世界中に作ってきた」と断じる。

博士は米国食品医薬局の「健康への新たな脅威とテロに関する対策本部」のメンバーでもあり、

「殺したり混乱を引き起こしたりするのは、人間のテロリストに限ったことではない。工場式畜産

は、テロリストと同等かおそらくそれ以上の危険性を秘めている」と警告する。

## メキシコ——豚インフルエンザの発生地

メキシコ南東の山間部に、不運な経過からその名を世界に知られることになった小さな村がある。

ペローテ谷のラグロリア。陽気な村で、わたしが訪れた時には、通りという通りが黄色い旗で飾ら

れ、埃っぽい道端で子どもたちがバレーボールをして遊んでいた。しかし、この村は世界最大規模

の養豚場が集中する場所からわずか8キロのところにあり、かつて、その養豚場のせいで、命をも

脅かす未曾有の病にさらされた。2009年の初め、豚、鳥、人のインフルエンザをミックスした

遺伝物質を持つ、伝染性の強い新型インフルエンザが人間に伝染し始めたのは、まさにこの村だっ

たのである。

ウイルスはたちまち世界中に拡散し、多くの人々が重篤な状態に陥った。こうしてラグロリアは、

豚インフルエンザの発生地として知られるようになった。この村と周辺部では、グランハス・キ

ャロル・デ・メキシコ（GCM）という会社が、多くの養豚場を経営している。現在、パニックは

収まり、世間の関心も離れていった。もはや、豚インフルエンザにかかるのではと心配する人はい

195　第7章　無数の抗生剤——公衆衛生上の脅威

なくなった。鳥インフルエンザにかかることを心配しなくなったのと同じだ。しかし、ウイルスが生まれる条件が揃えば、また新たに、化け物じみた病気が誕生するだろう。その一方で、ラグロリアのようなコミュニティーと工場式農場との戦いは続いている。

わたしがペローテ谷を訪れたのは、2011年の11月、ちょうどメキシコの革命記念日を祝う毎年恒例の祭りの前だった。1910年に始まった長い戦いは、独裁政権の崩壊によってピリオドを打ち、1917年、革命の理念に沿う憲法が誕生した。もっともこの地を訪れたのは、祭りを見るためではなく、豚インフルエンザ発祥の地とされる村を見るためだった。かつての騒動が今も地元の人々に影響を与えているかどうかを見極めたかった。

旅は、ベラクルス州の州都、ハラパから始まった。賑やかな街で車を1台借りて、撮影班とともに高地へ向かう。あたりの風景は、英国の田園地帯によく似ているが、日差しが強く、草の緑は見たことがないほど鮮やかだ。うねる丘のあちこちに白黒の牛の姿が見える。たちこめる朝霧の中、シエラ・マドレ山脈へと続く死火山の斜面を登っていく。振り返ると、はるか遠くでハラパの街が朝日に照らされて輝いている。途中、そのあたりの酪農家と1、2時間話をし、海抜2500メートルの高地へとまた坂を上っていった。たどり着いた場所はまるで別世界だった。殺風景な砂漠が広がり、ところどころに大きな丸々としたサボテンが生えている。その広大な荒れ地の真ん中にぽつんと埃っぽい村があった。村人たちは、こんな乾ききった土地でも育つ作物を、懸命に育てている。ここで作物を育てるのは明らかに大変なことだ。とはいえ、かなりのトウモロコシがとれる。だが、工場式農場となると話は別である。

ペローテ谷とグアダルーペ谷の数キロ四方に点在する巨大な畜舎では、GCM社が毎年100万頭を超す豚を育てている(注43)。GCMは、メキシコの家畜用飼料会社と、米国を拠点とする世界最大の豚肉生産業者、スミスフィールドが共同経営する養豚企業だ。中国で見た巨大養豚場のように、ここでも豚は一生をコンクリートの窮屈な檻の中で過ごし、糞尿は戸外の溜池に流されている。

当初、GCMの養豚場だと思った施設は、近づいてみると監獄だった。工場式農場と監獄は、そっくりだ。ほどなく、探していたものが見つかった。巨大な工場式養豚場だ。格納庫のような金属製の畜舎が18棟、畝のように連なっていた。それぞれの畜舎の脇には、スチール製の巨大な貯蔵容器がある。おそらく自動給餌器だろう。養豚場は有刺鉄線つきの電気柵で囲まれている。外から見るかぎり、ほかには何もなかった。豚も、農民も、命を感じさせるものは何一つなく、無機質な金属製の建物を、片田舎にどかどかと無計画に投げ込んだかのように見える。鍵のかかったゲートと高いフェンスが人を拒み、おまけに「立入禁止」の看板が立てられていた。わたしたちはおとなしくそれに従った。中を見させてもらえないかと尋ねる相手も見当たらず、中に入れてもらえるとも思えなかったので、そのまま谷を抜けて、先へ進んだ。

次に訪れたトラルコンテノ村では、市場が開かれ、賑わっていた。炎天下、わずかに日よけの役目を果たしている色鮮やかな天幕の下は、買い物客や店の男たちでごった返している。多くの露店が出ている中、1人の男が、きつね色の揚げ菓子を山盛りにしたザルを抱えていた。豚の皮をぱりぱりに揚げたもので、男はそれを盆にあけ、その上にまた、こぼれんばかりに積み上げた。次々に客の手が伸び、瞬く間に盆はからっぽになった。近くで、幼い男の子が音楽に合わせて踊っている。

父親が誇らしげにそれを見ている。

男の子は健康そのものだ。こましゃくれた笑みを浮かべ、黒い髪はつやつやと輝き、リズムに合わせて踊るその小さな足に、黄褐色のカウボーイ・ブーツを履いている。名前はアラン、もうじき5歳になる。父親は近くの露店でアランにおもちゃを買ってやった。こんなふうに息子と過ごせるのは本当にありがたい、と父親は言った。2007年に彼はアランを失いかけた。奇妙な病気にかかったとき、アランはまだ1歳になっていなかった。医師たちは、たちの悪い風邪だとか、肺炎だとか、さまざまな診断を下したが、いずれにせよ普通の鼻風邪などではなかった。アランは深刻な呼吸困難に陥り、ほぼ3週間にわたって入院した。赤ん坊にとっては長い入院である。

父親のヘラルド・プラークセイディス・セラーノウ・ディアースは、息子が病気になったのは、近くの養豚場による汚染のせいだと固く信じている。アランの病状は、豚インフルエンザの症状に不気味なほどよく似ているが、ディアース一家がそれを知ることは今後もないだろう。当時、ディアースは、家で豚を飼っているかと医師たちに尋ねられた。ディアースは飼ってなかった。

ディアースが養豚場を見せたいというので、車に乗り込み、出発した。道路脇の空き地では何台もの家畜運搬車が消毒されていた。ディアースによると、いつもそこで大型トラックの消毒が行われているそうだ。丘を越えた先は広々とした谷で、工場式養豚場があちこちに点在していた。「この先　養豚場」と書かれた標識が立つ道を、一本通り過ぎた。次の道も、また次もそうだった。10いくつの養豚場が見えてきた。いずれも格納庫のような畜舎と巨大なスチール製の給餌器が並んでいる。車内に糞尿の臭いが充満した。

一軒の養豚場の脇に車を止めた。耐えがたいほどの悪臭が漂う。周囲には、半乾燥地帯が広がっている。ディアースの話では、ここで死んだ豚は、ラグロリア村まで運ばれて処分されるそうだ。GCMは、「ストレスや高齢」で死んだ豚はバイオガス・ダイジェスター（動物性廃棄物から可燃性のガスを作る装置）やコンポスト（堆肥化容器）で処理していると主張する。(注44) しかし地元住民によると、死骸は放置されて野良犬の餌になっているそうだ。

車を先に進めると、さらに多くの養豚場が見えてきた。畜舎は15棟もある。背の低い航空機格納庫か軍事施設が並んでいるように見える。鋼鉄、コンクリート、そして電気柵が、立ち入ろうとする者を拒む。膨大な量の飼料を運ぶ、連結式の大型トラックが出入りしている。完成品である太った豚は、巨大な輸送車に乗せられ、都市に近い食肉処理場へと送られる。

これまでの経験から、このような閉じられた農場では不意の訪問客を快く迎えることはめったにないとわかっていた。かつてマスコミの攻撃にさらされた場所であればなおさら、この固く閉じたゲートを、カメラを持って通り抜けることは許されないだろう。養豚場から出てきた一台のピックアップ・トラックとすれ違ったとき、その予測は裏づけられた。トラックの運転手は窓を開け、いったい何をやってるんだ、と尋ねてきた。わたしたちがそこから離れるとすぐ、運転手はトランシーバーを口にあてた。おそらくわたしたちに気をつけるよう、仲間に連絡したのだろう。

道端の貯水池《ラグーン》の近くに車を停めた。と言っても、中身は養豚場から出されたどろどろの排泄物だ。よく見るために、サボテンの棘に気をつけながら土手をよじ登った。臭いがすべてを語っている。貯水池の向こうにまた別の養豚場があり、白いオーバーオールを着た人影が、無機質な建物の間を歩いていた。豚のキーキー鳴く声が聞こえる。何もかも現実離れしている。熱さ、埃、有刺鉄線のついた3メートルを超すフェンス。いずれも、伝統的な農場のイメージとはかけ離れていた。

ディアースは、父親に会ってほしいと言った。ラグロリア村に住む彼の父親は、工場式養豚場の拡大に反対する地元団体の中心人物である。車は、村の手前の墓地を通り過ぎた。墓石や木の十字架、小さな記念碑があちこちに並び、ピンクやオレンジのリボンで飾った十字架の装飾が、誇らしげに墓の上に立っている。1匹のトカゲが墓石の上をのたのたと這う。朝の日差しを受けて、小さな影が伸びる。

ラグロリア村の人口は3000人に満たない。村は木々の生い茂る山並みに囲まれ、その山地がこの地域に水をもたらす。埃っぽい風が吹く通りで、子どもたちが駆け回っている。赤いスクーターが、録音した音声を拡声器で流しながら、走っていく。トウモロコシの粉を練ったものをトウモロコシの葉で包んで蒸したメキシコの伝統料理、タマーレを売っていた。革命記念日を祝う横断幕が下がっている。大農場の母屋の壁に残る無数の弾丸の跡が、その戦いの激しさを今に伝える。革命から1世紀たった今、この地ではまた別の内戦が繰り広げられている。今度は人と豚の戦いだ。

ディアースの父親、グアダルーペ・ガースパーは、カリスマ性のある人物で、褐色と白のカウボーイハットをかぶる姿は68歳という年齢より若く見えた。農業従事者で、地元の運動組織プエブロス・ウニドス（People united）を率いている。彼はわたしたちを歓迎し、つつましい家に迎え入れてくれた。青い玄関扉の横の出窓には小さな祭壇が飾られていた。居間の壁は薄い藤色に塗られ、窓にはメキシカン・ライトブルーとピンクのカーテンがかかっている。空っぽのキャビネットの脇には小さなマリア像やキリスト像が並び、信仰の篤さを示していた。彼は強い信念を持つ、誇り高い男であるらしい。

ガースパーは椅子に腰かけ、タイル張りの床を足先で軽くたたきながら、ラグロリア村は昔からの農村で、トウモロコシ、豆、ジャガイモ、大麦や小麦を育てていたと説明した。幼い頃の彼は、父親とともに畑や周辺を歩き、幸せに過ごしていたという。当時、水が不足することはなかったそうだ。しかし今は違う。山林の伐採や巨大養豚場のせいだと彼は言った。村の人々は、この埃っぽい谷で、乏しい水を豚と競いあっている。働き口も足りない、とガースパーは言う。家庭を持つ者や若者にとっては深刻な問題で、多くの若者が村を離れつつあるそうだ。ウィークデーは200キロ離れたメキシコシティーで働き、週末だけ村に戻るのが普通だと言う。

工場式養豚場が建設されれば、職と機会が提供されるはずだった。だが実際には、地元の住民はほとんど雇われなかった。養豚場の大半はよそ者を雇っているようだ。わたしたちは彼に、環境汚染や強烈な臭い、汚染された飲み水やハエ、といったお馴染みの問題について尋ねた。地元住民が経済的恩恵をほとんど受けていないのだから、養豚場が敵視されるのも無理はない。ガースパーは、騙されたと感じている、と語った。「俺たちは騙されたんだ。いくつかの会社は仕事をくれるという話だった。ここを汚しに来るなどとは、おくびにも出さなかったよ」

彼の話はまったくの真実ではないかもしれない。GCMのウェブサイトには、従業員の大半はペローテ谷で雇い、直接的、間接的に3000人以上の雇用を生んだと書かれている。(注45) もっとも、そのサイトは、地元の村人を雇ったとは明言していない。また同社は、税金をたくさん支払い、賃金の2パーセントをベラクルス州のインフラ整備のために寄付し、植林や灌漑の資金を提供している、と主張する。加えて、プエブラ州とベラクルス州の18の自治体に無料で医療サービスを提供しているそうだ。

真のコストと恩恵がどうであったにせよ、ラグロリア村の近くに最初の養豚場ができてまもなく、村人たちは地下水の水質の変化に気づいた。懸念が広がり、彼らは連邦政府や州政府、町議会に向けて、陳情書を書き始めた。2007年、さらに村に近い場所に新たな養豚場を建設する計画が持ち上がっているのを知り、村人たちは団結して抗議運動を始めた。数百人が道路を封鎖しようとした。メキシコでは一般的な抗議の手法である。州のハイウェイに入る道を封鎖し、当局を困らせた(注46)。それからひと月ほどたったある朝、ガースパーの家のドアをたたく者がいた。ドアを開くと、連邦警察の警官3人と、普通の格好をした男がひとり立っていた。ガースパーは、州のハイウェイを「攻撃」した罪で告発されている、と告げられた。「俺は麻薬密売人かなにかのように捕らえられ、拘束された」。ガースパーはトウモロコシを売った金を渡してどうにか保釈されたが、その後の1年間、月に2度、2時間かけてプエブラまで赴き、当局に出頭しなければならなかった(注47)。

こうした初期の抗議運動から2年後、ラグロリア村の住民の28パーセントが、豚インフルエンザかそれに似た病気にかかった(注48)。2009年4月、メキシコ政府は、ラグロリア村でインフルエンザが発生したことを世界保健機関などに報告した。1週間後、メキシコシティーで肺炎患者が続出した。同じ時期、サンディエゴの少年が新型インフルエンザにかかった。4月23日、メキシコ政府は同国で流行している感染症が、その新型インフルエンザウイルスによるものだと確認し、それを

「H1N1型ウイルス」と命名した。このウイルスは予想をはるかに上回るスピードで拡散し、1週間もたたないうちに10カ国で感染者が出た。8月末までにその数は、180カ国に膨らんだ。(注49) 世界保健機関によると、発生から1年以内にこのウイルスで亡くなった人は、全世界で1万8000人に上ったという。(注50) 発生したのはラグロリア村で、この村の男児、エドガー・エルナンデスが最初に確認された患者だった。のちに彼は「少年ゼロ」あるいは「患者ゼロ」と呼ばれるようになった。(注51) ラグロリア村の中央にある小さな公園の池の真ん中には、等身大のエドガーの像がある（エドガーは回復したが、村を有名にしたのを讃えて、州政府が銅像を建立したそうだ）。その池に水はない。像の塗料ははげ落ちてきたが、この像のおかげで、村の誰もがかつてのできごとを忘れられずにいる。

このウイルスがほかと異なるのは、ヒトインフルエンザと鳥インフルエンザだけでなく2種類の異なる豚インフルエンザウイルスに由来する遺伝物質が混合していることだ。ウイルスはメキシコの感染地域から来た人々によって広まったと見られている。(注52) 以来、最大の関心事となっているのは、ラグロリア村で新たなウイルスが発生したことと、村の近隣に養豚場が存在することに科学的関連があるかどうかということだ。

言うまでもなく、GCMはその関連を否定した。メキシコの公衆衛生の権威がGCMの施設、特にラグロリア村に最も近い113B農場を査察し、「GCM社の豚に、インフルエンザの兆候は一切認められない」と認定した、と同社は述べている。(注53) ウェブサイトには、「当社は、豚の健康状態を確認するために、新たなサンプルを収集するよう（当局に）要請した」とある。その検査は、動物の健康にも責任を負う国民保健サービスによって行われたそうだ。またウェブサイトには、「GCMとH1N1型ウイルスとの関係を示す科学的根拠は見つかっていない」とある。(注54)さらに、「これらの調査結果は、別の政府機関である連邦健康危機予防委員会も保証する」とも書かれている。同社はラグロリア村でも広範な調査を行ったらしい。結論として、養豚場に「病気にかかった豚や人は皆無で、呼吸器疾患や下痢といった症状も見られない」としている。(注55)

GCM社の言い分を信じるなら、主に2種類の豚インフルエンザウイルスに由来する新型インフルエンザが、巨大養豚場のすぐそばで最初に診断されたのは、単なる偶然ということになる。いずれにせよ、このインフルエンザの発生を受けて、養豚場への抗議運動の焦点は、環境汚染や臭いやハエから病気へと移った。「何が起きているのかに気づいて、すべての村が抗議運動のために団結した」とガースパーは回想する。「何人もの人が死んだ。俺たちは立ち上がり、戦い始めた。ここに養豚場はいらない。それを企業にわからせようとしたんだ」。ガースパーらは当局に声を届けようと、幹線道路でデモ行進をした。だが、「トラブルメーカー扱いされた」そうだ。声を上げた結果、ガースパーは事実上すべてを失い、地元住民の多くは、怯えて、あるいは金で買収されて、抗議の声をひそめた。

わたしが村を訪れた時、豚インフルエンザの発生からほぼ3年がたっていた。だが、村人たちの強い怒りと恐れは収まっていなかった。「時限爆弾の中で暮らしているようなもんだ」と、ガースパーは言う。「いつどんな災難が降ってくるか、俺たちにはわからない。政府は養豚場を閉鎖させるべきだ。そうしないと、環境汚染は続き、きっとまた新しい病気が生まれる」。豚インフルエンザが騒がれた当時、ラグロリアが世界の注目を集めているかぎり、新たな養豚場が建設されることはないと、村人たちは確信していたそうだ。しかし、今では世界はもうこの村のことを忘れてしまったようで、実際、新たな養豚場建設の兆しがある。

わたしたちはガースパーに別れを告げ、地元の議員に会いに行った。60歳になるこの議員は、匿名でなら、と話を聞かせてくれた。ある場所を見せたいと言うので、車に乗り込み、彼の案内でサボテンが並ぶ埃っぽい道を走った。トウモロコシ畑を通り過ぎ、ラグロリア村から2キロほどの郊外で止まった。ここに新たな工場式養豚場が立つ予定だと、彼は言った。

すでに開発は始まっていた。コンクリートの床束《ゆかづか》が有刺鉄線で囲まれており、井戸も掘られている。高さ6メートル余りの白い十字架が一本、立っている。と言ってもそれは宗教的なシンボルではなく、電線や通信線を支えるための支柱で、同じものがはるか遠くまで延々と立ち並んでいる。

仕事を提供するという触れ込みで誘致されたのに、養豚場が村民にほとんど恩恵をもたらさなかったことを、議員は怒っていた。村にとっては、公的資金が伝統的な農業に投入されたほうがはるかにためになり、より多くの雇用を生んだはずだ。行政に携わるものとして、彼は特に、谷の若者たちの未来を案じていた。「多くの若者が谷を去りつつあります。彼らが出ていかなくてもすむように、この地に雇用を生み出さなくてはなりません。養豚場がさらに建設されれば、孫やひ孫に、負の遺産を残すことになるでしょう」。同じような建設計画に直面しているコミュニティーの人々が迅速に行動を起こすことを、彼は望んでいる。「これ以上、養豚場の建設を許してはなりません。いったんできてしまえば、その汚染から逃れることはできないのですから」。これが彼のメッセージだ。
わたしたちはラグロリア村に戻った。2人の女児の母親で、30歳になるオーテンシアから話を聞くことになっていた。家を訪ねると、彼女は明るい色のドアの前に立っていた。中へ入るよう手招きしたのは、そのほうが遠慮なく話ができるからだろう。やはり村人たちは、声をあげることに不安を感じているようだった。オーテンシアは、これまでの人生のほとんどをこの村で暮らしてきた。椅子に座る彼女の後ろの壁には、帽子をかぶった子どもの絵がかけられている。青い目は悲しげで、涙が両頬を伝って流れている。壁にかけるには不似合いな絵だが、村の悲しみと恐れを象徴しているように見える。かつて道路の閉鎖に加担したのはごく普通の人々で、環境や子どものことを心配しての行動だった、と彼女は語った。強い風が吹くと、村中に悪臭が漂うのだと言う。

水の汚染について尋ねると、彼女はあきらめたような表情を見せた。

みんな、それに慣れてしまって。いったんあんな農場ができたら、自分たちにできることは何もないと言っているわ。文句を言ったところで、何も変わらない。村を潤す水は、森から流れてくるけれど、不法に横取りされているのよ。水は減り続けているというのに、また養豚場ができて、毎日とんでもない量の水を使うことになるわ。わたしたちがどんな気持ちか、あなたにも想像がつくでしょう。心配でたまらないの。

　これまでに話を聞いたほかの人と同様に、彼女も、新たな養豚場ができても、地元住民の雇用が増えるとは考えていない。「これまでも、会社側は村の男たちに仕事をくれると約束してきたわ。でも嘘だった。いつだってそう。だからもうわたしは信じない」。2キロ先に作られようとしている新たな養豚場は最大規模のものになると、彼女は予測している。今見てきた状況からしても、会社はすでに土地を買い、井戸を掘り始めているようだ。

　養豚場で生産される豚肉は村人の役に立っているのか、と尋ねた。すると彼女は、ラグロリアの人々は、それぞれ家で豚を飼っていて、残飯で育てている、と言った。巨大養豚場で作られた豚肉は必要ないというわけだ。こうした工場式養豚場で育てられた豚は、生きたまま、メキシコシティーやほかの都市の食肉処理業者に売られていく。

　豚インフルエンザの一件について訊いてみた。オーテンシアによると、村人たちは、ジャーナリストたちが村に押し寄せてきてようやくその病気のことを知ったそうだ。その後、テレビで大変な騒ぎになった。オーテンシアは、子どもや家族が感染するのではないかと怯えた。やがて彼女の母親がかかったので、家族にうつるのではないかと気が気でなかったそうだ。最初は豚に原因があるとされたが、結局何も証明されなかったことを、彼女は認めた。

　彼女の家を後にし、例の大農場の横を通り過ぎた。弾丸の跡が残る崩れかけたファームハウスは、革命時には要塞となって村民を守ったが、新たな敵に対してはまったく無力だった。だが、別のストーリーもあり得たはずだ。この後、同じ地域にあるまったく異なるタイプの農場で目の当たりにしたように。アカヘテという村のはずれの丘で、一休みしようと車を停めた。丘は朝霧に包まれていたが、遠くにシエラ・マドレ山脈の美しい姿が見えた。ひとりの農場労働者が白いバケツを三つ持って、丘の下から登ってきた。わたしたちを見つけると、親しげに手を振り、手招きした。わたしたちがここへ何をしにきたかを知ると、即席の農場見学ツアーに招いてくれた。

農場の経営者で獣医でもあるアナ・マリア・フラウゾーニ・エルナンデスが案内してくれた。平屋根のこぢんまりとしたファームハウスや搾乳場を見てから、外へ出た。あたりには心地よい匂いが漂っていた。赤ん坊の匂いのような、甘い乳の香り。わずかに肥やしの臭いも混じっている。兄の農場だと彼女は言った。牛を高貴な動物と見なし、敬意を持って接しているという。数本の木を通り過ぎた先では、20頭ほどの牛が、暖かな日差し浴びながらのんびりと歩いていた。当然ながら足元の地面には牛糞があった。

地元の酪農共同組合の、34の農場の一つだと知らされた。ヨーロッパの基準に照らしてもかなり大きな農場だ。牛は500頭いるが、そうとはわからない。いい具合に丘に散らばって、幸せそうに草を食んでいるからだ。野原では40頭のホルスタインが搾乳されていた。牛たちと2、3人の農場労働者の間には、銀色の牛乳容器が並んでいる。エルナンデスは、搾乳は日に2回だと言った。かつて彼女の父親は日に3回搾乳していたが、牛にストレスがたまったそうだ。搾乳が終わると、1頭の馬が、牛乳容器を載せた荷車をひいて丘を登っていった。それを追うように牛たちが歩いていく。彼らが自然に歩く姿を見ることができて、わたしはとてもうれしかった。カリフォルニアの巨大酪農場で見た、パンパンに膨らんだ乳房がじゃまで、後ろ脚を大きく開いて歩く牛は、ここにはいない。

この特別な農場で暮らす牛たちは、1年を通して屋外で飼われている。化学物質や抗生剤やホルモン剤は一切使わないが、草が足りない時期には、少しばかり栄養を強化した飼料を与える。エルナンデスによると、ここの牛たちは、平均寿命の20年を全うするそうだ。集約酪農場で飼われる牛の平均余命の約4倍である。

見学ツアーの終わりに、彼女は、牛乳の正当な価格を守るための戦いについて話し始めた。大西洋のあちらでもこちらでも、そして大農場でも小さな農場でも、おなじみのテーマだ。この農場から出荷される牛乳は「Joyalat」のブランド名で販売されている。「Joya」はスペイン語で宝石を意味する。エルナンデスは、牛乳は「白い金」だと言った。顧客たちはここの牛乳を絶賛しているが、それは牛たちが自然な環境で飼われ、栄養豊富な草を食べているからにちがいない。

農場を去る前に、ヨーグルトを試食した。風味豊かでなめらかで、つんとくる酸味がなく、とてもおいしかった。酪農場の窓に張ってあるポスターは、誇らしげにこう謳う。「世界最高品質の牛乳はメキシコで作られる」。わたしはいくらか躊躇しながらも、それを認めざるを得なかった。

メキシコ南東部を訪ねたのは、豚インフルエンザの謎を解くためだった。その起源をたどり、ウイルスが発生したのが養豚場のせいなのかどうか、本当のところを知りたかった。だが結局、はっきりした答えは見つからないまま、現地を後にした。答えは誰にもわからないようだった。ウイルスは、僻地の埃っぽいラグロリア村に現れるずっと前から、米国の養豚業界を巡っていたという見方もある。ともかく、数千頭という豚がいるはずの乾いた谷で、それを1頭も見ずに過ごしたのは、不気味な経験だった。ただ、今回の旅で、工場式農場に近い村での生活の実態を知ることができた。豚インフルエンザが発生しなかったら、彼らが抱える問題が世間の関心を引くことはほとんどなかっただろう。だがいつものことながら、パニックが収束すると、メディアの関心はよそに移り、村は忘れられ、孤独な戦いを強いられる。

# 第8章 太くなるウエスト——食品の質の低下

ロンドン北部の小さなアパートの1階に、世界一太った男、キース・マーティンが住んでいる。42歳になるマーティンは体重が368キロあり、ほとんどの時間、耐荷重性を強化したベッドで、寝るか座るかして過ごしている。この10年、ベッドから離れるのは、定期健診のために、ライトバンの後ろに詰め込まれて病院へ行く時だけだ。(注1) 食べて、飲んで、本を読んで、テレビゲームをして、巨大なプラズマテレビを見ることしかできない。寝返りさえうてない。胴回りは、身長を上回っている。

毎日、7人の介護スタッフが交替制で彼の世話をする。また、1日おきに2人の看護師が訪れ、床ずれのケアをしてくれる。以前、家の中で転倒したときには、彼を病院へ運ぶために特別チームが組まれ、9万ポンドかけて作られた病的肥満患者用の救急車が派遣された。救急車までは、特別製の袋に入れられ、床を引きずって運ばれた。もっとも、世界一太ったティーンエイジャーを病院に搬送した時の騒動に比べたら、大したことではない。こちらも英国の話だ。体重400キロのティーンエイジャー、ジョージーナ・デーヴィーズの場合、家から出すのに二方の壁を壊さなければならなかった。

マーティンは16歳で母親を亡くし、それを機に暴飲暴食するようになった。その年に学校をやめ、何の技術もないので、倉庫番や肉体労働をしていたが、じきに太り過ぎて働けなくなった。過食を続け、体重はどんどん増えた。「好きなように食べた。もうどうでもよかったんだ。ソーセージにベーコン、ロースト肉でものすごく太ったよ。食べたいものを何でも食べていたからね」。だが、現在、彼はその食習慣を変えようと、懸命に努力している。減量しないと50歳までに死ぬと、医師たちに警告されたからだ。

何年もの間、彼は、朝はホットドッグを8個とスライスしたパンを4枚、あるいは山のようなハムサンドを、砂糖たっぷりのコーヒーで腹に流し込み、昼はチョコレート・バーやケーキやビスケットをがつがつとむさぼり、夜は2人分のロースト肉と付けあわせ、あるいはソーセージ16本と、ファミリーサイズの袋入りのポテトチップスを食べていた。1日の摂取カロリーは９０００カロリーを超えていたが、それを成人男性に推奨される２５００カロリーまで下げるのが目標だ。(注2) ダイエットを成功させるには、安い加工肉への嗜好を抑えなければならない。好物のソーセージやホットドッグは、カロリーばかり高くて、栄養はほとんどないからだ。

マーティンは極端な例だが、今のまま行くと、２０３０年には米国の成人の半数は肥満になるという。英国も見通しは暗い。肥満に由来する年間の医療費は、２０３０年までに、米国で４８０億ドル、英国では12・5億ポンドに達すると見込まれている。(注3) 肥満は世界的に蔓延しているが、その主な原因は、工場式畜産のおかげで肉や卵、牛乳を安く買えるようになったことだ。ローストチキンやソーセージをどか食いするのは、ケーキをむさぼるより健康的に見えるかもしれないが、数々の証拠から、スーパーやファストフード店が扱う肉は工場式畜産によるもので、栄養価が低いことがわかっている。栄養価が下がる一方で、肉の脂肪の量は大幅に増えている。70年代の有機農法で育った鶏1羽に含まれる栄養を、工場飼育のブロイラーで得るには、4羽食べなければならないと言う科学者もいる。

「畜産の集約化は食べ物の栄養を破壊しているも同然です」。ロンドンの「脳内化学物質と栄養協会」のマイケル・クローフォード教授は述べる。6月のよく晴れた日、クローフォードはサリー州ゴダルミンにあるわたしのオフィスを訪ねてくれた。町の中を蛇行するウェイ川の土手を歩きながら、この問題に関する数十年にわたる彼の研究について語り合った。牧草地の木々が、ボブヘアー（おかっぱ頭）のような形になっているのを、彼は指差した。夏になると牛が放牧され、牛の頭が届く高さまで葉が嚙み切られるので、そんな形になる。そういう牛の肉は味がよく、栄養も豊富なはずだと彼は言った。彼の研究によると、最も上質な肉になるのは、自由に歩き回れる環境で、好きなように高木や灌木の葉や草を食べて育った動物であるらしい。畜産用に改良された牧草ばかり食べさせると、肉の品質は落ちるそうだ。

コンパッション・イン・ワールド・ファーミングのスタッフに向けてのプレゼンテーションで、クローフォードは、50年以上前に権威ある医学雑誌『ランセット』に掲載された自らの研究について語った。その研究で彼は、農場で育てられた動物と、それに近い野生種との脂肪の違いを明らかにした。悪玉脂肪と善玉脂肪の比率が、農場で育った動物は50対1だったが、野生種は多くても3

対1で、悪玉脂肪の量がはるかに少なかった。その後、事態は劇的に悪化した。
　現代の工業型養鶏が生産しているのは「食肉ではなく脂肪」だとクロフォードは断じる。工場式農場で育てられる動物は肥満しやすいように品種改良されており、加えて、ほとんど運動をしないので、肉は過剰に脂肪がついた「霜降り」になる。「肥満した動物を食べれば、肥満になります」と彼は言う。英国政府による栄養アドバイスでは、ほとんどの人が飽和脂肪を過剰に摂取しており、その大半は、脂肪の多い肉や、ソーセージやパイなどに由来する。飽和脂肪の摂りすぎは、高コレステロール症や心疾患につながる。ある研究によると、英国人が動物性の飽和脂肪の摂取を30パーセント減らせば、冠動脈性心疾患の罹患率が15パーセント下がり、早死にする人がかなり減るそうだ。(注4)
　この件について科学的に説明しようとすると、かなり複雑なことになる。というのは、工場式畜産の肉に含まれる不飽和脂肪酸（いわゆる善玉脂肪、オメガ3やオメガ6など）と、飽和脂肪酸（いわゆる悪玉脂肪）との割合が関わってくるからだ。食事に含まれる善玉脂肪と悪玉脂肪の割合が寿命に影響することが初めて確認されたのは、１９７０年代のことだった。デンマーク人の医師たちが、グリーンランドのイヌイット族は、脂肪分の多い食事を摂っているのに、心疾患や関節炎を患う人がきわめて少ないことを発見した。彼らの健康状態が良好なのは、オメガ3が豊富な魚をよく食べているからだった。(注5)進化的に見れば人間はオメガ3とほぼ同量のオメガ6を摂取するのがよい、と考える科学者もいる。(注6)現在では、推奨される割合は少々変化し、オメガ6はオメガ3の4倍までとされている。しかし、欧米の平均的な食事では、オメガ6をオメガ3の10倍から25倍、摂取している。(注7)これは畜産が牧場で草を食べさせる方法から、穀物で育てる方法へと急激に変化したせいだと言われている。(注8)草と違って、穀物にはオメガ3があまり含まれていないからだ。

肉の栄養価と餌とのつながりを裏づける証拠は揃っている。2010年に発表された米国の研究によると、新鮮な飼葉（放牧された家畜が食べる生の草や葉）には、α－リノレン酸（オメガ3脂肪酸の重要な構成要素の一つ）が、穀物の10倍から12倍も多く含まれるそうだ。この研究では、本来草を食べる動物に穀物を多く与えると、肉のオメガ3濃度が下がることが示された。草を食べて育った肉牛の肉はオメガ3脂肪酸の量が多く、結果的にオメガ6とオメガ3が好ましい割合になる、と研究は結論づけている。食卓に出される肉の脂肪は、その動物が食べた餌にかなり影響されるのである。(注9)

牛を草で育てるか、穀物で育てるかをめぐるブリストル大学の調査では、14～19カ月齢に新鮮な草を与えられた肉牛は、肉に含まれるオメガ3の量が、牧草サイレージ（牧草をサイロで発酵させたもの）を与えられた肉牛より多く、工場式農場で見られるような、穀物や大豆を多く含む濃厚飼料を与えられた肉牛よりはるかに多いことが確認された。(注10)

また、その後の大規模な再調査によって、集約的な工場式農場ではなく、幸福度の高い環境で飼育された動物の肉は、栄養価が高いことが確認された。76を超える研究データを調査した結果、幸福度の高い農場で生産された肉、牛乳、卵は、工場式畜産によるものより、往々にして脂肪分が少なく、重要な栄養素を多く含むことがわかった。工場式畜産の牛肉・鶏肉に比べて、牧場育ちの牛の肉は25パーセントから50パーセント脂肪が少なく、放し飼いのオーガニック・チキンは最大で50

パーセント脂肪が少なかった。(注11)

オメガ3含有量の差は著しい。工場式畜産によるものに比べて、牧場育ちの牛肉はオメガ3などの必須脂肪酸を、平均で２・７倍多く含んでいる。同じく幸福度の高い鶏は１・２倍から5倍、幸福度の高い豚の肉は１・４倍、放し飼いの鶏の卵は１・３倍、牧場育ちの牛から搾った牛乳は２倍多く含んでいる。現代の食事におけるオメガ３の不足が、心疾患やがんにつながっていることを思うと、この差を見過ごすことはできない。(注12)

また、食品に含まれる抗酸化物質は、健康維持に欠かせず、がんなどの病気と戦う助けとなる。それについても、良い環境で飼育することの恩恵は明らかだ。放し飼いの鶏の卵は、工場式養鶏場の卵よりも、ビタミンEが2倍以上多いこともある。ビタミンEは強力な抗酸化物質で、発がん物質の働きを阻害するとともに、免疫システムを強化して、がんを防ぐ役割を果たしてくれるかもしれない。また、白内障を防ぐとも考えられている。また、放し飼いの鶏の卵は、ベータカロテンの量がおよそ3倍も多い。ベータカロテンは人間の体の中でビタミンAに変わる。ビタミンAは、健康な視力を保ち、細胞や骨の成長、生殖機能の維持を助ける。さらに、皮膚の新陳代謝を促し、免疫システムも強化する。牛肉や豚肉であれ、牛乳であれ、動物をより良い環境で、自然な餌を与えて育てたほうが、より上質のものを得られることがわかっている。放牧された豚肉は、平均で60パーセント多くビタミンEを含み、幸福度の高い牛の牛乳は、ベータカロテンを１８０パーセント多く含んでいる。(注13)

栄養学者や健康の専門家の中には、自然のままに動物を生かし、餌を食べさせるという明快でシンプルな方法を頑なに拒み、餌に栄養を添加すればいいのだと、穀物を与えることを支持する人もいる。

一般に鶏肉は、高タンパク質、低脂肪と考えられており、蒸し鶏やゆで鶏といったレシピは、ダイエット食の定番となっている。だが、工場式畜産が鶏肉の栄養価を著しく変えてしまった。もはや鶏肉は、健康的な食品ではなくなった。現在のブロイラーは、体重の5分の1が脂肪である。(注14) これは何十年も太りやすい鶏を選択飼育した結果であり、また、餌も一因となっている。工場式養鶏場の鶏は、脂肪がタンパク質よりおよそ40パーセントも多い。

2005年、クローフォードのチームは、現代の鶏肉を分析した結果を発表した。それによると、今日のスーパーマーケットで売られている鶏肉は、1970年代の標準的な鶏肉に比べて、脂肪が3倍近く多く、タンパク質は3分の1しかないそうだ。(注15) 結果として、現代の一部の鶏肉は、70年代の鶏肉より50パーセントカロリーが多い。クローフォードはまた、現代の肉用鶏はDHA(オメガ3脂肪酸の一種)を、「野鶏(野生の鶏)」の5分の1しか含んでいないことを発見した。(注16)

クローフォードは、このような鶏肉の栄養価の著しい変化の原因は工場式畜産にあるとし、伝統的飼育方法では、鶏は活発に運動し、植物や種子を食べていたが、集約的に飼育された現代の鶏は、高カロリーの餌を与えられ、ほとんど動けないことを指摘した。「そのような鶏はもはやタンパク質が豊富な肉ではなく、脂肪をたっぷり含む肉です。理由ははっきりしていて、主に穀物を与えられているためです」

ファストフード店が、工場式畜産による牛肉で作った特大サイズのハンバーガーや、工場式養鶏場育ちのブロイラーで作った格安のチキンナゲットを売って、肥満や健康障害を増やしてきたのは明らかだ。そのため、ファストフード店は頻繁に訴訟を起こされるようになった。２０１０年、ブラジルのマクドナルドの元マネジャーが、そこで働いていた12年間で20キロ太ったと、同社を訴え、勝訴したと報道された。この32歳の匿名の男性はその間に体重が70キロから１０５キロに増えた。自分がそうなったのは、試食を義務づけた上に、ハンバーガー、フライドポテト、アイスクリームのランチを無料で食べさせたマクドナルドが悪いのだと訴え、1万７５００ドルの賠償金を勝ち取った。(注17)

ほかの訴訟はもっと複雑で、まだ決着がついていないものもある。２００2年、ブロンクス出身のシーザー・バーバーは、複数のファストフード会社に対して、それらの店で頻繁に食べていたら肥満になったとしてニューヨークで集団訴訟を起こした。この種の訴訟では初めて、バーバーは、会社側がファストフードをよく食べると健康を損なう恐れがあると警告しなかったことを訴え、彼が二度、心臓発作を起こし、糖尿病になったのはそのせいだと責めた。56歳で体重が１２０キロある彼は、週に5回以上ファストフードを食べていた。彼の主張によれば、医師にその危険性を指摘されるまで、そうした食品が健康的であるかのように謳った広告に惑わされていたそうだ。「広告に登場する連中は、ファストフードに何が入っているか教えてくれない。あれはすべて、脂肪、脂肪、脂肪の塊だ。おかげで俺は肥満になった。ファストフード産業が俺の人生を台無しにしたんだ。ファストフードの会社は、１００パーセント牛肉だ、と言う。だから体にいいと俺は思ったんだ」――。「ガーディアン」紙はこのように伝えている。(注18)

バーバーの弁護士サミュエル・ハーシュは、この訴訟を起こしたのは「ファストフード・チェーンに、うちの食品を食べているとウエストが太くなる、と顧客に忠告させるためだ」と述べた。ハーシュはその後、訴訟を取り下げた。一部の報道によると、子どもが関わる訴訟のほうが勝ち目があると思ったからだそうだ。[注19] そして、19歳のジャズリン・ブラッドリー（身長170センチ、体重約122キロ）と、14歳のアシュリー・ペルマン（身長147センチ、体重77キロ）の訴訟を引き受けた。この訴訟はマクドナルド1社だけを相手とし、当初はもっと多くのティーンエイジャーが原告だった。『タイム』誌によると、この子どもたちは皆、ハッピーセットやマックマフィン、ビッグマックを数年間食べ続けた結果、肥満や糖尿病、冠動脈性心疾患、高血圧になったと主張している。[注20]

この訴訟に刺激されて、2004年、モーガン・スパーロックはその代表作となるドキュメンタリー映画『スーパーサイズ・ミー』を制作した。自ら30日間マクドナルドだけを食べて過ごし、体と精神にどんな変化が起きるかを追ったものだ。この実験の間、彼は1日3回、マクドナルドで食事をした。メニューに載っている品をすべて網羅するよう心掛けた。1日の摂取カロリーは平均で5000カロリー、成人男性に推奨されるカロリーの2倍である。その結果、体重は11キロ増え、肥満の目安となるボディマス指数（BMI）は13%増加した。コレステロール値も上昇し、気分にむらができ、性的機能不全になり、肝臓には脂肪が蓄積された。元の体重に戻すのに14カ月かかったそうだ。

ハーシュは法廷で、子どもをターゲットにしたマクドナルドの広告やおもちゃのキャンペーンは、マクドナルドが子どもにとって良い場所だというイメージを子どもたちに植えつけ、そこで食べることは良いことだと思わせた、と主張した（原告の中には日に二度も三度も、「マック」で食べた子もいた）。(注21) 2003年9月、ニューヨーク地裁の判事ロバート・スウィートは、その申し立ては「曖昧かつ不十分」(注22)だとして訴えを退けた。だが、原告は控訴し、裁判は続いている。(注23)

食に関する教育が行き届かず、肉の食べ過ぎも含め、高脂肪の食事のせいで健康を損なっているのは、米国人だけではない。公衆衛生に関する数々の研究の結果が示しているのは、現在、先進国で「通常レベル」とされている肉の消費量は、健康の観点で見ると多すぎる、ということだ。『ランセット』に掲載された、肥満の世界的蔓延についての概説は、この危機の原因は「世界の食料システムの変化」にあるとし、畜産品、とりわけ動物性脂肪を安く作る工場式畜産に言及した。(注24) 現在、富裕国の人は、平均で1日に肉を200〜300グラム摂取している。しかし、ケンブリッジ大学、ロンドン大学公衆衛生学（および熱帯医学）大学院、オーストラリア国立大学、チリ大学の公衆衛生の専門家からなるグループは、環境保護と健康維持の両面から、それを1日90グラムに減らすべきだと提言する。そうすれば、現在食べ過ぎている人々の健康状態は大幅に改善し、大腸がん、乳がん、心疾患のリスクは減り、太り過ぎや肥満がもたらす健康障害も予防できると彼らは言う。心疾患のリスクが減るのは、主に、肉に含まれる飽和脂肪の摂取が減るからだ。(注25)

先進国で肉の消費が増えた背景には、工場式畜産の増加がある。そこでは穀物を主とする高タンパク高カロリーの特別な飼料を用いて、動物1頭あたりの生産量を上げ、「飼料転換効率」つまり、与えた飼料でとれる肉の量を増やそうとする。労力と飼料のコストを下げるため、動物たちは閉鎖的な畜舎にぎっしりと詰め込まれて飼育される。動物たちの動きを制限することによって無駄なエネルギーの消費を抑え、屋外に閉じ込めておくことによって気温の変動による影響を減らし、農場労働者が屋外で働かないことによって無駄な時間と労力を削減しようというのだ。品種改良で生産性を高めた動物、たとえば早く大きく育つ種、肉付きのよい種、乳をたくさん出す種を選び、特別な餌、薬、飼育環境を用いてさらに生産量を上げる。このような方法が肉に対する大きな需要を満たし、その需要をますます増やしている。

とはいえ、人間の食料になる穀物を、工場式農場で肉に変えるというのは、基本的に非効率的な方法である。肉、牛乳、卵の形で生産されるカロリーよりも、それを得るために家畜に投入されるカロリーのほうが多いからだ。人間が初めて牛や羊を家畜として飼うようになった頃、それらは人間には食べられない草を食べて、人間が食べられる物に変えてくれていた。食料をめぐって人間と競いあうわけではないので、転換効率は問題ではなかった。同様に、豚と家禽は、残飯や飼葉を与えられていた。それらもまた、人間には食べられないものを食べて、人間の役に立ってくれていた。だが現在の工場式農場では、不健康な肉や卵を生産するために、人間の食料にもなる穀物が、大量に家畜に与えられている。

多少なりともほっとするのは、欧米では、肉の消費量はすでにピークに達したか、ピークを迎えつつある兆しが見えることだ。市場調査の世界的リーダーであるユーロセンター・インターナショナルは、2010年から2015年までに、肉の代用品の売り上げが15パーセント上昇し、あらゆる種類の肉を使わない食品への需要が大いに高まると予測する。(注26)2011年9月、オランダを拠点とする国際的な農業組織向けの金融機関、ラボバンクは「牛肉はどこへ?」と題した報告書を公表し、米国で1人あたりの肉の消費量が「ピークを迎えたらしい」とし、農業界はもはや、「過剰生産の状況」を国内需要の増加によって乗り切ることは期待できない、と結論づけた。(注27)

2011年12月、カリフォルニアの広告・コミュニケーション企業であるDGWBの調査・開発部門を担うバリューーズ・インスティテュートは、「健康と幸福」を求める傾向にある米国人の5人に1人が、2012年には「フレクシタリアン(健康上の理由から食べる肉の量を減らす人々)」になる可能性が高いと予測した。すでに、「肉を食べない月曜、ミートレス・マンデー」が人気を集め、ソーシャルメディアはそれを支持している。最初にその食習慣を提唱したのは、ジョンズ・ホプキンス・ブルームバーグ公衆衛生大学院だった。(注28)しかし、急速に発展しつつある国、特に中国では、正反対の傾向が見られる。ラボバンクは、世界の肉の需要は増え続けると予測している。(注29)

# PART IV

## MUCK

## 汚物

古い諺《ことわざ》、「汚物あるところに金がある」は、汚い仕事は金儲けになるという意味だ。だが、21世紀の畜産場ではそういうわけにはいかない。動物が出す大量の汚物は、金になるどころか、地球にとてつもない負荷をかけている。

2002年、英国では、家畜の糞の廃棄を規制する法律が敷かれることになり、それまで野放図に捨てていた農家の人々は、それに強く反発した。その新たな法律は、畑や野原に廃棄された動物の糞尿が、池や川、湖を汚染しているという声の高まりを受けて、施行された。その気になれば、1万人もの農民に数百万トンの糞を荷車で持ってこさせることもできるのだぞ――。規制を覆そうとする農家の人々は捨て鉢になり、当局を脅迫した。混乱と病気、避けがたい臭気への恐れが沸きあがった。「家畜を飼うエリアから耕作地まで、どこもかも糞だらけになるだろう」と英国農業協同組合の相談役は言った。農協のトップは、「糞や堆肥をまくことを禁じると、農家の人々に1億ポンドの負担を強いることになる」と書いた陳情書を政府に提出した。(注1)

この騒動は、動物を土地から引き離すとどんな深刻な結果がもたらされるかを、改めて浮き彫りにした。動物を牧草地から小屋へ移したことで、草を食む牛や豚の糞が土壌を豊かにするという、昔ながらの栄養の循環は壊れてしまった。巨大酪農場でよく起きるように、土地の処理能力を超えた糞が出ると、しばしば川や湖が汚染される。

英国の家畜は、年間8000万トンの糞を出す。100頭の牛を飼う平均的規模の酪農場では、5000人が暮らす町から出るのと同量の糞尿が生じる。英国全体で、1800万頭(注2)の牛が飼われており、豚や鶏、そのほかの家畜も合わせると、その数は膨大なものになる。それらの排泄物をどこに捨てるかという問題は、あちこちで金のかかる戦いを招くようになった。糞尿は、深刻な水質汚染をもたらす。英国では、硝酸塩や堆積物といった汚染物質の大半は、農場に起因するものだ。(注3)農地にまかれた糞尿や化学肥料が雨で水路に流され、過剰な栄養は水から酸素を奪い、水中の生物を窒息死させている。

酪農の集約化は、事態をさらに悪化させたようだ。かつては農場で食べ物を育てる過程で自然に出る、価値ある肥料だった糞尿が、現在では頭痛の種になっている。ブルターニュの海岸からノースカロライナの川まで、わたしたちは大量の糞尿がもたらす危険を目の当たりにしてきた。だが、誰がこの話を聞いてくれるだろう？

# 第9章 豚みたいに幸せ——汚染の話

## 緑藻のブルターニュ

倒れる数分前まで、若い獣医、ヴィンセント・プティと愛馬は、ブルターニュ北部の浜辺を楽しく駆けていた。出発した時、プティと15歳になるサラブレッドは健康そのものだった。愛馬にどこか悪いところがあれば、職業柄、プティはすぐ気づいたはずだが、砂浜を勢いよく走っている間、気になるようなことは何もなかった。

岩場につくと、プティは馬から降り、手綱を引いて、ごつごつした道を馬とともに歩いていった。ふいに、彼と馬は揃って足を滑らせ、潮だまりにたまった藻の中にはまりこんだ。潮だまりは深く、馬は肩までつかった。プティはパニックになり、大声で助けを求めた。沈まないようもがきながら、馬の首を藻の海から出しておこうとしたが、間もなく馬は死んだ。「トラクターに乗った男にロープを投げてくれと叫び、馬のほうを振り返ると、鼻先が沈んでいくところだった。頭を起こしてやろうとしたのだが、数秒後に呼吸が止まった。暴れることもなく。あっという間だった」と、プティはその時のことを振り返る。

馬だけではない。まもなく彼も意識を失った。幸い、通りかかった人に助けられ、どうにか溺死を免れた。当初、馬は窒息死と診断されたが、解剖の結果は違っていた。溺れて死んだのではなく、中毒死だった。馬もプティも、藻から発生した有毒ガスのせいで倒れたのである。

2009年の夏に起きたこの悲劇によって、ブルターニュの海岸を襲う環境災害に世間の注目が集まった。事故が起きたサン・ミシェル・アン・グレーヴ（コート・ダルモール県）は、以前は趣のあるリゾート地として多くの観光客を魅了していたが、現在は立入禁止区域となり、ホテル業界は苦境に追い込まれている。入り江から、日光浴を楽しむ人や観光客の姿は消えた。代わりに登場したのはブルドーザーに乗った作業員たちで、浜に打ち上げられた、命を奪いかねない醜い藻を除去しようと奮闘している。

海藻のアオサはその外見から「海のレタス」と呼ばれ、このあたりの海岸ではよく見られる。通常はそれほど多くないが、穏やかな浅い海に川や水路が過剰な窒素を運び、そこへ夏の日差しがふりそそぐと大量に発生し、美しい入り江はアオサに埋め尽くされる。地元の人が「でかい緑の山」と呼ぶように、波に運ばれたアオサが海岸に山のように堆積して、じきに異臭を放ち始める。乾くにつれて「下水ガス」と呼ばれる硫化水素を含む有毒ガスが放出され、そのガスは、表面が白く乾いたアオサの山の中にたまっていく。

腐った卵のような悪臭はあるものの、昔からこの地域の人々は、アオサは無害だと思っていた。地元の自然保護団体のリーダーを務める哲学者、イヴ＝マリー・ル・レによれば、汚染された海岸で時おり犬がいなくなっていたが、海で溺れたのだろうと、飼い主は思っていたそうだ。

しかし、2008年にサン・モーリス・ビーチで2頭の大型犬が死んだのを皮切りに、近年、死亡事故が相次ぐようになり、ついにアオサが海中および陸上のすべての生物に危険をもたらすことがほぼ明らかになった。2011年の夏には、ゲサン河口近くの海岸に、イノシシ36頭、アナグマ1匹、ヌートリア1匹の死骸がたて続けに打ち上げられた。解剖の結果、1匹を除くすべての死骸から、致死量を超えた硫化水素が検出された。証拠は十分揃っていたが、有毒な藻が死因だと発表されたのは、およそ1カ月も後のことだった。(注1)「緑の潮のせいで死んだと言ってはいけないんです」。調査でブルターニュを訪れたわたしたちに、ル・レはそう明かした。つまり、地方自治体は、観光への影響を恐れてこの非常事態をもみ消そうとしているのだ。

以来、サン・モーリス・ビーチは閉鎖された。道をふさぐフェンスの看板には、フランス語で「立入禁止」とだけ書かれている。海岸の脇の藪に覆われた岬では、小さな礼拝堂がその緑の怪物の動向を監視している。地元の活動家はこの礼拝堂を「ノートルダム・デ・アルグ・ヴェルトゥ」（緑藻のノートルダム）と呼ぶ。

ブルターニュ北岸の緑の藻に汚染された一帯は衰退しつつあるが、近くの一帯では産業が急成長を遂げている。コート・ダルモールのさわやかな風が吹きわたる美しいリゾート地のすぐ脇にはまったく異なる景色が広がり、醜悪な工場式養豚場が並んでいる。また、サンブリュー湾からそれほど遠くないところでは、工業団地を中心として、ハイウェイや道路が入り組んだネットワークを形成している。倉庫や工場、加工施設、大型店があり、そのすべてが地域で最も重要な経済部門、つまり豚肉や卵、牛乳の生産に関わっている。

ブルターニュはフランス最大の豚肉生産地だ。生産量は年間1400万頭(注2)に及び、フランスの豚の半分以上がここで飼育されている。(注3)毎年の生産頭数は、ロンドンの人口に匹敵する。しかし、それほど多くの豚が飼われているにもかかわらず、野原や農家の庭で餌を探している豚を見つけるのは難しい。この地域の養豚は徹底的に工業化されており、近代的な機械と安価な労働力、バイオテクノロジー等々、低コスト高生産の基準に沿って動いている。(注4)フランスでは、このような農業は「オル・ソル」(土を離れた農業)と呼ばれている。

緑藻の危機について地元の環境活動家に尋ねると、必ず第2次世界大戦直後のある転換を聞くことになる。当時、米国人が、フランスの再興を助け、自国の農産業の輸出先にするために、工場式畜産場を持ち込んだ。地元の環境団体を率いるアンドレ・オリヴロは、結果がどうなるかは誰にも予想できなかったと言う。「その畜産モデルについて、シミュレーションやテストは一度も行われなかったのです」。彼は憂鬱そうにそう語った。

その結果、ブルターニュの風景は一変した。ル・レによれば、家畜が草を食むクローバーやアルファルファの優美でなだらかな牧草地は消え、単一の穀物を栽培する巨大な農場が誕生した。家畜は飼育場に収容されたが、それは生産性のみを追求する工場式畜産の産物で、「飼育密度」といった言葉で効率が語られるようになった。ル・レによれば、現在、ブルターニュで収穫される穀物の大半は家畜の飼料に加工されているそうだ。それだけでなく、飼料の原材料は、ブラジルの森林を伐採した土地から採れる大豆など、世界中から調達されており、いくら豚が増えても餌が不足する心配はない。

豚自身も、自らの栄養摂取に貢献している。飼育場のコンクリートの床には穴があいており、下には排泄物を集める巨大コンテナがある。この肥やしは、ブルターニュの農地の大半を占めるトウモロコシ畑に散布されている。小麦などと違ってトウモロコシは丈夫なので、豚の糞尿《スラリー》をかけられても、枯れることはない。トウモロコシ畑には、最大の収穫を上げるのに必要な量の3、4倍の糞尿がまかれているそうだ。「ほかのどこに持っていけばいいのでしょう」。ル・レはいかにもフランス人らしく肩をすくめた。

この地域で「持続可能な農業」を牽引するアンドレ・ポションは、ブルターニュのトウモロコシ畑は豚の糞尿の「処分場」になっていると言う。「地元当局は、養豚業者が作物のない時期にもスラリーをまくのを許したため、状況は悪化しました。雨が降れば、スラリーは河川や帯水層に流れ込みます。ばかげたことです。農学の最も基本的なルールを無視しているのですから」。その結果、大量のリン酸塩や硝酸塩が帯水層や河川に流れ込み、やがて大西洋へ運ばれていく。大西洋では藻がその栄養を吸収して異常発生し、海水の酸素が足りなくなり、魚など海の生き物が窒息死する。そしてついには生命を支えられない「デッドゾーン」になる。「サンブリュー湾に生物はいません」とル・レは言う。「何もかもが死んでしまいました。以前は、岩場でタマキビやハマグリを採ることができました。今、砂は黒ずみ、硫化水素にまみれています」

その藻が、打ち寄せる波にのって砂浜にたまると、命を脅かす存在になる。ティアリー・モルフォワスは、アオサで汚染された海岸の清掃を請け負う地元企業で働いていた。2009年、処理センターでトラックの荷台からアオサを降ろそうとしていて意識を失い、トラックの脇で死体となって発見された。救急隊員がその場で血液を採取し、遺体はそのまま葬儀場へ運ばれた。黒ずんだ皮膚は窒息の症状を示していたが、遺族は自然死だと告げられた。

数日後にサン・ミシェル・アン・グレーヴの海岸で馬が死ななければ、この作業員の死はそのまま忘れられただろうが、相次ぐ不審な死に政府は危険を察知し、当時の首相フランソワ・フィヨンがブルターニュを訪れた。モルフォワスの葬儀から2カ月後、両親に知らされることもなく、また彼らが望むはずもない解剖が行われ、この48歳の作業員がおそらく肺浮腫による心停止によって死んだことが明らかになった。(注5) 硫化水素中毒の症状である。

当局は、事件が市民の不安を引き起こすであろうことを十分、承知していたようだ。結局、モルフォワスの死は元々の体調不良や喫煙習慣のせいだと報じられた。現在、遺族は業務上過失致死で雇用主を訴えている。有毒ガスからの保護を怠ったという主張である。「息子はいたって健康だった。ガス室に入れられたようなものだ」と父親のクロードは語気を荒げる。彼らは事件がパリの法廷で審理されるのを待っている。

> ガスマスクも、(硫化水素を検出する)測定器も、(藻を降ろす)自動装置も、何一つなかった。息子はトラックの外に出てコンテナを降ろさなければならなかった。二つの炎――処理センターのガスとトラックから出るガスに挟まれて。わたしは黙ったりはしない。息子の死を無駄にしたくないのだ。何かをしなければ。

モルフォワスの母ジャンヌは、穏やかな小柄な女性で、海岸で遊ぶ近隣の子どもたちのことを心配している。海辺の岩場をよじ登って遊ぶ子どもをよく見かけるそうだ。おそらくモルフォワスも幼い頃にはそうやって遊んだのだろう。ごつごつした岩と岩の間には、アオサが自然にたまっている。海岸掃除に駆りだされたブルドーザーも役に立たない場所だ。「もしここの海岸で子どもが死んだら、あの人たちのことは人殺しと呼ぶしかありません」。彼女は地元当局のことをそう断じた。

専門家は皆、アオサの害は、養豚場がもたらす公害の最も目につきやすい部分にすぎない、と言う。レンヌ大学で公害を研究しているクロード・レズン博士は次のように語る。

豚の糞尿には微量の殺虫剤や、発がん物質で内分泌系をかく乱するカドミウム（成長を促進する亜鉛補給剤に添加されている）、定期的に豚に投与される抗生物質の残留物が含まれている。そのような化学物質が畑から流れ出して水道の水源に混じると、住民の健康にさまざまな影響を与える。また、暗く、悪臭がたちこめる飼育施設の空気には、有毒ガスや、糞便に含まれる病原菌、バクテリアが充満している。この地域では、動物だけでなく畜産業者も、慢性的な呼吸器疾患などの健康問題を抱えている――。

工場式養豚場は、強力な換気装置がなければ、一般の人には倉庫と見分けがつかないだろう。圧力団体「コート・ダルモール自然環境」のティアリー・ドルーによれば、ガスの影響は非常に広範囲に及び、内陸の小都市、ランバルでさえ、空中には通常より多いアンモニアが漂っているそうだ。

この地域で、養豚業の影響を受けずにすんでいるものはほとんどない。２０１１年８月にわたしたちが訪れたとき、住民は毎年恒例のイガイ祭りを祝っていた。やがてこの祭りも過去のものになるだろう。水質汚染がひどく、大腸菌などの有害な菌がはびこっているため、EUは2015年までにこの地域で採れるイガイの販売を禁じる見通しだという。人々は精いっぱい平静を装っているが、それを地元の活動家は、心理学で言う「否認」と見なしている。

「ディウ・メルシー（ありがたいことに）、タバコを吸う人がいなくなることはないでしょう」。海岸で死んだイノシシの最新記事に目を通していると、タバコと新聞を扱う小さな店の女主人が声をかけてきた。彼女は、動物が大量に死んだことで、地元の産業の多くがだめになるのではないかと案じていた。ル・レは、住民の大半はいまだに現実から目をそむけていると考えている。「莫大な金がかかりますからね」と彼は言う。問題を解決するには「農業モデルを根本的なところから見直さなければならないのです。とは言っても、38匹の動物が死んだのですから、急いで何か手を打つ必要があります」

地元の活動家は、危険に対する意識を高めるための広報活動と、海岸の掃除の徹底というささやかな要望を掲げている。しかしわたしには、それは深い傷口に絆創膏を貼るようなものだと思えてならなかった。根本を変えなければ、問題は解決しない。現在飼われている豚の数は、土地が養える限界をはるかに超えていることを認識し、土地と家畜のバランスを正す必要がある。今、ブルターニュでは、およそ50の養豚場がいわゆるポション方式を用いている。それは、豚が主にその農場で育ったものを食べ、藁の寝床で幸せに暮らす、より持続可能な形態の養豚である。(注6) 工場式畜産に代わるものは存在し、それでうまくやっている農家もあるのだが、この地域の養豚業者の多くは、彼らをアウトローと見なしている。

## 米国のピンクの貯水池

リック・ダヴは四半世紀にわたって米国海兵隊で軍務に当たり、退役後はノースカロライナの自宅に近いニュース川で、漁師として穏やかに暮らす心づもりでいた。蛇行しながら州を横切る全長442キロのこの川には、長く立派な歴史がある。ニュースと命名したのは、16世紀に新大陸探検と植民を指揮したウォルター・ローリー卿の部下、アーサー・バーロウとフィリップ・アマダスで、2人は1584年の新世界探検中にこの川を発見した。流域に暮らす先住民族、ニューシク族に因んで、ニュース川と名づけたそうだ。

川で生活することはダヴの子どもの頃からの夢で、1987年に除隊すると、さっそく船を買って働き始めた。しばらくは順調だった。十分、生活できるだけの魚介が獲れ、じきに息子も手伝うようになった。2人は3艘の船を所有し、カニや魚を獲り、卸と小売りで売った。地元に魚屋も開いた。

ところが、ほんの2、3年で川の魚が死ぬようになり、自身も重い病気にかかり、2人は廃業に追い込まれた。彼らの生活と健康を脅かしたのは、死をもたらす微生物だった。その学名、フィエステリア・ピシシーダ（Pfiesteria piscicida）の後半は、「魚殺し」を意味する。このフィエステリアはしばしば「地獄から来た細胞」と呼ばれる。ニュース川で初めて見つかった1991年から、ピークに達した1999年までの間に、ノースカロライナ州では10億匹以上の魚がこの微生物に殺された。また、漁師の多くも病気になった。(注7)ニュース川にフィエステリアが発生したのは、豚の糞尿による汚染のせいだった。

ノースカロライナ州の商業的養豚は規模が大きい。収益は年間約20億ドルにのぼり、(注8)州全体で、常時およそ1000万頭の豚が飼育されている。(注9)この大量の豚は大量の糞を排出し、一つの郡だけで220万頭の豚が、ニューヨークシティーから出る汚物と同量の糞尿を排出している。(注10)この大量の排泄物は、あらゆる工場式畜産場で出る糞尿と同じく、どこかに捨てなければならず、間違った場所に捨てられることがあまりにも多い。

ノースカロライナ州で工場式畜産場が原因の災害が起きたのは、これが初めてではない。1995年には、養豚会社の糞尿でいっぱいになった1万800平方メートルの貯水池が決壊し、史上最悪の流出事故となった。豚の排泄物1万1700リットルが、激流となってニュー川の源流に流れこんだ。当時としては最大規模の、環境を破壊する流出事故で、流れ出た糞尿は、6年前にエクソン・バルディーズ号の座礁事故で流れ出た原油の2倍の量だった。(注11)それからほぼ20年がたち、ノースカロライナの環境法は厳しくなったが、畜産動物の糞尿が災害をもたらす可能性は残っている。豚の排泄物をためた3000以上もの巨大な池が、(注12)州のあちこちに点在しているからだ。その池には、大量の糞尿だけでなく、血液、胎盤、死産した子豚まで捨てられている。液はピンクがかった褐色をしており、落ちた人はほぼ確実に死ぬ。

数年前、『ローリング・ストーン』誌は、養豚産業に関する暴露記事の中で、貯水池に落ちた人を救うのがいかに危険かを報じた。記事が触れたミシガン州の事故では、作業員が貯水池の改修中にガスにやられて意識を失い、池に転落した。15歳の甥が助けようとして飛び込み、やはり意識を失った。この若者のいとこも、救助しようと池に入り、同じ運命をたどった。信じがたいことに、その日は別の2カ所でも転落事故が起き、それぞれ救助しようとした身内の人も犠牲になった。(注13) 嘘のような話だが、実のところ、豚の糞尿の汚染度は、未処理の家庭下水の10倍にもなる。(注14)

貯水池には氾濫の危険性がつきまとい、いざそうなると有毒な液体が野原を流れて地下水に染み込む。環境活動家は、大きな氾濫が起きれば、郡全体が「豚の肥溜め」になると危惧する。

それを防ぐために、養豚場の作業員は時おり中身をくみだし、近くの農場にまいている。しかし、残念ながらこの作業は常に正しく行われるわけではなく、しばしば「過散布」が起きる。すると、土地は有毒な豚の排泄物に覆われ、腐っていく。フィエステリア・ピシシーダがニュース川で猛威をふるった原因はそこにあると、科学者は考えている。糞尿の過散布によって、川の水のリンと窒素の濃度が異常に高くなり(いずれも畜産動物の排泄物に多く含まれる)、生態系が乱れたらしい。フィエステリアなどの藻にとって過剰な栄養は理想的な環境であり、藻が繁殖すると水中の酸素が少なくなり、生物を養えなくなって、「デッドゾーン」が生じる。

当時を思い出して、ダヴは体を震わせる。「1991年から1999年までの間に多くの魚が死んだ。15億匹は下らないだろう。わたしはここにいて、この目で見た。魚の体に大きな穴が開いていた。それは潰瘍性の傷で血が流れ出ていた。漁師にも同じ傷ができた」。養豚業が始まるまで、ノースカロライナ州でこのような問題が起きたことはなかったそうだ。まもなくダヴ自身が病気になり、息子も続いた。もう川の魚を食べる気になれず、それを人に売り続けることはできなかった、と彼は言う。フィエステリアは魚の肉を食いちぎるので、ダヴは「吸血鬼」と呼んでいる。人の場合は、フィエステリアやそれが生息する水に長く暴露すると、脳が傷つき、呼吸障害や記憶障害を起こすと考えられている。ダヴは記憶障害になり、呼吸器系もダメージを受け、免疫系も弱くなったままだ。

フィエステリア・ピシシーダを最初に特定したノースカロライナ州立大学の生物学者、ジョアン・バークホルダー博士も、自らその腐食作用を経験した。フィエステリアの研究を始めたばかりの頃、それをフラスコに注いでいると、頭が混乱し、胃痙攣が始まった。目が充血して、数時間はほとんど何も見えなかった。短期の記憶障害も経験した。フィエステリアは隔離研究室に移されたが、時すでに遅く、彼女の同僚はそれのせいで入院を余儀なくされた。

ダヴは漁師をやめて、しばらくほかの仕事をしたが、川を忘れることはできなかった。1990年代半ばに、ニュース川の管理人ならないか、と声をかけられ、彼は躊躇なくそれに応じた。それを機に彼は、川が荒廃した責任は誰にあるのかを調べ始めた。「以来ずっと、仕返しをしたいと思っているのだが」と彼は言う。引退した今、ダヴは古びたセスナでノースカロライナ上空を定期的に飛んでいる。大規模な工場式養豚が環境に与えた影響を記録するためだ。16年にわたって、養豚場が引き起こした汚染を摘発する8万枚以上の写真と数百時間分の映像を撮ってきたが、汚染のほとんどは糞尿によるものだ。(注15) ダヴは集めた証拠を元に、より厳しい規制を求めて、世界最大の養豚企業であるスミスフィールドを相手に奮闘している。同社はノースカロライナの豚のほとんどを所有しているにもかかわらず、糞は所有していないと主張しているそうだ。「スミスフィールドは、糞は豚の尻から出たとたんに自社のものではなくなり、直接の飼育者のものになるという理屈を持ち出してくる」

何年もの法廷闘争を経て、事態は好転しつつある。ノースカロライナには、豚の排泄物処理を規制する新しい法律ができた。同州選出の民主党下院議員プライシー・ハリソンは、２０１６年までに業者を新たな排水・排気基準に従わせるための法案を提出した。

工場式畜産場から出る大量の排泄物が、環境と住民の健康に災厄をもたらしているのは、この地域だけではない。どこであれ、工場式畜産場がある場所には、排泄物処理にまつわる問題が起きている。無責任な業者はコストを削減するために、「うっかり」池の中身を流出させたり、畑にまく量の制限を破ったりしようとする。良心的な業者でも過ちは犯す。たいていの工場式畜産場は排泄物の量がきわめて多いので、どうしても災厄はついてまわる。米国議会の超党派の独立機関である会計検査院によれば、米国内には、80万頭の豚を飼育するきわめて大規模な養豚場が少なくとも二つあり、毎年１６０万トン以上の排泄物を出している。それは、ペンシルベニア州フィラデルフィアの１５０万人の市民が排出する糞尿の１・５倍を超すそうだ。(注16)

伝統的な混合農業では、家畜の排泄物は貴重な肥料だった。工場式畜産場の厄介な点は、その量が多すぎ、なおかつ、それを活用できる土地が遠すぎることだ。その結果、排泄物は間違った場所に捨てられることになる。米国、カナダの環境科学者の報告書によると、環境に放出されるリンは今や「地球の限界」を超え、自然の処理能力に多大な負担をかけているという。(注17)その結果、湖や川は富栄養化し、わたし自身、その現象を中国で目の当たりにした。現在、デッドゾーンは世界中にあり、漁業や観光産業を壊滅させ、飲料水を汚染している。

ダメージを修復するにはコストがかかる。カンザス州だけで、納税者が負担するコストは5600万ドルになると見積もられている。カンザス州は米国の酪農・養豚業の主要な州ではないため、酪農州の負担ははるかに多いはずだ。非営利環境圧力団体、「憂慮する科学者同盟」がまとめたデータによると、米国の工場式養豚・酪農場による汚染をすべて除去するには、41億ドル近くかかるという。(注18) 畜産場の経営者が排泄物に気を配らないのも当然である。まともに処理しようとしたら、大金がかかる。

米国農務省の見積もりでは、環境に配慮した方法で排泄物を農地に散布するには、年間約11億6000万ドルかかる。(注19) 問題は、農家の多くが、無料でも肥料としての受け入れを拒むと思われることだ。理由の一つはその悪臭である。豚の排泄物をためておく大型タンクや池では化学反応が起き、糞尿は動物から出てすぐよりはるかにひどい、腐った卵のような臭いになる。

ヨーロッパでも状況はほとんど変わらない。ＥＵ法では、大規模養豚・養鶏施設は、汚染に関して「工業施設」に分類されている。つまりそれは、「統合的汚染防止管理指令」によって監督されていることを意味する。この指令により、各「施設」は、排出限界など汚染物質の排出に関連するさまざまな条件について、当局の許可を得なければならない。理論的には、この指令によって、動物一体あたり最小限確保しなければならない排泄物の「散布可能な土地面積」が定められた。１９９１年の窒素に関するＥＵ指令は、土地に散布する排泄物の量および時期について、一定の制限を課している。しかしながら、ＥＵ本部は最近になってそれがあまり効果を発揮していないことを認め、「加盟国は公害のホットスポットの監視を強化し、さらに強力な行動計画を推し進める必要がある」と述べた。欧州委員会は、糞尿の「貯蔵限度」について「相変わらず問題が頻発している」と指摘し、工場式畜産場の経営者が、禁止されている時期や悪天候の時期にも肥やしをまいていることを示唆している。(注20)

わたしの旅には、初めから終わりまで糞尿の問題がつきまとった。中国の太湖では汚染で飲料水が台無しになり、カリフォルニア州では川から魚が消えている。英国初の米国式巨大酪農場の建設計画が、水質汚染を懸念する環境庁によってつぶされたのも当然だろう。遠くでも近くでも、その影響が感じられる。

# 第10章 南部の苦しみ——工場式養鶏の出現

ジョージア州の片田舎でのどかな子ども時代を送ったジャニス・レイは、将来もそんな暮らしが続くものと思い込んでいた。幼い頃は、祖父母の農場でぶらぶらしたり、家畜小屋を建てるのを手伝ったり、クラブアップル（小粒のリンゴ）やザクロ、マスカダイン（ブドウの一種）を食べたりしながら、毎日楽しく過ごした。祖父が飼っていたラバや祖母が育てていたヒヨコ、それにスイカの蔓が這う野菜畑やトウモロコシがぎっしり詰まった倉庫のことは、今もよく覚えている。当時は祖母が手で牛の乳を搾っていた。

第2次世界大戦後、米国ではいわゆる緑の革命が起き、アグリビジネスが農家を口説いてその革命に引き込んだ。これにより、農家の暮らしは、工業的な生活へと、後戻りのできない長期的な移行を始める。農家は重機や肥料を使うようになり、田舎の景色は一変した。

レイが6歳のとき、祖父が亡くなった。その頃から近隣の農家は補助金付きのタバコを栽培し、ラウンドアップ（除草剤）をまくようになった。「それから、怪物みたいなコンバインがやってきました。ひどい土砂崩れが起きて、イボタノキの生け垣は消え始めたわ」とレイは回顧する。サトウキビ搾り機は売り払われ、燻製場は壊され、雌鶏もいつの間にか消えていた。祖母は乳牛を家畜の競売に出した。レイは最後に残ったエンドウマメ畑を覚えている。彼女が子ども時代を過ごした農場の畑では、現在、遺伝子組み換えの大豆が育てられている。柵は壊され、ヤマモモは姿を消し、野生のサクランボの木は切り倒された。マネシツグミやコウカンチョウのさえずりも聞こえなくなった。祖父が鋤で根を傷めないよう気をつけていたササフラスの木も、とうの昔に枯れてしまった。

近隣には工場式養鶏場が2棟建てられた。夜も昼も照明がついた室内で、何万羽という鶏が穀物と抗生物質を与えられ、十分太るとすぐ食肉処理される。管理しているのは農家ではなく「契約飼育者」で、遠方にある企業のために鶏を飼育している。時おり、鶏の死骸を焼く臭いがあたりに充満する。また、畑にまくリター（鶏舎の床に敷いて排泄物を吸収させるおがくずなど）の鼻をつく臭いが漂うこともある。誰もが嫌がる臭いだが、糞尿はどうにか始末しなければならない。(注1)

今日、レイが住んでいるのは、ジョージア州タットノール郡南部のオルタハマ川とオフーピー川に挟まれた三角州にある、時代がかった素敵なファームハウスで、46エーカー（19万平方キロ）の土地がついている。ジョージア州の農業は醜く姿を変えたが、レイは農業を営むという夢をあきらめることができず、オーガニックの野菜やピーカンナッツ、果物、種子を栽培し、成長を促進する抗生物質やホルモンを与えず、（穀物ではなく）草を餌にして家畜や鶏を育てている。直売店ではジャムやゼリー、木版画のカード、グラノーラ、焼き菓子のほかに、自家製炭酸飲料のバーチビア、ジンジャーエール、ルートビア、ラズベリーソーダ、クリームソーダを売っている。また、チーズ作りや発酵、家庭養鶏など、自給自足や持続可能な生活をするためのワークショップも開いている。(注2)

レイの農場の対極にあるのが、ジョージア州の農業の主流となっている工場式養鶏だろう。鶏は世界でいちばん数が多い畜産動物である。全世界で、毎年550億羽の鶏が食肉用に飼育されており、その約4分の3が工場で育てられている。(注3) 米国では、およそ2万7000の養鶏場で毎年90億羽近いブロイラーが生産されている。(注4) 標準的な養鶏場は年間に60万羽を飼育する。(注5) それだけの鶏がいれば、とんでもない量の排泄物が出る。メリーランド州とデラウェア州の鶏だけで、120万立方メートルのリターが排出されるが、これは米国国会議事堂のドーム50個分に相当する。

ここ数年、わたしはブロイラーを飼育する養鶏場を数多く訪れてきた。英国から北京まで、養鶏場はどこも似たり寄ったりだった。世界の商業的養鶏を支配するのはわずか2、3の種畜企業で、ヒヨコの約80パーセントはそれらの企業で開発されたブロイラーの子孫である。この成長が早い白色ブロイラーは、それがもたらす健康や福祉の問題とともに、世界中に広まっている。

フィリピンのような暑い国では、鶏舎に詰め込まれる鶏の数はいくぶん少なめで、鶏舎の側面はおおむね開放されており、自然光が入る。しかしEUでは、鶏は完全に密閉された工業施設で飼われている。一方、ペルーの砂漠地帯では、縦長の背の低いテントのような鶏舎で飼われている。鶏舎の外見は違っていても、行われているのはどこでも同じような工業的飼育だった。近年、ヨーロッパでは、食肉用鶏の福祉を保護するための新しい法律が制定されたが、効果はあまりないようだ。今も英国では、鶏は往々にして1990年代の政府のガイドラインより高い密度で飼われている。

ジョージア州は米国最大の鶏肉生産州で、毎年14億羽の食肉用鶏を産出している。(注6) もしジョージアが国なら、世界第8位の鶏肉生産国になるだろう。(注7) 養鶏産業の中心は、ブルーリッジ山脈の丘陵地帯にあるホール郡、ゲーンズヴィル市で、「世界の鶏肉産業の中心」という怪しげな称号を冠している。ジョージア州の養鶏産業の歴史は大恐慌時代（1929年〜）に始まる。当時、ゲーンズヴィルで家畜の餌を売っていたジェシー・ジュエルは経営の危機に直面していた。1000万人超の米国人が失業し、餓死寸前の人もいて、パンの配給には長い行列ができた。農家の状況は深刻で、餌や雛鳥を買う金もなかった。ジュエルは、そのような状況下で売り上げを維持する方法を思いついた。孵化したばかりの雛を農家に「つけ」で売り、農家はそれを育ててジュエルに売り、相互に利益を得るやり方だ。やがて鶏を育ててくれる農家の数は増え、ジュエルは食肉加工工場と孵化場を建設した。(注8) つまり彼は「契約養鶏」の先駆者となった。

1939年、ホール郡の養鶏場は60に満たなかった。しかし、第2次世界大戦が始まると、ジョージア州の鶏肉産業は成長し始めた。米国戦時食料庁が、戦下での食料備蓄を図るためにジョージア州北部で加工される鶏肉をすべて買いとることになったからだ。こうして確実な買い手を得て、業界は急成長を遂げた。10年たたないうちに、ホール郡には1000を超える養鶏場ができていた。(注9)

ジュエルのビジネスも拡大した。1954年には、飼料工場を持つようになり、(注10) やがて、卵の孵化から食肉加工、流通、販売まで、鶏肉生産の全プロセスを掌握するようになった。各プロセスを担う企業を統括して運営するこの「垂直統合」生産モデルは業界の新基準となり、ジュエルが先鞭をつけた冷凍鶏肉も、やはり業界のスタンダードになった。彼は雇用方針も革新的で、ゲーンズヴィルで初めて黒人を雇い入れた経営者のひとりである。(注11)

それから数十年にわたって、ホール郡のブロイラー生産は成長を続けた。容易に金儲けできることを知って、多くの業者が参入してきた。競争で価格は下がったが、１９７０年代、80年代を通して、赤身の肉よりも鶏肉を好む米国人が増えたため、需要はいくらでもあった。１９９０年代になって、鶏肉を生産する企業の数は減ったが、それは鶏肉の人気が落ちたからではない。企業の合併が進み、少数のより大規模な企業が、頼もしい契約飼育者に支えられて、さらに拡大を続けることになったからである。10年もしないうちに、養鶏場の数は半分に減った。(注12) 今日では、ごくわずかな会社が業界を支配している。２００６年、大恐慌時代に設立された、アトランタを拠点とするゴールド・キスト社が、ピルグリムズ・プライド社と合併し、世界最大の鶏肉企業となった。(注13) こうした食品大手は垂直に統合されており、雛をブロイラーに育てる過程を農家に委託するジュエルのやり方を踏襲している。

２０１２年、コンパッション・イン・ワールド・ファーミングは、活動範囲をヨーロッパから米国へ広げた。リア・ガーセスがリーダーとなり、「放牧養鶏を志すジョージア州民」という理念のもと、その第一歩が踏み出された。ジョージア州のブロイラー産業に的を絞ったのは、それが、世界の鶏肉産業の標準になっているからだ。調査の結果、悲惨な現実が明らかになった。鶏だけでなく、養鶏で生計を立てている人の多くも、その犠牲となっていることがわかった。(注14)

この事業は、裏で糸を引く大企業には巨万の富をもたらすが、農家、というより「契約飼育者」はストレスが多く、唯一の取引先である雇用主から首を切られることを常に恐れている。今でも、鶏は企業からの預かりもので、企業は法的拘束力のある契約で飼育目標を設定し、実績に応じて報酬を決めている。(注15) 契約飼育者に交渉権はほとんどなく、財布のひもを握る企業は反競争的な行為をとるのが一般的だ。

受賞歴のある養鶏家でありながら、23年続いた契約を打ち切られたキャロル・モリソンは、会社から常に脅されていたと言う。「数えきれないくらい何度も、これこれのことをしたら契約を打ち切ると言われてきました。彼らは、こちらをビジネスパートナーと見ていないのです」と、彼女は公開ワークショップで語った。(注16)米国ではブロイラーの99パーセントがこのようにして生産されており、(注17)作業にあたるのは何世代にもわたって家禽や土地の知識を蓄積してきた農家ではなく、遠く離れたところにあるオフィスのボスに顎で使われる生産者だ。

鶏は、法に守られることもなく悲惨な生活を送っている。米国の動物保護法は、家畜には適用されない。さらに鶏は、米国で飼育される畜産動物の95パーセントを占めるにもかかわらず、「人道的なと畜法」でも保護されていないのである。

品種改良により、鶏はほかの家畜に例を見ないほど、早く大きく成長するようになった。この50年間で、その成長速度は4倍になった。(注18)現在では、わずか7週間で目標体重になる。(注19)この週齢の鶏は非常に若く、まだ繁殖もできない。たとえば、卵を産み始めるのはだいたい18週齢になってからだ。このような急速な成長は安い肉の大量生産を可能にしたが、鶏のほうは、脚の障害や心臓疾患など大きな犠牲を強いられた。「ひっくり返り症候群」という奇妙な名前の病気も頻発している。突然ものすごい勢いで羽ばたき、鋭い鳴き声をあげながら体を震わせ、バランスを失って仰向けか横向きに倒れ、あっという間に死んでしまう。

ほかの工場式畜産場の動物と同じく、鶏はきわめて過密な状態で飼育される。ジョージア州の標準的な「飼育小屋」は幅が15メートル、長さが150メートルで、[注20]そこに3万羽以上の鶏が収容されている。1羽あたりの床面積は、A4用紙1枚ほどしかない。

窮屈な空間と肥満のせいで、脚の障害はよく見られる。急速に成長するため、体の発達が体重増加に追いつかず、歩行困難になるためだ。たいていの鶏は、餌や水のところへ行くのにどうしても必要なときだけ歩く。業界用語の「成長周期」の終わりごろ、つまり、食肉に処理される直前になると、鶏はほとんどの時間を座って過ごす。満足に歩けない鶏も多い。

もっとも、脚の障害は、このシステムがもたらす健康上の問題の一つにすぎない。心臓や肺の病気も多く、これは鶏の大きさに原因がある。そのような諸々の事情から、ジョージア州では毎年4200万羽の鶏が十分な体重に達する前に死んでいる。[注21]また、餌を多く食べさせて早く太らせるために、通常、鶏舎は終日明るく照らされている。こうした環境は体の自然なリズムを乱すので、動物福祉上、大きな問題になっている。

食肉処理できる大きさになると、処理場に運ぶために鶏は手で捕まえられる。キャッチャーと呼ばれる作業員は一度に最高7羽を、片手に3羽、もう片方の手に4羽という具合につかんで木箱に押し込み、トラックに載せる。大変な仕事で、通常は鶏のストレスを和らげるために暗闇で行われる。アラバマを拠点に公民権を守るために活動する非営利団体、南部貧困法律センターによれば、作業員は1時間に約1000羽という信じられない速さで鶏を木箱に詰めることを企業のスーパーバイザーから求められる。[注22]食肉処理場では1日に20万羽もの鶏が処理される。[注23]処理場につくと、鶏はすぐ木箱から出され、ベルトコンベアに載せられ、逆さまにつるされる。のどを裂く前に気絶させることになっているが、EUと違って米国では法律で決まっているわけではない。

動物の福祉を考えると、このような飼育方法は変えなければならないが、苦しんでいるのは、鶏だけではない。2010年の米国労働統計局の報告によれば、鶏の解体処理は、非致死性の職業病にかかる率が最も高い仕事の一つになっている。(注24)

ジョージア州では、4万7000人が養鶏業に従事しており、女性とラテンアメリカ系住民が高い割合を占めている。(注25)彼らの多く、特に低賃金の仕事につく労働者は、日常的に危険にさらされ、権利や保護はほとんど与えられていない。(注26)キャッチャーは特に大変な仕事だ。彼らは鶏肉会社と契約し、処理場に運ぶ鶏をつかまえる。報酬はトラック1台いくらで支払われ、時給にすると最低賃金を下回る。

南部貧困法律センターのトム・フリッチェは、これまでに多くのキャッチャーと面談してきた。「よく目につくのは、手の異常です」と彼は語る。「彼らの手は、普通の手の2倍に腫れあがっていて、握手を拒む人もいます。痛いからです。『鷲手』と彼らが呼ぶ症状もあり、長年にわたって多くの鶏をつかんでいるとそうなります」

キャッチャーは往々にして7、8人のチームに分けられ、賃金を支払う会社との接触は限られている。ビジネスのやり方は不透明で、調査によれば、正式な雇用契約を結んでいる人はわずか5パーセントで、多くの労働者は無認可の危険な仕事を転々としている。労働時間に対して適切に賃金が支払われるように、きちんと記録をつけているのは管理者の15パーセントに満たない。(注27)

加工工場の仕事はと畜、除骨、包装の三つに分けられる。具体的な作業を挙げると、たとえば、

「ライブハンギング」は処理場に着いた鶏を箱から出して動くシャックルライン（足かせが並ぶベルトコンベア）につるす作業である。翼折りという作業では、と畜後の鶏の翼をねじって、切断する位置に縛りつける。「翼切り」は、と畜後の鶏の翼をハサミで切り取る。「除骨」は、と畜後の鶏から肉を切り取る。さらに、後片付けの仕事がたくさんある。

中でも、ライブハンギングはもっとも過酷な仕事である。鶏をおとなしくさせておくためにほぼ真っ暗な中で、固い床に立ち、ベルトコンベアにとりつけられたフックに1羽ずつつるしていくのだが、このフックは肩か頭の高さにある。1分間に26羽をつるすこともあり、肩や首に負担がかかる。(注28) ある作業員はこう説明する。

> 俺は工場のラインで生きた鶏をつるしていた。つかんで、持ち上げ、フックにひっかける。毎日、何時間もぶっ続けで。この仕事は若くて力のあるやつしかできない。だが、そんなやつもじきにえらい目に遭う。腕が棒のようになり、手は麻痺して動かなくなるんだ。俺を見るといい。まだ22歳なのに、ずいぶん老いぼれた気がする。(注29)

公式な数字によれば、この仕事では7人に1人が体を痛めており、これは民間企業の平均の2倍を超えている。鶏工場の作業員は、高速のベルトコンベアに合わせて、指や手や手首や腕や肩の同じ動きを、1日に2万回から3万回も繰り返さなければならない。(注30) そのせいで、反復性過労障害になる危険性が、ほかの仕事の14倍も高い。(注31) ベルトコンベアのスピードは、会社の利益に直結する。

作業員はスピードアップを迫られ、しくじれば解雇されるというプレッシャーを常に感じている。

このような米国流の工場式養鶏は北米大陸だけのものだと思いたいが、悲しいことに、英国でも5羽に4羽はこのような方法で飼育されている。このシステムはヨーロッパでは主流で、世界に広がりつつある。

数年前、養鶏業者の集まりに招かれて、夕食後のスピーチをすることになった。彼らが楽しみにしているのはスピーチの内容ではなく、このわたしをライオンの巣に招き入れること自体だと、はなから察しがついていた。スピーチを終えると、聴衆は口ぐちに本音を吐いた。ここには書けない暴言を吐く人もいれば、非常に防御的になる人もいた。「うちの養鶏場を見てもいないのに、どうして批判できるのか？」と言われた。当然の流れで、わたしは彼らの養鶏場を訪問することになった。彼らの口調は挑戦的だった。「見せてやろう、フィリップ。うちに来い」。わたしはためらうことなく応じた。それまでにもわたしは多くの工場式養鶏場を見てきたし、その後も、何度となく訪問している。だから、今になって思えば、あの時なぜあんな騒ぎになったのかわけがわからない。

会合が終わると、彼らは寛大にも英国製のワインを1箱、謝礼としてプレゼントしてくれた。司会者は見学の手筈を整えようとしたが、スムーズには進まなかった。「うちを見に来い」と挑戦してきた人々は、たちまち翻意し、招待を取り下げた。代わりに、組合が恥をかかないようにと、ロイド・モーンダーという会社のアンドリュー・モーンダーとデイヴィッド・ラニングが手を上げた。現代のブロイラーは苦しむように遺伝的に選択されている、とわたしが言った時のモーンダーの顔を忘れることができない。それは彼の農場を訪ね、母屋の台所に座ってしゃべっていた時のことだった。彼は驚き、ショックを受けたように見えた。その日、同社の養鶏場を見て回ったが、巨大な鶏舎は、肥満した白い鶏でいっぱいだった。その時の彼はすでに、集約的システムから抜け出すことを考えていたにちがいない。数年後、彼の会社は鶏の飼育方法を変え、動物福祉を優先し、家禽に広い空間を与えるようになった。

英国における工場式養鶏の実態は、２００８年にコンパッション・イン・ワールド・ファーミングによって暴露された。粒子の粗い映像が捉えた、倉庫のような建物の薄暗い内部には、何万羽もの鶏がぎっしりと詰め込まれ、分厚く白いカーペットのように見えた。鶏にとってはオーブンの中のほうがまだ広いだろう。足を引きずる鶏や死んだ鶏もいる。屋外に置かれたごみ箱は死んだ鶏でいっぱいになっていた。６週齢まで生きられなかったものたちだ。養鶏場の場所はわからない。わかるのは、それが大型スーパーに安い鶏肉を供給するシステムの一部だということだ。当時、英国の8億羽の食肉用鶏の95パーセントはそんなふうに飼育されていた。（注32）

その後、有名シェフのヒュー・ファーンリー＝ウィッティングストールとジェイミー・オリヴァーを先頭とする抗議行動が起き、いわゆるバタリー鶏（小さなケージで飼育される鶏）が街の話題となった。かつてない数の人々が、鶏の福祉の向上を求め始めたのである。不景気にもかかわらず、２０１０年までに、より良い環境で飼われた鶏の肉が、冷凍でない鶏肉の4分の1を占めるようになった。オーガニックかＲＳＣＰＡ（英国王立動物虐待防止協会）フリーダムフードの基準を満たす環境で放し飼いされた鶏である。（注33）顧客の関心にきちんと気を配るスーパーマーケットも出てきた。セインズベリーズは、バタリー鶏を排除し、動物福祉のより高い基準を満たす鶏肉だけを扱うようになった。この一社の努力で、年間1億羽近い鶏が、よりよい生活を送れるようになった。生協（コーポラティブ・グループ）、マークス＆スペンサー、ウェイトローズも同様の取り組みを始めている。

わたしは、最近米国に行った際に、キング牧師の故郷、ジョージア州アトランタの大型ショッピングセンターを訪れた。そのど真ん中に、ホールフーズ・マーケットという食品の帝国があった。冷凍食品の棚には、動物福祉の格付けがなされた鶏肉がきれいに並んでいた。ポップには「丁寧に飼育されました」「すこやかな動物のとびきりおいしいお肉」などと生産方法がいかに優れているかが謳われ、黒板には店が支持する地元の生産者の名前が書かれていた。知っている名前もあった。彼らが所属する新しいグループ「放牧養鶏を志すジョージア州民」は最近、同州の工場式養鶏の暗部を暴いたばかりである。世界の工場式養鶏の中心であるこの地でも、よりよいシステムの予兆が見え始めていた。

# PART V

## SHRINKING PLANET

## 縮みゆく惑星

バイクが先導する警察車両の列が、ライトを点滅させながら、英国東海岸イプスウィッチのイースト・アングリアの町へ入り、埠頭へ向かって進んでいく。上空ではヘリコプターがばたばたと旋回し、群衆を監視している。9月の日暮れ時、海岸の町には強い風が吹き荒れていた。夕闇が迫る中、カメラマンの大群が埠頭に押し寄せる。とはいえ、誰か有名な人が出国するわけではない。警察車両に護衛されているのは6台の家畜輸送車で、中にいるのはヨーロッパ大陸で食肉に処理される予定の羊たちだ。このような騒動は、今に始まったことではない。この20年にわたって、生きた動物を輸出しようとする人々とそれに反対する人々は、消耗戦を続けてきた。

反対者たちは、スローガンを書いた旗を振りながら、暗闇に消えていく大型トラックに向かって罵声を投げつける。波止場のそばでは、旧ソ連のタンク輸送車が、生きた積み荷を待っている。かつて別の港からの輸送で40頭以上の羊が死に、2名の逮捕者が出た。その事件の後、食肉にするために生きた動物を英国の外へ輸送するのはこれが初めてだった。

動物が、と畜される前に長く恐ろしい旅を強いられるのを、わたしも含め多くの人が阻止しようとしてきた。その甲斐あって今日、この悪名高い商取引を続けているのは、言う事を聞かない残党だけとなった。20年前には、毎年250万匹の動物が生きたまま英国から輸出されていたが現在その数は、10万匹以下になった。

しかし世界のあちこちの港では、動物福祉に害をもたらす別の品の輸出入が急増している。それは動物の餌にする穀物や大豆で、多くは工場式農場で用いられる。その輸出入に関しては、声高な宣伝も抗議もなされていないが、多くの点でそれは、生きた動物の輸出入と同じく警戒すべき取引だ。わたしが個人的な旅で見てきたように、動物の餌にする大豆や穀物の生産と輸送は、欲にまみれた汚いビジネスで、多くの生物に害を与えている。

これからの数十年で、地球上の家畜の数は、世界的需要の高まりに応じて、ほぼ2倍になるだろう。その代償は高くつく。主軸となる工場式農場は、大量の水、油、土地を使用して、品質の疑わしい肉、ミルク、卵を大量生産する。その一方で、生産に必要な資源は急速に減りつつある。今、世界の賢人たちは、ますます厄介さを増していく問題の解答を出そうと取り組んでいる。その問題とは、拡大する一方の食料の世界需要と、縮みゆく惑星とのミスマッチをどう解決するか、である。

第11章

# 土地——工場式農場がいかに多くの土地を必要とするか

## ノーマンズランド（無人の荒れ地）

かつてアルゼンチンの北東部の森の奥深くに、誇り高き先住民族、トバ・コム族が暮らしていた。彼らは数百年にわたって外部の人々から恐れられていた。彼らが住む森はあまりに遠く、容易に行きつけなかったので、「人を拒む森」と呼ばれていた。初期に入植したスペイン人の記録によると、コム族は狩猟採集をしながら移動生活を送り、厳しい環境に鍛えられて、その性質はどう猛で残忍だったそうだ。だが現在では、チャコ州とフォルモーサ州にわずかな末裔が暮らすだけとなった。居住区は、パラナ川沿いからアンデスの山裾まで広がる暑くじめじめした低地で、一部は国境を越えてパラグアイとボリビアにもかかっている。(注1) かつてそのあたりは、彼らの原始的な生活に必要な天然資源をすべて備えた、広大で肥沃な猟場だった。しかし今では人を寄せつけないどころか、古代の森はほとんど消えた。ケブラチョの木は硬く上質な木材になるので次々に伐採され、土地は無名の投機家たちによって切り分けられ、遺伝子組み換え大豆の畑になった。大豆の一部はバイオ燃料となり、一部は工場式農場の飼料として英国やほかの地域に送られている。

チャコ州を去ることを頑なに拒んだ筋金入りのコム族は、現在、過酷な生活を強いられている。近年、経済が急成長した地域では、痛ましくもコム族の何人かが餓死したそうだ。(注2) ほかの地域でも彼らは、狩りをしたり果物や木の実を集めたりする森を失い、飢えに苦しむのが普通になった。かつてチャコでは伝統的な綿花栽培が彼らに働き口を提供していたが、それも今では、あまり人手を必要としない大豆栽培に取って代わられた。仕事はあったとしても、わずかだ。コム族は残されたわずかな土地でどうにか生計を立て、病気になれば呪医を頼ってしのいでいるが、薬草や儀式で栄養失調を治すことはできない。

2011年、コム族の5人が思い切った決断をした。彼らは着のみ着のままでチャコを出て、1000キロの道のりを旅して首都ブエノスアイレスにたどり着くと、主要道路の交差点でキャンプを張り、ハンガーストライキを始めた。地方政府に接収された「彼らの」土地の即時返還を中央政府に訴えるためだ。その数カ月前、フォルモーサ州で警察と激しい衝突が起き、コム族の2人が亡くなった。土地を奪われたことに抗議して、コム族が道路を封鎖したのがその発端だった。封鎖してから4カ月たち、ついに、どちらからともなく攻撃が始まり、悲劇的な結末に至った。コム族だけではなく、警官も1人死んだ。(注3) 年々、コム族への圧力は強くなり、彼らの昔ながらの生活は崩壊しつつある。彼らの多くは、勝ち目の無い戦いに疲れ果て、伝統を守ることをあきらめてチャコを去り、都会で性にあわない生活を送るようになった。

コム族は、貪欲な工場式農場に土地を奪われた犠牲者の一例にすぎない。近代植民地主義の恥ずべきシステムにおいて、安い肉の安定供給を図るために、発展途上国の土地は豊かな国々によって分割されてきた。家畜を太らせるための十分な穀物や大豆さえ手に入れれば、その栽培地が近かろうと遠かろうと問題にならない。

工場式農場が土地の節約になるという誤解が広く流布しており、そのロジックは経営者側の自己弁護によく利用される。家禽産業の著名人が、工場式農場は土地を節約すると主張し、鶏を放し飼いにするという考えをあざ笑ったことをわたしは覚えている。「そんなことをしたら、スコットランドの山からウェールズの谷、ありとあらゆる都市、町、村の空き地が鶏だらけになるだろう」と彼は言った。すべての鶏を放し飼いにするのは、彼に言わせれば、「まったくばかげていて、とうてい無理」なことだ。

しかし、実際には、英国の食肉用の鶏をすべて放し飼いにするには、ワイト島（380平方キロメートル）の3分の1の土地があれば十分で、少しもばかげたことではない。そしてハワイ島の広さがあれば、全世界の食肉用鶏、およそ550億羽を放し飼いにできる。(注4) 世界の工場式農場で飼われる700億匹の動物すべてを放し飼いにするというのは想像しにくいが、工場式農場が多くの土地を必要とし、世界の農地の3分の1を使っていることを思えば、荒唐無稽なことでもないだろう。

農場を集約化し、限られた土地でより多くの作物や動物を育てれば、土地の節約になると思えるかもしれないが、実際にはますます多くの土地が必要になる。(注5) アルゼンチン、米国、カナダ、フランス、ベルギーの科学者の共同研究により、1970年から2005年までの農業集約化が、農地の拡大をもたらしたことがわかった。その理由の一つに、工場式畜産は飼料の工業的生産によって支えられている、ということがある。非常に多くの土地が工場式畜産の飼料を作るために使用されており、その面積をひとまとめにするとEU全体か、米国の半分に相当する。(注6) 全世界で生産される穀物の3分の1は家畜に与えられ、その70パーセントは先進国で消費される。(注7) また、世界の大豆粕《かす》(大豆油の搾りかす)のおよそ90パーセントは、工場式畜産の餌として使用される。そのような需要がなければ、その土地は何かほかのことのために利用できる。毎年、英国の半分に相当する森林が消えているが、大半は飼料を栽培する畑か牛の牧場を作るためだ。

つまり、工場式畜産は広大な「ゴーストエーカー」(訳注*その国の消費を支えるために必要な国外の農地)を使用している。当然その土地に動物の姿はない。ゴーストエーカーという概念は、1960年代にミシガン大学の食品科学と地理学の教授であるゲオルク・ボルグストロームが構築した。(注8) 彼はその言葉で、ある国が消費する食料と、その国で産出される食料の差を表現した。その差は輸入によって埋められる。ボルグストロームは半世紀も前に、この差があまりにも大きいと警告していた。工場式農場はさらにその差を劇的に広げた。ある計算によると、世界の農業用地はこの40年間でほぼ5億ヘクタール増えた。これはフランスの国土の10倍に相当する面積だ。(注9)

肥沃な土地が無限にあれば問題はないが、実際はそうではない。農耕に適した未使用の土地がどのくらい残っているか、試算が示す値はさまざまだ。最も楽観的な数値は、十分な雨が降る土地の総計、1560万平方キロで、既存の耕作地の面積とほぼ等しい。(注10) しかし、これは著しく過大な見積もりと言えるだろう。なぜならその大半は森林に覆われているからだ。世界銀行は、森林を除外し、445万平方キロというはるかに控え目な数字を提示している。(注11)

それでもかなり多いように思えるかもしれないが、問題は、肥沃な土地を、人口増加と都市化と浸食が恐ろしいスピードで飲み込んでいることだ。その土地の大半は、アフリカと南米にあり、大自然がブルドーザーでつぶされている。驚くべき規模で世界の土地が略奪されており、それはビクトリア女王時代に起きたアフリカ争奪戦の21世紀版と言えるだろう。その要因はいくつもあるが、中でもバイオ燃料と、工場式畜産の餌の世界的な需要の拡大が際立っている。

アルゼンチンでは毎年20万ヘクタールの森が大豆のために消えると見積もられている。(注12) 遺伝子組み換え大豆は、現在少なくとも1900万ヘクタールの国土(注13)(全農地の65パーセント(注14))を覆い、その大半は輸出向けだ。輪作をしないので土地が痩せて生産量が落ちたことと、高いインフレ率が社会不安を引き起こしている。(注15)

カルロス・ヴィセントが所属するGRAINは小さな組織だが、各地のコミュニティーが自らの食料を生産する土地を維持できるよう、国際的な活動をしている。ブエノスアイレスにある彼の自宅を訪ね、大豆生産のための「土地の略奪」が及ぼす壊滅的な影響について話を聞いた。

わたしたちが見ているのは、新たな食料植民地主義です。アルゼンチンでは、もはや自国向けの食料は生産されていません。果実と野菜の生産量は大幅に減少し、ブエノスアイレスでは、1000キロ離れた土地から調達するありさまです。この15年間で1万5000以上の酪農場が廃業しました。乳製品の生産は激減し、ウルグアイから輸入しているという話も聞きます。

わたしは、一般の人々への影響を尋ねた。

「単作は人間を必要としません。専門家は、この国の500ヘクタールの大豆畑に必要な人間はひとりだと言っています。つまり、数千人いれば2000万ヘクタールの大豆畑の世話はできるので、残りの人々、つまりかつて農業をしていた人々は失業に追い込まれるのです。生物の多様性や公衆衛生への影響も甚大です。たとえば、蚊を媒体とするデング熱が大流行したことがありました。発生場所は、大豆農場とぴったり重なっていました。それはなぜか。農場を作るために、蚊を食べていた生物の生息地が破壊されたからです。」

アルゼンチンをはじめ、南米の土地取引はしばしば非常に複雑で、世界中のさまざまな地域の国が関わっている。投機買い筋はヘッジファンド、投資ファンド、年金基金で資金を集める。「誰が土地を買い、食料を生産しているかはよくわかりません」と、ヴィセントは言う。「しかし、サウジアラビアと中国が、アルゼンチン政府と土地の取引をしようとしているのは確かです」

当然、そのようなシステムからは、農業大手ロス・グロボ社のCEO、グスタボ・グロボコパテルのような勝者が生まれる。アルゼンチンで「大豆王」（el rey de la soja）と呼ばれる人物だ。彼の会社は25万ヘクタール超の大豆畑を管理している。(注16)「彼は、土地を持たずに最も成功した農場主であることを誇りにしています」とヴィセントは言った。

アルゼンチンでは、大豆のせいで土地を失ったコム族のところへも、話を聞きにいった。それは悲しく厄介な経験だった。チャコを去ったコム族の大半は、ブエノスアイレスの北西300キロにある産業都市、ロサリオ郊外の貧しい地域に暮らしている。彼らと会うための手配は込み入っていて、交渉には時間がかかった。彼らは元来、よそ者を警戒しがちだが、ひねくれた態度をとるのは、時間とエネルギーを割いて状況をよそ者に説明しても、問題が解決するわけではないとこれまでの経験で知っているからだ。

本書の共著者イザベルとわたしは、地元の人類学者ローラ・プロルに仲介を頼んだ。イザベルは数週間かけて、わたしたちの仕事の内容をコム族に説明し、彼らが経験したことを広く知ってもらう良い機会だと言って説得した。面談するかどうかを決めるために、コム族のリーダーの集会が開かれた。ついに彼らは会うことに同意したが、すんなり決まったわけでないのは明らかだった。この問題の難しさを痛感した。わたしたちは興味本位で来たわけでもなければ、土産持参の金持ちでもないということを、彼らに早く知ってほしいと思った。

ロサリオ郊外の荒れた土地の、柳の木に縁取られた未舗装のでこぼこ道を行くと、彼らの居住区が見えてきた。一帯は犯罪の温床になっており、銃で脅されて自動車や金品を奪われることが多いと警告されたので、貴重品はホテルに預けた。

コム族の家は頑丈で風雨に耐えるものだが、きわめて簡素で、寝室が一つと、食事のための部屋が一つあるだけでトイレは外。庭では女たちが炉で料理をし、鶏が餌をついばんでいる。野良犬が道をうろつき、子どもたちは泥まみれになって遊んでいた。リーダーたちとはコミュニティーセンターで会うことになっている。到着すると、小さな薄暗い部屋のテーブルのまわりに、10人ほどの男が座っていた。部屋には篤志家から贈られたIBMの古めかしいコンピューター（1980年代のアムストラッドCPCを彷彿とさせる）がたくさん置かれている。電源は入っていなかったが、すべて動き、コンピューター・リテラシーの授業で使っているそうだ。男たちは、マテ茶を飲んでいた。イェルバ・マテの葉で作る苦いハーブティーだ。アルゼンチンの伝統にしたがって、茶は曲がったニッケルのストローがついた湯のみに注がれ、出席者全員に供された。女性はいない。彼らは油断のない目でわたしたちを見ていた。

面談は数時間に及んだが、こちらはスペイン語がわからない上に、コム族は独自の言語を持っているので、意思の疎通は難しかった。向こうの幹事役はアベル・パレデスと名乗り、白人に「押しつけられた」名だと説明した。つまり、親にもらった名ではなく、彼が望んだ名でもないようだ。スポーティーなフリースとカーゴパンツを着ていて、40代後半に見えた。これまでの経過を語るうちに感情が高まり、声は低く途切れがちになった。

「わたしは兄弟といとこと一緒にロサリオへやって来た。彼らは貧民街で暮らしている。両親はチャコに残ったが、とっくに死んだ。この数百年にわたって、我々の部族はより狭い土地へと追い込まれてきた。何年か前に多国籍企業がやって来て、我々の土地を買った。州政府はその土地をコム族込みで売った。なぜなら、たまたまそこにいたからだ。もちろん企業にしてみれば、我々に価値はない。コム族はずっと森で暮らしてきた。そこでワニを狩り、ハチミツ、イグアナ、魚を獲り、土地を耕して野菜や綿花を育てていた。だが多国籍企業は、大豆を作るために土地を囲ってコム族を締め出し、武装した警備員を配備した。我々に何ができるだろう？　平和を好む我々は、ここロサリオで一からやり直すことにしたんだ。

パレデス一家にとって、それは明らかに捨て鉢の決断だった。「ここに来たくはなかったし、不自由な暮らしをするのは嫌だったが、そうせざるを得なかった」と彼は言った。大豆栽培が始まるずっと前から、彼らは先祖伝来の土地を追われてきた。しかし、大豆栽培がもたらす莫大な金が、そのプロセスを加速した。

町にやって来た時、自分たちは邪魔もの扱いされたとパレデスは言う。子どもの教育も含め、最も基本的な公共サービスさえ受けられなかった。地域のコミュニティーでは、寄生虫や結核などの病気を持ち込んだと非難された。現在、ロサリオには彼らの学校があり、子どもたちは母語で授業を受けている。だが依然として、医療やそのほかの公共サービスへのアクセスが非常に制限されているという。

ほかの人も同じような経験を語った。コミュニティーセンターの副所長であるドミンゴ・ラサロは、年老いた両親をチャコに残し、5年前にロサリオにやって来た。先祖伝来の4万ヘクタールの土地が、ある企業に買収されたからだ。企業は土地のまわりを柵で囲い、高性能の監視システムを導入して、彼の家族を締め出し、困窮させた。

外の世界に何を伝えたいか、という問いかけは、長い議論を引き起こした。結局のところ、彼らが求めているのは、ほかの国民と平等な権利であり、特に医療と中等教育、成人教育を受ける権利の保証、そして、まだチャコにいるコム族の居留地を整えることだった。「我々は施しを求めているのではない。ただ当然の権利を認めてほしいだけだ」と、最後にパレデスは言った。

ここから一ブロック先に医療センターがあるが、看板だけで中身はない。最近、選挙があり、候補者たちはそれを稼働させると約束したが、まだ空っぽのままだ。わたしたちは先住民としてのアイデンティティーを保ちたいが、この都市でうまくやっていきたいとも思っている。読み書きを教えてくれる先生を政府がよこしてくれるとよいのだが。ここでは家も自分たちのものではない。政府はいつでも我々を追い出すことができる。

わたしたちは疲れ果ててコミュニティーセンターを後にした。実に心を動かされた。話を聞かせてもらって、コム族には借りができたが、彼らが直面する困難のスケールを思うと、自分たちにいったい何ができるだろうと、途方に暮れた。彼らが身をもって示しているのは、人工的で安価な鶏肉、豚肉、牛肉を数千マイルも離れた場所へ安定供給するために、世界で最も貧しく、最も無力な人々がいかに見捨てられるかということだ。と言うのも、大豆の大半は、工業的に飼育される家畜の餌になるからだ。

19世紀と同じく、現在のアフリカは、土地を買い集める金持ちのターゲットになっている。2009年に国連が行った、サハラ砂漠南の5カ国、エチオピア、ガーナ、マダガスカル、マリ、スーダンにおける土地所有権移転に関する調査では、2004年以降、240万ヘクタールの土地が同様の目的で売買されたことが明らかになった。[注17] 同年の国際食料政策研究所（ＩＦＰＲＩ）による別の研究は、２００６年から２００９年までにアフリカで売買された土地は９００万ヘクタールにのぼると試算しており、それは世界で「略奪」された土地の4分の3に相当する。[注18]

しかし、最新の研究の結果と並べると、これらの数字さえ小さく見える。世界銀行は、２００９年だけで４５００万ヘクタールもの「大規模な土地の獲得」が起きたことを報告している。これらの投機的事業の大半はまだ軌道に乗っていない。世界銀行は、その半数以上が「初期発展」の段階にあるとしているが、全体としては明らかに上向き傾向にある。[注19] ２０１１年ロンドンで開かれた「地球規模の土地争奪に関する国際会議」は、２００８〜２００９年で、８０００万ヘクタール以上の土地がこのような形で獲得されたと推定した。その面積は米国で3番目に大きな州、カリフォルニア州のほぼ2倍に相当する。[注20]

このような動きは、英国の投資運用会社、チャイトン・アフリカのような投機筋によってもたらされた。そのウェブサイトを見れば、富裕層向けの旅行会社のサイトかと思うかもしれない。空をピンクに染めてヒマワリ畑に沈む夕日や、滝の上にかかる虹の写真が掲載されている。そのほか広い空の下にパッチワークのような牧草地が広がる写真や、巨大なスプリンクラーがトウモロコシ畑に水をまいている写真もある。[注21] フランスの風景のようにも見えるが、実際にはザンビアで、この会社の業務は、西側の投資者のためにアフリカの豊かな土壌から富を生み出すことにある。

創業時の共同出資者で、元ゴールドマン・サックス証券代表のニール・クラウダーは、世界のこの地域で作物を栽培すれば相当な利益になると考え、トウモロコシ、大豆、小麦のためにザンビアの数千エーカーの土地をいち早く買収した。彼はまずザンビアを実験台にして、うまくいけば、サハラ砂漠以南のアフリカで、同様の冒険的事業を展開するつもりだ。(注22)「ボツワナ、マラウィ、モザンビーク、タンザニアは投資のターゲットになることがわかった」と彼は言い、すでに自社の大規模な農業事業《アグリビジネス》がザンビアで根づいていることを誇り、それは「大きな競争優位をもたらす」と息巻く。

アフリカの農業に押しかける国際的な投資家たちにとって、この種の投資は、クラウダーが「新たな資産種類」と呼ぶ実験にすぎない。(注23)今のところ彼のプロジェクトが地元住民に混乱や不利益をもたらしたという証拠はない。だが、もしそれが本当だとしても、むしろ例外的なことだろう。アフリカでは、軍閥や政府が考えもなく外国企業に土地を売り、地元住民が犠牲となる例が多いからだ。

なかでもエチオピア政府は商売熱心で、300万ヘクタールの土地を、作物を生産する内外の企業に貸与している。(注24)2008年、エチオピア政府はインドに拠点を置く多国籍企業カルトゥリの求めに応じ、西の辺境にある31万1000ヘクタールの土地（ルクセンブルク大公国より広い）を貸した。カルトゥリの従来の主力事業は切り花の生産輸出で、エチオピア、ケニア、インドにある巨大な温室で主にバラを栽培している。(注25)毎年、同社は5億5500万本のバラ茎を生産し、それは船で香港、マスカット、ドバイ、日本などの高級花市場に届けられる。現在、事業を多角化しており、ウェブサイトによると穀物栽培を中心とした「アグリビジネス」に参入したことでエチオピアでの栽培規模は「メガスケール」になったそうだ。(注26)

エチオピア政府は、カルトゥリのような企業との提携は、85パーセントが小規模自作農である国民にとって望ましいと考えている。エチオピアの駐英大使ベルハヌ・ケベデは、同国の7600万ヘクタールの耕地において、貸し出された土地は「比較的小さく」、カルトゥリのような投資家は「仕事、住宅、学校、診療所などのインフラだけでなく、知識の移転、技能、税収など、多大な利益を労働者と国全体にもたらす」と語る。(注27)

しかし、官僚たちは自ら認めるとおり、時としてあまりにも軽率に、取引にサインすることがある。カルトゥリが最初に使用許可を得た土地は、野生生物の保護区を貫通していた。その保護区は、絶滅が危惧されるアンテロープを守るために1974年に設けられたものだった。遅まきながら政府は、カルトゥリの農場がアンテロープの移動ルートに危険なほど接近していることに気づき、境界線を引き直すことにした。後に官僚は、「地図も見ないまま契約してしまった。(中略)明らかな失敗だった」と認めた。(注28)

一方、国民の利益になると期待されたことは、なかなか実現しなかった。かつてその地域の住民は、農業や漁業で生計を立てていた。最近ではカルトゥリの被雇用者となったと報告されているが、その稼ぎは世界銀行が貧困線と定める1日あたり1・25ドルより少ない。(注29)エチオピアのメディアは、さまざまな搾取が行われていると報じており、児童労働も蔓延しているようだ。地元住民は、その取引について相談を受けなかったと話す。カルトゥリは、事態は好転していくだろうし、わが社は少なくともエチオピアの最低賃金を支払っている、と言う。カルトゥリの上層部は、同社が「たやすく搾取されやすい」人々と取引していることを「十分認識」しており、人々が暮らす地域に病院、映画館、学校、デイケアセンターを建てる大きな計画があると主張する。(注30) しかし実際には、地元住民は自らの土地と、自らの運命をコントロールする力を失った。おそらくは数千マイル離れた国の安いハンバーガーのために。

エチオピアで起きた希少なアンテロープとのニヤミスは、この先、野生生物が土地を追われる危険性を予告する。すでに野生動物と人間は、土地を競いあうようになっている。今後数十年の気候変動で、その競争はさらに激しくなりそうだ。英国ノーフォーク州ティッチウェルの英国王立鳥類保護協会（RSPB）の鳥類保護区で起きていることを見てみよう。この魅力的な場所について、わたしの最も古い記憶は18歳のときのものだ。暖かな春の午前3時頃、わたしは身を隠すために掘った穴の中で腰を下ろし、月明かりを受けて銀色に輝く湿地を眺めていた。時おり、カモメが何かに驚いて飛びたち、その耳障りな鳴き声が静寂を破る。しばらくすると今度は白いメンフクロウが、幽霊のように頭上をかすめた。わたしはバードウォッチングをしていたわけではなく、ボランティアで夜の見張りをしていた。任務は、希少な渉禽《しょうきん》類であるソリハシセイタカシギの巣を守ることである。英国で絶滅寸前のところから復活し、王立鳥類保護協会のマークにもなっているその鳥が、ティッチウェルの淡水と塩水が混じりあう湿地で初めて巣を作った。

今日、鳥類にとって最大の脅威は生息地の破壊だが、希少種はいまだに卵コレクターの脅威にさらされている。少年が鳥の卵を集めていた時代に逆戻りしたかのようで、時代錯誤もはなはだしい。彼らのような行為は今では法律で禁じられているが、わずかながら法を犯すふとどきものがいる。彼らははるばる遠くまで出かけて、お目当ての卵を盗む。そしてソリハシセイタカシギは狙われて当然の希少種だ。ティッチウェル湿地帯はＲＳＰＢが所有する自然保護区だが、その管理人は、海沿いの別の場所に「エッガーズ（卵どろぼう）」が現れたとの報告を受け、非常に心配していた。そこでわたしは、ボランティアの仲間とともに、当番制で見張りをすることにした。

当番が回ってくると、自分で掘った穴の中で夜を過ごした。一番近い仲間からも、1～2マイル離れている。携帯電話が登場するずっと前のことだ。そんな夜中に保護区の自然を見ることができるのは、一種の役得だった。睡眠不足でフラフラだったが、はっきりした目的と、堅い決意を抱いていた。エッガーズが来たらどうすればよいだろうと思案していると、まさに恐れていたことが起きた。風がざわめき、カモメは怯えて再び不気味な声をあげ、ブーツで砂利を踏みしめるような音が聞こえてきた。ザクッ、ザクッ、ザクッ……。

最初は遠くから聞こえていたが、次第に大きくなり、近づいてきた。わたしは戸惑い、心臓が激しく鼓動した。ついに棒を握り、任務を果たすために竪穴から跳びだした。だが、足音と思ったのは、打ち寄せる波の音だった。その後は何事もなく過ぎ、自分のやっていることが少々ばかばかしく思えた。

数日後、二度目の見張りの夜が明け、穴から頭を出してみると、ソリハシセイタカシギの巣に、ヒナの姿があった。ティッチウェルの湿原で初めて、ソリハシセイタカシギのヒナが生まれ、それをわたしはこの目で見ている！　とてもいい気分だった。管理人、わたしたちボランティア、あらゆる支援者の努力が報われたのである。

それは1984年のことで、ＲＳＰＢがティッチウェル湿地帯を所有するようになって間もない頃のことだった。以来、そこは国内で最も有名で、最も愛される自然保護区の一つとなり、今では毎年、約9万人が訪れている。サンカノゴイ、ヒゲガラ、チュウヒの繁殖地としても知られ、中でもチュウヒは、わたしのお気に入りの鳥だ。

しかし現在、その保護区では海面上昇の影響が危惧されており、かつてわたしがボランティアで見張っていた湿地は、保護区のほかの区域を守るために犠牲にされようとしている。RSPBは淡水域にあるサンカノゴイとチュウヒの生息地を守る意向であり、それはつまり、湿地帯を犠牲にして、防波堤を造ることを意味する。ソリハシセイタカシギが初めて孵化した、広大で美しい沼地は、ゆっくりと海に呑みこまれていくだろう。それに代わる新たな営巣地とするために、人工の島が造られている。

ティッチウェルでの海からの脅威は、海岸の緩慢な浸食という自然のプロセスの一部だが、気候変動が事態を悪化させている。堤防を強化すれば、この先50年間はティッチウェルの淡水の湿地帯を守ることができるだろうが、その後どうなるかを思案せずにいられない。この保護区は農地と村に囲まれている。野生生物が行き場をなくした未来を、わたしたちは見ることになるのだろうか？

ノーフォークの湿地の冠水は、気候変動が遠くの国々の問題ではないということを、わたしたちに気づかせる。その影響は、英国においてもきわめて現実的な問題だ。海面上昇のせいで、今世紀半ばまでに、野生生物と数百万の人々が立ち退きを強いられることになりそうだ。土地をめぐる競争はますます激しくなり、とりわけ主要都市の多くが海に近い英国のような国では、深刻な問題を引き起こすだろう。

これからの100年で海面がどの程度上昇するかについて、専門家の意見はさまざまだ。科学的コンセンサスが完全に間違っているのでなければ（そうあってほしいものだが）、今後、数十年の間に数百万の人が、以前は農地だった海辺から内陸の土地に移住することになるだろう。地球という惑星は今、「陸地が最大となる時」に達しており、これからは海面の上昇に伴って陸地の消失が始まる。今世紀内に気温が2度上昇するのは、まず避けられないようだ。それによって海面は1メートル上昇する。(注31) そうなれば、満潮時の海水が沿岸部の都市や農地に打ち寄せ、重大な結果をもたらすだろう。

より控え目な予測では、今世紀中に海面は0・7メートル上昇するとされているが、それでも海岸の低地に暮らす1億5000万人に影響が及ぶ。いくつかの世界最大級の都市も例外ではない。東京、上海、香港、ムンバイ、カルカッタ、カラチ、ブエノスアイレス、サンクトペテルブルク、ニューヨーク、マイアミ、ロンドンを含む世界の主要50都市のほぼ半分は危機的状況に陥るだろう。(注32)

国連の予測では、特に途上国で肉の需要が高まることにより、やがて世界の家畜数は、現在のほぼ2倍になる。そうなると、飼料を育てるためにより多くの土地が必要となる。人間が土地やそのほかの資源を要求すれば、地球温暖化との衝突はますます近づいてくる。海面の上昇は土地を飲み込み、作物の生産量を抑制し、広範囲に破壊的影響をもたらす。(注33) 専門家の試算によると、人口増に伴って増大する食料需要をまかなうために、2030年までに200万平方キロメートルの農地が新たに必要となる。(注34) それは、地球の気温が2度上昇した場合に海に消える陸地の面積とほぼ同じである。(注35)

## 乾燥する地球

アルゼンチンの牛牧場の日暮れ時。カウボーイ・ブーツを履き、ベレー帽をかぶった3人のガウチョが、逃げる子牛めがけて、投げ縄を振り回す。遠くから眺めると、それは奇妙にも美しい埃まみれのダンスで、飛び跳ねて身をかわす子牛の体は、夕陽を浴びて錆びたような濃い赤に染まる。縄をよけようと、跳ねたり、急に向きを変えたりすると、蹄が泥のかたまりを蹴りあげる。ついに縄にかかり、子牛は脚をばたつかせながらくずれ落ちる。ドスンと地面に倒れ込むと、大量の土埃が舞い上がる。木の柵の上には、カウボーイ好みのタバコ、フィリップモリスの箱が置かれている。

エアコンが効いたオフィスで、牧場主は、わたしたちをもっと近寄らせるべきかどうかと思案している。痩せた男で、風変わりな口ひげをたくわえ、人生の大半を太陽の下で過ごしてきた人ならではの褐色の肌をしている。高そうな靴、細身の黒いズボン、高級な腕時計。パリッとした白いシャツの襟元に、レイバンのサングラスを引っかけている。

彼は、長い会議用のテーブルの上座に座っている。後ろの壁には銀製の額に入った写真が十数点飾られている。3世代にわたるファミリーの写真だ。前のテーブルの上にはきちんと積み重ねられた名刺の山、請求書の束、大きな電卓がある。

アルゼンチンの草原《パンパ》にある数十エーカーの土地で、彼が雇う25人の強靭な男たちは、4000頭の牛を育て、太らせている。できるだけ短期間で市場に出せる体重にするのが最大の利益を生む秘訣だ。彼はこの肥育場《フィードロット》に1000万USドルを投資しており、その様子から見て、かなりの収益があるようだ。じきに牛の群れを倍にしたいと彼は考えている。「限界はないよ。肥育場に屋根はないのだから」と肩をすくめる。彼は典型的なアルゼンチンの肥育場の経営者だ。ブエノスアイレスの南西200キロの小さな町、サラディージョの外にもおよそ3000ヘクタールの土地を所有する。何世代もの間、この土地は牛の放牧に使われてきた。しかし現在、家畜にあてがわれるのはほんの一部だ。アルゼンチンの地主の多くと同じく、彼も地所の大半をほかの用途に使っている。遺伝子組み換え大豆の栽培である。牛は狭い区画の泥土の上で飼われ、肥沃な土地の大半は作物の生産にあてられている。「そこには現金があるのさ」と、彼は意味ありげな微笑を浮かべて言った。

あまり知られていないが、大豆生産は工場式畜産システムの要となるもので、そのシステムが必要とする膨大な量の高タンパク飼料の需要がそれによってまかなわれている。アルゼンチンの平野、パンパで生産される大豆のほとんどは搾かれて大豆粕になり、ヨーロッパ、英国、中国へ輸送され、大半が豚や鶏を太らせるために使われる。

バイオ燃料にする大豆の生産がもたらす破壊的影響（特に森林伐採や環境破壊）については広く報道され、よく知られている。しかし、家畜の飼料にする大豆の生産が、社会や健康に及ぼす影響についてはほとんど知られていない。生産量で言えば、アルゼンチンの大豆生産は世界全体のほぼ5分の1（20パーセント）で、米国（35パーセント）とブラジル（27パーセント）に次ぐ。(注36) アルゼンチンの農地の大半、3200万ヘクタールのうちの1800万ヘクタールは、遺伝子組み換え大豆の生産にあてられている。(注37) 毎年5000万トンも生産され、(注38) 大半は海外市場へ出ていく。

アルゼンチンの大豆粕の輸出高は世界一で、全世界の輸出量の半分を占める。(注39) 大豆粕は、大豆から油を絞りとった残りの高タンパクの粉末である。大豆は人間にとって申し分のない栄養を備えた食品だが、ほとんどが工場式畜産の餌にされている。英国はその消費が盛んで、輸入大豆粕のほぼ半分はアルゼンチンからのものだ。(注40) アルゼンチンにとっては大きなビジネスである。2008年の大豆粕の輸出額は、70億USドルを超えた。(注41) その32パーセントは輸出税として支払われ、政府にとっては金のなる木だ。一握りの地主と外国人投機家にとっても、利益は莫大なものになっている。

一方、畜牛業への影響は甚大で、牛たちは草を食んでいた土地から追い出され、集中的な肥育場、「フィードロット」に詰め込まれる。囲いに入れられ、草のない、糞に覆われた地面の上で、栄養を強化した餌と抗生物質を与えられ、たちどころに牛肉へと変えられる。

つまりアルゼンチンでは、工業型農業の二つの側面を見ることができる。一方では、大豆の粉を輸出して、英国をはじめヨーロッパの工場式農場を文字どおり養っている。その一方で、世界で最も集中的な畜産システムのショーケースにもなっている。フィードロット畜産、あるいは「バタリービーフ(牛のケージ飼い)」とも呼ばれるシステムだ。すでに南米と米国で盛んだが、このような飼い方は、じきに英国やヨーロッパ諸国にも広がるだろう。EU諸国のレストランでは客たちが、アルゼンチン産の格安の牛肉をぜいたくな食材と誤解して食べている。幸せなことにほとんどの人はそれが育った状況を知らないし、その肉の品質もよくわかっていない。

アルゼンチンの田舎の変化を見ることを目的とする今回の旅は、北東の都市、ロサリオから始まった。人口170万の、アルゼンチンで3番目に大きい都市だ。巨大な工業地域の中心にあって、大豆産業を支えており、無秩序に拡大するその灰色の港は大豆輸出の拠点になっている。ブエノスアイレスから車で北西に300キロほどパンパを走る。仲間のジャーナリストとカメラクルーを従え、スケジュールと予算は厳しかった。ロンドンから一晩飛び、午前の半ばにブエノスアイレスに到着した。空港でコーヒー一杯とかなり固いクロワッサンだけの食事を摂り、ハイヤーを雇い、現地の仲介者と合流して、一路、ロサリオへ向かった。

ロサリオへの旅をわたしは楽しみにしていた。ユーカリの木や、馬や、大農場が織りなす緑豊かで変化に富む風景を期待していた。しかし、ブエノスアイレスの郊外を出ると、行けども行けども大豆畑ばかりで、平たいパンケーキのように単調なその風景に心が沈んだ。道端にはパンパを象徴する草が生えていたが、車窓から見えるのは、ぼさぼさした大豆畑ばかりで、緑か黄褐色か、成熟度合いで色が違うのが唯一の変化だ。畑の境界は、種や農薬を扱う企業の広告展示場となり、柵から醜悪なプラスチックのポスターがぶら下がっている。単調さを破るものはほとんどなかった。村も、教会も、農家の家もない。道端をよたよたと歩く奇妙な野良犬だけが、かろうじて生活の気配を感じさせる。

その退屈な幕開けに続き、ロサリオは、食肉加工場、工場、大豆加工施設というコンクリート製の衣装をまとっていた。この工業的設備のすべてが、その古い町に残るものを窒息させているようだった。わずかに残る19世紀のコロニアルスタイルの家々や、地方色あふれる建物は、近代的なアパートやオフィスや店に覆い隠されている。

川向こうには、大豆の儲けで建てられたらしい、新しい高層アパートの一群が輝いている。アルゼンチンは、ハイパーインフレが起きた1989年のトラウマを引きずっており、多くの企業家は資金を銀行に預けるより、レンガやモルタルに換えて不動産として持つほうが安心だと考えている。

ロサリオが農業経済の中心となったのは、南米でアマゾンに次いで2番目に長いパラナ川沿いに位置するからだ。パラナ川は全長が約5000キロメートルで、ブラジル、パラグアイ、アルゼンチンを通って大西洋に注ぐ。「パラナ」は絶滅したブラジル先住民族、トゥピの言葉で、「海と同じくらい大きい」という意味だ。ロサリオでは河口と同じくらい川幅が広くなる。

1997年以降、リオデラプラタ盆地の5カ国、アルゼンチン、ブラジル、ボリビア、パラグアイ、ウルグアイの政府は、パラナ川を産業用の運河に変えようとしてきた。その計画は、ハイドロヴィア計画と呼ばれ、激しい論争を招いている。(注42) 国際河川協会によると、当初の計画では、米州開発銀行と国際連合開発計画の支援のもと、流域の数百カ所で浚渫、岩石の移動、水路の建設をする予定になっており、実現すると、世界最大の熱帯性湿原、パンタナルに破滅的な影響を及ぼす恐れがあった。環境団体、社会団体、先住民の組織、それにさまざまな専門家の批判を受けて、計画はいったん頓挫したものの、現在、復活の兆しを見せている。アンデス開発公社への報告によると、政府は新しい研究のための資金、およそ100万米ドルを用意する構えであり、復活した計画では、巨大な荷船が通れるようにするために、23の「重要な」流域で、より集中的に浚渫と岩石の除去を行うことになっている。(注43)

もしその計画が進められれば、南米では農産物やそのほかの商品が流通しやすくなり、中国やヨーロッパへの輸送も容易になる。とはいえ、ロサリオで見るかぎり、この国の輸出産業が支援を必要としているようには思えなかった。

ロサリオに到着したのは、午後もかなり回ってからで、わたしはフライトと長いドライブに疲れ、目はかすんでいた。翌日、船を雇って、水上からロサリオに多くある大豆加工工場を見ることにした。都市のはずれにある小さな船着き場には、肉の臭いのようなむかむかする悪臭が漂っていた。川は広く、大量の泥が混じり、溶けたミルクチョコレートのように見える。クリムゾン・ヴィーナス、ストーム・レンジャー、シー・オネストといったロマンティックな名前が船腹に書かれたパナマ、ナッソー、リマソルに向かう巨大なタンカーがあちこちに浮かんでいる。それらが始めようとしている航海に、ロマンティックなことは何もなかった。コーヒーやワイン、鮮やかな色のポンチョといった異国情緒あふれる南米の品は、何一つ載っていない。船荷は大豆か大豆粕だけ。その船はあきれるほど大きく、長さは小さな町の大通りくらいありそうだ。船上に人の気配はほとんどなかったが、オレンジ色のつなぎを着た背の高い人影が甲板に現れた。わたしたちが撮影しているのを見ると、「失せろ!」と身振りで合図した。

まもなく復活祭という頃で、奇妙な格好の漁師が、ぬかるんだ土手で釣り糸を垂れていた。土手には木も草も生えておらず、茶色の泥の地面がひび割れているだけだ。見上げると、大豆を加工する殺風景な施設がそびえ立っている。灰色や茶色の金属、クレーンとウインチ、漏斗とシュート、パイプ、長い非常階段のような構造物が絡みあう、巨大な施設だ。太いパイプが排水を川に吐き出している。

大豆粕市場は、ひと握りの多国籍事業者に支配されている。ある工場を通り過ぎるときに、突き出たじょうご型の筒から、船のコンテナに大豆が注ぎ込まれているのを見た。粉が霧のようにわたしたちのボートの上で渦巻く。大豆粕の粒子でサンドブラスト（砂磨き）されているような気分だ。服に小さなベージュの点々がついた。

川の向こう岸には、緑に覆われた島が連なっていた。面積は7万平方キロメートルあるという。エルニーニョの年に水面が低くなると、農民は牛を連れて川を渡り、その島々で草を食べさせるそうだが、それは木が伐採され、脆弱《ぜいじゃく》な生態系が破壊されてからのことだ。牛がこれらの島にいるのは、大豆栽培のせいで牧草地が減ったからだ。２００９年、川が氾濫しそうになり、島にいた１００万頭の牛を避難させるために軍隊が出動した。川の氾濫で30万頭が犠牲になった2年前の悲劇を繰り返さないようにするためだった。(注44)

ボートで見て回ったことで、アルゼンチンの大豆産業の規模がよくわかった。巨大な工場に船、世界中の工場式農場を養う産業の巨獣《ベヒモス》。こんな場所に誰が暮らそうと思うだろう？　それは大豆産業が来る前から住んでいて、大豆産業に呑みこまれた人々だ。

ロサリオに大豆工場ができたのは10年ほど前のことで、それを機に、平和だった郊外の生活は一変した。川に近いサン・ロレンツォのコミュニティーセンターで、2児の母で40代になるリリアン・オーバーと会った。彼女は15年前にここへやって来た。昔ながらの産業は廃れていたが、子どもを育てるのによい環境だと思ったからだ。しかし今、彼女の家のすぐ近くを、日に１０００台以上のトラック（彼女はそれを数えた）が、轟音を響かせながら走り、わたしたちが水上から見た大豆加工場へ向かう。騒々しいトラックの隊列は休みなく汚染物質をまき散らし、咳や喘息、さらに深刻な病気を引き起こしている。

ロサリオにあるイタリアーノ・ガリバルディ病院による調査では、その地域の六つの町で、男性の精巣がんと胃がんの発生率が国の平均の3倍であることが明らかになった。肝臓がんは10倍、すい臓がんと肺がんは2倍だった。(注45) サン・ロレンツォの人々は、自分たちの町をがんの集まる場所と見なしている。もちろん粉塵もひどいが、がんを引き起こす真の原因は、大豆に散布する化学薬品だ。海外に送る大豆に到着するまで虫がつかないよう、工場に運ばれた大豆は、荷台に積まれたまま化学薬品をかけられる。次に、保管用コンテナに移すときにも薬が散布され、船に積み込む前に3回目の散布をする。地元紙の記事によると、この10年の間に60人ものトラック運転手が、化学薬品の噴霧を受けた直後に落命したそうだ。伝え聞きだが、事実だとしたらあまりにもひどい話だ。

「ここへ引っ越してきた時、夫とわたしは何が待っているかを知らなかったわ」とリリアンは語った。「子どもを育てるのにいい場所だと思った」。地域の人々は、大豆産業がもたらす公衆衛生上のリスクについて正確な評価を必要としている。彼らは自分たちで非公式な調査を行った。それによると、この一帯で起きている健康問題の90パーセントは、呼吸器の障害かアレルギーだった。「誰もが同じような症状を訴えているわ。きちんと調べてほしい。健康上の問題が大豆産業のせいなのは皆、知っているけれど、科学的な証拠があるのなら、それを知りたい」

6年前、大豆を加工する大企業がロサリオの工場を拡張する決定をくだした時、リリアンと夫は、現在11歳と15歳になる2人の娘を連れて、汚染の少ない場所へ引っ越すことを考えた。しかし、よくよく考えた末に、留まることにした。それが正しかったのかどうか、今もふたりは悩んでいる。

「夫の年老いた両親と、家族でここに暮らしているわ。年寄りを住み慣れた土地から引き離すことはできないので、引っ越すつもりはないの。それは、わたしたちの生きる姿勢でもあるのよ。子どもたちには、問題に直面しても逃げ出してはならないということを、教えたいから。問題に向き合って、それに取り組みなさい、と。ここで起きていることは変えられないけれど、サン・ロレンツォでその産業を1インチも拡大させないために、わたしたちは戦っている。でも正直なところ、娘ふたりの体が心配だわ。」

もうひとりの地元の活動家で、50代になったばかりのダニエル・パブロは、親族の数人をがんで亡くしたそうだ。現代人の3人に1人はいずれがんになるのだから単に運が悪いだけかもしれないが、亡くなった親族のほとんどはまだ若かったので、それは別の何かが起きていることを示唆していた。パブロはこう語った。

「我が家はがんの系統ではない。しかし、ここに住むようになってから、義姉に腫瘍ができ、弟は脳腫瘍で死んだ。義兄は精巣がんになったが、治療がうまくいった。いとこの2人は早産し、母はリンパ腺の病気になった。親友の2人は急死した。皆、この地域に住んでいた。そしてわたしはこの4年間、喘息を患っている。ここの誰もがアレルギーを持っていて、特に子どもはそうだ。大豆は少数の者にとってはビジネスだが、大多数にとっては疫病神だ。

わたしたちはコミュニティーセンターを後にして、1日に1000台超のトラックが行き来する道路を見にいった。道端に立ち、トラックが埃をまきあげながら、ガタガタと途切れなく走るのを見ていた。サン・ロレンツォにいちばん近い工場の外にある駐車場は、出発を待つトラックでいっぱいだった。有刺鉄線の柵とスペイン語で「立入禁止」と書かれた標識の向こうに、わたしたちにはもうお馴染みの、灰色と茶色が入り組んだ巨大な工場が見えた。村ほどの大きさがある。

吐き気を催す臭いと醜悪な工場群に囲まれたがんの多発地帯だというのに、引っ越そうと思えば引っ越せる人がなぜまだロサリオにしがみついているのか、わたしには理解できなかった。翌日、180キロ北の大豆農場の中心地、サン・ホルへに向かった。1996年、アルゼンチンは南米で初めて遺伝子組み換え作物の栽培を許可した。(注46) 現在、アルゼンチンで栽培される大豆はすべてGM(遺伝子組み換え)である。(注47) 当初、その新しい技術は大成功をもたらし、収穫高は173パーセント増えた。(注48) しかし、それは続かなかった。GM作物の除草剤耐性をあてにして除草剤を多用するうちに、雑草の耐性が増し、同量の収穫を得るにはより強い薬剤を使わなければならなくなったからだ。(注49)

その数値は驚くべきものだ。まだGMが使われていなかった1990年、農薬の年間使用量は3500万リットルだった。それが1996年には9800万リトルに跳ね上がり、2000年までにさらに急増して1億4500万リットルとなり、2010年には3億リットルに達した。GM

以前に使われていた殺虫剤と除草剤のおよそ10倍である。[注50]

事態を憂慮する地元の医師の組織、「農薬散布の町の医師団（Physicians in the Crop-Sprayed Towns）」によれば、空中や地上から散布される農薬が住宅、学校、公園、水源、職場にふり注ぐことで、毎年1200万人のアルゼンチン人がその毒素に暴露している。公衆衛生上の深刻な問題は増える一方で、そのような地域では、先天性異常や死産の率も高まっている。[注51]

特にひどい影響を受けているのは、サン・ホルへ近くの貧しい地区、ウルキサだ。その町のがん罹患率は、2000年以降、30パーセントも増えたと報告されている。[注52] わたしたちが最初に向かったのは、町の中心で開かれた、農薬散布に関する記者会見だった。地元の政治家、エステバン・ログリッチとともに同席していたのは、同国の呼吸器疾患の権威である医師、ダニエル・ヴェゼナシである。ログリッチは自らが起草した新しい法案について説明していた。それは居住地域のまわりに緩衝地帯（バッファーゾーン）を設け、そこでの空中散布を禁止するというものだった。地元の活動家は、殺虫剤散布を規制する数少ない条例の強化も求めた。

ヴェゼナシは、健康上の問題について力説し、農薬が散布される地域では、流産と先天性異常の発生率が高いことを語った。彼は仲間の医師とともに、農薬散布の影響を受けた、人口が1万人以下の八つのコミュニティーで調査を行った。合わせて4万5000人について調べたところ、最も多かったのは甲状腺の機能低下で、国内のほかの地域に比べて格段に多かったそうだ。

その後、わたしたちは、殺虫剤の散布が人間の健康に害をもたらすことをあばく上で重要な役割を演じた女性、ヴィヴィアナ・ペラルタのもとを訪れた。彼女の話は深刻だった。6人の子の母である彼女が、ウルキサの自宅でトルティーヤを焼いている時に、赤ん坊が危うく死にかけたそうだ。それはごく普通の日だった。夫は、地元の職人が作った家具を売る仕事に出ていて、年長の子どもたちは学校にいた。ヴィヴィアナは家事をしながら幼い子どもたちを見守っていた。近くの大豆畑でいつものように薬の空中散布が始まった。まもなく4歳の娘ミハエラが家に駆け込んできた。「ママ！　早く来て！」ミハエラは叫んだ。「赤ちゃんが息をしてないの。紫色になってる」。ゆりかごの中で、7カ月の娘アイリーンは発作を起こしていた。ヴィヴィアナは地域の医療センターに急行し、アイリーンはそこから病院へ運ばれた。医師は、この子を救うには気管を切開するしかないとヴィヴィアナに告げた。

アイリーンは、生まれた時から呼吸器に問題があったが、どうにか今回の危機を乗り切った。医師は、原因に心当たりがあった。ウルキサで行われている容赦ない農薬の散布だ。医師はヴィヴィアナに、その地域から引っ越し、賠償金を求めることを勧めた。

こうして正義のための長い戦いが始まった。目的は金ではなく、農薬の空中散布を禁止する法律を作ることだ。ヴィヴィアナが赤ん坊を病院から連れて帰ってきたその日に、聞きなれた音が聞こえた。蚊を殺すための農薬噴霧車がウルキサの畑に向かう音だった。彼女は家を飛び出し、道の真ん中に立って、その車を止めた。運転手が引き返そうとしなかったので、彼女は車に煉瓦を投げつけた。彼女は引っ越しではなく、戦うことを選んだ。この家にはずいぶん投資したから、と彼女は言う。

「自分たちで家を建て、いろいろ揃えるために一生懸命働いたわ。それなのに、わたしたちは追い出されて、大豆農家がそのまま残るのは理不尽よ」。こぢんまりとした家だったが、中を見れば、彼女と夫がいかに手をかけてきたかがわかる。調度の整ったキッチン。大きなテレビとＤＶＤプレーヤー。美しい堅い木でできたテーブルは12人が座れるほど大きく、よくマッチする重い木の椅子が並んでいる。外の庭は手入れが行き届き、子どもたちが遊べるようになっている。

エステバン・ログリッチの助けを借りて、ヴィヴィアナは味方になってくれる弁護士をサンタ・フェで見つけ、地方裁判所で戦うために、殺虫剤と娘の命を奪いかけた呼吸困難との関連を裏づける医学的証拠を集めた。大豆農家は金でヴィヴィアナを黙らせようとしたが、彼女はそれを断り、ほかの取引にも応じなかった。「噴霧する時にはわたしと子どもたちをホテルで過ごさせようと言われたこともあったけれど、考える気にもならなかった。まともな話はできない相手よ」

ついに彼女の苦労は報われたが、それは部分的な勝利にすぎなかった。２００９年3月、裁判所は、彼女の家の上空での農薬噴霧を禁じる判決を下したが、信じがたいことに、対象となるのは彼女の土地だけで、ウルキサのほかの場所は今後も農薬にさらされる。現在、アイリーンは4歳半になった。金茶の髪をポニーテールにした可愛い子で、茶色の目をくりくりさせ、生意気な笑みを浮かべている。発作はすっかり収まり、健康上の問題はほとんどなくなったが、これまでに何度も入院を繰り返してきた。近くでまいた薬が漂ってくるせいだと思われる。ヴィヴィアナのほかの子どもの中には、呼吸器系の問題で苦しんでいる子もいる。彼女の戦いはまだ終わらない。

次に向かったのはブエノスアイレスの外にある田舎町で、アルゼンチンの牛肉生産についてより多くのことを知るためだった。そこまではまた別の長い道路を車で走ることになった。一見したところ、アルゼンチンの道路網はよく整っている。料金所と高速道路が整備され、路面は非の打ちどころのない状態だ。乗用車は少ないので、快適なドライブになるはずだが、問題は、穀物を積んだ大型トラックだ。それが非常に多く、事故や道路工事があると、道路はたちまち駐車場のようになる。

南西へ向かってドライブしていると、ふいに道が滑りやすくなった。トラックが事故を起こし、積み荷の大豆が路上にばらまかれていた。高速道路をおりて、下の道を行くことにした。景色がよく見えるようになったが、見るべきものはほとんどなかった。ありきたりの大豆畑、くすんだ村、農業関連産業の施設があるだけだった。途中、大豆を加工する複合施設を通り過ぎたが、一つの町ほどの大きさがあった。錆びついた埃まみれのトラックが40台余り、数珠つなぎに連なって、カーフェリーへの乗船を待つかのように、荷降ろしの順番を待っている。退屈した運転手たちが車の近くをうろついていた。そのトラックの列の向こうには、工場の本体が、灰色の怪物のような不気味な姿を見せている。前方には飛行機の格納庫に似た、濃い灰色の巨大な倉庫が三つあり、後方には特大の漏斗とシュートが絡みあうお馴染みの光景があった。

じきにそれが、農業関連施設のほんの始まりにすぎないことがわかった。500メートル行くとまた巨大なプラントがあり、こちらは原子力発電所を思わせる大きな灰色の建物だった。角を曲がった先はモンサント社の工場で、外にラウンドアップの広告を掲げている。同社のベストセラーの除草剤だ。(注53) 緑と赤のロゴマークが飾られた外観からは、庭木やプラスチック製のテーブルを売る園芸用品店のように見えるが、その内側では、卓越した知性が、単作のじゃまになる雑草に対抗すべく、新たな農薬の開発に励んでいる。

最初に通り過ぎたフィードロットには、400頭ほどの子牛が収容されていた。道路脇には背の高い針葉樹や灌木の林があり、その向こうにトウモロコシ畑が広がっている。その風景は、大豆畑よりは豊かで興味をそそったが、柵の中に閉じ込められた牛たちには、黙々と餌を食べる以外にすることはなかった。気温はおよそ27度で快適だったが、牛のための日よけはなく、秋なら大して問題ではないが、夏にはきっと耐えられないだろう。

今までに、このタイプのもっと小規模のもの（1カ所に詰め込まれた肉牛の群れ）を数多く見てきたが、これは別物だった。大規模で、カリフォルニアの巨大酪農場に似ていた。よく見てみると、牛は非常に若く、退屈していた。わたしたちの訪問は束の間の退屈しのぎになったようだ。群れは「だるまさんがころんだ」のように、そろそろと付いてきた。こちらがじっとしていると少しずつ近寄り、こちらが彼らのほうへ近づくと、とたんに後ずさる。故郷の英国では、牧草による肥育が普通で、このような巨大農場がまだ出現していないことをわたしはうれしく思った。

その町は、コーヒーバーやプラタナスの並木道がある裕福な小さい町だった。ホテルも上質で、ロビーは雰囲気のある照明に包まれ、低いソファーとWiFiが備わっている。主な顧客は、ブエノスアイレスのビジネスマンや、面倒な仕事は人に任せて都会暮らしをする裕福な地主たちだ。醜悪なロサリオを見てきた後なので、なおさら快適に思えた。

部屋にかばんを置くと、町はずれのフィードロットの近くに住むパブロ・グエラとピラー・グエラの夫妻に会いにいった（彼らを守るために仮名にしている）。ふたりの住まいは、ほどよい大きさの堅牢な造りで、壁が分厚いので日中も涼しい。裏には広い庭もあった。玄関のそばの花壇では、痩せた白いネコが、午後の日差しに包まれてゆったりと寝そべっている。しかしそのネコはペットというわけではなく、ネズミを捕獲するチームの一員である。10年前にフィードロットができてから、グエラ夫妻の家の周囲では欠かせない存在になった。

夫妻は26年前にその家を買って以来、隣接するファームショップで自家製のパン菓子や、鶏肉や豚肉を売って生計を立ててきた。昔、そのあたりは素敵な田舎町だったが、フィードロットができてから、店の売り上げは半減したと彼らは言う。原因は臭いとハエだ。農場主に対策を求めたが、無駄だった。

わたしたちは5年にわたって、フィードロットを清潔にするか、それができなければ補償金を支払うよう要求し、できることは何でもした。地元の議員から地方議員、国会議員、国際的な監督機関まであらゆる人々に訴え、ハエ、ネズミ、悪臭といった問題を解消するか、それが無理ならフィードロットを閉鎖せよと要求した。

地域で集会を開き、50～60人が集まったが、皆フィードロットに不満を持っていた。ここのように小さな町では、かなりの出席者数だった。

絶望しながらも、グエラ夫妻と少数の近隣の住民は、フィードロットの経営者を法廷に訴え、2008年、施設の閉鎖命令を勝ち取った。しかし、控訴の間、施設はそのまま操業され、2審ではフィードロット側が勝った。「次第にレンガの壁に頭突きしているような気分になりました。数年にわたって、150人もの政治家に事情を説明してきたが、皆、月並みな言葉でごまかすだけだった。ひとりだけ正直な人がいて、私にこう言った。『きみの運命だよ。運が悪かったんだ。あきらめるしかないね』と」。パブロは打ちひしがれていた。

夫妻は数年前に戦いをあきらめたが、地元の農業の大物たちは、彼らをトラブルメーカーと見なしているようだ。パブロの話によると、最近、店の認可の更新手続きのために役所を訪れると、いきなり、住居と店舗の原案を見せるようにと言われたそうだ。パブロはそのようなものは持っていなかったし、これまで26年にわたって、それが必要とされたこともなかった。どうやら彼の店に対する「苦情」が寄せられたらしい。「誰かがわたしを困らせようとしている。わたしがここから出ていけばいいと思っているんだろう」とパブロは悲しげに言った。

わたしたちが会ったとき、店の営業許可はまだ下りておらず、先の見通しは立っていなかった。さらに悪いことに、最近になって夫妻は、道路の反対側に巨大な養豚場が建設されることを知った。工事はすでに始まっていた。構造部はすべてぴかぴかのアルミニウムで、これから何が建つかが察せられた。正面には明るいオレンジ色の看板があり、「メガ（Mega）」と書かれている。

パブロが所有する店の資産価値は、フィードロットのせいですでに劇的に下がっていた。もう我慢の限界だと感じていたにちがいない。夫妻は売却するかどうかを検討していた。しかし、本書のためにインタビューした工場式農場の近隣に住む多くの人々と同じように、彼らも立ち退きには気が進まないようだった。

その日の午後、ミゲル・マルティネス（法的な理由から仮名にする）に会った。彼もフィードロットがもたらした悲劇の当事者だ。彼はブエノスアイレスで公務員をしていたが、退職を間近にして、週末は故郷のサルディージョで過ごすようになった。町の近くや郊外に土地を所有しており、年に一、二度、パンパへ出かけてイノシシ狩りを楽しんでいる。カーキ色の狩猟服を着た姿は、どう見ても多感な動物愛護主義者ではない。しかし、彼はフィードロットと、それがこの地域に対して行ってきたことを憎んでいた。祖父母から受け継いだ牧草地にわたしたちを案内したが、退職したらそこに家を建てるのが彼の夢だった。しかし、近隣の土地がフィードロットになったことを知って断念した。「ちょうどここに家を建てるつもりだった。西側を見晴らすベランダがあって」と、思い描いていた計画を身振りで示しながら、彼は言った。「あの丘のすぐ向こうに、可愛いアヒルのいる小さな池があり、その後ろは森だった。イチジクの木があって、母はよくその実でジャムを作ってくれたものだ」

アヒルの池とイチジクの木は消え、代わりに数千頭の牛が泥の上で飼われるようになった。周囲はGM大豆の畑で、間に雑草が茂り、ほかでは見たこともないほどたくさんの蚊が群れていた。マルティネスのベージュの帽子の上だけでも、少なくとも80匹の蚊がいる。わたしたちの顔にもたかり、むき出しの肌をくまなく攻撃した。近くに淀んだ水はなく、そのように恐ろしいほど多くの虫を集まらせるものは特に何もなかった。わたしたちは明らかに、バランスを失った生態系の真っただ中にいた。

マルティネスは蚊には動じなかったが、子ども時代と退職後の夢を思い出し、感情的になっていた。

「ここへ来たとき、わたしは3カ月の赤ん坊だった。この土地はわたしの人生の一部だ。ここで乗馬を覚え、後には射撃を覚え、夕食にちょうどよい狩りの量を学んだ。地域のつながりは強く、近隣の人々は互いに助け合っていた。祖父母は1000ヘクタールの土地を持っていて、亡くなると、400ヘクタールを孫たちが分けあい、残りは売った。1990年代まで、このあたりの農場主はみな地元の人間だった。彼らはこの土地をよく知り、土地と深くつながっていた。だが今では投資家がいるだけだ。このあたりの大地主のひとりは、ブエノスアイレスの中心に駐車場を所有している。わたしが2005年にここに戻ってきたとき、その地所へ通じるすべての門に、南京錠がかけられていた。ショックだった。祖父母の土地を買った悪党が、このフィードロットを開業した。それを見たとき、ぞっとするほどの喪失感を覚えたが、それは祖父母が亡くなって家を片付けたときや、離婚したときに経験したのと同じだった」

単に涙もろい老人の郷愁と見なされるかもしれないが、彼は、それが古き良き時代への回顧ではないことを明言した。

「ビジネスはビジネスだということは理解している。進歩や開発に反対するわけではない。

牛や馬に囲まれて暮らすのも平気だ。しかし、一つの牧草地に4000頭の牛というのは、あまりにも多すぎるし、その影響は広範囲に及んでいる。小さな農場主にはとてもたちうちできない。水源は汚染され、空気は悪くなる。投資家にとっては金儲けの手段にすぎないが、農業は自動車工場を経営したり、駐車場を持ったりするのとは違う。それは巧みの技であり、責任が伴う。

マルティネスの土地にいちばん近いフィードロットは、ある成功した牧場主のものだ。わたしたちは彼のオフィスを訪ね、名刺を渡して、何を調べているかについて説明した。彼はしばらく考え、納得したらしく、インタビューに応じようとわたしたちを招き入れた。その後、フィードロットも案内してくれた。彼は、自分はここで育ったが、今はブエノスアイレスの明るさのほうが好きだ、と話した。ビジネスを成功させた多くのフィードロット農場主と同じように、彼は都会に家を構え、週の3日だけ農場で過ごしている。

彼は明らかに自分のビジネスを誇りにしており、子どもや孫の将来を思えばこその選択だと、真摯に語った。彼は、牛を大事にしていると言ったが、わたしは施設のまわりを歩いていたときに、死んだ牛が柵の角のところにうち捨てられ、ハエがたかっているのを見つけた。それは心配な徴候で、フィードロットでの高い死亡率に対処する設備を彼は持っているのだろうか、とわたしは疑った。

その夜遅く、わたしの疑いは確実となった。その地域で過ごす最後の晩となったが、地元の環境団体が、この地域のフィードロットから出た200頭ほどの牛の死骸を撮影したフィルムを見せてくれた。それらは境界のすぐ外の公有地と思われる場所に、おそらくショベルカーを使ってほうり出されていた。腐敗の状態はさまざまで、ほとんど骨になっているものもあれば死んで間もないものもあり、これが一回かぎりの大惨事の類いではないことを示していた。

昼間に会った牧場主を悪い人間だとは思わない。実際、彼はとても感じがよかった。わたしが会った工場式農場を経営する多くの人々と同じく、彼は単なる事業家というだけでなく、結局は悪しきシステムで金儲けしようとする、道を誤った人であるように思われた。

図表2　農場で飼育する動物の飼料を育てるために使われている土地の面積をヨーロッパの国々で表すと――

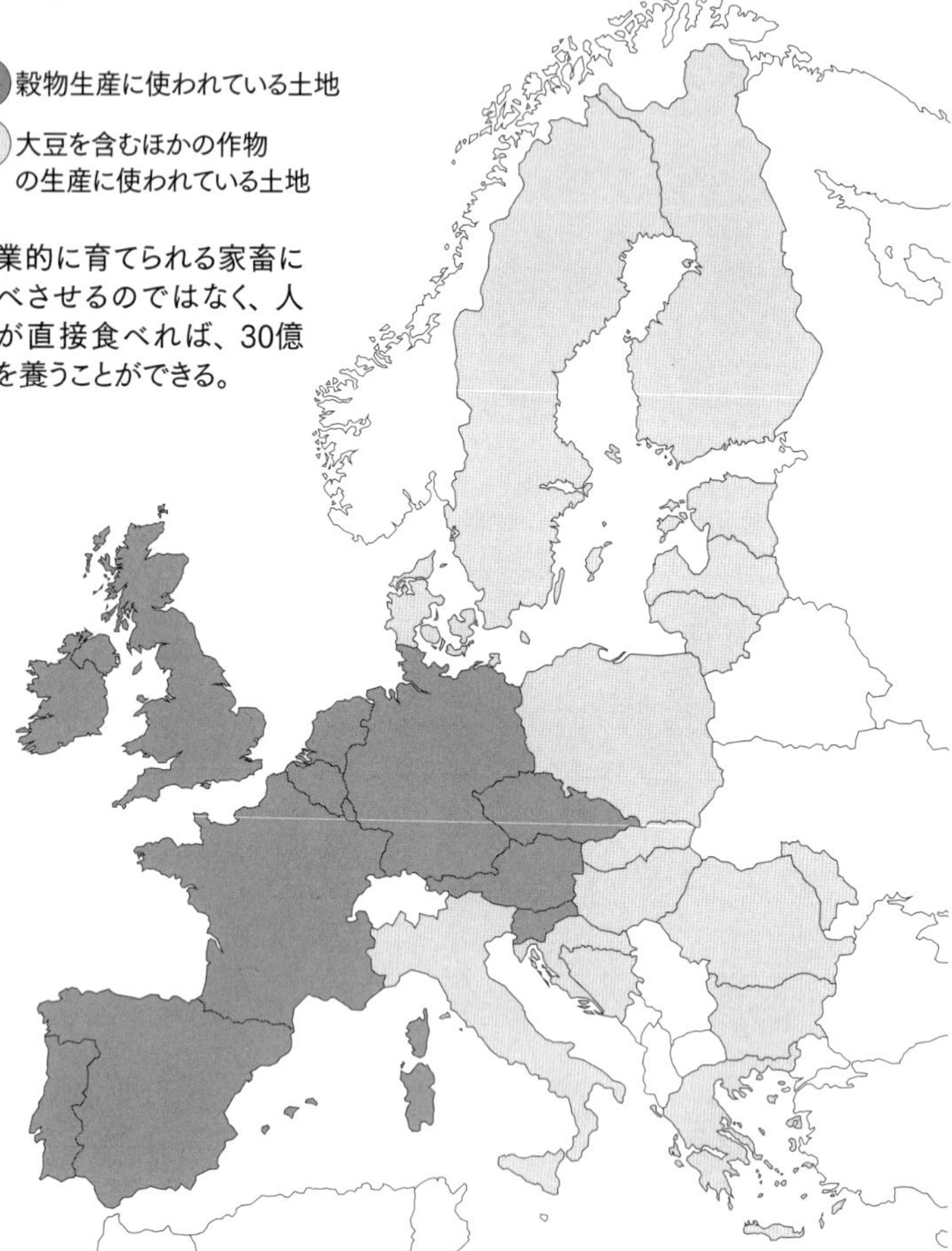


工業的に育てられる家畜に食べさせるのではなく、人間が直接食べれば、30億人を養うことができる。

## 図表3 工業的飼育の餌を育てるための土地需要がますます高まっている

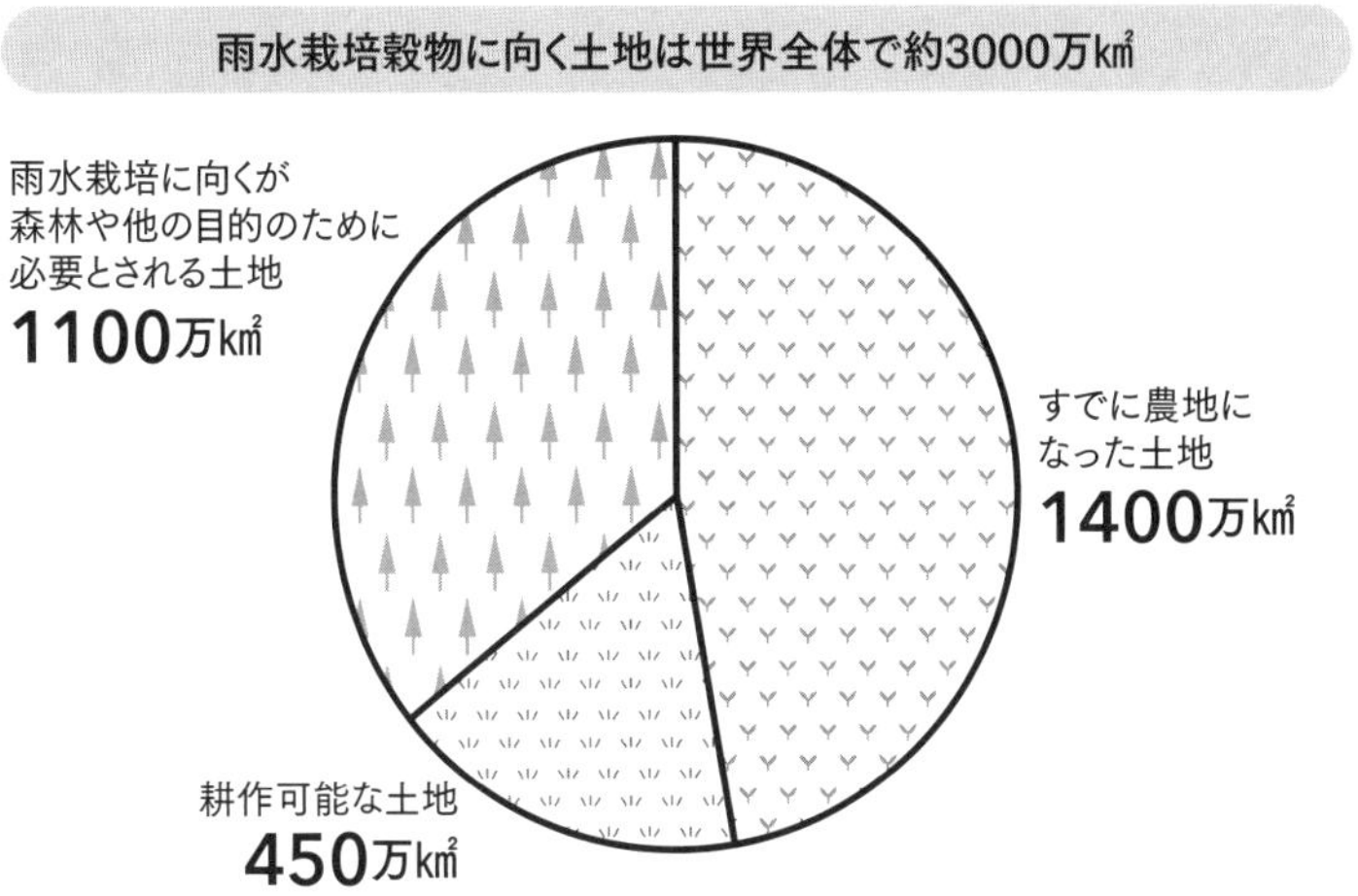


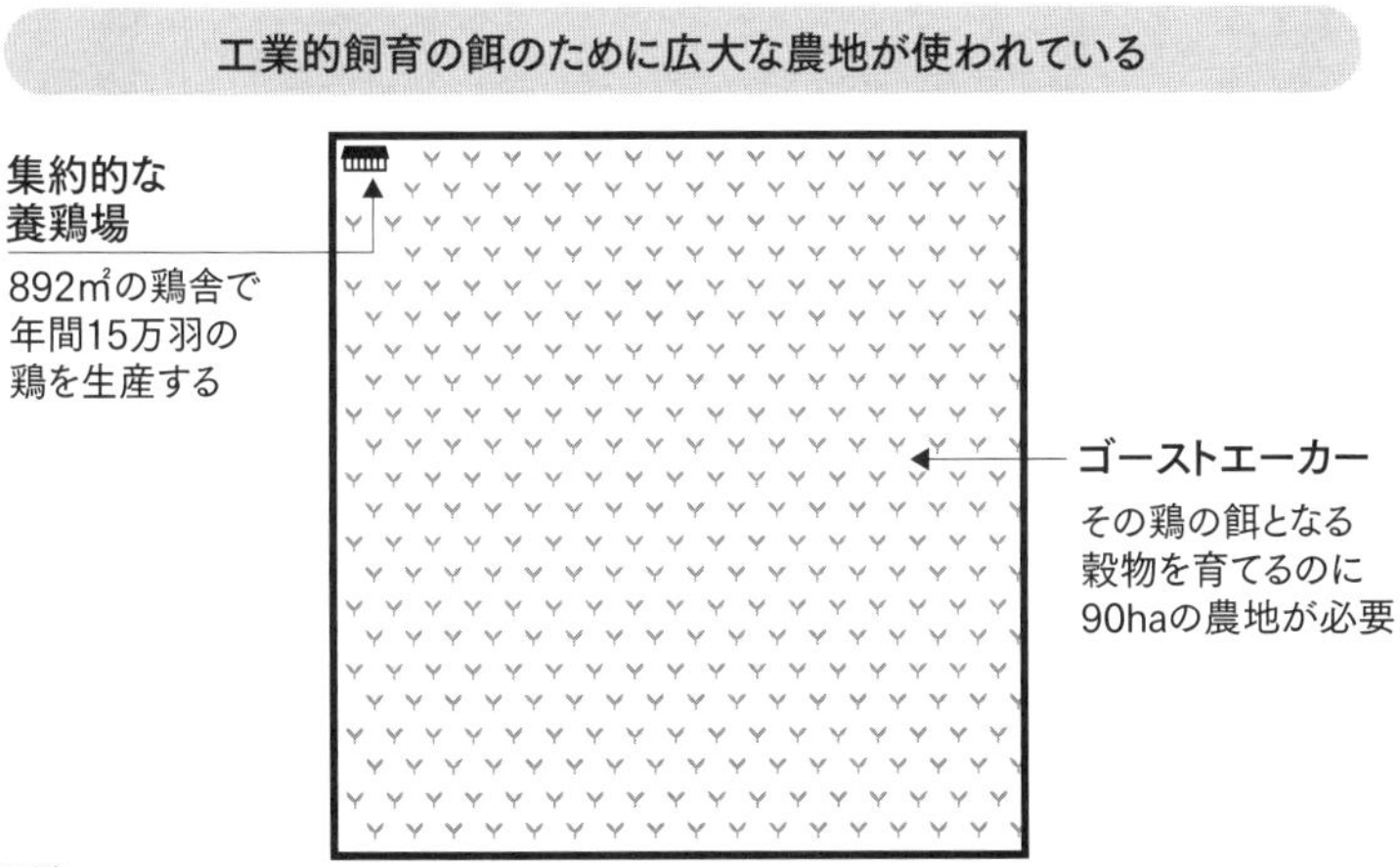


（出典）
First illustration based on OECD-FAO, Agricultural Outlook 2009–2018. Highlights, 2009 and K. Deininger, D. Byerlee, et al.,*Rising Global Interest in Farmland: can it yield sustainable and equitable benefits?* World Bank, 2010.

# 第12章 水より濃い——枯れる川、湖、井戸

## 油を食料に変える

アラスカ北部は米国で最も美しい地域と言えるかもしれない。無垢のツンドラが果てしなく広がり、夜空にはピンク、青、緑のオーロラがゆらめき、昼になるとまぶしい北極の太陽が照りつける。広大な大地をおよそ100万頭のカリブー（北極鹿）が移動し、氷に閉ざされた海では、アザラシやホッキョクグマ、クジラが獲物を追う。ここには1000年の歴史を持つ先住民が暮らしているが、地球温暖化のせいで、氷に覆われた狩場は沖合へ後退し、住まいは溶けゆく永久凍土に呑み込まれつつある。命あるものの輝きが見られるだけでなく、アラスカには貴重な進化の遺産である恐竜の化石や、寒さに適応した初期の哺乳類の化石が残っている。

この北極の素朴な自然が擁する資源は、表層に現れているものだけではない。米国エネルギー省は、アラスカの北極圏野生生物国家保護区（ANWR）[注1]と周辺のツンドラの下と、氷に覆われた海の下に、およそ100億バレルの石油があると見積もっている。合衆国とEUの年間消費を十分ま

かなえる量だ。(注2)また、正確な量はわからないが、頁岩《シェール》層の中には大量の天然ガス（シェールガス）があり、その頁岩層の下には多量の石油も埋もれている。それらの採掘は複雑で、環境への影響が懸念されている。(注3)

１９８０年、米連邦議会は、この地域における採掘の一時停止を命じた。ジョージ・Ｗ・ブッシュ大統領は在職中にその決定を覆そうとしたが、一時停止の措置は毎年延長された。１９８９年には、アラスカのプリンス・ウィリアム湾でエクソン・バルディーズ号が座礁し、大量の原油が流出した。この事故は、２０１０年にメキシコ湾で起きた石油掘削施設ディープウォーター・ホライズンの炎上沈没事故よりも前のものとしては、史上最悪の原油流出事故だった。その反省からも、ＡＮＷＲは自然資源の略奪からその後もずっと免れるかのように思われた。実際、オバマ大統領は最初の大統領選で、アラスカの環境変化に敏感な地域の開発に反対し、石油消費を抑制し、再生可能エネルギーの利用拡大を主張した。(注4)対立候補のジョン・マケイン上院議員も同じ意見だった。彼はこう述べている。「わたしはグランド・キャニオンを掘りたいとも、エバーグレーズを掘りたいとも思わない。ＡＮＷＲについてもそれは同じだ。ＡＮＷＲは世界で最も純粋で美しい地域である(注5)」

しかし、燃料の高騰が続き、消費者の不満が高まると、大統領は前言を翻し、ＡＮＷＲに隣接する広大な地域で石油会社に土地をリースすることを発表した。政府の姿勢が軟化したのを受けて、シェル石油は、環境団体の反対や法規制のせいで棚上げにしてきた北極地域での掘削計画を再検討し始めた。(注6)

ほかの石油大手数社も同じ決断を下した。トタル社は、ロシア沖のシュトックマン天然ガス田の開発を望んでいる。それは北極圏最大の海底ガス田の一つで、バレンツ海のロシア管理海域に560キロメートル入ったところにある。(注7)一方、BP社(旧ブリティッシュ・ペトロリアム)は、100億ポンドを投じて、西シベリア北部、ヤマロ・ネネツ自治管区の油田を開発する予定だ。(注8)世界は石油に飢えているが、新たな油田が見つかる見込みは薄く、見つかったとしてもエネルギー大手の手の届く場所ではなさそうだ。そんな時代にあって、工業型農業は多量の石油を必要とする。黄金色のトウモロコシ畑と牛小屋は、生物の生息地を破壊して黒い油を略奪する油田とは無縁のように思えるかもしれないが、実のところ、農場主は化石燃料業界のお得意様のひとりだ。伝統的な農場は人力に頼ってきたが、近代的農業は、石油やガスをがぶ飲みする機械と、山のような石油化学製品に頼っている。そういうわけで農場主はしばしば先頭に立って、石油値上げに抗議してきた。石油が高くなると大きな打撃を受けるからだ。

工業型農場が使用する化石燃料の量について、きわめて学術的な調査が米国で行われた。ニューヨーク州コーネル大学の生態学教授、デヴィッド・ピメンテルが率いるその調査により、米国の穀物生産は1ヘクタールあたり6・3バレルの石油を呑み込むことが明らかになった。その3分の2は、化学肥料や殺虫剤などの石油化学製品に使われている。(注9)

米国で、集約型畜産の主な飼料となるトウモロコシを1トン生産するには、1バレルの石油が必要で、(注10)世界のどこでも、近代的農法で1ヘクタール分の穀物を育てるには、石油2バレル分の化学肥料と殺虫剤が必要とされる。(注11)このように農業は、非常に多くの石油を消費し、米国では全消費エネルギーの7パーセントを呑み込んでいる。(注12)石油と工業型農業には密接な関係があり、コロラド大学の物理学教授、アルバート・バートレットは、近代農業を「土地を介して石油を食料に変える作業」と評している。(注13)このプロセスは、安い石油をふんだんに入手できた時代が終わりに近づくにつれて、金がかかるようになってきた。

石油と天然ガスは枯渇しつつあり、将来、エネルギーはより高価になるというのが大方の見方だ。それは食料価格に跳ね返ってくるだろう。たとえば、石油価格が2倍になれば、合衆国の穀物は約20パーセント高くなる。(注14)穀物のような基本的作物が値上がりするだけでなく、工場式農場で生産された肉の値段も上がる。なぜなら、肉の生産コストの3分の2は穀物などの餌が占めているからだ。

2007年に開催された全米石油審議会の会合では、既存の油田の28パーセントは、2005年までに生産量が減り始め、40パーセントは2008〜2009年までに減少に転じることが報告された。(注15)この暗い予測は正しかったらしい。実のところ、2010年に国際エネルギー機関（IEA）が公にしたデータは、在来型石油の生産量が、2006年から2008年までのどこかでピークを迎えたことを示している。IEAは、石油生産量は2035年までに、2010年の生産量の3分の1になると予測する。2010年11月、IEAはロンドンのプレスカンファレンスで、エネルギー供給の未来について最新報告を発表し、「安い石油の時代は終わった」が、政治行動によって国際価格の上昇を抑えることは可能だと結論づけた。(注16)

石油枯渇分析センター（ODAC）は、採集可能な在来型石油のおよそ半分はすでに採集され尽くした、と考えている。「近年行われた十余りの独立した分析のすべてが、世界の石油生産量が10年以内（すなわち2020年まで）にピークに達することを示している」と、同センターは述べる。(注17)

2、3年前までは、いわゆる「石油ピーク」(石油の生産量が最大となり、減少に転じる時点)の問題が大きな話題だったが、現在では、より耳当たりの柔らかいテーマが論じられるようになった。つまり「石油減耗」である。この新しい言葉は、石油企業が、やがて需要を満たせなくなることを認めたくないがゆえに、採用したのかもしれない。(注18)石油価格の高値持続を受けて、シェールガスや、深海油井(ディープウォーター・ホライズンなど)、カナダやベネズエラのタールサンド、オーストラリアのコールベッドメタンといった、より高価な「非在来型」化石エネルギー資源が注目を集めるようになった。「フラッキング」は、化学物質を混ぜた水を頁岩層に注入し、その水圧で岩を破砕して天然ガスを放出させる方法だ。環境汚染が懸念されるにもかかわらず、各地で採用されつつある。いずれにせよ、石油会社は懸命に供給を維持しようとしているが、石油の需要が減る兆しはなく、その価格は今後も上昇し、農場主と消費者に深刻な影響を与えるだろう。

石油会社も同じ見立てだ。2011年にシェル石油が発表した調査報告は、今後40年間で世界のエネルギー需要は2000年に比べて3倍になり得ると予測し、そうなれば世界のエネルギー需要と供給の差は、2000年の産業全体のエネルギー消費量に等しくなると警告する。(注19)いずれにせよ、化石燃料はますます値上がりするはずだ。というのは、非在来型化石エネルギーの利用と、新たな(採掘しにくい)地域での油田開発には費用がかかるからだ。したがって、農場主と政策立案者は、この高くなる一方の資源をできるだけ使わずに食料を生産する方法を考える必要がある。

英国のある町ではすでにそれが行われている。8月の休日に、偶然わたしはそれを知った。妻と英国の田舎にコテージを借り、そこから日帰りで、プリマスの北東にある絵のように美しい町、トトネスを訪れた。町は観光ムードにあふれ、中世風の市場が開かれていた。店には青、ベージュ、エンジのエリザベス王朝風の衣装に身を包んだ女性たちがいて、陽気な雰囲気をいっそう盛り上げていた。急勾配の目抜き通りを上ってゆき、何世紀も前に侵略者が見張り台にするために建築したノルマン様式の城を通り過ぎた。トトネスは、英国のどこよりも人口あたりの歴史的建造物が多く、歴史を強く感じさせる場所である。

しかし、ここは未来を強く感じさせる場所でもある。人々は、化石燃料が不足する時代にどう備えるかを真剣に考えている。目抜き通りのカフェで昼食を食べていて、掲示板に貼られたポスターが目にとまった。「変わりゆく町、トトネス」と書かれている。その時になってようやくわたしは、トトネスが英国初の「トランジション・タウン」(石油ピークに備えて、持続可能な社会への移行《トランジション》を進めている町)であることを知った。さらに心打たれたのは、それが先見の明ある専門家に率いられて始まったわけではなく、市民運動として始まったことだ。

そのポスターは、人々に使用するエネルギーの量について考えることを促し、加えて、町が省エネを進めれば、「より回復力があり、より豊かで、より居心地のいい町になる」と謳っていた。また、観光案内所には、ラテンダンスや地域のオークション、その他のアトラクションに関するものに混じって、トトネスや近郊の村ダーティングトンの低エネルギー住宅への訪問を促すチラシも置かれていた。

通りの脇の山腹で草を食べている牛を見上げながら、安く手軽な石油がなくなる未来に備えなければと思うのは難しい。トトネス周辺で見られるように、工場式農場ではなく牧草地で家畜を飼うと、エネルギーやそのほかの資源は、より効率的に利用される。最近わたしは、タイムズ紙の論評に衝撃を受けた。そこにはこう書かれていた。「科学的農業が進んだ結果、わたしたちは収穫できるエネルギーより多くのエネルギーを、燃料、重機、殺虫剤、化学肥料という形で農地に投入するようになった[注20]」。石油を大量消費する工業型農業の代わりとなるものはいくつもある。最もよく知られているのは有機農業だろう。それは石油への依存度がかなり低い。コーネル大学の研究者は、トウモロコシを有機栽培すると、必要とされるエネルギーが現行の方法より31パーセント減ることを発見した。２００６年に公表した報告書において彼らは、米国で栽培されるトウモロコシの10パーセントを有機栽培に変えれば、年間４６０万バレルの石油を節約できる、と述べている[注21]。しかし、トウモロコシなどの作物に使われる石油は、工場式農場での食肉生産に使われる石油に比べれば、取るに足らないもののように思えてくる。コーネル大学の研究者は、トウモロコシや小麦の生産に入力されるエネルギー量と、出力されるエネルギー量（カロリー）に注目してきた。同大学のデヴィッド・ピメンテルのチームは、牛肉、豚肉、鶏肉の生産についても同様の計算をしてみた。動物が消費した穀類や飼い葉の量と、最終的に生産された動物タンパク質のカロリーを比較したのだ。

トウモロコシについて、その割合は4対1、小麦は2対1だったが、牛肉は40対1、豚肉は14対1、鶏肉は4対1だった[注22]。つまり、小麦やトウモロコシ（おそらくは野菜も）の栽培は、食肉の生産よりはるかにエネルギー効率が良いことがわかった。

英国では土壌協会が、集約型と有機型に分けて、食肉の生産に必要な燃料の量を比較した。その結果、鶏肉と卵に関しては、集約型のほうがエネルギー効率は良かったが（有機では鶏が運動スペースを与えられ、長生きするため）、それ以外は有機型のほうが良かった。同協会の、政府の公式な調査に基づく統計によると、有機型が必要とするエネルギー量は、集約型に比べて、牛乳で38パーセント、牛肉で35パーセント、羊肉で20パーセント、豚肉で13パーセント少なかった。わたしが見てきたように、さらにエネルギーの節約になる方法がある。大量の穀物や大豆で育てるのではなく、たとえば、残飯で育てることも可能だ。

土壌協会は作物にも注目し、小麦、アブラナ、ニンジンを有機農法で栽培すると、通常の方法に比べてエネルギーが25パーセント節約になることを発見した。（注23）

今のところ、ほとんどの企業は、石油ピークという難問を解決するには、より多くのエネルギー源を見つけるしかないと考えているようだ。２０１２年4月、世界最大の保険市場であるロンドンのロイズは、メジャーな事業組織として初めて、北極圏の油田掘削は環境にダメージをもたらす可能性が高いという懸念を表明した。ロイズは、今後10年間で１０００億ＵＳドルが極北に投資されると見積もっており、最果ての美しい地域で流出事故が起きたら、その後の片付けにかかる費用は、ほかのどこで起きた場合よりも、「著しく高くなる」と警告する。同組織のスポークスマンは次のように述べた。「北極圏の生態系が崩れやすいことを思えば、政策立案者と企業は最悪のシナリオを想定しなければならない。カリブーや沖合の鯨の移動パターンに影響があるかもしれない（注24）」。さらに彼は続ける。「生態系にさまざまな乱れが生じるだろう（注25）」

ロイズのような組織がこのような懸念を発表することに、わたしは希望を感じる。わたしたちが転換点に来ているのは確かなようだ。

## 集約農業がもたらす乾き

赤道付近の風が、太平洋の厚い雨雲をフィジーへと運ぶと、金をもたらす雨がその島にふりそそぐ。雨はヤンガラ渓谷の熱帯雨林をずぶぬれにした後、林冠の数十メートル下の水源を満たす。何層も重なった古代の火山性堆積物を通り抜けた後、多孔性の岩石からなる地層に染みわたり――吸い上げられてボトル詰めにされ、世界で最も珍重される高価な飲み物へと姿を変える。宣伝文句によれば、「人が触れていない」フィジー・ウォーターは、地球上で最も純粋なミネラルウォーターとして売られている。(注26)

そのビジネスのオーナーは、カリフォルニア出身の先見の明ある事業家、リンダ・レズニック、スチュワート・レズニック夫妻である。フィジー・ウォーターは、熱帯雨林の帯水層の上に建てられた完全に密閉された施設でボトル詰めされ、人間の手が一切触れないまま、消費者の元に届けられる。メーカーはその水を「その出生と同じく稀有な味」と賞賛し、「独特なミネラル成分」を持つと宣伝する。その特殊な品質と、米国でヒットした『フレンズ』や『デスパレートな妻たち』などのテレビ番組に登場させるという巧妙なマーケティング戦略が成功し、フィジー・ウォーターはセレブたちのお気に入りになった。(注27)

英国では、高級百貨店ハロッズやセルフリッジズで金持ちの客が買い求め、ベッカム夫妻も飲んでいるとの評判だ。(注28)その驚くほどの成功がどこまでその独特と言われる味わい(宣伝文句によれば、柔らかく、なめらかな口当たり）（注29）によるものかはわからない。結局のところ、それは水、つまりH２Oである。

かつては誰も、水をボトル詰めにして売るというビジネスがうまくいくとは思っていなかったが、この40年の間にそれは数十億ドル規模の世界的な産業となった。巧みなマーケティングとしゃれた容器に魅了され、裕福な消費者が、蛇口から出てくる水と見た目は同じで、味もたいして変わらない代物に、かなりの金を気前よく支払っている。資本主義を戯画化したような話だが、２００７年、ロンドンのクラリッジ・ホテルは、世界中から集めた30種類以上の水からなるメニューをレストランに置いた。シドニーのフォーシーズンズ・ホテルも同様のメニュー（ガス入りとガスなしを合わせて20数種類）を提供し、中には英国から船で運ばれてきたものもあったそうだ。ペットボトルや瓶に入った水が高い値段で売買されている一方で、普通の水は低く評価され、どこでも軽率に浪費されている。特に工業型農場においてはそうだ。

実際のところ、動物を育てるには多くの水が使われる。世界中で消費される真水のおよそ４分の１は、食肉や乳製品を生産するために使われている。（注30）同じカロリーを生産するのに、食肉は、野菜やそのほかの植物のおよそ10倍の水を使う。（注31）１キロの牛肉を生産するのに必要な水は浴槽90杯分、１キロの豚肉は33杯分、１キロの鶏肉は24杯分である。（注32）

工業型畜産で用いる濃厚飼料を作るのに必要な水の「エコロジカル・フットプリント（訳注＊人間の活動が環境に与える負荷）」は、牧草地の草やサイレージ（貯蔵牧草）などのフットプリントの５倍にもなる。（注33）本質的に工業型農業は、湖や川から水を奪って、動物の餌にする作物を育てている。

小屋で育てる場合、動物自身も水を飲み、また、暑い地域なら小屋にホースで水をかけなければならない。一方、放牧して育てる場合、必要とされる水は、草を育てる雨だけだ。それは自然のプロセスである。工業型畜産では、水を川や帯水層から引く。その結果、水をほかの有益な用途に回せなくなる。専門家の計算によると、穀物ベースの飼料は、牧草ベースの飼料の43倍もの灌漑用水を使っているそうだ。(注34)

このゆがんだシステムの象徴とも言えるのが、アラビア砂漠の奥地で展開されている驚くべきビジネスだ。日中、このあたりは太陽に焼かれ、気温は50度に届く。火ぶくれができそうな暑さである。生命を感じさせるのは、わずかに生えた灌木だけだ。しかし、自然の法にさからってこの地で暮らす種が一つある。米国型ホルスタインだ。数百万ガロンの水を砂漠の地下深くからくみ上げる灌漑システムのおかげで、サウジアラビアの巨大な酪農場、アル・サフィは繁盛している。

この過酷な環境にあって、2万9000頭のものうげな牛は、壁のない小屋の中で、扇風機が吹きかける心地よい霧を浴びながら、役目を果たしている。この冷却設備はアリゾナから輸入されたもので、牛たちにとっては異様な暑さをしのぐ生命線となっている。2002年に訪問したジャーナリストによれば、アル・サフィでは1日あたり54万9000リットルという驚異的な量の牛乳が生産されているそうだ。(注35)もちろん牛には餌が必要であり、アル・サフィは砂漠でそれを得る方法を発見していた。かつては砂漠だった場所に、今では緑色のアルファアルファが繁茂し、3週間ごとに収穫できるスピードで成長している。その畑では、スプリンクラーが地下1マイルから吸い上げた水をまいている。それは煮立ったような状態で出てくる。飲用やら冷却用やらで、牛1頭が日に

135リットルの水を使うといわれている。(注36)

その酪農場では、精巧なコンピュータープログラムで各個体が出す乳の量を監視している。その詳細を中央データベースに集め、分析し、水準に達していない牛を識別する。乳が枯れた牛は、ただちに食肉処理場へ送られる。

ニューヨーク・タイムズ誌の記者、クレイグ・スミスは、「(アル・サフィの牛は)痩せこけていて、足場の上に、白黒まだらのぼろ布をずらずらとかけているように見える」(注37)と描写した。そんな暮らしをする牛を見るのはつらいが、このシュールな酪農場は大量の水を使用することから、いっそう憂慮される。真水は有限で、減少の一途にあり、世界的な肉の需要の高まりは、枯渇しつつある水資源にさらなるプレッシャーをかけている。砂漠での工場式農場は、そのシステムの最悪の姿をさらしている。

多くの国々はすでに、自然による補充を上回る速度で、帯水層から水をくみだしている。(注38)国連は、農業が世界的な水不足の最大の原因になっている、と警告する。(注39)そして、雨が地中に戻す水より多くの水を地中からくみ上げるという単純な方程式が、海面の上昇を招いており(くみ上げられた水は最終的に海に流れ込むため)、海面上昇のほぼ4分の1はそれで説明がつくとされている。(注40)科学者は、地球の地下水の量は、20世紀末頃には1960年代の2倍のスピードで減少していたと報告する。もし米国の五大湖の水がそのスピードで吸い上げられたとしたら、およそ80年後には干上がってしまうだろう。(注41)

裕福な国の一般の人々は、地球の水資源が窮迫していることにほとんど気づいていない。ひねくれ者は、「壊せない水を浪費することはできない、水は蒸発して雲になり、雨となって降り、山を流れて川へ入り、地中へ染み込み、また泉となって湧き出て川や湖へと注ぐというように、無限の循環を繰り返している」と主張する。しかし、現在の地球には数百万年前と同じ量の水、おおよそ14億立方キロメートルが存在しているものの、そのほとんど（97パーセント）は海水で、塩分を取り除かなければ使えない。(注42)

治水工学者のミハル・クラフチークは、スロバキアと近隣諸国で河川の水系を研究しており、著書『ブルー・ゴールド』において、真水が海中へと失われる様子を次のように述べている。植物、地表、沼、川、湖あるいは海から蒸発した水は、雨となって降ってくる。その水滴が、森、湖、草の葉、牧草地、野原に落ちれば、それは「自然と力を合わせて」水循環に戻る――。

しかし、地表が舗装されていたり、森や原野の表土がはがされていたり、泉や小川が排水されていたりしたら、降ってきた雨は、人間や動物に活用されることなく、海に流れ込み、海水となる。「それはまるで雨が、舗装道路や樹木のない土地からなる巨大な屋根か傘の上に落ちるようなものだ。(注43)水はその下にあるものを潤すことなく、周辺に流れ落ちていく」。その結果、海面は上昇していく。

農業、気候変化、人口増加などが、地球規模で水の供給にプレッシャーをかけ、深刻な水不足をもたらしているのはほぼ間違いない。水は重く、輸送に莫大な費用がかかるという事実が意味するのは、世界のある地域が洪水に見舞われていても、その余分な水を水の足りない地域へ運ぶ簡単な方法はないということだ。現在、世界では20億の人々が水不足に苦しんでいるが、２０５０年までにその数はおよそ2倍になり、世界人口の大半を占める70億人が影響を受けると科学者は予測する。(注44)世界の真水の供給の70パーセントは農業に使用されているので、水不足をめぐる議論はすべて、将来の農業のあり方に関わるものになるはずだ。(注45)

多くの人は、水不足は貧しい国だけの問題だと考えているがそれは誤解である。その証拠に、2012年、英国政府は、英国南東部のロンドンを含む人口密集地域が干ばつに見舞われていることを公にした。貯水池の水位はかつてないほど下がり、散水禁止令が出た。数日後に雨が降り始め、6週間も降り続けた。結局、2012年の4月は、1910年以降で最も雨の多い月となり、それに続いて、100年間で2番目に雨の多い夏が訪れた。(注46)「干ばつ」は国民的ジョークとなった。しかし、潜在的な水不足は現実であり、国が警鐘を鳴らさざるを得なくなったのは、これが初めてではなかった。

2006年、ロンドンで水不足が深刻になり、当局はタンカーでスコットランドやスカンジナビアから水を運ぶことを検討した。(注47)窮余の策として、北極の氷山をテムズ川の河口まで運び、そこで砕いてシャーベット状にしたものを、ポンプで水源に送ることまで提案された。ロンドンの給水を担う企業、テムズ・ウォーターは、「雲の種まき」と呼ばれる人口降雨も視野に入れていたそうだ。空中にヨウ化銀の粒子を散布して雨雲を作りだすというものだ。(注48)

ついに長期的な解決策が見つかった。2億7000万ポンドの海水脱塩プラントである。ロンドンのケン・リヴィングストン前市長は「砂漠にふさわしい技術」と評したが、それは英国初の海水淡水化の試みであり、2010年に完成した。(注49)そのプラントは、「深刻な水不足に悩む」ロンドンで、1日に40万世帯に水を供給できるが、海水から塩分を取り除くには膨大なエネルギーが必要とされるため、使われるのは非常時だけだろう。(注50) 現在、世界全体で、大規模な脱塩プラントは1万5000基以上あり、その大半は中東にある。スペインと米国でも増えつつある。

水が豊富にありそうな国々でも、減りつつある真水の供給をめぐって厳しい政争が起きている。国によっては、河川の水の取りすぎがもたらす水不足と、危機の拡大を防ごうとする政治的判断から、人々が住んでいた土地を追われ、家と生活の手段を失うことさえある。

オーストラリアでは、国土の7分の1に相当する広大なマレー・ダーリング盆地の絶望的な状態が、政治上の大きな問題となっている。マレー川とダーリング川流域に広がるその盆地は、灌漑によって、同国の農業生産の30パーセントを産出する重要な農業地域になった。数十年にわたって、川の水は誰でも自由に使うことができた。3375キロメートルに及ぶ流れのどこでも、ダムを造ったり、進路を変えたり、パイプで引水したりすることが許されていた。町や都市や数千の農場へ送るために川の水を奪い続けると下流で何が起こるかを考える人はいなかった。その状況は1990年代初めまで続いたが、ついにこの無計画で過剰な灌漑がもたらす破滅的な結果が明らかになった。1994年までに、人間の活動は川の平均年間流量の77パーセントを消費するようになり、沈泥(シルト)が河口をふさぎ始めた。

二つの問題が生じたことから、この過剰灌漑は政治課題のトップとなり、その状況は今も続いている。マレー川とダーリング川から生活用水を得ている都市の住人は、それがしょっぱくなったことに気づき始めた。同じ時期、水量が減った上に、農場から汚染水が流れこんだことによって、1

000キロメートルにわたって川面に有毒で不快な藻が大量に発生した。このぞっとするような光景と臭気は、魚を殺し、観光客に嫌悪感を抱かせ、数百の企業に打撃を与えた。河口近くの大都市、アデレードの人々は、蛇口から水が出なくなるのではと心配するようになった。それでも農場主は、相変わらず非常識な量の水をくみ上げ続け、しかも採った水の3分の1を、漏れや浸透、蒸発によって無駄にしていた。

何をすべきかをめぐって大変な騒ぎが起こり、特に農場主はどうすべきかということに関心が集まった。さまざまな救済計画や改善策が着手され、中には効果が出たものもあるが、大きな効果があり長期的に継続できる対策はまだ見つかっていない。2008年になってようやく、政府間組織、マレー・ダーリング川流域庁(MDBA)が川の監視と管理に乗り出した。MDBAは、数億ドルの税金を投じてさまざまな計画を実現するとともに、川から採取される水を制限し、水の利用権の公的な管理を図った。水取引システム(水利権売買と水融通)が開始され、農場主は売買可能な年間の用水量を割り当てられた。この改革は大きな成果をあげた。蛇口から出る水は塩辛くなくなり、川には魚が戻り、水位が上昇した。しかし、依然として深刻な問題が残っており、解決策をめぐる議論はますます過熱している。小規模な農場は徐々に廃業に追い込まれ、一方、大規模農場は、大幅に制限された水を力ずくで奪い取ろうとしている。学者で、オーストラリア政府の国家水委員会のメンバーであった故ピーター・カレンは、2007年に、投資された税金と水は、専門的に運営される大規模農場(皮肉なことに、その種の農場はたいてい水を浪費する)へと引き寄せられていくが、動物を放牧する小規模な家族経営の農場は次第に消えてゆくだろうと予言した。(注51)

本書を書いている時点で、ＭＤＢＡは川を救う新たな計画に着手しようとしていた。当初の計画は、農場に割り当てる用水量の大幅な削減を伴ったため、農場主や地域コミュニティーの激しい反発を受けて棚上げになった。ＭＤＢＡは新たな方策を立てることを求められていた。この問題を検討していた科学者の中には、川を守るために必要な決定をしようとしない政治家たちにあきれはて、これ以上無益な議論は続けられないと、去っていった人もいる。(注52)

マレー・ダーリング川流域の窮状は特別なものではない。２００９年に世界経済フォーラムが発表した水に関する報告によれば、世界中の主要河川の70本はほぼ限界まで採水されており、その河川にはコロラド川、ガンジス川、ナイル川、チグリス・ユーフラテス川が含まれる。(注53) 国際連合環境計画（ＵＮＥＰ）、世界銀行（ＷＢ）、世界資源研究所（ＷＲＩ）による共同報告は、「水は21世紀で最も差し迫った資源問題の一つになり得る」と警告した。(注54)

中東、北アフリカ、アジアとヨーロッパの一部では、帯水層の水は、降雨での補充が追いつかないスピードで吸い出されている。しかもこの問題は加速しつつある。科学者は、地下水の水位があまりにも低くなり、じきに「普通の農場主の技術力では手が届かなくなる」時期が来るだろう、と警告する。(注55) 国際連合食糧農業機関（ＦＡＯ）は、その主な原因は、農業（耕作と畜産）のための水の使用だと結論づける。世界経済フォーラムは、水の使用量を増大させている「張本人」は畜産業であり、その水の大半は、飼料を育てるための灌漑に使用されていると断じた。(注56)

２０５０年までに世界の食料需要はさらに高まると予想されるので、水資源についても新たなアプローチが必要となる。２００９年に国際水管理研究所（ＩＷＭＩ）とＦＡＯが出した、アジアの灌漑の今後に関する共同報告は、「多くの地域で、農業に使用できる余剰の水には明らかな限界が認められる」としている。(注57) ＩＷＭＩは、このまま行けば、南アジアが農業用に必要とする水は57パーセント増え、東アジアでは70パーセント増えると予測し、「現在すでに土地と水は不足しており、都市部での水の需要も高まっていくことから、そのようなシナリオは受け入れがたい」と結んでいる。(注58)

アジアで水がますます渇望されるようになるのは、肉を食べる人が増えたことが主因である。１９６０年代初期から、食肉の消費が増え始め、その結果、中国では１人あたりの食料を作るのに必要な水が３・４倍に増えた。これが中国で「水不足が深刻化した主因である」と述べる専門家もいる。科学誌『ネイチャー』への寄稿記事は、「もしほかの発展途上国が中国にならってタンパク質の多い欧米風の食事をとるようになれば、世界の水不足はさらに深刻になるだろう」と予測する。(注59)

もちろん、工業型農業だけに責任があるわけではない。ほかにも、水を大量に使う業種は多く、無害に思える花の栽培のような事業も例外ではない。しかし、今後の40年間で、水供給の最大の負担になると目されるのは、人口増加に伴う農業の工業化である。人口が増えるだけでなく、工場式農場の家畜の数も急増していく。国連とＦＡＯの予測では、２０５０年までに家畜の数はほぼ2倍になり、(注60) 年間でと畜される動物の数は、７００億から１２００億へと爆発的に増える見通しだ。この増加を支えるのは、広大な土地に大量の水をまいて飼料を育てるシステムである。そのような水の利用法が、早晩破綻するのは目に見えている。そのシステムは、雨水で潤う農地（それ自体、減少しつつある）を占領し、雨水に頼れない土地では、灌漑によって農地を増やそうとする。いずれにせよ、その農地で作られる作物は、直接人間の口には入らない。
食肉の消費を減らし、並行して放牧を基本とする飼育へ移行すれば、結果は大きく違ってくるだろう。戸外で放牧するシステムは、工業型システムよりも使用する真水がはるかに少ない。中でも、濃厚飼料を与えず、放牧して牧草だけで育てる場合はそうだ。水利用のバランスを崩すのは、大量の肥料と灌漑によって育てた作物を濃厚飼料にするシステムで、現在ではそれが一般的になっている。農薬や肥料、家畜の汚物による汚染も含め、穀物や大豆を主とする濃厚飼料が水資源にかける負荷《フットプリント》は、純粋な放牧に比べて、60倍も高くなる可能性がある。(注61)
英国のような場所では、水はどこでもいくらでも手に入ると考えられがちだ。英国人は天候に悩まされるが、それは雨が多いことによる。少なくとも、これまではそうだった。しかし、状況は変わりつつある。「干ばつ」が予測された数週間、毎日どしゃ降りだったことを、わたしは皆と一緒に笑った。普段、家の前をちょろちょろと流れている川が、水かさを増し、ごうごうと激しく流れた。犬を散歩に連れていくたびに、ずぶぬれになるのをうらめしく思ったものだった。しかし、雨天の多い英国でも干ばつが予報されたことは、水がいかに貴重で、いかに不足しつつあるかを語っている。

# 第13章 100ドルのハンバーガー
## ――安い食物という錯覚

1週間の食事代が夫婦でわずか23ポンドというアナベル・アブラムは、倹約の達人である。スーパーに行くのは夜の8時を過ぎてから。そうすれば、売れ残った魚や野菜が値引きして売られているからだ。スープを濃くしたければ、「水を注ぐだけ」の乾燥マッシュポテトを入れる。残念なのは、それが最近、1箱18ペンスから28ペンスに値上がりしたことだ。値引き商品を買って、浮いたお金は、ボランティアで働いているエディンバラの「平和と正義センター」の隣のカフェで有効に使う。

夫のデヴィッドがいなければ、アナベルはベジタリアンになっていただろうが、かつては長距離トラックの運転手だったデヴィッドが肉を好むので、時々、肉を買っている。特に、ソーセージやハンバーガーは新鮮な野菜や果物より安かったりするのでお気に入りだ。一見、この夫婦は工場式農場の恩恵を受けているように思える。エディンバラの低所得者向けの公営住宅に住んでおり、デヴィッドは心臓病を患っていて働けないので、公的な給付金に頼って生活している。1ペニーたりともおろそかにできないので、格安肉をさらに安く買えるのはありがたいと思っているはずだ。デヴィッドはソーセージ、ベーコン、ハムが好きだが、原料の豚が育った環境にはまったく関心がない。

しかしアナベルはなかなか分別のある女性で、たった2ポンドのチキンを食べるのは、缶詰のキャットフードを食べるようなものだと思っている。聡明で動物の福祉に関心がある彼女には、チキンの値札は警鐘を鳴らしているように思えた。「どこかうさんくさいと思っていたわ」と彼女は言う。そう思うのも当然で、その値札は一種の欺瞞であり、スーパーの買い物客が支払うのはたった2ポンドかもしれないが、世界のどこかで、彼女やその夫よりもっと貧しい人々が不足分を支払っている。

「山と積み上げ、安く売る」。集約農業の擁護者は、常にその経済的な利益を語り、集約農業は大衆に安い肉を提供していると主張する。彼らは工業型農業が平等を推進しているかのように話し、動物に優しく健康的な方法で生産された肉などの高価な食品を買う余裕のある人々が、工業型農業に異議を唱えるのは不合理で、社会的倫理に反するとさえ言い出した。

彼らがこの誤った通念を巧みに浸透させたため、豊かな国々では立ち止まってそれを疑ってみようとする人はほとんどいない。大型スーパーマーケットのテスコに行けば、下処理されて、あとはオーブンに入れるだけになっているまるごとのチキンが2ポンドで売られており、(注1) ポンドランド(訳注＊100円ショップの英国版)に行けば、2リットルの牛乳を2ポンドで買うことができ、安食堂では、味はともかくランプ肉のステーキを紅茶1杯より安い値段で食べることのできる時代に、消費者がこの論理に取り込まれていくのも無理はない。そのような安売りだけを見れば、工業型農業は消費者に多大な利益をもたらすように思えてくる。

だが実のところそのシステムは、飼料として膨大な量の穀物や大豆を必要とし、食料価格を上昇させている。その結果、需要と供給のシーソーの微妙なバランスは崩れた。工場式農場は低コスト（かつ低品質）の肉を先進国の消費者に届けているが、そのしわ寄せをほかの国の人々が被っている。皮肉なことに、安売りのチキンやステーキの生産にかかる真の費用を負担している人々に選択肢はなく、頼れる福祉国家もない。その結果、彼らの多くは飢えに苦しんでいる。

世界の食料需要は急増しているが、食料生産がそれに追いつかず、至るところで食料価格が急騰している。この現象と工場式農場には、直接的な関連がある。英国では、買い物かご1杯分の食料品の代金は、2010年から2011年までの1年間に6パーセント上がったが、(注2)パスタ、バター、コーヒーなどいくつかの食料品の価格は、その何倍も高くなった。英国の食料配給団体は、飢えに苦しむ人が非常に増えていると報告した。(注3)景気の下降が長引き、失業者が増えると、政府は職業安定所を介して、貧しい人や飢えた人に、緊急の場合はフードバンクから食料支援を受けるよう促した。(注4)世界的には、国連の推定によれば、食料価格の上昇によって2007年から2008年までに1億人が貧困へ押しやられ、2010年の後半だけで5000万人近くがそうなった。(注5)

近年の異常気象も、一役買っている。2010年の猛暑は、ロシア、ウクライナ、カザフスタンの200万平方キロメートルに及ぶ小麦と穀物を壊滅させ、価格が急騰した。2011年の春、ヨーロッパ最大の穀物輸出国であるフランスとドイツは、過去100年間で最も雨が少なく、その影響は秋の収穫に及んだ。これがインフレ圧力を高めた。干ばつはオーストラリア、米国、アフリカも襲った。ザンビアの都市ルサカでは、2010年9月から2011年4月までの間に、パンの値段が75パーセント上がった。(注6)

異常気象、エネルギー価格の高騰、投機マネー、これらすべてが食料価格を高騰させる。それに輪をかけているのが、工場式農場がトウモロコシや小麦を大量に呑み込んでいることと、バイオ燃料にするための需要の拡大である。穀物や大豆を、工場式農場で飼う数十億頭の家畜の餌にするということは、広大な上質の農地が人間の食料のためではなく、動物の餌のために使われることを意味する。実のところ、現在、世界の全穀物収穫量の3分の1と大豆の90パーセントが、工場式農場の家畜の餌となる。(注7)同時に、数百万ヘクタールの肥沃な土地が、バイオ燃料のために使われている。これらの圧力が、人間が食べる穀物の供給を制限し、その価格を多くの人にとって手の届かないものにしている。つまり、人間と工場式農場と自動車が、作物をめぐって命がけの競争を繰り広げているのである。

専門機関やその筋のエキスパートはとっくにこの関連に気づいている。2009年、オックスファム(訳注*貧困と不正の根絶を目指す慈善団体)による「持続可能な英国の消費」に関する報告書は、家畜の飼料にする穀物の需要が高まったせいで、食料価格は、世界で最も貧しい人々にとって「購買可能な限度を超える」可能性がある、と警告した。「近年、食料価格が上がったことにより、すでに数百万人の貧困層が新たに生まれたが、今後、世界的に食肉と乳製品への需要がさらに高まることが予想され、食料供給への圧力はいっそう強まり、食料価格はますます上昇するだろう(注8)」

ほかの多くの機関の予測もほぼ同じである。英国ビジネス・イノベーション・職業技能省の「フォーサイト」（予測部門）が2011年に出した農業に関する報告書は、肉（特に、穀物飼料で育てられた肉）の消費の急増は、土地、水、そのほかの資源をめぐる競争を過熱させる恐れがあると警告し、そのような肉の需要の高まりが、「食料価格の大幅な値上がり」をもたらすだろうと注意を促している。

見通しは厳しい。現状を調べてきた経済学者や農業の専門家の多くが、食料過剰の時代は終わり、食料価格は高止まりすると考えている。フォーサイトは、主要作物の価格は今後40年間で「劇的に上昇する可能性がかなり高い」と予測する。(注9)

誇張ではなく、このような食料価格の上昇はすでに破壊的な結果をもたらしている。「飢え」は、2011年の「アラブの春」で重要な役割を果たした。各地で社会的不安が起きるきっかけとなったのは、パンの値上がりだった。(注10)パンはアラブ諸国の主食で、庶民の低コストの生活を支えている。エジプトではパンを「アエーシ」(aish)と呼ぶが、その意味は「生命」であり、バラディという平らな丸パンは、政府の補助を受けて安く売られている。その供給が減ったり価格が急騰したりすると、社会不安が起きる。(注11)『エコノミスト』によると、2008年から2010年の食料価格の急騰は「社会契約における役目を果たせなかった体制にとどめを刺した」。2008年、バーレーン、イエメン、ヨルダン、エジプトで起きたパンを求める騒動は、その3年後には市民の反乱となり、(注12)エジプトではムバラク大統領の失脚に至った。現在の食料不足が徐々に政治問題になっていくのは明らかで、やがては戦争さえ引き起こしかねない。

食料価格の上昇は、子どもの貧困と栄養失調に関して国連ミレニアム開発目標がもたらした進歩を無にする恐れがある。国際食料政策研究所（ＩＦＰＲＩ）の科学者は、現在の動向について、サブサハラ・アフリカ地域の栄養失調の子どもの数は、２０５０年になっても２０００年の水準と変わらないだろうと警告している（総人口比では低くなると予想される）。[注13]

現在、工場式農場の飼料になっている穀物と大豆をすべて直接人間の食料にすれば、30億人もの圧倒的な数の人を養うことができるはずだ。[注14] 鶏肉、豚肉、牛肉を作るのにどれほどの植物タンパク質が必要とされるかを考えると、それがはるかに有効な資源の使い方であるのは確かだ。１キログラムの上質な肉を作るのに、平均で６キログラムの穀物などの植物タンパク質が必要となる。[注15] しかし、この「肉」のすべてが、人間が食べるにふさわしいわけではない。カナダのマニトバ大学の計算では、工業的な方法で真に食用に適した牛肉を１キログラム作るには、20キログラムもの飼料が必要とされる。豚肉では７・３キログラム、鶏肉では４・５キログラムの飼料が必要となる。[注16]

香港を拠点とし、「グローバル・インスティテュート・フォー・トゥモロウ（明日のための世界機関）」というシンクタンクを経営する環境問題研究家、チャンドラン・ナイールは、今後40年で起きる人間と環境の破滅を回避するには、食料価格の決め方を根本的に変える必要があると考える。政治家にはおそらくできないだろうとしながら、彼は、消費者が支払う額と生産にかかる費用の差を是正するために、工場式農場で生産された肉の価格を大幅に上げる必要がある、と主張する。４ドルのハンバーガーの価格は、外部要因（穀物を肉に変える費用や使用される水とエネルギー）を計算に入れると、「ほぼ１００ドルになる」と彼は言う。

ナイールはさらに話を進めて、急成長する中国とインドの人々が米国人のような生活をすることは不可能であり、その理由は、「それを支えるだけの余裕がないため」と述べている。「アジアの政策立案者や経済学者に味方する知識人の多くは、2050年に50億人になるアジア人が、平均的な米国人と同等の生活をするのは無理だということを示す証拠を否定しようとする」と彼はBBCで話した。同じインタビューで彼は、現在米国人は1年でおよそ90億羽の家禽を消費している、と指摘した。アジアは、米国の約10倍の人口を擁するが、消費する家禽の数は、その2倍に満たない。もしアジアの食肉消費が予想通りに増えれば、2050年のアジア人は2000億羽の鳥を消費することになる。「そのレベルの消費は起こり得ない。（中略）そうなれば、わたしたちが依存する経済システムは崩壊するだろう」とナイールは言った。(注17)

今のところ工場式農場は、問題は何もないかのように成長し続けている。このシステムにおいて、農場を経営する企業は、必死で踏み車を回し続けなければならず、どんどんスピードを上げなければ収益を保つことができない。消費者が鶏肉を選ぶ基準が安さだけだとしたら、企業はその価格を下げ続けなければならず、それができなければ売れ残りを抱えることになる。エネルギーやそのほかの資源が値上がりして、生産コストが上がると、家畜1頭あたりの利益は落ち込む。それでも儲けを出し続けるには、動物の数を増やすしかない。そういうわけで、これらの農場は拡大に拡大を重ね、それらが引き起こす苦しみ、廃棄物、環境破壊は増えていく。

それでも開発途上国は、そのシステムを見習おうとし続ける。欧米で工場式農場が人口的な安い肉を量産しているのに刺激されて、多くの開発途上国の政府は、自国の小規模な農家に、大量生産技術を導入するよう働きかけている。農家は、多国籍の食品企業やバイオテクノロジー企業、あるいは世界銀行といった組織にそそのかされ、化学薬品と廃棄物にまみれ、動物を残酷に扱う集約農業を、すきっ腹を満たし、農家を金持ちにするすぐれたシステムだと思い込んでいる。

しかし、現実は工業型農業の輸入が危険であることを語っている。いくつかの途上国では、欧米式の工業式の家畜生産システムを採用した結果、耕作による農業はほぼ壊滅状態に陥った。工業型農業が開発途上国の貧しい人々の救いにならないことは、数々の手痛い失敗が証明している。

それを最もはっきり証明したのはインドである。その亜大陸で静かに進行している悲劇は、開発途上国で政府と多国籍企業が農場主に集約農業を押しつけるとどうなるかを、はっきりと語っている。その物語はシャンカラ・マンドゥカという平凡な男の運命に要約され、それは英国の新聞で報じられた。(注18) 彼が自殺に用いた武器は、かつて彼が、自らの農場の収益を増やしてくれると期待した薬だった。

2児の父である自作農のマンドゥカは、悪天候や雑草や害虫と戦いながら、どうにか利益を上げようと苦闘してきた。ある日、バイオテクノロジー企業のセールスマンが彼の村に来て、害虫に負けない「魔法の種」を宣伝した。セールスマンにとってマンドゥカは格好の獲物だった。値段は高かったが、セールスマンが莫大な収穫高を約束したので、マンドゥカはそれがほしくてたまらなくなった。村の金貸しを頼り、現金をかき集め、その遺伝子組み換え種子を手に入れた。そして二度まいたが、どちらもうまく育たなかった。マンドゥカは破産し、農場は高利貸しの手に渡ることになった。追い詰められた彼は、ある日の午後、瓶入りの殺虫剤を飲み下し、家の外の地面で、もがき苦しんで死んだ。村人は彼がうめき声をあげ、激しく嘔吐するのを見たが、医師を呼ぼうとはしなかった。同じようなことを彼らは前にも見ていて、マンドゥカが1時間以内に死ぬとわかっていたからだ。(注19)

マハーラシュトラ州では、そんな自殺は日常茶飯事だ。毎年、数百人の農場主が自殺し、インドのほかの地域でも、同じようなことが起きている。統計は目を疑うような数字を示す。インドでは1995年以降、25万人以上の農場主が絶望のあまり命を断ち、何十万人もの妻や子どもたちが貧困に陥っている。30分に1人が自殺していることになり、人類史上最大の自殺の流行と見なされている。(注20)インド政府は数回にわたって介入したが、問題が解決する兆しはほとんどない。最悪の影響を受けた地域であるマハーシュトラ州は、「自殺地帯」として知られるようになり、自殺の最多記録を伸ばしている。

もし同じような悲劇がヨーロッパや米国で起きたら、世界がそれを知らないというのはあり得ないが、インドで起きた、このぞっとするような展開は、国際社会の無視をいいことに、今もやむ気配はない。インドの外でこの危機を知る人はほとんどないが、英国皇太子は2008年に手短にそれについて語り、世間の関心を引きつけた。「まったくすさまじい」死亡率、と皇太子は強く非難し、多くの小規模農場主を自殺に追い込んでいるこの邪悪な商売にGM作物が加担していることを強調した。(注21)

自殺に至るまでの過程は人によって異なるが、いくつか共通する要素がある。大半は、新しい農業法を採用したことによる財政難が原因で、往々にして、大量の高価な肥料、殺虫剤、除草剤、

GM種子が関わっている。受賞経験のある『ザ・ヒンドゥー』紙の記者、パラグミ・サイナートは、この悲惨な状況について徹底的に調査し、インドの地方では「商業化の波が住民を食い物にし……種子を含む農業の重要な領域を企業が乗っ取ろうとしている」と記した。(注22)

綿の生産農家も自殺率が高い。高価なGM種を買うために誘われるまま借金をしたものの、約束された収穫を得られず、借金と高利貸しの容赦ない取りたての犠牲になってしまう。それでもなお、バイオテクノロジー企業の手先は、余裕のない農場主を説得して資金を工面させようとする。GM種には、害虫に強いどころか寄生虫にやられるものもあり、哀れな農場主には何も残らない。売ろうとする「魔法の種」が、従来の種の2倍以上の水を必要とすることを、農場主に知らせなかったセールスマンもいたそうだ。干ばつに苦しむ地域では、きわめて重要な情報のはずなのだが。

2005年、インド政府は、自殺危機に関する調査をタタ社会科学研究所に依頼した。その調査は小規模(ある地域の30件の自殺について調査したもの)だったが、バイオテクノロジー企業のセールスマンや政府役人に対して、生活に苦しむ農場主がいかに脆弱であるかを露呈した。その報告書によると、多くの農場主は、種子や作物の扱いについて、除草剤や殺虫剤の企業のセールスマンのアドバイスに頼っていた。その報告書の結論は、彼らは「成功について誤った認識」を植えつけられ、従来型の輪作をやめるといった「危険なリスク」を背負わされている、というものだった。彼らはコストに見合うだけの収益をあげることができず、作物の出来が落ちても、なお多くの肥料を散布していた。(注23)

ジョアン・メンチャー教授は、自殺した農場主たちの状況を調べるとともに、自殺に至らなかった農場主の状況を見るのも有益だと指摘している。「概して後者は、化学農薬、除草剤、種子のためにそれほど多くの借金をしなかった。また多くは、地元や近隣の都市の市場に送る作物だけでなく、自分の家族が食べる分も栽培していた。さらに、間作や輪作をして、ある作物が不作でも、それを補えるようにしていた」。教授はこう結論づけている。「商業化が進むと、農家は遠方の市場向けの作物を栽培し、また、土壌の再生を無視するようになる[注24]」

第6章で紹介した獣医のディル・ピーリングは、これまで主に開発途上国で活動し、貧困地域で農業を集約化することがいかに無益であるかを見てきた。彼は、インドネシアで海外協力隊として働き始めて間もない頃にそれを学んだ。熱帯のスラウェシ島で、欧米式の生産方法を農場主に教えようとして、失敗したことを彼は忘れない。

当時彼は「インドネシア人は優秀ではない」と思ったと言う。「わたしはメガホンで怒鳴るようにして教えた。彼らはふんふんと頷いていたが、実際にはこちらの言うことをほとんど聞いていなかった」。その勉強会の場で、インドネシア人たちは社会的地位の順に並んでいた。前方には最も裕福な農場主、その後ろに貧しい農民が立ち、さらに後ろに女たちが散らばっていた。ピーリングのそばには、農業省の役人たちが折りたたみ式の木のテーブルを囲んで座り、身分の違いを見せつけていた。

ピーリングはメガホンを握りしめ、集約的な畜産へ移行すればもっと裕福になれるという一般的な見方を彼らに教えようとしたが、どうにも身が入らなかった。役人たちの見下すような態度が不快だったせいばかりではない。彼はすでに、欧米式の集約農業がこの途上国ではうまくいかないと感じており、ここに集まった人々も、家に帰れば聞いたことをすべて無視するとわかっていたからだ。失望したNGOの人々と農業省の役人は、うまくいかないのは、スラウェシ島の農場主があまりにも愚かだからだと考えたようだった。なぜ農場主たちが頑なに、自分たちのメッセージを拒むのか、その理由が彼らには理解できなかったが、おそらくそれは、スラウェシ島の農場主のほうが、何が真実なのかをもっとよくわかっていたからなのだろう。

ピーリングはインドネシアにしばらく滞在したが、数カ月後、英国の海外開発庁（ODA）で働いていた同僚のうち、サラ・ホールデンとピーター・ペイズリーがロンドンに戻った。このふたりも、インドネシアにいる間に、畜産の集約化によって貧しい人々を支援しようとする外国の援助計画がうまくいかないのを見てきた。彼らはその理由を究明したいと思った。トニー・ブレア率いる労働党が政権を握ると、ODAは、英国国際開発省（DFID）という立派な名称を与えられ、変貌を遂げた。新政府は外国援助のやり方を変えようとし、古い規範は破り捨てられた。国際開発庁大臣に就任したクレア・ショートは、効果のない援助に税金を投じることはない、と決然と述べた。

ホールデンとペイズリーは農業経済学者のスティーヴ・アシュレイと協力して公費を確保し、インドネシアで見たプロジェクトの破綻がほかの地域でも起きているかどうかを調べることにした。そしてこれまで開発途上国で試されてきた、貧しい農民を新たな農法へ移行させようとする数百に及ぶ援助計画を精査した。(注25) 家畜に関する計画のほとんどは、新たな技術とサービスを農民に提供して、生産高を増やすことを目指していた。だが、いずれもさんざんな結果に終わっていた。援助計画は役に立っていなかった。ピーリングは、調査中も旧友と連絡をとり続けていたが、次のように語った。

「生産量を増やすよう奨励する計画は、貧しい人々をいくつもの方向から支援できるはずだった。第一に、家畜の生産量が増えれば、生産者は肉を手に入れやすくなると期待できた。しかし、貧しい人々は何よりもまずカロリーを求めていた。高タンパクの肉を手に入れやすくなったとしても、家族が飢えている彼らにとって、それは手の届かないぜいたく品だ。彼らは肉を売って、もっとエネルギー量の多いモロコシなどを買う。

第二に、計画は集約化を図れば働き口が増えるという仮定に基づいていたが、それは間違いだった。畑で作物を育てる農業は、労働への依存度が高いが、家畜の生産は主に資本とエネルギーに依存する。皮肉なことに、集約化はむしろ人々から仕事を奪った。家畜や飼料を買うのにお金がかかるので、労働者を雇う余裕がなくなるからだ。

第三に、肉の生産量を増やせば、値段が下がり、飢えた貧しい人々にも買えるようになるという期待があった。しかし、二つの重要な事実を無視していたため、それはうまくいかなかった。その事実とはまず、飢えているのは主に地方の人々であるということ。仮に肉を安く豊富に生産できるようになったとしても、暑く、交通網が貧弱な途上国で、腐りやすい肉を地方に分散して暮らす農民のもとへ届けるのは経済的に不可能だ。」

第三世界の貧困に関して、工場式農場は誤った問いに対する誤った答えだとピーリングは考えている。最初にはっきりさせておくべきなのは、そもそも人々が飢えているのはなぜなのか、ということだ。

人々が飢えているのは、貧しいからだ。貧しくない人は飢えていない。したがって問題は「手が届かない」こと、つまり、貧しい人は目の前に食料があってもそれを手に入れることができないということである。しかし、政府と救済機関による、飢えを解消するための処方箋は、供給側にのみ向けられており、生産を増加させることばかり考えている。実のところ、世界の栄養不良の子どもの80パーセントは農産物を過剰に生産する国に暮らしている。だから、鍵となる問いは「我々がどうやってより多くの食料を生産するか?」ではなく、「誰が生産するか?」なのである。

主に国連職員として、これまでの大半を開発途上国の小規模農場主と過ごしてきた経験から、彼は、最も苦しんでいるのは女性で、それは食料を手に入れる機会が少ないためだと言う。

多くの社会では、家禽やヤギや羊の世話は、女性が生産物を管理する数少ない領域の一つとなっている。そのような小規模な家畜飼育は、女性や子どもを教育して貧困から抜け出させる絶好のチャンスとなる。残念なのは、家畜飼育の集約化や商業化が進むと、往々にして男性が主導権を握るようになり、女性の貧困を減らすチャンスが失われることだ。

ピーリングは、開発途上国に欧米式の農業技術を押しつける人々は、このような国の貧しい人々が家畜をどのように利用しているかをよく理解していない、と感じている。国連によって「極貧層」(1日1ドル未満で生活する)に分類された14億人の大多数(7億人から10億人)は、農村で暮らし、(注26)生活を家畜に頼っている。

彼らに「貧困から脱するチャンスを与えてくれるのは何か」と尋ねると、「家畜」という答えが返ってくる。しかし「最大の収入源は何か」と尋ねると、家畜はせいぜい5番目か6番目だ。このギャップはなぜ起こるのか? それは、彼らが家畜をただ市場で売るのではなく、別の形で利用しているからだ。

スワヒリ語の古い格言に、「ロバを持っていない男はロバ(まぬけ)」というものがある。彼らは家畜を銀行の貯金より利回りのよい資産として持っている。あるいは、労働力として使っている。彼らにとって家畜は一種の保険で、娘を裕福な家に嫁がせる権利を買うために、用意しておくのだろう。彼らはできるかぎり家畜を手放さず、どうしても売る必要があるときだけ売る。そう考えると、わたしがスワヒリ語族の農民に声高に自分の知識を伝えようとしたとき、耳障りで的外れなアドバイスと見なされ皆が無関心だったのも納得がいく。

いずれにせよ、貧しい農村の社会的・経済的現実に深く根ざした価値観は、すぐに覆ったり変化したりするものではない。家畜がもたらす市場価値を超えたサービスは、彼らの社会にとって必要不可欠な要素であり、農村経済を下から支えている。食料の貧困は農村で多く見られ、そこで工場式農場が育てた作物や家畜は、都市部に送られている。開発途上国では、それは貧しい人々に二重の不幸をもたらしている。手頃な値段の食料がなくなり、また、都市部に売る食料を作る機会も、彼らには与えられていない。

現在、穀物を飼料とする工業型畜産が世界中に広がりつつあるが、それを阻む要素がいくつも働き始めている。たとえば、地下水面の低下、土壌の劣化、気温の上昇もそれに含まれる。農耕に適した土地と、灌漑用水となる地下水は、ともに減少している。世界の食料生産は増え続けるが、その増加のスピードは落ちている。１９７０年から１９９０年までの20年間で、世界の穀物生産は64パーセント伸びた。だが、１９９０年から２００９年までの19年間では、わずか24パーセントだ。(注27)２００２年以降、世界の穀物在庫（消費をまかなえる日数で示す）は、１９７０年代初期以降の最低を記録し続けている。(注28)人口は増加の一途にあり、人間は急増する家畜を相手に、食料をめぐって熾烈な競争をしている。家畜数は２０５０年までに現在のほぼ2倍になると予想され、それらは主に工場式農場で飼育される。世界の畜産業が排出する温室効果ガスは、人間が原因となっている温室効果ガスの18パーセントを占めている。(注29)その量は、自動車、飛行機、列車が排出する温室効果ガスの総量より多い。

地球温暖化が進むと、海面は上昇し、農地は海水に浸るだろう。最も貧しい熱帯地域では、暑さと干ばつと土壌の塩類化のせいで、作物の収穫量が減る。(注30)食料生産のためだけでも、２０３０年までに少なくともあと２００万平方キロメートルの土地（英国の8倍の広さ）が必要とされる。(注31)しかし同じ面積の土地が今世紀半ばから末までに、海に呑み込まれる可能性が高い。

2008年に世界の食料価格の上昇を受けて、英国政府は次のように警告した。「開発途上国では、食料価格の上昇によって数百万の人々が貧困へ引き戻され、飢餓人口が増加する恐れがある」(注32)。

しかし、100ドルのハンバーガーに代表される「安い」工業食品の隠れたコストの削減に、進んで取り組もうとする政府はほとんどない。

# PART VI

## TOMORROW'S MENU

## 未来のメニュー

２０１１年、『英国王のスピーチ』が英国アカデミー賞を席巻し、作品賞、主演男優賞を含む７部門を制した。コリン・ファースが主演男優賞を受けるシーンを見ようと、５００万人がテレビに釘づけになった。同賞は英国版オスカーで、その年の主演女優賞は『ブラック・スワン』で苦悩するバレリーナを演じたナタリー・ポートマンだった。また、『ハリー・ポッター』シリーズのＪ・Ｋ・ローリングが貢献賞を受賞した。

そういうわけでわたしは、その年に、ロンドンのウエストエンドの中心にある立派なＢＡＦＴＡ（英国映画テレビ芸術アカデミー）ビルで開かれる食事会に招かれた時には、とてもうれしかった。その食事会はポール・メレットとアントン・マンガナロという有名なシェフが主催したものだった。ふたりは、未来のレストランのメニューはどうなるかという難問にチャレンジした。シェフエプロンをつけたまま客の前に出てきたふたりは、「今日のメニューが答えだというわけではありませんが、人口が急増し、資源が枯渇しつつある世界で、未来の食事が今とどう異なるかを語りあうきっかけになることを願っています」と語った。果たしてわたしたちは、この先もずっとおいしい食事を楽しむことができるのだろうか。

その日の献立は、リンゴとパセリのサラダ、ヘーゼルナッツを散らしたパースニップ（シロニンジン）のスープ、近海で釣った魚のポアレ、コーンウォール産仔羊のロースト、肉を食べない人には羊乳と羊乳チーズで作ったロースト野菜のグラタン、ビーツ・カルパッチョのスペルトコムギあえだった。皆、おいしいと絶賛した。

このあとに続く章は、このときの食事と、やがて世界人口は90億を超えるという現実に着想を得た。国連は、２０５０年までに世界の食料生産量を70〜１００パーセント増やす必要があるとしている。しかし、現在世界で生産されている食べ物の半分は、無駄になっている。捨てられたり、腐ったり、あるいは、家畜の餌になったりしている。

どうすれば、すべての人と動物が幸せになれるのだろう。遺伝子組み換えなどのテクノロジーは、どうなるだろう。中国が超大国となり、急速に発展しているほかのアジアや南米の国々とともに、これまで欧米諸国が当たり前のように食していた肉と乳製品を、自分たちにも分けろと要求し始めると、世界の食料システムにはどんなプレッシャーがかかるのだろう。わたしたちはこれまで食べなかった何を食べるようになるだろう。動物と地球に優しく、すべての人を食べさせることのできるレシピはあるのだろうか。

この食事会で、メレットとマンガナロは彼らの献立についてこう語った。「変化のときが来ました。これまでとは違う考え方をしなければなりません」。以降の章が、未来の食を想像する助けになることを祈りつつ。さあ召し上がれ。

# 第14章 遺伝子組み換え
## ――人の食料とするか、工場式農場の餌とするか

### ゴールデンライス

インゴ・ポトリカスは年老いたが、幸い健康に問題はなく、少なくともあと2年は生きられるはずだ。長生きしたいと願うのには、はっきりとした理由がある。生涯を捧げた研究がもうじき結実しそうだからだ。このドイツ出身の科学者は、自らの革新的な発明を世界の最も貧しい子どもたちに届けるために、10年以上の歳月をかけて戦ってきた。(注1) そうしている間にも、何百万人もの人が死んだ。自分の発明が実用化されていたら、その命は救えたはずだと、ポトカリスは確信している。

その発明とはゴールデンライスで、遺伝子組み換え食品にとって最高の宣伝になると期待される米だ。遺伝子組み換えによって、普通の米には含まれないベータカロテン（体内でビタミンAに変わる）を大量に含むようにした米で、黄色いことを除けば外見はごく普通で、インド料理店で出されるサフランライスのようにおいしそうに見える。億万長者のビル＆メリンダ・ゲイツ夫妻、ロッ

クフェラー財団、米国の国際開発庁など、ゴールデンライスの支持者は、このコメが、発展途上国で年間100万から200万の命を救い、50万人もの子どもの失明を防ぐと期待している。(注2)

118カ国の発展途上国に暮らす1億2400万人の子どもが、命をも脅かすビタミンA欠乏症に苦しめられており、東南アジアだけでも9000万人以上の子どもがその症状を患っている。(注3) ゴールデンライスを日にお碗に1杯食べるだけで、その病気は解消されるはずだ。(注4)

1999年、ポトリカスと共同研究者のピーター・ベイヤーは、イネの遺伝子を組み替えて、自然な状態では殻にしか含まれないベータカロテンを、実の部分に含ませる方法を考案した。しかし、ゴールデンライスは実験室に閉じ込められたまま年月が過ぎた。その間ずっと、ポトリカス、ベイヤー、そして2人を支持する多くの人道支援機関は、ゴールデンライスの栽培と普及を認めるよう、各国の政府に働きかけてきた。もっとも、延々と待ち続けた年月は必ずしも無駄ではなかった。そうしながらも彼らは研究に励み、当初の発明よりベータカロテンの含有量が多い改良版を生み出した。そちらなら、食べる量が少なくても同じ効果を得ることができる。

そして今、ゴールデンライスはついに多くの発展途上国の規制のハードルを越えようとしている。そうなれば、ポトリカスは人生で最も誇らしい時を迎えるだろう。スイスに暮らす彼に電話した。彼は、人生を捧げた仕事がついにクライマックスを迎える、と言った。「わたしはすべてをゴールデンライスに捧げてきた。気の遠くなるような長い年月だった。あと2年生きれば、ゴールデンライスが命を救うのを見届けることができる」

ゴールデンライスの実現により、世界の飢餓を解決する食品を科学的に開発できるのではないかという期待が高まっている。科学が栄養不良の解決策を生み出せるのであれば、それを実用化させるのは倫理的義務だと考える人は多い。バチカンでさえ、そう考えている。２０１０年、ローマ教皇庁は、科学者グループの調査結果を受けて、各国政府は遺伝子組み換え作物（ＧＭ作物）の開発の障壁を取り除き、それをもっと手に入れやすくする義務があるという声明を出した。「この技術の成果を、必要とする貧しい弱者が利用できるようにする倫理的義務を、各国政府は担っている」。ゴールデンライスの支持者は、自分たち主張の裏づけとして、人権まで持ち出した。世界人権宣言第27条には、すべての人間は「科学の進歩とその恩恵とにあずかる権利を有する」とあるではないか、と。

それはまさにポトリカスの考えでもある。ゴールデンライスが人々を魅了するのは、何よりもそれが人道的な理由から開発されたからだ。ポトリカスは70代後半だが、ゴールデンライスで儲けようとは少しも思っていない。彼とベイヤーは、特許を申請すれば相当な富を得られたはずなのに、その技術を無料で開放した。「わたしたちは技術を寄付した」とポトリカスは言った。「2人ともこれで金儲けしようなどとはみじんも思っていない。キャリアのすべてをこの研究に注いできた。食料の安全保障に関わることであり、誰もこれから利益を得てはならない」

長年にわたる研究と、認可を得るための戦いの間、ポトリカスを突き動かしていたのは、飢えの記憶だった。第2次世界大戦後のドイツで少年時代を送った彼と兄弟は食べ物を盗み、漁《あさ》らなければ生きていけなかった。「12歳から14歳まで、そうやって生きてきた。苦しい時代で、わたしは生きるために戦った。その記憶が、ゴールデンライス開発の原動力になった」

ゴールデンライスを最初に認可する国は、フィリピンになりそうだ。その後、バングラデシュ、そしてインド、ベトナム、中国、インドネシアと続くだろう。ようやく出口が見えてきたからか、ポトリカスは落ち着いていたが、彼自身、これほど長くかかるとは夢にも思っていなかっただろう。しかし遅れたのにはそれなりの理由があった。何人もの科学者がゴールデンライスの安全性を疑問視しており、当局は確かな答えが出るまで、ゴーサインを出すのを渋っていた。

ゴールデンライスを疑う専門家の多くは、作物の遺伝子をいじると予期せぬことが起きるのではないかという、世間の人々と同じ不安を口にする。この漠然とした不安が、ゴールデンライスの認可を求めて活動している国際団体の悩みの種だ。(注5) また、ポトリカスが言うような効果がすべて出るかどうかはわかっていない。ゴールデンライスがあると、貧しい人々は栄養をそればかりに頼って、葉物野菜を摂らなくなり、かえって栄養失調が悪化するのではないかと懸念する向きもある。

ドイツ・ホーエンハイム大学のクラウス・ベッカー教授は、ゴールデンライスは「1種類の工業生産された主食のみに頼る食生活を促し、栄養とビタミンが豊富で安くて簡単に手に入る野菜をいろいろ食べるという、昔ながらの食習慣をいっそう遠ざけてしまうだろう」と警鐘を鳴らした。(注6) また、栄養不良の人々は、体内に十分な脂肪と鉄分がないので、ベータカロテンを摂取してもそれをビタミンAに変えることができない、と予測する科学者たちもいる。そのほか、ベータカロテンと関連のある化合物が先天性異常の原因になる、と懸念する声もある。世界保健機関（WHO）は、ビタミンA欠乏症にはもっと簡単な解決策があると訴える。WHOの戦略は、母乳育児を促進し（母乳はビタミンAを豊富に含む）、ビタミンA欠乏症の子どもたちに高用量のビタミンAサプリメントを与えることだ。WHOによると、その戦略は「シンプル」で「低コスト」であり、すでに「目覚ましい効果」があり、死亡率が23パーセントも低下したという。またWHOは貧しい人々に、庭でビタミンAが豊富な野菜を育てることを奨励している。(注7)

## GM作物は救いとなるのか

もっとも、ゴールデンライスが食卓に上るまでに、これほど年月がかかったことは奇妙に思える。なにしろ、ほかのGM作物はすっかり普及しているのだから。2008年の時点で、25カ国の1330万人の農民（その90パーセントは発展途上国の小規模農家）がGM作物を栽培しており、その耕地面積は1億2500万ヘクタールに及ぶ。(注8) GM作物の最も一般的な特徴は、除草剤耐性と虫害抵抗性である。遺伝子をいじって、強力な除草剤や殺虫剤をたくさん浴びても平気で育つようにした。しかし問題は、こうした薬効範囲の広い殺虫剤は、害虫を食べてくれていた益虫も殺してしまうことだ。言い換えると、それらは障害を防ぐために非常に有効に機能していた自然界の生物によるコントロールを破壊する。

GM作物は、農民が何千年も悩まされてきた問題を即座に解決する優れた作物のように思えるかもしれないが、新たな問題を、農民にではなくほかのすべての人にもたらす。英国の環境・食料・農村地域省は2003〜2005年にかけて、殺虫剤耐性作物が環境に及ぼす影響を調査し、公表した。それによると、GM作物を導入すると、従来の除草剤や殺虫剤を用いる伝統的な集約農業に比べて、チョウ、ハチ、草、種子が劇的に減ったそうだ。[注9] この調査の問題点は、環境に悪い方法を、それよりさらに悪い方法と比較していることだ。2009年、カリフォルニア大学は、GM作物と従来型の農薬・殺虫剤が生態系に及ぼす影響を調査し、こう結論づけた。「GM作物と農薬（主に化学肥料と除草剤）を大量に用いると……重大な環境問題が起きる」[注10]

　EUはGM技術に対する警戒を解いていないが、ほかの国々では、GM作物は一般的になっている。その技術を支持する人々は、GM作物は世界の飢餓を解消する最強の武器だと主張する。確かに、GM化が図られる作物の大半は、家畜の飼料になるものだ。この20年ほどで、GM技術は飼料作物の生産量を飛躍的に伸ばし、大規模な工業型農業に欠かせないものとなった。GM作物の「ビッグ4」であるトウモロコシ、大豆、綿、菜種はすべて飼料になる。特に重要なのがトウモロコシと大豆だ。世界で生産されるトウモロコシの約半分、[注11] 大豆（大豆油の搾りかす）の90パーセント以上が[注12]家畜の餌になっている。GM飼料の最大の生産地は、世界の工業型畜産をリードする北米である。米国は、生産するトウモロコシのほぼ40パーセントを家畜の餌にしており、[注13] その85パーセントはGMトウモロコシが占める。[注14] 世界で収穫される大豆も大半がGMになった。[注15] GMトウモロコシとGM大豆の収穫量が多いのは、工場式畜産やその飼料栽培が盛んになっている発展途上国である。[注16]

　GM作物が世界の飢餓をなくすという宣伝文句は詭弁にすぎない。工場式畜産が、GMであれ従来型であれ、作物を浪費している現実を見れば、その思いはますます強くなる。カロリーで考えれば、檻に閉じ込められている家畜の餌になるトウモロコシと大豆のうち、肉や畜産物になるのは、30パーセントほどだ。[注17] 言い換えれば、「世界の飢餓」という言葉は、怪しげなビジネスにとって便利な隠れ蓑になっている。そのビジネスでは、実のところ、人間のための食料生産よりも利益が優先されているのである。

種《たね》を保存するのは、農業では当たり前のことだ。種をまき、成長した作物を収穫し、次の種まきに備えてその種を保存することが、これまでのやり方だった。ところが１９８０年に米国最高裁は、ＧＭ作物の種子には特許権があるという判決を下した。これまでの自然のサイクルを壊す判決だった。そして今では、米国の農民が育てたＧＭ作物の種を採ることは違法になった。彼らは毎年種を買わなければならない。そうしなければ、起訴される恐れがある。

ミズーリ州イーグルヴィルは、人口わずか３２１人の、犯罪とは無縁の静かな村だ。二つの教会と貯水塔を囲むように住宅が散らばり、閑散とした広場から伸びる小道は、米国の村ではお馴染みの白いフェンスで縁取られている。スクエア・ディールという店が、村人と農民相手に食料や日用品を売っている。隣町まで車で買い出しに行かなくて済むので、村の人たちは、狩りの道具からアイスクリームまで、何でもその店で調達する。店の主人、ゲーリー・ラインハートと世間話に興じるのも店を訪れる目的の一つだ。

２００２年のある日、見知らぬ男が店に入って来て、ラインハートはいるかと尋ねた。職務で来たようだが、その用件は深刻だった。ＧＭ大豆の種を植えたのは、開発者のアグリビジネス大手、モンサントの特許を侵害したことになるという。ラインハートは面食らった。もちろん、モンサント社の名は知っている。モンサントの「ラウンドアップ」は、米国全土で使われている除草剤だ。しかし、ラインハートは大豆の種を植えたこともなければ、店で売ったこともなかった。農業との接点は、兄が親戚の畑を借りて農家をしていることだけだ。

しかし男は一歩も引かず、法を破った以上、代償を支払わなければならないとラインハートを責めた。店には数人の客がいた。ラインハートは怒り、男に何を聞かれても答えようとしなかった。男は店を出ていった。2分ほどのやりとりだった。

同じようなことが、北米全体で毎日のように起きている。モンサントと競合他社は、利益を守るために大勢の調査員を各地に送りこんでいる。そのやり方があまりにひどいので、恐怖心が広がっていると米国の農民は話す。モンサントなどの企業にしてみれば、高価なGM作物の種を保存しているおいて、ただでそれをまくのは、泥棒行為に等しい。そういうわけで、ラインハートは先のような扱いを受けたのである。彼の店に押しかけ、法を破ったと公衆の面前で非難したうえで、モンサントは連邦裁判所に訴えた。ラインハートが「故意に」GM作物の種をまいて、同社の特許権を侵害したというのだ。(注18)

ラインハートは数カ月後にそれを知ることになるのだが、モンサントは、同社のGM種を誰かが不法にまいているという匿名の密告を受け、セントルイスを拠点とするマクドウェル・アンド・アソシエイツという探偵事務所を雇って、イーグルヴィルの人々を監視していたのだった。裁判の記録によると、ジェフリー・ムーアという探偵が、ラインハートが茶色い無地の袋に入った大豆（種）をまいているのを見た。種をまき終わったラインハートは空《から》の袋を溝に捨てて車で走り去った。ムーアは袋を回収し、底のほうに残っていた豆を分析に送った。結果は「ラウンドアップ・レディー」（モンサントのGM大豆）だった――というのがモンサント側の主張だ。

法廷での応酬が続き、ラインハートは一貫して無実を訴えた。やがてモンサントは訴えを取り下げた。人違いだとわかったからだ。実際に種をまいたのはラインハートの甥のティムだった。ティムが、採取した種の代金を支払うことに同意し、ようやく事は収まった。この一件ではラインハートもモンサントも苦い経験をした。モンサントのウェブサイトによれば、同社は「1セントも回収できていない」そうだ。(注19)

バイオテクノロジー企業がこうしたごたごたを回避する方法を思いつくまでに、そう長くはかからなかった。要は、保存した種を使えないようにすればいい。このようにして「ターミネーター種子」が誕生した。一度しか収穫できないようにした種子だ（2代目の種子は発芽しても枯れてしまう）。こうして、自家採種（自分の畑で採れた種でまた作物を育てる）という、農家が長年受け継いできた持続可能なモデルは、米国では過去のものになろうとしている。そして米国の進む方向に、ほかの国も向かう。

企業が独創的な方法で、消費者が代金を支払わずに商品を使うのを防ごうとするのは、理に適っているように思えるかもしれないが、GM作物の種を買う余裕がない農民や、昔ながらの方法を望む農民にとってこれがどんな意味を持つのかを考えてみよう。彼らの畑がGM作物の種をまいた畑と接していたら、「遺伝的浮動」と呼ばれる現象が起こり、従来型の作物がGM作物に汚染される。そうなると、インドなど発展途上国の農民は、文字通り致命的な結末を迎えるだろう。インドはターミネーター種子を輸入し、試し始めたところだ。これまでずっと自家採種してきた貧しい農民の作物にGMの遺伝子が混ざり、作物が育たなくなったらどうするのだろう。

生活のために作物を育てるのは、簡単なことではない。技術が進歩した現在でも、干ばつ、害虫、胴枯れ病などがたびたび飢饉をもたらし、数百万の人の命を奪っている。当然ながら、農民は常に、このようなリスクを減らす方法を探している。そしてモンサントのような企業は、一見すると簡単な解決策を提供しているように思える。現在では、米国で消費される食べ物のおよそ80パーセントにGM作物が含まれるようになった。GM技術は、収穫高を倍増させるだけでなく、種まきから収穫までに用いる資源の倹約にもなるとモンサントは主張する。農家の人が、「より多く生産し、より多く節約《コンサーヴ》する」のを助けているのだが（注20）、もちろんそれは、モンサントの種を保存《コンサーヴ》しないかぎりにおいてである。

イーグルヴィルの向こうに広がる平野では、見渡すかぎり作物が風になびいている。かつて北米の広大な平野ではさまざまな作物が育てられていたが、今ではその大半において、一種類の作物だけが育てられるようになった。それらの作物は、ある企業が特許を持つGM種子から育ち、遺伝子操作によって、その企業が作る殺虫剤に耐性を持っている。いわゆる「モノクロッピング（広大な土地での単一作物栽培）」である。当然ながらそれは種苗会社の力を強くし、農家の力を弱くする。

GM作物は、野生生物、生物多様性、それを拒む農家に多大な害を及ぼしてきたが、GMの技術が収穫量を大幅に伸ばし土地を倹約したか、あるいは食品の価格を下げたのであれば、欠点には目をつぶることができたかもしれない。だが、そのいずれについても、GMによって実現したという証拠はない。それどころか、モンサントのGMトウモロコシが効果を失いつつあるという不穏な報告があちこちからあがってきている。どうやら害虫が耐性をつけ始めたらしい。同じことが雑草にも起きるのではないか、と懸念する声がある。そうなれば、農家の人にとっては、GMを導入する前よりなお厄介なことになる。(注21)

「ルートワーム(根切り虫)」を殺すために開発されたモンサントのGMトウモロコシ「Btコーン」も不安を招いている。米国のコーンベルト地帯の多くの農家にとって、この虫は最大の敵で、70億ドルの収穫高を誇るミネソタでは特にそうである。したがって、ミネソタの農家はこぞってBtコーンを植えた。そうすれば問題は解決するはずだった。

Btコーンは長い間、目覚ましい成果をあげた。ところがその後、根元から倒れたトウモロコシが目につくようになった。根切り虫が戻ってきたのだ。それが初めて科学的に確認されたのは、2011年8月、アイオワ州立大学の研究者が調査結果を発表したときだった。(注22)その報告は、ルートワームの復活は非常に深刻な問題であるとし、一部の地域でたまたま被害が出ただけだとする見方を一蹴した。そして今では、イリノイからサウスダコタまでの六つの州で、この害虫は白衣の研究者たちの手からまんまと逃げおおせた。イリノイ大学アーバナ・シャンペーン校の農業昆虫学者マイケル・グレイは、GM作物を毎年植え続けると、それが防ぐはずの害虫が抵抗力を持つようになると説明する。モンサントの株価はこのニュースで4・5パーセント下がった。(注23)

GM技術は、食料の価格を下げることもなかった。GMトウモロコシとGM大豆の栽培はますます盛んになっているのに、穀物と大豆の価格は過去最高を記録している。それらの高値は、食料の安定供給をめざす政府にとって深刻な問題となっている。(注24)GMは、世界の飢餓を解決する手段にはならないようだ。

英国の乳牛もあやうくGM化されるところだった。モンサントが英国で、乳がよく出るようになるGMホルモンの販売認可を取ろうとしたからだ。成長ホルモンを模したこの薬、ウシソマトトロピン（BST）は、米国では「牛成長ホルモン」と呼ばれて広く使われており、定期的に注射すると、搾乳量が10～20パーセント増える。問題は、乳牛はすでに限界まで働かされていて、子牛が通常飲む量の10倍もの乳を出していることだ。BSTは、痛みを伴う乳腺炎、消化不良、歩行困難といった深刻な病気や障害との関連が指摘されている。当時、わたしはコンパッション・イン・ワールド・ファーミングのキャンペーン担当者だった。そこで、動物愛護の観点からBSTを禁止せよというキャンペーンを展開した。報告書を書き、英国政府とEU本部にしつこく訴え、世論を煽った。仲間たちと白衣をまとい、尻に大きな注射器を刺した実物大の乳牛の模型を引いて、各地の大通りを行進した。メディアに取り上げられ、効果は絶大だった。12年にわたって熱心にキャンペーンを繰り広げた結果、BSTは、EU全体で販売も使用も禁じられた。

EUはGMに対して、きわめて慎重な姿勢を保っている。EU加盟国で商業的に生産が拡大しているGM作物は、モンサントのBtトウモロコシ（MON810）だけだ。2009年、フランスとドイツはこの作物の認可を見合わせ、オーストリア、ハンガリー、ギリシアでも禁止されている。(注25)対照的に米政府は、1992年にGM作物を「GRAS（一般に安全と見なされる）」に分類した。それはつまり、GMを含む食品はそれを表示しなくてもよいということを意味する。販売前に特別なテストをする必要もない。企業は、当局に報告せずに新たなGM食品を売ることさえできる。(注26)

しかし、わたしたちは、GM食品の潜在的な健康リスクについてほとんど知らないままだ。ロシア科学アカデミーのエコロジー・進化問題研究所と遺伝子安全のための全国会議の研究によれば、GM大豆を与えられたネズミは3世代以内で生殖能力を失った。(注27) また、国際的な科学者チームの研究によると、GMトウモロコシを与えられたネズミは、非GM飼料を与えられたネズミより多く食べ、太った。GM飼料で育てた魚を餌として与えられたネズミも、同じ結果になった。これらの結果について、ノルウェー獣医科大学のオーシル・クログダール教授は、自明の問いを投げかけた。「人間にも同じ影響が出るとすれば、GMトウモロコシを長年食べている人や、GMトウモロコシを餌にしている動物の肉を食べている人に、どのような影響が出るのだろう」(注28)

さらに不安を煽るのは、世界で初めて長期的にGMトウモロコシを与え続けた実験の結果だろう。フランスのカン大学の研究者は、生まれてからずっとGMトウモロコシを食べ続けたネズミは、乳房に腫瘍ができ、肝臓と腎臓の機能が著しく低下したと発表した。

英国では、GM作物の栽培は禁止されているが、家畜にGM飼料を与えることを禁じる法律はない。肉や乳製品のラベルに、GM飼料で育てたと明記するという決まりもないので、買い物客にそれを知るすべはないのである。

## クローニング

ペットを飼う多くの人と同じく、デュエン・クレーマーと妻のシャーリーは、飼い猫を溺愛していた。白い体にこげ茶のぶちがある小柄なメス猫、CCと、連れ合いのスモーキーはとても大切にされており、庭には2階建てのネコハウスまで建ててもらった。網戸がついたフロントポーチ、冷暖房、キャットウォーク、ロフト、それに囲いつきの戸外の遊び場もある。室内の装飾も凝っていて、壁にはCCがまだ子ネコだった頃の写真が額に入って飾られている。CCのお気に入りは2階の窓際で、日中はほとんどそこに座って、訪ねてくる人を眺めている。一方、CCの子どものテス、ティム、ジップは元気よく走りまわっている。CCに会いに来た人は、彼女がごく普通のネコなのを知って驚く。というのも、CC（正式にはカーボンコピーという名前だ）は、世界初のクローン猫なのだ。2001年12月22日にテキサス州の実験室で生まれた時には、世界中の新聞の一面を飾った。(注29)

生まれてから2カ月間は、CCはテキサスA&M大学の獣医学部で育てられ、異常や不調の兆しがないか、常に科学者に監視される一方、カメラマンやテレビの撮影班に何度もその姿を撮影された。クレーマー夫妻に引き取られた後、公衆の前に出ることはほとんどなかったが、2011年、めでたく10歳の誕生日を迎え、久しぶりに脚光を浴びた。(注30)見たところ、CCはきわめて健康そうだ。ユニークな生まれにかかわらず、ごく普通の生活を送り、2006年にはスモーキーとの間に子どもをもうけた。立派な母親になれることを証明し、今もそうである。もっとも、最近の暮らしぶりはのんびりとしたものだが。

CCと同じく、クレーマー夫妻も少しずつ生活のペースを落としている。とはいえ、現在70代のデュエンは、まだ研究生活から引退するつもりはないようだ。彼はCCを創ったチームの一員で、キャリアの最後の10年をクローン技術の実用化に捧げてきた。特に注力しているのが、工業型畜産での実用化である。[注31] 皮肉なことに、若い頃のクレーマーは酪農家になるつもりだった。ウィスコンシンの酪農農家に生まれた彼は、学業はそこそこにして、畜産の実技を学び、家業を継ごうと思っていた。ところが、米国で6番目に大きい大学であるテキサスA&M大学に入った彼は、早々に研究の魅力に取りつかれた。父親は落胆したが、彼は研究者の道を選んだ。

CCを誕生させたプロジェクトは「ミッシープリシティ・プロジェクト」の一環で、「コピーキャット作戦」と名づけられた。ミッシープリシティ・プロジェクトはハリウッド映画のような要素が揃ったプロジェクトだった。[注32] 1996年にスコットランドのロスリン研究所で世界初の哺乳類のクローン、羊のドリーが生まれたことに触発され、エキセントリックな米国の億万長者ジョン・スパーリングの主導のもとでスタートした。[注33]

スパーリングとパートナーのジョーン・ホーソンは、ロスリン研究所の快挙に心を奪われ、その素晴らしいテクノロジーを、自分たちの家でもさっそく活用したいと思った。愛犬ミッシーの複製を作りたかった。ボーダーコリーとハスキーの雑種であるミッシーは、年のせいで衰弱していた。どれだけお金がかかっても、遺伝子的にまったく同じ複製を作って、ミッシーに永遠の命を授けよう。そうすれば、ミッシーが天国の大きな犬小屋に召された後も、ずっと一緒にいられる、とふたりは考えた。

この奇抜なプロジェクトの噂は、瞬く間に広まり、可愛いペットを永久不滅の存在にしたいと思う世界中の富裕層が、続々とアプローチしてきた。これはビジネスになると思ったふたりは、ジェネティック・セーヴィングス・アンド・クローンという企業を設立し、世界規模でペットのクローンを作るサービスを展開しようとした。同社は2000年に開業したが、犬のクローンを作るのは予想以上に難しかったので、まずネコのクローンを作ることにした。かくしてCCが誕生したのである。(注34)犬のクローンを作る方法が明らかになった時、ミッシーはすでに死んでいたが、遺伝子は遺伝子バンクに預けられていた。2005年、韓国の専門家が世界初の犬のクローン作製に成功した。名前はスナッピーだ。(注35)その2年後、スパーリングらはミッシーのDNAをソウルに送り、そっくり同じコピー犬、3匹を手に入れた。

一方、クレーマーのチームはほかのいくつかの動物のクローン作りに着手していた。クレーマーは、富裕層が大金を使ってペットのコピーを作ることに反対ではなかったが、クローンが元のペットとそっくり同じになるという保証はなかった（CCにDNAを提供したレインボーは、白とこげ茶とオレンジのミケネコだった）。この点が、プロジェクトが波に乗らなかった一因だろう。もっとも、最大の原因は、クローン作りには莫大な費用がかかることだ。

CCが作られた後、同じようにしてペットのクローンを作った人がわずかながらいた。中でも話題になったのは、カリフォルニア出身のバーナン・マッキニーである。彼女は、死んだ愛犬ブーガー（ピット・ブル・テリア犬）のクローン作製を、韓国の研究所に5万ドルで委託した。(注36)5匹のクローンが誕生し、マッキニーは自ら引き取りに行ったが、帰りの飛行機で彼女は、貨物室に子犬を預けるのを拒否した。航空会社が、膝の上に載せるのを一度に1匹しか認めなかったので、結局マッキニーは、5匹を連れて帰るために、2万ドルかけて韓国まで空路を5往復したのだった。(注37)

しかし、死んだペットをクローンで復活させるビジネスには巨大なマーケットがあるという見込みは、完全に外れた。スパーリングのパートナー、ジョーン・ホーソンの息子ルーが設立し、ペットクローン作製の先陣を切ったバイオアーツ社は、市場が小さすぎるとして２００９年に廃業した。その背景には、醜悪な理由もあった。クローンには先天性異常が多かったからだ。ルーによると、毛色が白黒のはずなのに「緑っぽい黄色」になったものもいたし、骨が変形しているものもいた。ルー曰く「大方は障害というほどではなかったが、ひどいものが生まれることもあり、こちらはいつもびくびくしていた」(注38)

とはいえ、この技術を開発するのに費やされた金と努力は無駄ではなかった。自分のペットのクローンを作るのに、何万ドルものお金を使いたいという人、使える人はごく限られているが、クレーマーやそのほかのいわゆる「胚移植科学者」たちによって開発された技術は、異なる種類の顧客を見つけた。畜産家だ。クローン技術は、より生産性が高い肉牛、乳牛、豚を開発するという急成長中の怪しげなビジネスにとって重要なツールになっている。

一見、魅力的に思えるのは、クローン技術によって病気にかかりにくい動物を作ることだ。ＣＣを誕生させるのに尽力した後、クレーマーはこの技術を応用して、ブルセラ症、結核、サルモネラ症など、一般的な牛の病気に抵抗力を持つクローン牛の制作に取り組んだ。そして誕生した、世界初の病気抵抗性を持つクローン牛は、ブルースと名づけられた。ブルースは、かなり前に死んだ「ブル86」という名の牛の遺伝物質から作られた。ブル86は、生まれつきこれらの病気に対する抵抗力を持っていた。ブルースを誕生させた時、クレーマーのチームは、「不朽の偉業」を成し遂げたと豪語した。(注39)三つの病気は米国とカナダではほぼ根絶しているが、ブルセラ症と結核は、ほかの国では依然として猛威をふるっているので、北米大陸で復活しても不思議はない。
もっとも、集約畜産でもっと一般的に行われているクローン作製は、効率よく金儲けできる動物を作るのが目的だ。あなたが血統書つきのペットを飼っているのであれば、その魅力はよくおわかりだろう。膨大な費用はかかるが、自慢のペットの複製をいくらでも作ることができる。そして、クローン作製の費用と手間に値する牛は、クローン業界のスーパーモデルともいうべき存在で、それ自体、大量の肉と牛乳がとれるように高度に品種改良されている。

品種改良とはつまり、有性生殖のコントロールである。人間が家畜を飼うようになって以来、ずっと行ってきたことだ。肉づきがいちばん良い牛や乳の出がいちばん多い乳牛を、それぞれ最高の相手とつがわせる。それらの優れた遺伝子が、肉がたるんで魅力のない牛の遺伝子と交わることはない。最も望ましい形質を持つものを選び、それ以外は排除して、慎重に交配を続ければ、最初の群れよりはるかに優れた血統を作りだすことが可能だ。当然ながら、シュワルツェネッガーばりの牛や豚は、その精液と卵子ゆえに富を生む。だが生まれた子どもが親と同じように立派になるという保証はない。そこでクローン技術が必要となる。最高の生産性を誇る個体と「そっくり同じ」複製をいくつも作ることができるからだ。

米国を拠点とするクローニング企業バイアジェンは、「最も生産性が高い」家畜と遺伝的に同じ個体を増やせば、「全体の生産性を大幅に上げることができます」と自社のホームページで大々的に宣伝している。別のメリットもある。最高の家畜の「子孫、卵子、精子の需要に応え」、最も大切な雄牛が事故に遭って怪我をしたり死んだりしたときの保険になる。「あなたは永遠に、家畜の群れ全体のレベルを高く保つことができるのです」
バイアジェン社は、最高級の牛、豚、馬のクローニングを国際的に手がけており、クローニングをいかにも簡単なことのように言う。動物の遺伝子だけいただければクローンを作って見せましょう、と。申し込むと、バイアジェンから生体組織検査キットと輸送容器が送られてくる。その容器に、動物の皮膚の小片を入れて送れば、後はすべてバイアジェンの科学者がやってくれる。細胞を培養し、そのDNAを遺伝物質をすっかり取り除いた卵子に挿入し、できた胚を培養器に数日間入れておく。その後、その胚を代理母に移植し、通常の妊娠期間が過ぎると、牛、豚、馬のクローンが生まれる。乳離れして、獣医から健康証明書が発行されたら、クローン動物は顧客のもとに送られる。(注40)

こう書くといかにも害がなさそうだが、実際のところクローニングは、肉や乳をより多く生産するよう肉体の限界まで追いこまれている動物を、増殖させる手段にほかならない。それは、家畜の遺伝的性質を人間の都合のいいように変えることを加速させ、動物福祉上の深刻な問題を引き起こそうとしている。つまるところクローニングは、遺伝子的に苦しむようプログラムされた動物の数を増やすことである。閉じ込めて、みじめな生活をさせるために。

だが、これは、クローニングに関する動物福祉上の深刻な問題の一つにすぎない。バイアジェン社のホームページは触れていないが、誕生したエリート牛のクローンの多くは死んだらしい。心臓の先天性異常や臓器の肥大がその原因である。クローン動物とその代理母は、ほかでは見られないような健康上の問題や異常に見舞われているようだ。(注41)

クローン羊ドリーの作成では、277個の未受精卵にドナー羊のDNAを挿入したが、代理母の子宮に移植できたのは13個だけで、そのうちのたった1個がドリーとなって生まれてきた。以来、クローニング技術を向上させようと、長年にわたって研究と努力が重ねられてきたが、自然はそれに激しく抵抗しているらしく、成功率は相変わらず低く、1000のうち1〜30程度だ。(注42)

クローンの妊娠に関して、とりわけ深刻な問題は胎児水腫の多発である。胎児が水膨れになり、死に至る病気だ。米国食品医薬品局のデータによれば、胎児水腫はクローン牛の妊娠の13パーセントから40パーセントの割合で発生している。(注43)半分以上とする報告もある。人工授精など通常の選択育種ではめったにないことが起こっている。

妊娠後期の流産も大きな問題である。ヨーロッパの研究では、クローン胚のほとんどは妊娠中に死亡する。(注44)もっとも、妊娠期間を無事に生き延びるのは、最初のハードルにすぎない。クローン動物は、出生時から深刻な健康上の問題を抱えていることが多い。先天性異常、免疫力の低下、心臓、肺、主要臓器の疾患などである。韓国の科学者が、世界初のクローン犬を誕生させるという競争に勝つことができたのは、おそらく韓国には大きさも形もさまざまな犬がたくさんいたからだろう。夕食に犬を食べ、動物福祉の規制がほとんどなさそうな文化では、科学者は実験用の犬を容易に調達できただろうし、その数を数えてもいないのだろう。

動物たちの苦しみの度合いを測るのは難しい。そもそも情報の大半は恣意的に選択されたもので、バイアスがかかっており、また、長期的なデータも少ない。しかし、欧州食品安全機関はこの問題に目を向け、「かなり多くの」クローン動物の健康と幸せが「深刻な害を受けており、死に至ることも少なくない」と報告している。(注45) 欧州科学・新技術倫理グループは、クローン動物とその代理母が受けた苦しみと健康被害から判断して、「食料生産を目的とするクローニングを正当化する根拠は見当たらない」と結論づけた。(注46)

ニュージーランドの家畜研究を牽引する研究機関アグリサーチが、クローン研究プログラムを廃止したことには励まされる。あまりにも高い死亡率を非難されての廃止だった。同国では1982年に情報公開法が制定され、かつては非公開だったデータを、公益に関わるものについては国民が閲覧できるようになった。その法に基づいて、クローニングに関する情報も公表され、ようやく動物の福祉に関するもろもろの問題が人々の目に触れるようになった。報告によると、クローン動物は慢性関節炎、肺炎、歩行困難、敗血症を患い、研究期間を生き延びたクローンは一割しかいなかった。(注47)

動物の苦しみについての調査結果がどうであれ、食料とするために動物のクローンを作るのはどこかおかしいと、以前からわたしは直感的に思っていた。英国民の大多数も同じ意見のようだ。コンパッション・イン・ワールド・ファーミングが、食用のクローン作製に反対するキャンペーンを行った時、約2000人の支持者が英国の閣僚に陳情した。3000人近くが欧州議会議員に訴え、送ったメールは1万4500通を超えた。ヨーロッパ全体の世論調査では、3分の2近くの人が、動物のクローン作製は「道徳的に正しくない」と考えている。そして半数以上が食料生産のためのクローン作製は筋違いだと思っている。回答者の大半がクローン動物由来の肉や牛乳は買わないと答え、10人のうち8人が、店頭に並べるようなことになるのであれば、そう明記すべきだと述べた。(注48)

それでもクローン動物由来の食品は店頭に並んだ。2010年、英国で、クローン牛由来の牛乳と肉が、公表も認可もされないまま食品流通に紛れ込んでいたことが発覚して、大変な騒ぎになった。この年の8月、母牛がクローンだった牡牛の肉が食卓に上ったことが判明した。母牛は、米国で賞を獲った乳牛の耳の幹細胞を使って作製されたクローン牛で、その牛の卵子と普通の牡牛の精子を人工授精させた胚を冷凍して英国に空輸し、シュロップシャーの農場で飼われている代理母の子宮に移植し、出産させたのである。生まれた2頭の子牛は、スコットランドのネアンの農場に売られ、そこで繁殖に使われ、76頭の血統書つきの子牛の父親となった。

このいきさつがメディアによって暴露されると、轟々たる非難の声があがった。(注49) デヴィッド・キャメロンは首相になってまだ3カ月だった。わたしは、国民の怒りを最大限に利用しようと、40人の「キャメロン」を動員してコンパッション・イン・ワールド・ファーミングのキャンペーンを繰り広げた。40人の俳優が同じスーツ、同じシャツ、同じネクタイを身につけ、キャメロンの顔写真のお面をかぶってロンドン中央部を練り歩いた。彼らはダウニング街に向かった。車やバスに乗った人々は、首相官邸へと向かうキャメロン軍団に仰天したが、すぐその意図を理解して彼らにエールを送った。

「キャメロンはひとりでたくさん!」と、あるロンドン市民は言った。「一度にキャメロン40人なんてひどすぎる!」。この日、同じようなことを言った人から、1ポンドずつもらっていたら、かなりの儲けになっただろう。

首相官邸の外で、キャメロンたちは、「クローニング=残酷」と書かれた、巨大な白い横断幕を掲げた。わたしは嘆願書の束を抱えていた。ほんの数時間で数千もの署名が集まった。警官が門を開けて、わたしを警備ブースへと案内した。手続きを終え、「10」という金文字がついた有名な扉（首相官邸の扉）へと向かう。扉をたたくと、役人が出てきた。礼儀正しいものの、決してこちらを歓迎していない様子で、わたしが口上を述べる間、しぶしぶ耳を傾けていた。彼に嘆願書を手渡し、握手して、ふたりでカメラに笑顔を向けた。そうして官邸を後にした。

次に向かったのは国会議事堂だ。ウエストミンスター橋を渡る40人のキャメロンの写真をメディアが撮影している最中に、ビッグベンから正午を告げる鐘の音が響いた。それからテムズ河沿いにそそりたつロンドン・アイ（大観覧車）に向かった。すごい写真になるぞ、と思った。首都の空高くのぼったガラス張りの観覧カプセルに、首相のクローンが押し込められている写真だ。だが、残念ながら、観覧車には乗せてもらえなかった。ロンドン・アイに乗ろうとおめかしして出かけてきたのに、巻き添えを食って追い返された罪のない観光客は何人いたことだろう。

このばか騒ぎは楽しかったが、メッセージは真剣なものだった。昔も今も消費者には、目の前の皿に載っている食べ物がクローン動物の子どものものかどうか、知るすべがない。政府に行動を起こしてもらいたかった。ほんの1カ月前の欧州議会で、クローンやその子孫由来食品の禁止が、圧倒的多数の賛成を得て可決したことを思うとなおさらだった。だが、残念ながら、ヨーロッパ諸国の複雑な政治において、欧州議会の決定はただの意見でしかなかった。大多数が禁止を支持したにもかかわらず、何も変わらなかった。

発端となった「フランケンシュタイン牛」（米国から受精卵として輸入した、母牛がクローンだった牡牛）は、議論に勝つ要素をすべて備えていた。キャメロン首相はこちらの主張を支持してくれるだろうと、わたしは本気で思っていた。食品流通においてこれほどの欺瞞がかつてあっただろうか。ところが首相は、政府が八方ふさがりになった時の常套手段によって逃げた。詳細を調査すると言っておいて、あとは有権者が関心をなくすのをただ待つのである。食品基準庁は、クローン由来の肉と牛乳の販売は「新規食品に関する規制」の認可を受けていないという前提のもとに調査し、クローン動物の「子孫」の肉や乳の販売を禁じた法律はなく、ゆえに食べても安全であると結論づけた。(注50) 結局、疑問は解消されないままだ。なぜ安全だとわかるのだろう。どうして世論や政治家の意見を無視するのだろう。わたしから見ればそれは、食のシステムを奈落に落とす脆弱なリーダーシップの典型である。

米国では、食品医薬品局が２００８年1月に、クローン動物由来の食品は安全であるとし、その販売を承認した。消費者、動物愛護団体、環境団体、一般市民、酪農業界、議会から広く反対の声があがっていたにもかかわらずである。(注51)

クローン技術は、より少ないコストでより多くを生む家畜を作るために企業が採用した、科学的魔術の一つにすぎない。世界中の、市民の目の届かない研究所で、白衣をまとった男女が、将来の家畜の原型とするべく奇妙な動物を作り続けている。

一例がブロイラーだ。数千羽もの鶏を狭いスペースに詰め込むと、さまざまな問題が発生する。数千人の人を狭いスペースに詰め込むのと同じで、まず、暑くなる。その問題を解決する方法はいくつかある。入れる鶏の数を減らすという当たり前のものから、ドアを開けて一部を外に出すというもの、エアコンを設置するという割高な選択肢もある。
ところが科学者はグロテスクな解決策を思いついた。羽のない鶏である。それなら、熱帯のように暑くても平気だろうし、余計な上着を着ていないぶん、スペースの倹約になる。さらに都合のいいことに、さばく時に、羽をむしる手間が省けるではないか。(注52)
羽なし鶏は、クローンや遺伝子組み換えでなく、従来の品種改良によって誕生した。2002年にそのプロトタイプを作ったイスラエルの遺伝学者は、この鶏は温暖化が進む地球の未来を握っていると考えている。この鶏は、スーパーのショーケースに並ぶチキンとまったく同じに見える。違いは、頭がついていることと、不幸にもこちらはまだ生きていることだ。
町で作られている奇形の家畜は、羽なし鶏だけではない。遺伝子を操作して、牛に「人間の乳」を出させるというのはどうだろう？　エイプリルフールのジョークのような話だが、今後10年以内に、牛乳と人間の母乳のハイブリッドが、おむつやベビーフードと一緒に、スーパーの棚に並ぶ可能性が出てきた。中国農業大学の科学者が300頭の乳牛に人間の遺伝子を導入したと報じられている。人間の母乳の重要な成分を含む乳を出させるためだ。それはふつうの牛乳よりも濃く、母乳と同じように、乳幼児の免疫力を高めるタンパク質が入っている。チームは、ほかのさまざまな母乳成分も含むように細工を施した。新聞によると、チームのリーダーである李寧教授は、完成すれば「母乳の代わりになる」と言っているそうだ。(注53)もしこの計画が商業生産に向けて進むと、遺伝子組み換えされた牛がいったい何頭必要になるのかと思うとぞっとする。まだわかっていない赤ん坊の健康リスクについては言うまでもない。

動物のクローン作製や遺伝子組み換えに取り組んでいる科学者の大半は、非常に意義深い仕事をしていると自負しているようだ。先駆者であるクレーマー自身、きわめて疑わしいこのビジネスの、立派な広告塔を務めている。話しぶりは穏やかで、ごく平凡な優しいおじいちゃんといった風情だ。研究に情熱を注いでおり、自分は世界の発展に貢献していると信じ切っている。オフィスの壁にはモットーが掲げられている。「自分のために自然が何をしてくれるかだけでなく、自然のために自分に何ができるかを考えよ」

今、彼は、絶滅に瀕した種を守るための研究を進めている。しかし、科学的な奇策が、迫りくる食料危機を乗り切る正しい方法なのだろうか。それともこうした解決策は、工場式畜産ですでに限界まで酷使されている家畜をさらに追い込み、それらの福祉と、それらが生み出す食料の質を損なうだけなのだろうか。遺伝学の学位を持っていなくても、そのくらいは見当がつく。

# 第15章 中国——毛沢東の巨大畜産工場が実現

中国を訪れずして、工場式畜産の実態を語ることはできない。中国はすでに世界の食料生産の主軸の一つになっており、今後の方向性についても大きな発言力を持つはずだ。そのためわたしは、アジア経済の要として急成長しているこの世界一人口の多い国が、農業の発展にどう取り組んでいるかをこの目で見てみたかった。何と言っても世界で飼われている豚の半分は中国にいる。茹でたり、焼いたり、バーベキューにしたり、挽いて点心の具にしたりと、中国人は豚肉を大いに食す。年間に1人あたりが食べる量は、英国人は約25キロだが、中国人は約34キロだ。(注1)

中国では、豚の多くは昔ながらの小規模な農場で飼われているが、産業界は、欧米の最も集約的な養豚技術の輸入を目指しており、中でも英米に注目している。

2011年、英国と中国は、数百万ポンド規模の家畜輸出入契約を結んだ。(注2) それには、種豚として高級品種の豚を数千匹、(英国から中国へ) 輸出することも含まれていた。英国の養豚業界は、長年にわたって品種改良を重ねてきた。その甲斐あって、英国の雌豚は、平均で年に22匹、子を産む。中国の雌豚は年に14匹だ。中国の養豚家は、この自然に反した出産率の恩恵にあずかろうと、英国の豚を飼うというダイレクトな手段をとった。そしてボーイング747を1機チャーターして（往復で33万ポンドかかった）、9000キロ東の国へ豚を運ばせた。

『デイリー・メール』紙は、この取引を、珍事としておもしろおかしく取り上げ、エコノミー席で窮屈な思いをする人間と違って、豚たちは足をゆったり伸ばせるスペースを与えられ、「リラックスして空の旅を楽しんだ」と報じた。豚を売ったのは、ヨークシャーを本拠地とするJSRジェネティクス社で、スポークスマンによれば、同社は最先端技術で「ファスター・フィニッシング（成長の早い豚）」などの品種を開発しており、「中国を大きな成長が見込めるターゲット」と見なしているそうだ。(注3) 記事は、中国へ渡った豚がどのような環境で育てられるかについては触れていなかった。また、この英中間の新たな取引の背景を掘り下げてもいない。その背景とは、中国で増えつつある中産階級が、今後ますます肉を消費するようになるということだ。だからこそ中国は、畜産の将来に関わるあらゆる議論の鍵を握っているといえる。

もっとも、中国が大規模な養豚場を作ろうとするのは、今に始まったことではない。20世紀半ば、毛沢東は、15年以内に西側経済に追いつき追い越せ、という目標を掲げて、「大躍進政策」を推進した。1958〜1961年にかけて、工業と農業の生産性を倍増させるべく、その膨大な人口を地方の大型コミューンに割り振った。個人での農業は禁止され、背いた者は、反革命分子として弾圧された。香港を拠点とする歴史家フランク・ディケーターはその著書で、毛沢東政権の「すべての中国人が豚肉を食べられるようにするための巨大な養豚場という斬新なアイデア」について書いている。それによると、1959年に、中華人民共和国の建国10周年を記念した「豚の町」計画が

立てられ、「そのスペースを確保するために、道路の両側に連なる何百軒という家屋が壊された」(注4)

大躍進政策は悲惨な結果に終わった。莫大な資金を投入したにもかかわらず、生産性はほとんど上がらなかった。それどころか、個人の小規模な農業を禁じたため、小作農は最低限の生活もできなくなった。村人の生活は破綻し、中国全土を大飢饉が襲った。ディケーターは、4500万人もの人が「苛酷な労働か、飢えか、殴打によって死んだ」としている。(注5)

それから60年がたち、中国は恐るべき超大国になった。いずれ米国を抜いて世界で最も強大な国になるかもしれない。だが、そうでありながら中国は、いまだに国民を食べさせるのに苦労している。2008年の国連の調査では、北京と上海の生活レベルはキプロスとポルトガルと同等になったが、貴州省などはナミビアやボツワナ並みだった。(注6) 中国の地方に暮らす人々は、今も貧困に悩まされている。都市部と地方の生活には格段の差があり、国民の一割にあたる1億3000万人が貧しい生活を強いられている。(注7)

こんな難題を抱えていれば、中国政府が大規模な工業型畜産に魅了され、それに未来を賭けたくなるのも無理はない。政府は、西側が精力的に売り込む工場式畜産システムの導入に励んでいる。だが実のところ、そのシステムを支える企業や利害関係者の大半は、金を儲けることしか考えていない。

これまでのところ、このシステムが地方の飢えを解消しているという証拠はほとんどない。作られる肉の量は増えたはずだが、そのほとんどは都市へ流れているらしく、地方の貧しい人々の口には入らない。工業型畜産を軌道に乗せるにはかなりの資金が必要とされるため、おのずと地方の貧しい人々はその方程式から締め出され、いつまでも貧困から抜け出すことができない。中国で生産される豚肉の相当量が日本に送られているそうだ。どうにも納得のいかない話だ。

2011年10月、わたしはジャーナリスト兼カメラマンと一緒に、中国東部に向けて出発した。世界最大級の養豚場をいくつか訪問するのが目的だ。最初の1日は北京で過ごし、コンパッション・イン・ワールド・ファーミング中国支部代表のジェフ・チョウと合流した。わたしにとって北京は初めてではなく、3年前、北京で開かれた会議に出席したことがあった。だから、飛行機を降りたとたんのスモッグの出迎えにも驚かなかった。いつもどおり、首から双眼鏡をぶら下げていたが、ベージュ色の濃いスモッグが立ちこめているので、野鳥が見える見込みはほとんどなかった。

コンパッション・イン・ワールド・ファーミングは、10年ほど前から、中国で足場を固めようとしてきた。初めて中国を訪れた時に、中国語には「Animal Welfare（動物福祉）」を意味する単語がないことを知った。そんな有様だったので、わたしたちが何を言っても、役人たちはその意味すらわからないようだった。しかし何かが変わってきた。北京から養豚の中心地までは、鉄道で15時間かかる。列車に乗り込んで間もなく、ジェフが変化した理由を説明した。中国では食への信頼が揺らいでいる。長年にわたって消費者は、買うのがブドウであれ、豚肉であれ、魚であれ、知りたくないことは知らされずにいた。ところが、現在では、教育やインターネット、隠しきれない証拠のおかげで、中国の食品の多くの出所が怪しいということを無視できなくなり、役人もそれによようやく耳を貸すようになった。

2008年9月、大変なスキャンダルが発生し、食の安全は、政治の最重要課題になった。乳児用粉ミルクに、不法にメラミン（プラスチックの原料となる化学物質）が混入されていたのだ。(注8) タンパク質含有量を上げるのが目的である。企業にしてみれば、いい思いつきだった。メラミンさえ入れておけば、薄めた牛乳で作った粉ミルクを売っても誰も気づかない。母親は幸せそうに子どもに飲ますことだろう。ところが、腎臓結石や急性腎不全を発症する子どもが続出した。数千人もの赤ん坊が被害に遭い、6人が亡くなった。数百人が腎不全の治療を受けた。当局は、粉ミルク会社の上層部を容赦せず、2人を銃殺刑に処した。(注9)

ジェフの話では、この悲劇がきっかけとなって、中国人は食べ物について、新たな見方をするようになった。「人々は初めて、食べ物がどこから来るのか、知りたいと思うようになったのです」。メラミンは粉ミルクだけでなく、牛乳や乳製品にも混入されていた。まっとうな酪農家にとっては迷惑な話だが、この事件を機に、大勢の人が牛乳から豆乳に切り替え、あるいは輸入牛乳を買うようになった。中国政府にとってさらに深刻だったのは、この事件が世界各国で報道され、国際的に大恥をかいたことだ。

それから間もなくして、ジェフ曰く「筋肉増強豚」事件が起き、今度は養豚場が脚光を浴びた。現在の中国の消費者は、脂肪分の少ない肉を好む。一方、工場式の養豚場では、狭い檻に豚を押し込んで育てている。農家にしてみれば、豚があちこち動き回って貴重なエネルギーを浪費したりせず、早々と太ってくれたほうがありがたい。けれども、そうやって育てると、肉の脂肪分が多くなる。そこで中国の養豚家は、豚を狭い檻に入れて早く成長させ、しかも脂肪分を少なくする方法を思いついた。その方法とは豚にクレンブテロールというステロイド剤を投与すること。クレンブテロールは、筋肉を増強したいボディビルダーが、たまに（不法に）使う薬である。養豚家はこっそりクレンブテロールを使っていたが、二つの異常なできごとのせいで、その秘密がばれた。

まず、豚が太りすぎて、細い脚では体軀を支えられなくなった（工場式養鶏場でよく聞く話だ）。立てない豚の画像が、インターネット上に流れ始めた。次に、人間が次々に病気になった。クレンブテロールは、中国を含め、ほとんどの国で使用が禁止されているが、それには理由がある。動悸や心筋の硬化など、重い副作用が生じる恐れがあるからだ。（注10）

２０１１年４月、「筋肉増強豚」事件が各紙の見出しを飾った。（注11）共産主義と近代化の間をそろそろと渡っている国で再度、国民の信頼を裏切る危険な違法行為が発覚した。実はその5年前にも、クレンブテロールを投与された豚肉を食べて、３００人以上が体調不良を訴えていた。（注12）

今回、中国を訪れたわたしは、思いがけず役人たちの暖かな歓迎を受けたが、それは、食料がどのように生産されているかに、国民が関心を寄せるようになっていたからだろう。以前は、政府の見解を聞こうにも、その機会すら与えられなかったが、今回は、ワインつきの豪勢なディナーでもてなされた。さらに重要なこととして、政府が動物福祉を推し進めるための組織をようやく設立したというニュースも聞かされた。国民の健康と国際的な信用が危機に瀕しており、そのせいで内政が不安定になり、国際貿易も危うくなっているのは明らかだった。動物福祉の国際基準を整えようとしている団体のＣＥＯであるわたしは、10年前とは比較にならないほど重要な人物になっていた。

問題は、官僚の態度の変化が、現実の変化をもたらすのにどのくらいかかるかということだ。

政治家のほとんどは都市に暮らしているが、家畜はコンクリートに囲まれているものの、田舎で暮らしている。そういうわけで、わたしたちは河南省に向かった。河南省は中国文明発祥の地の一つだが、今は中国の養豚の中心になっている。現地で何を見ることになるのか、わたしにはわかっていなかった。視察を申し込んだ牧原食品の養豚場からは断られた。無理に押し入って、地元の警備員と衝突したいとも思わなかった。

夜行列車で北京から南陽に向かった。12時間の旅程で、行けども行けどもトウモロコシ畑だ。目的地に着く1時間前になってもまだ、線路の両側はトウモロコシ畑だった。収穫されたトウモロコシは、動物の飼料とバイオ燃料になるという。人間のためではなく、工場式農場と自動車のためだけにこれほど広大な土地が使われているということに、衝撃を受けた。

硬い寝台で寝苦しい一夜を過ごした後、列車から降りたが、中国で青空を見ることができるのだろうか、と不安になった。北京から700キロも離れているのに、ここも大気汚染がひどく、気が萎えた。車に乗り込み、南陽の賑やかな通りを抜けていく。隣に並ぶスクーターを運転する男の足元には、小型のペキニーズがちょこんと乗っていた。別のスクーターがものすごいスピードで抜いていったが、こちらには、まだ生きている鶏が、足を縛られ、逆さにつるされていて、まるで羽の生えたサドルバッグのようだった。羽は熱くなった金属にあたって焼けており、バイクがガタガタ揺れるたびに、脚の骨にはひびが入ったに違いない。数分後、レストランの外の檻に、黒い犬が入れられているのを見かけた。街は活気に満ちていた。混み合った街路をようやく抜け、広々とした道に出た。道の両側には、またトウモロコシ畑が延々と続く。いくつかの電信柱のてっぺんにコウノトリが巣をかけている。火葬用の薪の山のように見える。

ようやく目的地に着いた。小さな村で、すぐ隣に巨大な養豚場があり、そこでは種雌豚5000匹とその子豚を育てている。工場式畜産の大量の豚のすぐ近くでの生活はどんなものか、人々の話を聞きたくてうずうずした。小さなホテルでさっとシャワーを浴びて軽食をとり、豚を見つけるために出かけた。まず向かったのは、中国屈指の養豚企業で河南省を支配している牧原食品の2番目に大きい養豚場から、わずか1キロメートル風下にある村だった。その養豚場は牧原食品の本社でもある。(注13) 事前に養豚場の視察を申し込んだが断られた。そこで、遠くで車から降り、後は歩いて、可能なかぎり養豚場の近くまで行くことにした。

中国へ来る前に、わたしたちは牧原食品の背景を調べた。同社は世界銀行グループの一機関で、途上国の民間企業を支援する、国際金融公社から融資を受けている。(注14) つまり、間接的に、世界各国の納税者に資金援助してもらっていることになる。国際金融公社のウェブサイトには、牧原食品の情報が少しばかり載っていて、同社はバイオガス・ダイジェスターの導入を検討中だと書かれていた。それは豚の糞からエネルギーを作る装置で、そのエネルギーを養豚場で使おうというのだ。アイデアとしては悪くないが、この投資を提案した当時、同社は約45万匹の豚を飼っており、わたしたちの試算では、バイオガス・ダイジェスターでは必要なエネルギーの6パーセント程度しかまかなえないはずだった。(注15) しかも現在、豚の数は100万匹になっていた。牧原食品は驚異的なペースで成長している。20カ所に養豚場を有し、国際金融公社を通じて得た世界の納税者の金で、さらにもう1カ所、建設しているところだ。この21カ所目の養豚場で育てられる21世紀の豚は、これまで以上に自然界から遠ざけられるのだろう。

車は、延々と続くトウモロコシ畑の中を何キロも走り、牧原食品の養豚場に隣接する小さな村に到着した。車から降りて、養豚場の門に向かった。牧原の人間に気づかれる危険性は承知の上だ。臭いからして、数百メートル先には何千頭もの豚がいるはずだが、見えるのは巨大な畜舎の外観だけだったので、ぎりぎり写真が撮れるところまで近づくと、急いで何度かシャッターを切り、すぐ退散した。初日からしくじって、せっかくのチャンスを台無しにしたくなかったからだ。

車を停めた村まで戻ると、村人たちはわたしたちの来訪を喜び、話を聞いてほしそうにしていた。崩れかけた壁に寄りかかってタバコを吸っていた50代とおぼしき男が近づいてきた。ジェフの通訳で、男の話を聞いた。威厳のある話しぶりで、名前も教えてくれたが、ここではチャンとしておく。中国の生活水準は上がっているのに、牧原は地元の人間に何もしてくれない、とチャンは語った。同社は、村が造った道路を壊し、水源も破壊している。かつてはそれぞれが庭を掘って井戸水を活用していたが、今では地下水はひどく汚染され、飲めなくなった。村の端に設置されたタンクまで、毎日水をくみにいかなければならないそうだ。

「昔は蚊などいなかったのに、今はどこもかしこも蚊だらけだ」と彼は付け加えた。「窓には網戸が要るようになった。昔は、夏になれば、寝るのも食べるのも家の外だったが、今じゃとても無理だ。家の中に閉じこもるしかなくなったんだ」

養豚場は村の共有地に建設された。同社は村に補償金を支払ったと聞いていたが、それは最初の1回だけで、それからほぼ15年たった現在、養豚場の敷地や道路、鉄道は拡大し、村の耕地は半分になった。土地がなくなると、仕事もなくなった。「養豚場のための道路の建設を阻止しようとしたんだが」。チャンは、村の畑の真ん中を横切る道路を指差した。「誰かに雇われたマフィアが、邪魔をするなと、ナイフと棒で村人たちを脅したんだ」

村のほかの土地も豚の糞で汚染された。村人が牧原に苦情を言うと、同社はその汚染された土地を買い取った。環境コストをこれだけ背負わされているのに、村人はひとりも養豚場に雇ってもらえない。「あいつらは俺たちを信頼してないんだ」とチャンは断言した。「盗みを働くとでも思ってるんだろう」。牧原の肉を食べたことがあるかと尋ねると、「ない」と答えた。肉は都市の市場に出荷され、養豚場から直接買うことはできない。

チャンと話していると、村人たちが集まってきた。子どもも車に触ろうと、そのまわりに群れた。野良犬や放し飼いのアヒルに囲まれ、車は派手で場違いなものに見えた。人々はにこやかだったが、カメラとノートを持ってうろつくのが得策でないのはわかっていた。法に触れているわけではないが、人目を引くのは避けたほうがいい。そういうわけで、彼らに別れを告げ、ほかの場所で何かめぼしい情報が見つかることを祈りながら車に戻った。

村から1キロ半ほど離れたところで、養豚場の周辺に生える木の様子かおかしいことに気づいた。大半はいたって健康そうだが、一群の木だけ、葉が落ちて幹が丸見えになっていた。あたりに人の姿はなかったので、近くまで行ってみることにした。トウモロコシ畑の縁を小走りで木のほうへ向かい、急勾配の土手を上ると、原因がわかった。巨大な泥沼が腐敗臭を漂わせていた。あふれ出たヘドロが数本のポプラの木の根元を覆っている。葉は落ち、枝は枯れ、ポプラは毒された水に沈みつつあった。

この泥沼は自然にできたものではない。急ごしらえの土手がまわりを囲んでいた。このところ気候は乾燥気味だと聞いていたが、汚水は縁の高さまで迫っていた。いつあふれ出てもおかしくない。だが、まわりには食用のトウモロコシが植えられていた。村人から聞いた汚染された土地とはここのことだった。排水は、すぐそばの養豚場から流れ出ていた。牧原がバイオガス・ダイジェスターで取り繕っていても、人目につかないこの場所に豚の糞を処理できていない証拠があった。

皮肉なことに、牧原は環境保全の取り組みが評価されて、国連の認証を受けている。バイオガス・ダイジェスターの煙突は、「UN-CDM（国際連合クリーン開発メカニズム）」の赤い文字で誇らしげに飾られていた。CDMは国際的なCO2排出量取引制度で、この枠組みにもとづいて、国際的企業が先進国による汚染を〝詫びる〟ために発展途上国の企業に融資している。この養豚場は、まさにその一つに選ばれた。融資したのは日本の企業で、牧原を支援することにより自国でCO2を吐き出し続ける権利を得ている。わたしから見れば、牧原は二重に罪を犯していることになる。中国の環境を破壊しているだけでなく、国連のお墨つきで、何千マイルも遠くの国を友人が汚染するのに手を貸している。わたしたちは恐れていた最悪の環境汚染を確認した。だが、まだ1匹の豚も見ていなかった。

作戦を練りつつ、農家の裏庭で飼われている豚の様子を見てみることにした。巨大企業の対極にあるものも見てみたくなった。小規模だからといって、優れているとは限らないことを、わたしはすでによく知っていた。

ジェフはすぐ、牧原からそう遠くないところにある小農家と話をつけてくれた。家の中を通り抜け、小さな裏庭に出た。コンクリート製の豚小屋がいくつかある。つい最近まで、中国のどこでも、家畜はこのような環境で育てられていた。急速に集約化が進んでいるものの、本書を書いている時点で、中国の豚の70パーセントはまだこのような家族経営の農場で飼われている。

ぼろぼろの屋根に、排水設備は床の傾斜のみという豚小屋は、ローテクの最たるものだった。育ち盛りの豚10匹、母豚1匹とその子豚11匹が、押しあいへしあいして、壁に体を擦りつけており、退屈しのぎにコンクリートの床をかじっていた。水の容器はからっぽだった。わたしは衝撃を受けた。動物虐待としか言いようがなかった。

唯一の救いは、食べているのが、海を越えてやってくる大量生産の化学物質まみれの餌ではなく、残飯だったことだ。豚は、リサイクルの名手だ。だが、このおぞましい飼育環境がそれで許されるわけではない。また、この農場から、牧原の養豚についての手がかりは何も得られなかった。この豚小屋とは時代が違いすぎた。

次に訪ねたのは、道を行った先にある中規模の養豚場だった。そこは「エコファーム」だと聞いたので、どんなところなのか興味津々だった。ところが、とんだ期待外れだった。妊娠中の雌豚10匹が「ソウ・ストール（妊娠した豚用の檻）」に入れられていた。この方法は英国では動物虐待にあたるとして禁止されている。檻は、豚の体が入るだけの大きさしかなく、雌豚は出産するまでの4カ月近く、その檻に閉じ込められる。体の向きを変えることもできず、ましてや餌をあさって動きまわる自由はまったくない。4カ月もの間、自らの排泄物がたまった床からわずか10センチ上の、金網のような床の上で立ったり座ったりするしかない。そして、出産時期が来ると、分娩用の檻に移される。さらに窮屈なその檻で、雌豚は子を産み終えるまで拘束される。その苦しみは見るに耐えないが、これが、規模の大小を問わず、多くの国の工場式畜産の現実である。欧米で始まったその方法は、見たところ、アジアにもかなり浸透しているようだ。

いたたまれなくなり、「エコファーム」のオーナーに挨拶し、見学用の白衣を脱ぐと、車に戻った。すると、嫌な知らせが待っていた。宿泊しているホテルから運転手に電話があり、わたしたちが何を撮影しているのか警察が関心を持っていると忠告されたそうだ。ジェフは、戻ったら警察が待っているかもしれないと言った。中国では、どれほど僻地でも、すべての村に共産党政権のスパイがいると聞いていたが、それが真実であることをわたしは知った。

安全な車内で、対策を検討した。訪問の目的については、正直かつ率直に語ることにした。中国の養豚についてよく理解するためだ、と。しかし、撮影したものは何が何でも守ろうということになった。カメラマンのジムは、メモリーカードを抜いて隠した。ノートパソコンは見えないところにしまった。不法侵入やスパイというでっちあげの罪で逮捕され、中国の拘置所で過ごす夜を思い浮かべた。珍しいことではないと知っていた。

ホテルに近づくと深呼吸して、なにげない様子を精いっぱい装ったが、フロントでいきなりパスポートを取り上げられ、血の気が引いた。警察が身元を確認したがっているから、と言われた。不安になった。中国のこんな奥地で、パスポートを奪われ、取り調べを受けるというのは、喜ばしいことではない。だが、どうしようもなかった。

1時間後、夕食をとろうと、ロビーに集まった。事務的なことはジェフに任せていた。北京語が話せるのは彼だけだった。ホテルスタッフの対応は異常なほど丁寧になっており、ダイニングルームの個室に案内された。テーブルについてすぐ、ジェフがその部屋に飛び込んできた。宝くじに当たったかのように満面の笑みを浮かべている。「とてもいいニュースです。夕食に新しい友人も参加します。牧原食品の人ですよ！」

確かに、ジェフのすぐ後ろに中年の男性が立っていた。チェンと名乗り、牧原の環境部門のマネジャーだと自己紹介した。2人の若い女性も一緒だった。「ぼくたちが何週間も連絡を取ろうとしていたことを話して、ぜひ夕食を御一緒に、と誘ったのです」とジェフが興奮気味に話した。どうやら、この牧原の人物は、ホテルのロビーで「偶然」、ジェフに出会ったらしい。それでジェフが喜んで彼らを夕食に招待したというわけだ。

わたしたちは笑顔を作り、歓迎しているような素ぶりをした。思いがけない客人たちのために椅子を運び、暖かくテーブルに迎え、困惑を押し隠した。この大仰な歓迎ぶりが功を奏し、緊張は一気にほどけた。わたしは彼らに名刺を渡した。いつの間にかこのくだけた夕食の場が正式な会合の席になっていた。ビールと陽気な雰囲気がおまけだ。

しかし笑顔の裏で、養豚会社の男とわたしは、互いの腹を探りあった。あちらは、養豚場のそばでわたしがカメラを手に何をしていたかを知りたがっており、こちらはこちらで、コンクリートの壁の向こうがどうなっているかを知りたかった。双方ともが知っていながら知らぬふりを通したのは、この小さな町の情報網はインターネット並みであることだ。至るところにスパイがいた。牧原の人間がロビーにいたのは偶然ではない。わたしたちが来ていることを彼らはとっくに知っていた。

この機会にと、客人にコンパッション・イン・ワールド・ファーミングの海外活動について説明した。特に大手食品会社との連携について話し、マクドナルドをはじめ、協働している有名企業の名を挙げた。わたしたちは動物福祉と食の品質基準を向上させるべく活動しており、それらが向上すると、企業と消費者の両方に恩恵がもたらされる、と説明した。チェンは笑みを浮かべた。彼は自社の環境対策について語った。わたしたちに告げるべきメッセージがあって、彼はここへ来たようだった。

チェンは食事の途中で席をはずし、電話をかけにいった。おそらく、養豚場の写真を撮っていた外国人に関する最新情報を同僚か警察に伝えるためだろう。窓から外を見ると、ホテルの前にはパトカーが停まっており、入り口でチェンが携帯で誰かと話していた。パトカーはライトを点滅させながら、夜の街へ走り去った。チェンが戻ってきた。その表情はさっきよりリラックスしているように見えた。

チェンは自らの部署の仕事についての説明は、部下の女性に任せた。しかし、彼は豚にまつわる数字を知り尽くしているようだった。牧原では毎年1００万匹の豚を販売しているが、豚の排泄物はすべて効率よく処理している、と主張した。わたしたちは、その言葉とは裏腹の証拠を目にしていたが、すぐ近くに警察がいる状況で異を唱えるのは賢明でないとわかっていたので、笑顔を浮かべ、チェンに説明を続けさせた。「２０１７年には、牧原は五つの地域で９００万匹の豚を飼うようになるでしょう」と彼は言った。もしそれが本当なら（疑う理由はまったくないのだが）途方もない数字だ。牧原だけで英国の養豚業全体と同数の豚を飼うことになる。

これでわかった。この養豚企業は、すでに巨大なのに、さらに大きくなろうとしている。この日わたしたちが目撃したことが、じきに中国全土で繰り返されることになる。汚物の池、蚊、土地を奪われた村人、そして檻に閉じ込められた哀れな豚。それを可能にするのは、欧米の技術支援と、世界銀行と国連を経由して届けられる、欧米諸国の納税者の金だ。

食事が終わる頃、わたしはへとへとになっていたが、興奮してもいた。牧原のドアをくぐることなく、貴重な情報を多々得ることができたからだ。チェンは気前よく勘定を払ってくれたばかりか、翌朝、養豚場に来てスタッフと会うようにと招待してくれた。握手を交わし、彼らは帰っていった。素晴らしい夜だった。おそらくは、こちらの温かな微笑みと、英中の連携を祝した乾杯が効いたのだろう。おまけに、養豚場に入れることになった。パスポートも戻ってきた。

次の日の朝、再び牧原の養豚場へ向かった。今回は正式な客として。迎えてくれた人の中に、チェンの姿はなかった。彼の任務は昨日の夜で終わっていた。殺菌済みの会議室に案内された。牧原のスタッフは大声で話したが、どれほど大きな声でも、大型トラックに運び込まれる豚のおぞましい叫びをごまかすことはできなかった。

構内で2時間ほど過ごし、さまざまなことを学んだ。牧原の豚の70パーセントは、中国各地の大都市に売られていく。片面がオープンになったトラックに乗せられ、20時間から30時間かけて運ばれるそうだ。残り30パーセントは日本向けだ。種雌豚の一部は輸入している。最近ではカナダからの輸入が多い。海外の育種された豚のほうが生産性が高いからだ。餌は、輸入した大豆、ペルーの魚粉、中国の小麦にビタミンを添加したもの、ミネラル、アミノ酸を与えている。周囲にはトウモロコシ畑が広がっているのに、トウモロコシは餌に含まれていなかった。

豚を見たいというこちらのリクエストは、「感染予防」という理由で却下された。工場見学用の白衣を着て、感染予防用のスプレーの中を歩くからと言っても、向こうは聞く耳持たずだった。牧原食品の経営陣が豚を見せたくないのは明らかだ。そこで会談の場を利用して、できるだけ情報を引き出すことにした。牧原のスポークスマンを務めたのは、副所長の田方平だった。彼は感じがよく、協力的で、ホワイトボードに何種類かの畜舎の様子を描いて説明してくれた。田によると、牧原の事業は、20年前に22匹の雌豚からスタートし、以来、さまざまな工夫を重ねて生産高を上げてきた。予想していたことだが、同社も妊娠した豚用の檻と、分娩用の檻を使っているらしい。

このような工夫が大きな成功につながった、と田は続けた。２０１０年には８０００万ポンド（約14億４０００万円）超の利益を上げ、２０１１年の上半期ですでに利益は１０００万ポンド（約18億円）に達した。わたしは、牧原の発展を阻む要因は何か、と尋ねた。すると田は、主な妨げとなっているのは、土地入手の難しさと環境問題だと答えた。「企業によっては、資金不足が足かせになっているところもありますが、幸い、弊社は利益があがっていて、融資も簡単に受けられるので、その心配はありません」とのことだった。牧原は政府から優先的に融資を受けているそうだ。

実際、牧原には金がどっと流れ込んできている。２０１０年には、国際金融公社から１０００万ドルの投資があった。(注16) そういうわけで、この近くに21番目となる養豚場を建設中で、その規模は、英国の平均的な工場式養豚場の10倍以上あるそうだ。(注17) 驚いたことに、そこを見せてもらえることになった。おそらく、まだ豚がいないからだろう。彼らは豚を見せることを除けば何でもしてくれるつもりらしい。

「牧原」と書かれた白い長靴を履き、田と一緒に牧原のバンに乗った。その新しい養豚場は、病んだユーモアセンスの持ち主が設計した文明崩壊後のリゾート地のようだった。何列もの白い畜舎が建築中で、周囲では掘削機が泥を積み上げ、ミキサー車が行き来している。畜舎には鉄製の空の檻がずらりと並び、人間の手間を省くためのありとあらゆる道具が取りつけられていた。パイプ、チューブ、ノズル、ファン、ワイヤー。当然ながら床はすのこ状になっていて、すでにベーコンがグリルパンに載っているかのようだった。糞尿は下に落ちるようになっている。すべてオートメーション化されているので、たったひとりで、3000匹の豚の「世話」をすることができる。欧米の手法をそのまま取り入れたもので、田は採用した機器のメーカーとして、ヨーロッパの企業の名をあげていった。まさに究極の工場式畜産である。冷酷で、自然とは完全に切り離されている。

「小規模な養豚農家の中には、テクノロジーの重要性を理解していない人もいます」。田は、いずれ膨大な糞を処理することになるタンクとフィルターを見ながら、ため息まじりに言った。「小規模な養豚農家は拡大するか、廃業するしかありません」

そういうわけで、巨大な養豚場が建設されており、そしてこの男はすべてを知る立場にいた。早急に手を打たないと、中国では、牧原とその21世紀の工場型養豚場が、食料生産の未来像と見なされてしまうだろう。もっとも、小規模養豚場の見るに堪えない飼育環境を思うと、中国の豚にとっては、いずれにせよ不幸であることに変わりはない。

さらに、田は、感心するほど正直に、牧原の肉は安くないと認めた。同社の肉は、飢えた大衆のためのものではない。「平均的な消費者のために肉の値段を下げるつもりはありません。ターゲットは高所得者層と輸出市場です」と田は言い、中国の大都市にある高級ホテルの名前をいくつも挙げた。平均的な消費者を相手にしていたら、この会社が必要とする利益は出ない。

もう十分だ。今日見た光景をわたしは決して忘れないだろう。ワイシャツにネクタイ姿で、泥にまみれて重くなった長靴を引きずるようにして、その建築現場を後にした。これから15時間、また列車に揺られて次の目的地へ向かうことを思うと、気が滅入った。だが、少なくとも牧原と豚の町からは逃れられる。

江蘇省の無錫へ向かいながら、わたしはやれやれと安堵していた。無錫は中国で3番目に大きい淡水湖で、江蘇省と浙江省の州境にある太湖の北岸にある古い都市だ。かつては都として栄えたこの都市には、数々の史跡を目当てに、多くの観光客が訪れる。遊覧船ツアーや庭園ツアー、そして3000年前の周王朝の遺跡もある。訪れたのは、大きな祝日の直前だったので、ホテルやレストランはスタッフを増やして観光客に備えていた。久しぶりに快適なホテルに泊まれそうだ。

この地を訪ねたのは、湖を見るためだ。かつては絵のように美しかったが、今ではすっかり様変わりしたと聞いていた。近隣の養豚場と養鶏場から糞尿が流れ込み、水は鮮やかな緑色になり、腐った卵のような臭いを放っているという話だった。集約農業がもたらした結果を、自分の目で確かめたかった。

慎重に質問すると、ホテルのフロントの女性は、2007年に太湖の水（無錫など周辺地域に暮らす数百万人の上水道源となっている）の汚染がひどくなり、通常の水濾過システムでは間に合わなくなった、ともらした。蛇口をひねると、濁った臭い水が出てくるそうだ。当時の温家宝首相は太湖の浄化を命じ、(注18)無錫を訪れ、メディアのカメラの前で水道水を飲んでみせた。(注19)以来、努力が重ねられてきたが、水道水はしばしば飲めなくなる。

わたしは、双眼鏡を首からぶら下げて、野鳥がいることを願いつつ、湖畔に向かった。湖には例の中国のスモッグが立ち込めていて、対岸の高層住宅もぼんやりとした影しか見えなかった。それでも、美しい場所だった。間もなく、コバルトブルーの羽ばたきがわたしの目をとらえた。カワセミだ。太湖は汚染されているかもしれないが、そんな時代でも野鳥は素晴らしい。

湖を間近で見るために、中国人の観光客たちと一緒に遊覧船に乗り込んだ。上階のデッキからの眺めは壮観で、たくさんの漁船がまな板のような帆を張り、霧に隠れたり出てきたりしていた。この旅で初めて、ビデオカメラが場違いに思えなかった。一緒に乗っているのは、おしゃれな若いカップルや老婦人、家族連れで、仙島までの短い湖上の旅を楽しんでいた。仙島は太湖に浮かぶ数多くの島の一つで、面積はおよそ2300平方キロメートル、水面を漂う亀のような形をしており、緑が豊かで、観光用の建物や展示がある。皆、興奮しており、ビデオカメラを持っている人も多かったので、撮影機材を取り出しても、誰も気にしなかった。

とはいえ、汚染は慎重を要する問題なので、発言の内容や、近くにいる人の様子には気をつけなければならないとわかっていた。2007年、この地域の環境保護活動家である呉立紅が、詐欺と脅迫の罪で逮捕され、3年間投獄された。(注20)率直な発言が災いとなり、刑務所では拷問を受けたそうだ。(注21)牧原をめぐっての経験からも、わたしたちはおのずと慎重になっていた。

仙島に着いた。木の間から道教の寺院と像が見えたが、それらは歴史あるものではなかった。1960年代の文化大革命の折に、700年以上前からこの島に建っていた寺院は、古い時代のものはすべて破壊せよと命じられた若者によって、跡形もなく壊された。中国では何事も徹底的に行われる。現在ここにあるのは安っぽいレプリカだが、ほかの客たちは、それを見に、あるいは拝みに来ていた。一方、こちらの関心は、汚泥にあった。

乗客たちは、遊覧船を降りると、美しい漢字で「縁結びの神」「大覚湾」「天街」と書かれた標識に沿って、思い思いの方向へ散っていった。楽しそうな選択肢がいくつもあるのに、腐臭を頼りに藻を探すのは、ひねくれているように思えたが、探すまでもなく、船を降りてすぐお目当てのものが見つかった。

湖岸沿いには、ペンキのようにべったりと藻が集まり、岩や木の根はてらてらと光っていた。流れ込んだ肥料や糞尿の硝酸塩によって藻が増殖するという汚染の典型である。汚染がもたらす富栄養化によって、藻は急速に増殖する。死んでも、新しい藻がさらに増えるだけだ。そして死んだ大量の藻が腐ると、水中の酸素が奪われ、魚などの水生生物が死んでいく。中国政府によると、2010年、オリンピックサイズのプール約10個分の硝酸塩が太湖に流れ込んだそうだ。湖が死んでいくのは無理もない。(注22)

遊歩道から数メートルしか離れていないところで、ふたりの年老いた男が、水際の緑色の水を電動ポンプでくみ上げていた。藻が湖岸にたまらないようにするためで、たまって朽ちるままにしておくと、臭いがひどくなって観光客が寄りつかなくなる、と彼らは言った。これほど規模の大きな問題に、老人ふたりが小さなポンプで取り組んでいるのは哀れに思えたが、こうやって人手が頼りの表面的な浄化作業をしているのが彼らだけではないことを、わたしたちはじきに知った。藻の問題が深刻になる5月から10月にかけて、政府は幅広い年齢層の人間を1000人以上雇い、この問題を文字通り、水際で食い止める努力をしているそうだ。「悪くない仕事だ」と一方の老人は歯を見せて笑い、海岸を縁取る緑の線を指差した。「夏になったら、藻を濾しとる装置がついたボートを出す。たまった藻はポンプでトラックの荷台に送り、そのまま処理センターに運ぶんだ」

もちろん、このような作業に動員する人間は、中国にはいくらでもいるが、その効果は見かけだけだ。魚はどんどん死んでいる。老人ふたりは、去年1年で魚の値段が2割も高くなった、と言った。残った魚の繁殖を促すために、政府の命で、1年の大半を通じて漁が禁止された。しかし、集約型畜産場は、相変わらず糞尿をそのまま河川に垂れ流し続けている。老人とポンプではとても間に合わない。

それでも、この島でわたしたちはわずかながら希望を見つけた。巨大な金色の老子像の足元に、若者たちが集っていた。老子は道教の始祖で、道教は中国の精神生活を導く主軸の一つである。老子像のまわりには、こざっぱりとした白い制服を着て、胸に名札をつけた若者が何人もいた。観光客に道教の教えを説明するために雇われていた。緑のヘドロについてどう思うかと訊いてみた。若者たちはそれについていいとも悪いとも言わなかった。結局のところ彼らがここにいるのは、このスピリチュアルな島を観光地化するためである。だがそれでも彼らは、自然を敬うことを説いた老子の言葉を嬉々として教えてくれた。「人は地に従い、地は天に従い、天は道に従い、道は自然に従う」と。

　無錫で過ごす最後の日、太湖の藻の発生源を調べるために郊外に向かった。畜産だけのせいではない。下水や工場廃水も影響している。しかし、少なくとも一部は養豚のせいであることを、この目で確かめたかった。湖のまわりには、集約型の畜産場が２０００軒以上あると言われている。(注23) そこからの汚水が、実際に太湖に流れ込んでいるかどうかを確認したいと思った。

　タクシーに乗り込み、ここでもまた豚を探しに出発した。当然のごとく、大型養豚場に入ることは許されなかった。感染予防という理由から、一般に外部の人間の立ち入りは禁じられている。納得できないではないが、おそらくほかにも何か理由があるのだろう。ともあれ、そういうわけで、小規模の養豚場を訪ねた。それは太湖に注ぐ川のそばにあった。

　タクシーは田舎道をがたがたと進んでいった。道の両側には鮮やかな緑の稲田が広がっている。無錫の高層ビルが立ち並ぶ街区から、ほんの数分走っただけなのに、奥地の農村に来たかのように、風景は一変した。道の突き当たりに、今にも崩れ落ちそうな養豚場がある。自転車に荷車をつないだものは、トラクター代わりなのだろう。この養豚場は３組の家族が営んでいた。タクシーから降りたわたしたちを見て、彼らは目を丸くした。どうやら、外国人を見るのは初めてらしい。

　この養豚場には１００匹以上の豚がいた。小規模とはいえ、商売として成り立っていて、農場主によると、「そこそこやっていけている」そうだ。３世代の豚が飼われている。子豚が母親に鼻をなすりつけていた。出荷できそうな中くらいのサイズの豚もいる。そして巨大な雌豚は子をはらんでいて、出産間近だった。

悲しいことに、これまで中国で見てきた養豚場と同じく、ここでも豚は殺風景な環境で飼われていた。畜舎の中は暗く、家族が暮らす母屋の台所とつながっている。小規模ではあっても、わたしに言わせればこれも工場式畜産だ。なぜなら豚は集約的に育てられているからだ。ここでも豚は、餌を肉に変える産業プロセスの一部でしかない。雌豚は小さな檻に押し込まれ、すでにパック詰めのソーセージのように並んでいる。ある雌豚は大きすぎて檻に入りきっていない。後ろ脚は、隣の豚の背中に乗っていて、自らの背中は、檻の柵に押しつけられている。身動きするたびに、隣の豚を蹴飛ばしていた。苦しんでいるのは明白だった。

わたしは目下の任務に集中することにした。このような養豚場が、中国屈指の美しい湖を汚染している証拠を探すという任務だ。養豚場の裏を流れる鮮やかな緑色の川が、来るべき場所に来たことを示していた。養豚農家のひとりが、事情を率直に語ってくれた。「豚の糞尿を川に流してはいけないと政府から言われているが、地元の役人にちょっとつかませておけば、目をつぶってくれる。誰もわざわざ調べようとはしないよ」。糞尿の一部をそのまま川に流し、残りは肥料にしているそうだ。雨が降るとそれも川に流れる。

そろそろ帰ろうとしていた時に、また恐ろしいものを目にした。台所の脇に、古い薬瓶と、針がついたままの注射器が山積みになっていた。薬は抗生物質で、豚が病気にならないようにと無闇やたらに注射をしたに違いない。「確かに、わたしたちに医学の知識はないけど」と女主人は認めた。「獣医に頼まず、病気はなんでも抗生物質で治しているのよ」。餌の袋、スプレー、バケツ、薬、ハエに囲まれ、ジーンズにゴム長靴を履いた彼女は、より広い視野で見た時に、そうした行為がどのような影響を及ぼすかについてまったくわかっていなかった。金に余裕がないので、豚の病気を防ぐためなら何でもするのだろう。

とはいえ、家の中を見ると、同情せずにはいられなかった。どう見ても豊かな家ではない。家族用のトイレ（やむを得ず使わせてもらった）がその証拠だ。家の中の地面を掘った穴で、豚小屋のすぐ隣にある。彼らは豚のすぐ隣で暮らしている。だが、彼らがやっていることが危険であることに変わりはない。世界中の工場式畜産施設で、病気を予防する目的で抗生物質が濫用されていることは、公衆衛生上の深刻な問題となっている。この養豚家が認めたように、中国でその使用は禁止されておらず、許可証や処方箋がなくても簡単に薬屋で買うことができる。牧原のような大企業でも同じようなことをやっているのだとしたら、世界中の人間の健康が脅かされるのは間違いない。

工場式畜産農家は、規模の大小を問わず、世界中の薬棚を担保にして病気を育てている。彼らにしてみれば、薬を使って、より狭い小屋でより多く豚を育てれば、より多くの金になる。しかしその結果、手に負えない恐ろしい病気が発生し、すべての人に害が及ぶ恐れがある。

アンモニア臭、裏庭で喧嘩している子豚の鳴き声とぶつかり合う音、それに薬の話で胃がむかむかしてきた。仲間も顔色が悪かった。そろそろ帰ったほうがよさそうだ。帰り際に、川とそばの豚小屋の脇にしばし佇んだ。気が触れたような豚の鳴き声を聞きながら、パイプから吐き出された茶色の臭い液体が土手を伝って川に流れこむのを、愕然と見つめていた。

数時間後、わたしたちは無錫から上海へ向かう列車に乗っていた。上海からは、飛行機で英国へ戻る。列車は、工業に支配され、ぼろぼろになったかつての田園地帯を進んでいく。どこまで行っても、目に入ってくるのは工場、鉱山、建設地、駐車場、クレーン、濃い緑色の川と運河ばかりだ。列車の中で、北京から豚の村への旅を思い返した。北京で思いがけない歓迎を受け、わたしは意気揚々と旅に出た。しかし今は、中国全土に広がっている工場式畜産を阻止するのがどれほど大変なことか、そのスケールをいくらか理解し、たじろいでいる。

公による管理が及ばない小規模養豚場（スケールは小さくても、やはり残酷なシステムをとっている）と、気候変動まで招く巨大な養豚場（やはり残酷で、利益と職がその土地の住民を潤すことはない）のどちらがひどいか、決めるのは難しい。問題は養豚の規模ではなく、システムの性質であることがはっきりした。小さいほうが良いというわけではない。

中国ほどの大国で何かを変えようとするなら、大きなスケールで考える必要がある。牧原のような大企業に的を絞るのは理に適っている。彼らがより良い方向に変われば、一気に数百万匹の豚の暮らしが改善するからだ。

かすかに希望の種はあった。話し合いの席で牧原の代表は、もっと人道的な飼い方、つまり狭い檻ではなく、もっと広い場所で、集団で飼う方法を検討中だと言っていた。それを実現させるために、わたしたちにできることがあれば、いつでもすぐ中国に戻ってきましょうと、わたしは約束した。すでにヨーロッパでそうしてきたように。当時、新設の政府支援団体と交わした初期段階の議論のことが思い出される。彼らは、食の安全という観点から、動物福祉の推進を望んでいた。

上海に近づくと、高層ビルの7色のネオンが夜空を彩っていた。駅を出たときは気分が高揚していた。この都市は活気があり、マネーとバイタリティーと可能性がうずまいている。上海の顔ともいうべき東方明珠電視塔《オリエンタル・パールタワー》の隣に、街の新名所となった環状の空中回廊がある。翌日の祝日に備えて、赤い旗がずらりと飾ってあった。活気あふれる夜の上海は、最後の晩にほんの30分ほど過ごし、世界の動きを眺めるのに、ぴったりの場所だ。

ハイヒールの若い女性が、肩にかけたヴィトンのバッグを揺らしながら空中回廊をぶらぶらと歩いていく。その後ろを、老夫婦が手をつないで散歩している。そこかしこで観光客が写真を撮っていた。首からカメラをさげた現地の男が、1枚撮らないか、と近寄ってきた。近くのマクドナルドは混雑していた。この期に及んでまだ調査熱はさめず、わたしは回廊を回ってマクドナルドまで行った。窓からは、若い夫婦が幼い子どもに、チキンナゲットとフライドポテトを優しく食べさせているのが見えた。

このような若い人々の多くが、親世代が小規模農業でなんとか生活していた時代より、豊かに暮らしているのは確かだが、そのぶん、地方の人々は、街をより魅力的にするためのコストを背負わされている。農村部の貧しい人々は、川がエンドウ豆のスープのような色になってしまった今、飲み水を確保するのにも苦労している。一方、都市部のエリート層と増えつつある中産階級は、街のきらめきを眺めながら、米国式のファストフードを食べ、スターバックスでコーヒーを飲むようになった。

空港に向かうタクシーの中でわたしは、上海の美しい高層ビル群に費やされた努力のほんの一部でも、動物福祉に向けられたら、数百万匹の豚が幸せになり、数百万の人がより健康になるだろうに、と思った。

中国の消費者は、そろそろ自らの経済力にものを言わせたほうがいい。食をめぐるおぞましい事件をいくつも経験し、彼らは食品に対して神経質になっている。中国で1週間過ごし、わたしは悟った。この地で変化を起こす動因となるのは、変色した湖でも豚の檻でもなく、健康的な食品を求める消費者の声なのだ。中国人はついに、選べるようになったのである。

不幸せな豚は不健康な豚であり、不健康な豚は不健康な食べ物になる。

# 第16章 国王、庶民、そして企業——力のありか

その標識から判断して、未来の英国王は皮肉なユーモアセンスの持ち主らしい。標識はグロースターシャーにあるハイグローヴ・ハウス（チャールズ皇太子の別荘）の入り口のゲートに掲げられている。曰く、「ここから先は、昔ながらの生活区域」。実に意外で、場にそぐわない標識だ。なにしろすぐ隣にはこんな現代的な標識が掲げられているのだから。「GMOフリーゾーン（遺伝子組み換え食品禁止区域）」

確かに、「昔の生活」にGMO食品はなかったはずだが、この別荘の敷地内にGMO生物は皆無だと、誇らしげに言い切っていることから、皇太子は大半の国民よりはるかに、この現代的な問題に通じていることがわかる。彼は昔ながらの生活を好む一方で、別の面ではずいぶん前から時代を先取りしてきた。

ハイグローヴ・ハウスはコッツウォルズの中心部にあり、その管理システムは、「サステナビリティー（持続可能性）」のお手本とも言える。王家の排泄物は葦で作った廃水処理施設で処理される。びん、缶、新聞、段ボール、使用済みのコピー用紙はすべてリサイクルされる。朝食や宴の残

りは、かき混ぜて堆肥にする。シャンデリアの電球は省エネタイプで、職員駐車場の照明は太陽光発電でまかなわれている。

最寄りの町、テトベリーは古い市場町で、中世の街並みが残っている。華やかなアンティークショップやブティックが軒を連ね、瀟洒なカフェでは、ギンガムチェックのテーブルクロスの上に、繊細なカップでアールグレイの紅茶が出される。菓子屋では、レモンシャーベット味のキャンディーやボンボンが広口びんに入れて売られている。オーガニックのはちみつケーキや、ピンクと白の綿雲のようなイチゴ味のメレンゲを売るベーカリーもある。

この魅力的な町は昔から王室と縁が深く、北に10キロほど行くとアン王女の別荘であるギャトコム・パークがある。近くのウェストンバート森林公園で開催される国際ポロトーナメントや、数キロ南のバドミントンで行われる馬術競技会には、金持ちやセレブが集う。また、テトベリーではボーフォート公爵家主催の狐狩りも行われる。これは英国最古にして最大の狐狩りの一つで、野生動物を犬の群れを使って狩るのが違法になった今でも行われている。そういうわけで、テトベリーのホテルやレストランは、地元の金持ちやバス旅行の団体客で潤っているのだが、一つのビジネスが苦戦している。チャールズ皇太子の領地にある有機農場だ。

ＥＵと米国が補助金を出して集約農業を促進している時代に、ハイグローヴ・ハウスの農場が浮き彫りにするのは、工業型農業に嫌気がさして、より優しく自然な形で動物を育て、土地を管理しようとする人が直面する金銭面での障害である。もちろん、チャールズ皇太子にとって、その損失を肩代わりするのは何でもないが、皇太子はマリー・アントワネットのように、王族という重責から逃れる気晴らしを求めて、この農場を始めたわけではない。皇太子は持続可能な農業の擁護者であり、次期国王としての影響力を行使して、国内でも海外でも、政治家、食品業界、慈善家に働きかけてきた。しかし、「正しい行い」を商業的に成り立たせるのがどれほど大変かということを、彼は身をもって学んだ。

1980年代半ば、皇太子は自分の農場「ホーム・ファーム」を完全な有機農業に切り替えることにした。環境的にも商業的にもメリットがあることを示すのがその目的だった。それからほぼ30年がたち、皇太子のウェブサイトでは、農場は成功し、存続可能だとしている。「持続可能な有機農業のメリットを示すフラッグシップ（最高の事例）」と自称しているが、実情はそれほど順調ではない。[注1] 正直なところ、皇太子の農場は、いつも利益をあげているわけではなく、赤字にならないよう苦労している年もある。

この農場では、乳牛180頭、子牛150頭、種雌羊130匹（年間200匹から220匹の子羊が生まれる）、それに、珍しい品種の豚を数匹飼っている。土壌の力を最大限に活用するために、7年サイクルで輪作を行っている。有機で育てられたマトン（生後1年以上の羊の肉）は、テトベリー近くの高級ホテルのカルコット・マナーとロンドンのリッツに納められる。皇太子は、マトンを再び食卓に載せることに熱心だ。というのも、以前、羊農家の人が、近年ではラム（子羊）が人気で、年をとった雌羊が相応の値段で売れなくなったと嘆くのを聞いたからだ。ほかの商品は、皇太子が創設したブランド「ダッチーオリジナル」が販売する。ダッチーオリジナルはスーパーマーケットのウェイトローズと提携している。

皇太子のターゲットは高級市場だが、商品の値段が高いのは、皇太子の名前がついているからというだけではない。大半の小規模農家と同じように、ホーム・ファームは商品の多様化を進めており、現在、チーズの生産を検討している。「牛乳をチーズにしたら、価値は3倍になります。チーズにするコストは3倍もかからないので、検討しているところです」と農場のマネジャーは語る。

週3日、ホーム・ファームは古い家畜小屋を店にして、地元の人たちに野菜を売る。皇太子が店頭に立つことはないが、舞台裏では、意外なほど深く作業に関わっている。わたしは運良く農場のプライベートツアーに招待された。持続可能な食料生産に関心を持つ慈善団体やビジネスマンの小グループと一緒だった。それは素晴らしい経験で、特に、皇太子についていろいろ知ることができたのは収穫だった。たとえば、皇太子は生け垣の手入れに情熱を注いでおり、枝の誘引や剪定に関する知識や技術は、玄人はだしだという。しかし、皇太子の地位と威信に恵まれたこの農場でさえ経営に苦心しているのであれば、集約化を拒む一般の農家はどれほど大変だろうと、思わずにいられなかった。

第2次世界大戦後、欧米の農業は集約化に向かった。そもそもの動機の一部は、崇高なものだった。各国政府はそうすることによって、食料不足と、配給手帳に頼るような日々を早急に終わらせようとした。特に英国民は、大切な食料を運ぶ船をドイツのUボートに沈められた悪夢を忘れられなかった。そうした経験からどの国も食料の自給を目指すようになり、新たな法律が可決され、それがその後数十年の方向性を決めることになった。新戦略は、生産を増やすことに的を絞っていた。生産を倍増させようとする農家を後押しするために、巨額の税金がつぎ込まれたが、その長期的な影響については、ほとんど考慮されなかった。

英国では、1947年の農業法制定を機に、農業は工業化に向かい始めた。[注2] 米国では、すでにその動きは加速していた。1933年に「ファーム・ビル（農業法）」が定められ、工業化を目指す農家に、補助金が支給されるようになっていたからだ。農家は最新の農薬、機械、技術を使うよう奨励され、1種類の作物や家畜を育てるようになった。作物と家畜を交互に育て、家畜の糞が疲弊した土壌を復活させるという、昔ながらのサイクルは失われ、代わりに人工の肥料が使われるようになった。こうして農業は産業になり、自動車やテレビの製造と同じで、品質より量が優先されるようになった。農業革命の始まりだった。[注3]

政策と補助金が、この新しい動きを後押しした。農業大学は次世代の農家に新しい方法を教え、アドバイザーやセールスマンが田園地帯を巡って、農家の人々に、「集約化か、さもなければ廃業か」というメッセージを広めた。その農家の中に、コンパッション・イン・ワールド・ファーミングの創設者、ピーター・ロバーツがいた。

多くの農家（育てているのが鶏でも、ほかの家畜や作物でも）が、アドバイザーやセールスマンの言葉に従った。しかしロバーツは違った。彼は動物の福祉や環境を心配して、その新しい方法を拒んだのである。農家の多くは集約農業に魅了されたが、一方で、廃業に追い込まれる農家も多かった。第2次大戦の直後、英国の農業人口は50万人だったが、1980年までに3分の2に減り、[注4] 今も減り続けている。

農業は今やアグリビジネスの掌中にある。「現代の」農家を支援するために、いろいろな付随産業が生まれた。トラクターや農機メーカー、農薬や殺虫剤メーカー、種苗会社、飼料会社、製薬会社などだ。この新たなシステムを利用しない、あるいは利用できない小規模農家は困窮し、廃業した。1947年から2002年にかけて、カナダでも農業は急成長し、農家の収入はほぼ倍になったが、農家の手元に残る純利益は半分以下に減った。(注5)つまり、工業型農業の供給業者は繁盛したが、農家はそうならなかった。

1964年のルース・ハリソンの著書『アニマル・マシーン』では、工場式畜産が「完全に利益中心で回っており、家畜は、餌を肉という『商品』に変える能力によって価値を査定される」ことが語られている。(注6)現在ではようやく、閉じた扉の向こうにいる動物にとって集約農業が何を意味するかが、一般に知られつつある。おそらく『アニマル・マシーン』が、のちに偉大な家畜福祉の擁護者となるロバーツの心に火を灯したのだろう。同書が出版された当時、ロバーツはまだハンプシャーの自分の農場にいた。

ロバーツは「工場式畜産における家畜の不要な苦痛をなくすこと」と、「優しさと思いやりをもって家畜を扱うこと」の普及を使命とする慈善団体、コンパッション・イン・ワールド・ファーミングを設立した。工場式畜産との数十年に及ぶ戦いはこうして始まった。

最初はごく小さな組織で、事務所は自宅のキッチン、スタッフは彼と妻のアナの2人だけだった。対するのは、莫大な金と力を持つ組織であり、まさにゴリアテに挑むダヴィデのようだった。工場式畜産には世界各地の黒幕が絡んでいるので、それを改善する運動は、きわめて複雑なものとなる。理屈から言えば、「消費者は王様」なので、消費者を教育して、残酷で持続不可能で環境を汚染する工場式畜産の産物を買わないように導けば、それで解決しそうに思えるが、実際にはそれ以外の活動も必要だった。

キャンペーンの作用を人に説明するとき、わたしはよく「権力のピラミッド」を描く。変化を起こすには、キャンペーンはピラミッドの各段階に圧力をかけ、説得しなければならない。ピラミッドの頂点は、その問題について最終的な決定権を持つ個人か組織である。1992年まで、英国でのキャンペーンが相手にしたのは典型的なピラミッドだった。頂点は農相で、大々的な変革を提案して政府に通すこともできれば、逆に阻止することもできた。その下には事務次官、つまり官僚のトップが来る。閣僚は、政権が変わると総入れ替えになるが、選挙とは無縁の事務次官は、何年もその地位にいて権力をふるう。したがって彼らは現状維持をよしとしがちで、往々にして柔軟さに欠ける。その下は影響力のある国会議員、さらにその下は若手議員となっている。そしてピラミッドの底辺は、権力とは無縁ながら最も数が多く、まとまれば大きな力になれる存在、すなわち消費者という一般市民、わたしやあなたである。

影響を及ぼすには、国会でピラミッドの各層を動かすのが効果的だ。コンパッション・イン・ワールド・ファーミングが勝利を収めた初期のキャンペーンを思い出す。1991年1月の穏やかな朝、女優のジョアンナ・ラムリー、古参の国会議員、それに取材のジャーナリストたちとともに、官庁街を歩いていた。ラムリーは英国ではよく知られる女優で、保守党の若手議員、サー・リチャード・ボディとともに、妊娠している豚を鎖と首輪で拘束するのをやめるよう訴えた。これらの拷問器具は、妊娠している雌豚の動きを制限するために、狭い檻（ソウ・ストール）とともに妊娠期間の数カ月にわたって使用されていた。そうしておけば狭いスペースに豚をたくさん詰め込めるし、豚同士が喧嘩する心配もないからだ。鎖でつなぎ、あるいは狭い檻に閉じ込め、駐車中の車のように整然と並ばせる。豚は互いを噛むどころか、向きを変えることさえできない。どんな豚にとっても苦痛だが、とりわけ妊娠して重くなった豚にとってはあまりにも残酷な措置である。

わたしたちは、赤と青のリボンで束ねた嘆願書を携えていた。ラムリーは人々に見せるために、鎖と首輪も持ってきていた。彼女が報道陣に向かって、鎖と首輪を高々と掲げると、カメラのシャッターがものすごい勢いで切られた。

サー・リチャードはイースト・アングリアの農村地区を地盤とし、25年以上にわたって国会議員を務めてきた。彼の祖先は農民で、彼自身、かつては農業を営み、家畜を育てていた。また、戦後の農業を批判する文筆家でもあった。特に豚の福祉向上に情熱を傾けていた。その年、彼は、毎年恒例の議会の抽選で第2番になった。第20番までの人が、新しい法案を提起できることになっている。わたしたちは、このチャンスを生かして豚の福祉向上を訴えるよう、彼を促した。当時のわたしは、コンパッションでは新米のキャンペーン担当者だった。ピーターズフィールドの健康食品店の上にある狭い事務所で、上司のジョイス・ディシルヴァがサー・リチャードに、本当にやり遂げる気があるかどうか、心配そうに尋ねていた。サー・リチャードの元には、ほかにも法案が持ち込まれており、また、豚の問題に触れるなという圧力もかかっていた。彼は態度を変えないだろうか。わたしはジョイスが歓声をあげるのを聞いた。こうして戦いは始まった。

振り返ってみれば、わたしたちはそのキャンペーンをかなり冷静に、計画的に進めた。キャンペーンを熱心に支援してくれる議員がいて、しかも彼は与党の所属である。ゴージャスな有名人も応援してくれている。あとは、農相を説得するだけだ。勢いをつけるために、有権者に呼びかけ、議会に提出する嘆願書への署名を集めた。インターネットが登場する以前、嘆願書への署名は町で紙とペンを使って集めたものだ。報道機関に声明文を送り、派手なパフォーマンスも行って、メディアの注目を集めた。

議会でサー・リチャードの法案を協議し、投票する日がやって来た。少なくとも100人の票が必要とされた。たいした数ではないと思えるかもしれないが、議員提出の法案への投票率は、きわめて低くなることもある。多くの場合、出席を強制されないからだ。議場の雰囲気は肯定的だったが、当時まだ駆け出しだったウィリアム・ヘイグをはじめ、一部の議員は、ヨーロッパのほかの国が拘束具を使っているのに、英国だけ禁止するのはどうだろうと及び腰だった。しかし、一刻も早い対応を求める声が、彼らの懸念を吹き飛ばした。

保守党の議員、マイケル・ブラウンは、英国の植民地支配の過去を例に引き、原理原則に基づいた立場をとる重要性を訴えた。彼はこう語った。

「17世紀から18世紀にかけて、フランスと英国が帝国を形成し、その帝国を支えるために奴隷を使っていました。しかし、英国議会はいちはやく奴隷制の廃止を決めました。皆さんは、当時の議員たちが、時期尚早だ、フランスやほかの国が廃止してからにしようと言ったとお考えですか?」

ついに、採決の時が来た。わたしたちは歓喜の声をあげた。賛成118票、反対はわずか2票だった。わたしたちは勝った、とその時には思った。しかし、それで終わりではなかった。法案はさらに議会のハードルを二つ越えなければならず、議員提出法案の大半と同じく、最終的には時間切れになった。反対派が、どうでもいい話を延々として貴重な議論の時間をつぶすという、きわめて反民主的な作戦をとったからだ。わたしたちは激怒し、多数の支持を得たその改革を何としてでも実行すると心に誓った。そしてついに、農相を納得させることができた。政府はその法案を取り上げ、可決し、施行された。

1993年以降、農業政策の変革はより複雑になった。EUが誕生し、ヨーロッパ市場が統合されたため、主要加盟国の権力ピラミッドに働きかけなければならなくなった。EU本部の是認を得るには、できるだけ多くのピラミッドに働きかける必要がある。現在、EU加盟国は28カ国だが、さらに増える予定で、そうなるとますます大変になる。だが、プラス面もある。改革案が可決されると、1国だけでなく全加盟国で発効するからだ。

ヨーロッパと米国で、工場式畜産からの脱却を阻む最大の障害となるのは、補助金制度かもしれない。農業補助金は、食料生産というゲームで絶大な力を持っており、チャールズ皇太子のように集約農業を避けようとする生産者の足を引っ張る。「共通農業政策（CAP）」と聞いてもぴんとこないかもしれないが、それは工業型農業をめぐる議論の中心となるもので、実のところ、EU諸国の工業型農業システムを支えている。

CAPの本来の目的は、欧州の農家の生活水準を上げ、消費者が質の良い食品を適正な値段で買えるようにし、農村の伝統を守ることだったが、保護と奨励を軸とするその複雑なしくみが、多種を育てる従来の農業を衰退させ、農場にいた家畜を畜舎の中に追い込んだ。今やヨーロッパの家畜の5匹のうち4匹は、工場式畜産で飼育されている。

ＣＡＰは誕生した当初から、農家に直接補助金を与えて生産量の増大を促し、大規模農家が最もその恩恵を受けてきた。それが過剰生産をもたらしていると現在では批判されている。大量のバター、穀物、牛乳、それにワインなどが、ＥＵ外の市場に投げ売りされ、その国の生産者を苦しめている。近年、制度が変わり、生産量と支払いが「分離」され、補助金は対象とする作物の栽培面積に応じて支払われるようになった。加えて、支払い額に上限が課されるようになったが、大規模農家が最も潤っていることに変わりはない。この起源は、ＥＵの設立当初にさかのぼる。工業製品の自由貿易に合意する代わりに、農業補助金制度を導入するよう、フランスが主張した。この制度は、今ではＥＵ最大の金食い虫となり、論争の的となっている。補助金の額は年間480億ポンド、ＥＵの予算のほぼ半分を占めている。補助金を受けるには、環境保護や動物福祉の基準を満たしていなければならないが、それが本当に守られているという保証はない。

米国にも、工業型農業を支える独自の補助金制度がある。それは「農業法」で、政府が支援する数十億ドル規模のプログラムだ。2008年度は、5年間にわたる農業政策にほぼ3000億ポンドの支出が承認された。(注7) このプログラムを通じて、米国の農家は年間数十億ドルの補助金を受けている。(注8) 最も補助金が多く支払われる作物はトウモロコシだ。米国の「安い」肉文化を支える飼料の中心となるもので、1995年から2010年までの間に、770億ドルの補助金が投入された。(注9)

そのおかげで消費者は家畜の肉を安く買えるようになったが、家畜のほうは、屋内の劣悪な環境で安いトウモロコシや大豆を餌にして育てられるという多大な犠牲を強いられるようになった。

コンパッション・イン・ワールド・ファーミングの一員として、わたしは20年にわたって、CAPの改革を訴えるキャンペーンを進めてきた。CAPにはヨーロッパ各地の強力な利権がいくつも絡んでいるので、このキャンペーンには時間がかかる。変革のチャンスはおよそ5年ごとに訪れる。王立鳥類保護協会や全英消費者協議会といった慈善団体や組織と協力して、広く社会にメッセージを伝えようとした時のことはよく覚えている。コンパッションの仲間が死神の格好をして、街頭で人々に金を手渡した。わたしたちが伝えたかったのは、CAPは税金を使って農業を台無しにしているということだった。そのようなキャンペーンによって、ことをいくらか良い方向に進ませることができたと信じたいが、工業型農業に注がれている巨額の補助金を別の方向に向かわせるという目標はあまりに遠大で、達成できる見込みは薄い。現在、CAPの予算のうち、動物福祉の改善に使われているのはわずか0・1パーセントだ。予算と問題の規模からすると微々たる額である。

新たな制度との戦いでは、往々にして、当局よりも小売業者を味方につけたほうが話が早い。この件に関して鍵を握っているのは、スーパーマーケット、ファストフードレストラン、大規模な食品製造企業だ。それらのシェアはとにかく大きい。英国では、5大スーパーマーケットであるテスコ、セインズベリー、モリソン、アズダ、コープが、食料品市場のおよそ8割を占めている。世界的に見ると、米国を本拠地とするウォルマート（アズダもその傘下）が第1位、フランスのカルフ

ールが第2位、英国のテスコが第3位である。(注10)

世界のレストラン市場もやはり大企業が支配している。マクドナルドが第1位で、第2位のヤム・ブランズ（ケンタッキーフライドチキンとピザハットが傘下）の2倍の利益を上げている。この2社に、スターバックス、バーガーキング、サブウェイが続く。(注11)

これらの企業は、食のシステムに大きな影響力を持っている。その力は、いい方向にも悪い方向にも作用する。このような企業と力を合わせれば、食と農業のシステム全体、つまり農家が家畜を育てる方法から最終的な製品に至るまで、画期的な変化を起こすことができる。これらの企業は、草で育てた牛の牛乳だけ、あるいはケージに入れない鶏の卵だけを店頭に置くといったん決めれば、政府よりよほど迅速に動けるはずだ。英国では、セインズベリー、コープ、ウェイトローズ、マークス&スペンサーは平飼い卵だけを売ると決め、すべての店でそれを徹底させた。

そうした企業主導の動きと、EUのバタリーケージ禁止の試みを比べてみよう。EUが1999年にこの決定を下したとき、生産者には12年もの猶予期間が与えられた。移行するには十分すぎる期間だと、あなたは思うだろう。だが、2012年1月1日にその新法が発効しても、半分近くの国でまだ移行が完了しておらず、違法となったケージに何百万羽という鶏が飼われていた。

おまけにこの新法も、完璧というにはほど遠いものだった。新法はいわゆる「改良型ケージ」を認めていたからだ。結局、鶏に与えられるスペースは、1羽につき絵ハガキ1枚分ほど広くなっただけだった。止まり木にとまったり、脚を動かしたりするスペースはできたが、鶏は依然として日の光を見ることもなく、傾斜のある金網床の上で暮らさなければならない。傾斜があると、産み落とされた卵が下方に集まるので、回収が楽だが、鶏は脚がずっと大変なままだ。つまりこの新法の成立は画期的な一歩ではあったが、ヨーロッパの鶏の福祉は、わたしたちが誇りとするレベルにはほど遠い。だが、ここまで来るだけでも、非常に長い年月がかかった。

小売業が、商品の生産過程をどう判断し、何を店で売るかには、消費者の見方が強く影響する。ほとんどのEU加盟国において、消費者（買い物客や、外食をする客）は、家畜の福祉に以前より関心を寄せるようになってきており、それが何を買うかの決断に影響している。研究や世論調査によれば、大半の人はこの問題を重要だと感じている。英国とフランスの消費者の約4分の3はそう考えており、その数はハンガリーとスウェーデン（ともに83パーセント）、ノルウェー（84パーセント）、イタリア（87パーセント）ではさらに多い。(注12) その結果、大手食品会社は、動物に優しい農場の製品を販売することに関心を寄せるようになった。

コンパッション・イン・ワールド・ファーミングは、動物愛護の方針を掲げる企業を毎年表彰している。2007年、下院で初めて開いた「良い卵賞（Good Egg Awards）」の表彰式で、わたしは初めて開幕の辞を述べた。以来、商品に関わる動物福祉基準を真剣に改善してきた約500社を表彰してきた。サブウェイ、スターバックス、セインズベリー、ユニリーバ、マクドナルドは、英国やヨーロッパではケージを使わない平飼い卵しか使わないと宣誓した。アズダ、コープ、それにアイスクリーム・ブランドのベン&ジェリーズは、放牧のシーズンに屋内に閉じ込められていた牛ではなく、屋外で草を食んだ牛の牛乳を原料とすると誓った。わたしたちはまた、英国で「最も思いやりがある」スーパーマーケットも表彰しており、この10年ほどは、ウェイトローズかマークス＆スペンサーのどちらかが受賞している。

わたしは映画の上映会でのスピーチを頼まれることも多い。ある環境映画の会社から、米国の映画『フード・インク』の紹介を依頼された。米国の工業型農業システムの「高度に機械化された暗部」を暴く映画だ。内容は衝撃的だが、実際に観てみると、この映画はシステムを批判するだけではないとわかった。未来への希望も描かれており、より人道的で持続可能な農業に切り替えている企業や生産者も取り上げられていた。インタビューのシーンでは、持続可能な有機食品を求める運動は、ダヴィデのような個人が取り組むものから、ゴリアテのような巨人が牽引するものになるべきだという意見が紹介されていた。つまり、世界最大級の企業に支持される必要があるというのだ。だからこそコンパッション・イン・ワールド・ファーミングは、業界最大手の企業とのパートナーシップを重視している。

大企業を動かそうとする時、必ずしも喧嘩腰で迫る必要はない。そのいい例が、1990年代にわたしたちが行った「雌鶏ヘティ」キャンペーンだ。ターゲットは、スーパーマーケットのテスコだった。それはいつも通りの平凡な日に、静かなコーンウォールの街のスーパーマーケットの通路で始まった。若い警備員が、顧客の質問に答えながら、万引きに目を光らせていた。万引きはしばしば起きるが、対処の仕方はわかっていた。だが、次に起きたことは、警備マニュアルには書かれていなかった。入り口から、身の丈1・8メートルほどの、ケージ飼いの雌鶏に扮した人間が入ってきたのだ。着ぐるみはぼろぼろで、ピンクの皮膚がところどころむきだしになっており、雌鶏は腕をばたばた動かし、悲しそうな目をしていた。この哀れな表情の生き物はショッピングカートを押しながら店内を巡り、その後ろにケージ飼いに抗議する人々が続き、さらにその後ろにジャーナリストが続いた。

警備員は慌ててその雌鶏に近寄り、店を出るように注意したが、雌鶏は店長と話すまではどこへも行かない、と言い張った。これはケージ飼いの卵に「農場直送」とか「産地直送」といった、まるで鶏が快適な場所で飼われているかのようなラベルを貼るのではなく、「ケージ飼い鶏の卵」と明記するようスーパーマーケットに圧力をかける、全国的な試みの一環だった。

その日の朝早く、わたしはラジオの生放送で、テスコの広報担当者と直接対決した。相手は、自社のラベル表記にやましいところはないと言い切った。彼は実に雄弁で、リスナーにも、説得力があるように聞こえたことだろう。彼は知らなかったが、その後の2週間のうちに、雌鶏ヘティは、地元メディアをお供に、およそ30のテスコの店舗を訪ねる予定だった。わたしたちは大企業の弱点を突いたのだが、彼らがそれを気に入っていないことはすぐ明らかになった。

ヘティが最初の店に現れてまもなく、例の広報担当者からわたしに電話がかかってきた。「やめてください！　やめてください！」と彼は懇願した。「ラベルを変えますから」。それから、テスコのケージ飼い卵は「ケージ飼い鶏の卵」と明記されるようになり、平飼い卵もそれまでより多く売られるようになった。数年後、ＥＵはケージ飼い卵に、同様の明確なラベルを貼ることを義務づけた。

コンパッション・イン・ワールド・ファーミングの創設者であるピーター・ロバーツ自身、１９８０年代に、修道士を相手に画期的なキャンペーンを行い、消費者の力の大きさを知った。ウエスト・サセックスのストーリントンにあるプレモントレ会の修道院、イングランド聖母修道院では、檻に閉じ込めて育てた子牛を食肉用に売って利益をあげていた。子牛は、生まれてすぐ母牛から引き離され、幅60センチメートルほどの檻に閉じ込められて短い生涯を終える。鎖で首を檻につながれていることも多く、向きを変えることも、体を伸ばすことも、ゆったり横たわることもできない。牛乳しか与えられず、生後6カ月でと畜されるときには、衰弱しきっていて、処理場まで歩いていくのもままならないほどだ。驚くほど残酷なこのシステムは子牛を貧血の状態にして、極上の柔らかな白い肉を得るのが目的である。

ストーリントンの修道士たちが特別だったわけではない。当時、英国、ヨーロッパ、米国では同じようにして子牛の肉が生産されていた。しかし、ロバーツは、このような残酷な行為を修道士が行っているということが、市民の心を捉えるだろうと予測し、コンパッション・イン・ワールド・ファーミングを原告として修道士たちを起訴することにした。そして1911年動物保護法と1968年農業法に基づいて、9件の虐待の罪で修道士たちを告発した。

コンパッションのメンバーは法廷で、いらいらするような1日を過ごした。陪審員や傍聴席の女性たちは、ピーター・ロバーツに好感をいだいたようだった。彼は俳優のリチャード・バートンそっくりで、ツイードのジャケットを着こなし、鮮やかな黄色のトライアンフ・スピットファイア（オープンスポーツカー）で裁判所に乗りつけた。しかし、彼は敗訴した。檻は「不必要な苦痛」をもたらさないという判決だった。コンパッションは裁判費用1万2000ポンドを支払うよう命じられた。当時まだ小規模だった慈善団体には大変な金額である。(注13)

しかし、この敗北は一時的なものにすぎなかった。メディアはこの話に飛びつき、人々はこのシステムが子牛をひどく苦しめていることを十分に理解した。ロバーツはよくこう言ったものだ。「どんな愚か者でも、これが残酷なのはわかるはずだ」。その残酷さにぞっとした消費者は、その思いを態度で示し、子牛の肉はスーパーマーケットで売れ残るようになった。「子牛肉」という言葉は禁句になった。公判からほどなくして、修道士は農場を売ると発表した。経済的に立ち行かなくなったうえ、散々な評判が広まったからだ。

当時の保守党政権にその熱気が伝わり、ロバーツはこの問題を論じる閣僚会議に招かれた。その日のうちに、政府は子牛の檻を禁止すると発表した。しかし、その必要はなかった。というのも、市民の嫌悪感があまりに激しかったため、その頃には、子牛を檻に閉じ込める農場は英国国内にほとんど残っていなかったからだ。残りは飼育方法を変えたか、農場を閉じた。これは消費者のパワーを見せつけた輝かしい事例である。

問題は、消費者が情報を十分に得られないため、力を発揮しにくいところにある。利権を握る企業は、あらゆる手段を講じて、肉や乳製品がどのように生産されているかという、往々にして醜い真実を隠そうとする。もちろん、知りたくないという人はたくさんいる。しかし、十分な情報を得たうえで、正しい選択をしたいと思う人は増えている。だからこそ、ラベルの表記が重要だ。法律によりヨーロッパの卵は、生産方法がラベルにきちんと表記されるようになったが、肉と牛乳についてはそのような法律がないため、小売業者やレストランは、あの手この手を使って、それらがより食欲をそそるようにしている。

たとえば、ロンドンの高級レストラン、ジ・アイヴィーでは、レギュラー・メニューに「トウモロコシで育った鶏」の料理がある。まるでトウモロコシで育ったことに価値があるかのような書きぶりだ。下院にあるアジャーメント・レストランのメニューにも同じような表記が見られる。実のところ、今日の鶏は皆、トウモロコシで育っており、その大多数は工場式養鶏場で飼われている。したがって、いかにも高級そうな「トウモロコシで育った」鶏というのは、工場で育った鶏の別名にすぎない。

不要な苦しみを与えずに生産されたことを示すロゴやマークも誤解を招きやすい。英国の通称「レッド・トラクター」マーク（正式には「保証食品基準」マーク）は、「動物福祉の水準が高い食品」の証とされている。(注14) だが実際には、最低限の法律と政府のガイドラインを満たしているだけということも珍しくない。2002年にコンパッション・イン・ワールド・ファーミングは、「レッド・トラクター」の認証を得た食品を、王立動物虐待防止協会の「フリーダム・フード」の基準と、権威あるオーガニック認証機関である英国土壌協会の基準に照らし合わせてみた。その結果、「レッド・トラクター」の認証はまったく無意味であることがわかった。母豚は狭い檻に閉じ込められ、子豚は尾を切断され、鶏は工場式養鶏場のケージにぎゅうぎゅう詰めになっていた。10年後、再び調査したが、状況はほとんど変わっていなかった。動物福祉に関して、「レッド・トラクター」の評価基準は最低だった。

一方、土壌協会のラベルは、動物福祉のゴールド・スタンダード（最も信頼できる基準）であり、「フリーダム・フード」も、動物福祉の度合いの高い、肉、牛乳、卵を選ぶ指標になる。

肉や乳製品のラベルをもっと信頼できるものにすべきだというわたしの思いは、『この動物はどのように飼われているのか』というタイトルの映画を見て、さらに強くなった。上映会で、招待された国会議員とロビイストの前に登場したのは、紺のブレザーを着てワイヤレスマイクを装着した9歳の少年だった。ビジネス・イノベーション相ヴィンス・ケーブルの孫である彼が、この映画を制作した。少年は、肉・乳製品のラベルを飼育状況を正確に伝えるものにするための法律の必要性を訴えた。この上映会は新たなキャンペーン「ラベリング・マター（ラベルが重要）」の先触れとなるものだった。このキャンペーンではコンパッション・イン・ワールド・ファーミング、王立動物虐待防止協会、英国土壌協会、世界動物保護協会が協働し、卵に関してコンパッションが成し遂げたように、肉と牛乳についても、生産方法を示すラベルの貼付を義務づけるよう、英国とヨーロッパの政府に求めている。

消費者の選択で要となるのは、買うものについてよく知ることだ。あまりにも長い間、消費者は誤解を招くラベルがついた工場式畜産製品を買わされてきた。もう十分だ。ラベルは簡潔な言葉で書かれるべきであり、曖昧なマークやロゴで示されるべきではない。また、何を目立たせるかについてもきちんとしたガイドラインがあるべきだ。さもないと、事実を小さい字で書いて隠そうとする輩も出てくるだろう。

キャンペーンでシステムを変えようとするとき、戦う相手は、利権を握る膨大な数の業者と人々だ。穀物を保管と輸送が容易な「複合」飼料に変える飼料メーカー、農家に最新機器を売りつける農業機械メーカー、農家に殺虫剤と除草剤を売って、集約農業のトレッドミルに乗せようとする化学薬品会社と農薬会社、集約的な飼育につきものの病気を防ぐために抗生物質を売りさばく製薬会社と獣医、そして農民である。

この間に農業関係のメディアが存在するが、その刊行物は、化学薬品会社、製薬会社、農業機器メーカーの広告に依存しており、まるで集約農業のチアリーダーのようだ。そのようなメディアは、農業が進む方向に懸念を示す人には「反農民」というレッテルを貼る。(注15) 農家の人々は、最新の製品を売りたいセールスマンや、工場式畜産モデルを唯一の未来像とする政府と業界団体からひっきりなしにアドバイスを受け、プレッシャーをかけられ、甘言に惑わされている。したがって、その集約的な手法を批判されたら、強固に反発するのも無理はない。結局彼らは、皆がこの道を進めと強く言い続けるので、そうしているだけだ。そして多くの農民たちはすでに膨大な投資をしているので、このシステムをよしとし、身動きがとれなくなっているのである。

# 第17章 新しい材料――食物について再考する

ハックニー・シティ・ファーム（ロンドンにある観光農場）を訪れたのは初めてだった。中庭には十数羽の雌鶏とカモがいて、その庭を囲むようにして小さな家畜小屋が並び、数匹の羊と山羊、それに1匹の豚が飼われている。都会のど真ん中にありながら、ここには聖域のような静けさが漂っている。田舎風カフェのメニューには個性的でおいしそうな品が並ぶ。水牛の乳のモッツァレラチーズ、イタリア産ソーセージ、ウサギ肉のラグー。このファームはどちらかと言えば、農場というより触れあい動物園といった感じだ。

ここでトリストラム・スチュアートと会う約束になっていた。彼は作家で、食品廃棄物を減らす運動に取り組んでいる。蛍光色のサイクリング・ジャケットをまとい、ヘルメットを小脇に抱えて現れた。頭のまわりを1匹のハチが飛び回っていたので、追い払おうとすると「触らないで！　たぶん僕のハチだ！」と大声でそれを制した。彼は、最近、地方からロンドンに越してきたばかりなので、田舎の生活が恋しく、ハチを飼って寂しさを紛らわせているらしい。

彼は食品廃棄物問題の規模についてこう話した。

「現在、世界の食料の2分の1から3分の1が捨てられている。その一方で、10億人が飢えていて、わたしたちはより多くの食料を生産しようと、残っている森林を伐採し、農地を奥地にまで広げている。けれどもここに、農地の負担を減らし、食料を世界中に行きわたらせ、しかも、犠牲をまったくかほとんど伴わない方法がある。それは食品の廃棄を減らすことだ。」

20世紀半ばくらいまでは、英国の家庭では食べ物をほとんど捨てなかった。ところが今、およそ4分の1がゴミ箱に投げ込まれている。(注1) 米国はもっとひどい。およそ30パーセントを捨てている。(注2) 農場、加工者、小売店、消費者と、食料供給連鎖《フードサプライチェーン》のすべての段階で、食品は廃棄されている。先進国において、食品の廃棄量が多いのは、店、ケータリング、一般家庭だ。(注3) スーパーマーケットの食品は、棚に並ぶ前に配送センターで廃棄されることもあれば、賞味期限を過ぎて店で処分されることもある。スチュアートは、世界全体で、最終的に捨てる食料の生産に使われる水は、90億人（2050年の予測世界人口）分の家庭用水に相当すると試算する。そして、それらを捨てるのではなく豚や鳥に食べさせたら、食料生産に使われた土地と石油と水ははるかに有効利用されたことになる、と考えている。「そのために人間は動物を家畜にしたんだ」。しかし、工業型畜産が増え、「わたしたちは、合理的だった畜産を180度ひっくり返し、人間が食べられるものを家畜に与え、かつては家畜に与えていたものを廃棄するようになった」と力説する。

このテーマに関する彼の著書『世界の食料ムダ捨て事情』は、食料を捨てるわたしたちの社会が、遠くの国の貧困層にどう影響しているかを語る。たとえば小麦などの主食になる穀物は、世界市場で取引され、その値段は需要と供給のバランスによって決まる。需要が増えれば価格も上がる。世界で生産される穀物の3分の1が、増える一方の工業型畜産の家畜に与えられているのだから、世界中で食料価格が上がり始めているのも不思議ではない。「このように食べ物を使うのは、食べ物を世界の市場から、そして飢えている人の口から、取り上げているのも同然だ」とスチュアートは言う。

ＥＵは、貴重な食料を何百万トンも捨てている一方で、毎年４０００万トンもの家畜の餌を南米から輸入している。スチュアートは「今の畜産システムをこれからも続けた場合の、経済と環境のコストを考えてみる必要がある」と言う。いずれにせよ、食料の大量廃棄を改めたほうがいいのは当然のことだ。そうすれば、食料生産にいくらか自然の秩序を取り戻すこともできるだろう。

そうした常識とともに、科学が、未来のメニューの形成に一役買っている。オランダのヴァーヘニンゲン大学の「自然志向」の学者、ウィレム・ブランデンブルクとルネ・ウィジュフェルスに会った。彼らは食料として藻や海草を大々的に養殖する可能性を探っている。

59歳の植物学者、ブランデンブルクは、自分の温室を案内してくれた。ぼこぼこと泡のたつ水槽がずらりと並び、中は海草でいっぱいだ。彼はねばねばした海草を引き抜いてわたしに見せた。「30万6０００平方キロメートルの海草養殖場があれば、１００億人が必要とするタンパク質を作ることができます。ポルトガルのおよそ4倍の広さです」。地球の表面の70パーセントは海なので、つまり、ほんの少しの海で、大量の食物を生産できるということだ。

ブランデンブルクは、人類が直面している問題の規模を十二分に知っている。「これからの40年で、今の倍の食料を半分の資源で生産できるようになっていなければなりません。それゆえに、海草に注目し、期待をかけているのです」。海草は消化が早く、含まれるタンパク質の量が肉にひけをとらないというのは、嬉しい驚きだった。

未来のテクノロジーの面白い組み合わせとして、彼は、洋上風力発電プラントの下に格子をつるして、海草を養殖することを検討している。すでにオランダ南西部のゼーラント州沖に、実験的な養殖場を設置しており、海草は「植物生産を倍増する原動力」だと熱心に語る。実現すれば、これ以上土地を使わずに食料供給量を大幅に増やせる。

もう1人の海草ファン、ウィジュフェルスは、大学の「海藻パーク」の責任者だ。それは小規模な工業団地のような様相をしている。蛍光灯のような長いガラス管が連なった壁がいくつも並び、ブーンという低い音をたてていた。管には水が満たされていて、緑色のものもあれば、透明なものもある。彼は、その藻をタンパク質源とバイオ燃料にする方法を模索中だ。藻の養殖は従来の農業よりずっと効率がよく、藻を加工すれば、現在、主に動物の餌としてヨーロッパが輸入している大豆の代わりになると確信している。研究はまだ始まったばかりだが、2025年までに商業展開できる規模になると、彼は予測する。

わたしは数年前、通常、囲いの中で養殖するサーモンなどを、放流して育てる可能性を探ったことがある。有望な選択肢は海洋牧場で、そこで孵化・育成した稚魚を海に放流する。稚魚は自然環境で暮らし、やがて成魚になり、生まれ故郷として刷りこまれている海洋牧場に戻ってきて捕獲される、というしくみだ。その折に、2010年にアラスカで水揚げされたサーモンの半分近くが海洋牧場で育ったものだと知って嬉しかった。(注4)アラスカは、天然のサーモンに病気がうつったり、逃げた養殖魚が混雑したりするのを防ぐために、養殖を禁止しており、ゆえに海洋牧場の育成に真剣に取り組んできた。(注5)

日本は昔から海洋牧場が盛んで、90種以上の魚が商業的に、もしくは実験的に放流されている。(注6)スコットランド、スウェーデン、アイスランドなど多くの国でも、この形式の養殖を前向きに検討している。(注7)

ビル・ゲイツは、肉の生産方法は100年前から「ほとんど変わっていない」と言う。そろそろ変わってもいい頃だ。2013年、ロンドンで、世界で最も高価なビーフバーガーが、大勢の報道関係者の前で調理され、供された。このバーガーのパテは、オランダのマーストリヒト大学のマルク・ポスト教授が試験管で作った肉からできており、その開発には約20万ポンドかかった。資金を提供したのはグーグルの共同創設者のセルゲイ・ブリンで、牛の幹細胞から育てた極小の人造牛肉、約3000本が原料だ。公の場でそれを味見した後、ブリンはこう語った。「現段階では実現が可能だと証明されたにすぎないが、飛躍的に規模を拡大できると期待している」(注8)

ビル・ゲイツは、食肉生産の革新には「とてつもない商業的可能性がある」と考えている。目下のところ、その基本的なプロセスは昔から変わっていない。植物を家畜に与え、与えた植物のカロリーの何分の1かを肉、牛乳、卵というタンパク質の形で回収する。世界の肉の需要は、2050年までにほぼ2倍になる見込みで、すでに資源が枯渇している地球にますます負荷がかかる。ゲイツが言うように、その需要を満たし続けるのは不可能だ。「90億人分の肉を生産するのはとうてい無理だ」。90億人とは、予想される今世紀半ばの世界人口である。ゲイツは、本物の肉や卵と「等しく健康的で、より持続可能な方法で生産される」代替品を食品科学者が開発中だと語る。「すべての人に菜食主義者になれと言っているわけではない。地球にやさしい肉の生産を検討してみてはどうかと提案している」とゲイツは言う。未来は「完全な模造品」の時代になると彼は見ている。(注9)

そう思うのは彼だけではない。かつてウィンストン・チャーチルは、人造肉の可能性をこう見ていた。「50年後には、鶏の胸肉や手羽を食べるために鶏を育てるという愚行をやめ、適切な材料によって、これらの部位を別々に育てるようになるだろう」

ゲイツは、自らが出資し開発したベジタリアン専用の肉ビヨンド・ミートを試食し、「本物の鶏肉と区別がつかない」と、熱心に訴えた。彼は、ベストセラーになった『雑食動物のジレンマ』の著者、マイケル・ポーランの力を借りて、肉の消費を減らすのが望ましい「根本的な三つの理由」を詳しく説明した。健康、環境、動物福祉の三つだ。

健康については、赤身の肉を多く食べるとある種のがんになりやすいことが広く知られている。次に、現在の食肉生産が、気候変動、水の枯渇、汚染の大きな原因となっているのは周知の事実だ。最後に、倫理面から言えば、食肉と牛乳の生産の大半を担っている工場式農場は残酷な場所で、動物は不要な苦しみを味わっている。(注10)

米国とヨーロッパにおける試験管肉、つまり「培養」肉の研究に資金を提供している組織、ニューハーベストによれば、理論上は、細胞1個で世界全体を1年間養えるだけの肉が生産できるそうだ。ニューハーベストの創設者ジェイソン・メセニーは、それが完成したらどんな味になるかをわたしに説明した。「味は普通の肉とまったく変わらないはずです。同じものからできているのですから。まったく同じ味、同じ歯ごたえで、しかもより安全で、より効率的に生産され、健康にもいいのです」

試験管肉の大量生産が実現するのはずいぶん先だろうし、「気味が悪い」という壁も立ちはだかっている。しかし、メセニーは、これは追求するに値すると確信している。とりわけ健康面で大きなメリットがあるからだ。

「培養肉では脂肪をコントロールできるので、オメガ3脂肪酸といった健康にいい脂肪を増やし、健康に悪い脂肪を減らすことができます。したがって、心臓発作を起こすのではなく、防ぐハンバーガーも夢ではありません。「気味が悪い」というのは、むしろ今日の肉とその生産方法に向けられるべき言葉です。なにしろ、それは不健康で、安全でなく、持続可能でもないのですから。

第18章

# 解決策――迫り来る食料危機をどう回避するか

わたしは米国のディープ・サウス（保守的な最南部地方）、ジョージア州の、5世代が暮らす農家に滞在していた。一家は自分たちの伝統を誇りとし、未来に対して楽観的だった。主人のウィル・ハリスは58歳の堂々とした男である。レンガ色のシャツ、履き古したジーンズ、編み上げブーツ、くたびれたカウボーイハットが彼の制服だ。温厚ながら意志の強い野心家で、南部訛りがきつい。一家は、150年ほど前の南北戦争の時代から、この農場、ホワイト・オーク・パスチャーズで家畜を育ててきた。

「自然は単式農法を嫌う」とハリスは言う。「だからこの農場では、いろんな種を輪作してるんだ」。1060ヘクタールの土地に、非常に多くの家畜を飼っている。牛1800頭、食肉用の鶏5万羽、産卵用の鶏1000羽、羊800匹、その他もろもろ。おおらかな人物で、わたしを大歓待してくれた。昨日の夕方、農場を案内してくれた時には、ふたりしてワインをプラスチックカップで飲みながらだった。しかし今朝の彼は、仕事モードに戻っていた。これからオープントップのジープで、「正式に」農場を案内してくれると言う。慌ただしくコーヒーを飲み干し、出発した。松林を抜ける道をジープはガタガタと進み、沼地に着いた。小さな湖がいくつもあり、野生動物が数多く生息している。

「ここには魚、ヘビ、カメがたくさんいる」とハリスは言った。わたしたちの上を、ミサゴがゆう

ゆうと飛んでいく。穏やかな水面を2・5メートルほどのワニが滑るように泳いでいた。子どもの

頃のハリスは、兄弟とここでキャンプするのが好きだったそうだ「この池でよく泳いだもんさ。ワ

ニやいろんなのと一緒にな」と、にやりと笑った。ジョージアでは子どもはタフに育つ。

ジープに乗っての草原のサファリツアーは、延々と続いた。しかしその景色に、単調さは皆無だった。ハリスはこの草原を飼っている動物の目で見ていて、それぞれの草を指差し、メニューを読むようにその名を教えてくれた。「あれはベニバナツメクサ、草のクレームブリュレみたいなもんだ。あれはライグラス、牛の元気の素さ。これはネズミノオで牛と羊はあまり好まない」。猫のようなひげを生やした黒く若い雌牛が、低く鼻を鳴らし、舌でネズミノオを引き抜いた。

農場は輪換放牧で健全に運営されていた。家畜は、牧草地を順番に移動していく。大きな動物(牛)、小さな動物(羊)、家禽類という順番で、それぞれが好きな牧草を食み、糞の形で栄養を土地に還元する。こうすれば、土地が健康になるだけでなく、家畜の病気も予防できる。寄生虫や病原菌は、牛、羊、鶏で違うことが多いので、種別に家畜を移動させると、感染を防げるからだ。

わたしたちは足を止めて、羽が生え始めたばかりのひよこを眺めた。ひよこは、ぜんまいじかけのおもちゃのように、ばたばたと動き回っていた。それらが夜を過ごす小屋は、2週間ごとに移動する。「牛が糞をすると、それにたかる虫を鶏が食べるんだ」とハリスが説明した。この平原には、

約1万羽の鶏が飼われているが、とてもそのようには見えない。見渡すかぎり鶏小屋は一軒もない。

草原の未舗装の道をジープで走っていくと、輪換放牧がもたらすもう一つの恵みが見えてきた。「牧草地にとってフンコロガシは、神様からの贈り物だよ！」とハリスは急ブレーキを踏みながら、大声で言った。わたしたちは車を飛びおり、思わず地面に這って、1個の牛糞をまじまじと見つめた。わたしだってこの楽しさはよく知っている。

牛糞は、赤土にまみれ、粉を吹いたようになっていた。それを数匹のフンコロガシがせっせと押している。この虫は土に空気を入れるという重要な仕事をしている。ハリスは、虫たちを紙コップに入れた。「こいつらは地面を穴だらけにするんだ。こちこちの硬い道路でさえ！ 元気なフンコロガシの群れがいれば、その土は健康ってことだ」。彼は1匹をそっとつまんだ。コーヒー豆のような糞を両足で抱えている。自然がホワイト・オーク・パスチャーズに与えた認証である。

しかし、この農場は、昔からこうではなかった。第2次世界大戦後、ハリスの父親は工業型農業を始めた。「牛肉をいくら生産できたかどうかだけで、その質はどうでもよかった」とハリスは言う。工業型農業は儲けになったし、彼も父親もうまくやっていた。牛には穀物を与え、早く大きくなるようにとホルモン剤の注射もした。抗生物質を餌に混ぜ、牧草は殺虫剤や化学肥料まみれにした。だが次第に、ハリスはこのやり方に嫌気がさしてきた。40代で農場を引き継ぐと、集約型の生産で使っていたものをすべて捨て、農場を元の形に戻した。

そして今、彼の農場は、環境の持続可能性、動物福祉、上質な食品を実現した農場として有名になった。事務所の壁には、新聞の切り抜きが所狭しと貼ってある。どれも彼の農場運営の手法とその農産物を絶賛している。取引先には、フードサービス大手のソデクソや、スーパーマーケットのパブリックス、高級自然食品店のホールフーズ・マーケットが名を連ねる。その日の午後、パブリックスの店舗アシスタントがホワイト・オーク・パスチャーズの牛肉を見せてくれた。「飛ぶように売れるので、いつも在庫切れです」と言っていた。

豊饒な土地で、優しい農民に面倒を見てもらい、満足した消費者に食される幸せな牛が、減る一方の資源で増える一方の人口を養うこととどう関係があるのだろう？　確かに、ジョージア州は、おいしいビーフステーキなど夢でしかないマラウィやエチオピアからは遠く離れている。しかし、牛を小屋に詰め込み、抗生物質をふんだんに投与するハイテクの工場式畜産場では見つけることのできない答えが、この農場にはある。本書で一貫して訴えてきたように、工業型農業では世界の飢えは克服できない。小屋に閉じ込めて穀物を与える飼育方法は、生産するより多くを消費するからだ。(注1)大量の資源を消費する、無駄の多いフードシステムの一部である。それとは対照的に、ホワイト・オーク・パスチャーズは、牛に与えるためにペルーからわざわざ魚粉を輸入したりしないし、石油から作った農薬を畑にまいたりもしない。これこそ自然が意図した農業である。

これを大規模で展開できるのだろうか？　ハリスは自信満々だ。「今の10倍でもいけると思う」。彼は80人の人を雇っており、さらに事業を拡大する予定だ。

しかし、世界の食料となると、問題は地球規模になる。国連は、２０５０年までに食料供給量を現状からさらに70〜１００パーセント増やす必要があると予測する。(注2)それを工業型農業なしで達成するには、三つの原則に基づく常識的な取り組みが必要となる。三つの原則とは、人間の食を第一とする、食品の廃棄を減らす、未来を見据えた農業を行う、である。

## 人間の食を第一とする

現在、世界で生産される穀物の3分の1が、家畜の餌になっている。(注3) これが直接、人間の手に届けば、30億人を養うことができる。(注4) 穀物《シリアル》は大切だ。朝食のシリアルだけではない。パン、ペストリー、パスタ、トルティーヤ、パイ、ピザなど、世界中で人間が摂取するカロリーの半分は、穀物によるものだ。この大切な主食を、工業型畜産に回すことに何の意味があるのだろう。アルゼンチンの章では、世界の大豆生産の90パーセントが工業型畜産の家畜の餌になっていることを述べた。(注5) ペルーでも、工業型畜産の飽くことを知らぬ欲望は、海から魚を略奪し、養殖魚や豚、家禽の餌にしていた。機会さえ与えられれば、これらの閉じ込められた動物は、人間が食べないもの、食べられないものを人間が食べられるものに変えることができる。たとえば牛と羊は、草（地面に生えていて、ほかには何の役にも立たない）を肉や牛乳に変える。鶏は、牧草地や森や果樹園で、自分で餌を見つけ、肉と卵を生産する。そして豚とともに、残飯を大喜びでリサイクルしてくれる。

しかし工業型畜産のせいで、家畜は人間と食べ物を取り合うようになった。そしてすべての人が、その競争に勝ったわけではない。穀物など、家畜に与えられる植物性タンパク質のうち、肉やそのほかの畜産物として人間に還元される動物性タンパク質は、わずか6分の1だ。(注6) 工業型農業は、食料を作る工場とは呼べない。むしろその逆で、食べ物を作るのではなく捨てており、貴重な農地を無駄にしている。

家畜に与える穀物が半分になれば、まともな食料システムにずいぶん近づく。人間は穀物を食べるのか肉を食べるのかを選ばなくてもよくなる。正しい農業を行えば、どちらもずっと効率よく生産できるからだ。

**解決策**

**・反芻動物は小屋ではなく牧草地で育てよう**

牛や羊などの反芻動物は、ほかの動物も一緒に飼う輪換放牧の農場か、永年牧草地か、耕作限界地（耕作に向かない土地）で、草を餌にして育てるべきだ。そうすれば、人間には食べられない草が人間の食べ物に変わる。牛肉や牛乳を集約的に生産するために、牛を閉じ込めて穀物を与えるという無駄はもう終わりにしよう。

**・魚は家畜にではなく人間に食べさせよう**

世界で水揚げされた魚の3分の1は直接的には人間の口に入らない。それらは、養殖魚やほかの家畜の餌にされている。(注7) 乱獲や、そのあげくに死んだ魚や死にそうな魚を海に捨てるという愚行は世間によく知られているが、家畜や養殖魚の餌にするために乱獲が行われていることは、あまり知られていない。これらの行いをやめれば、海は過剰搾取という負荷から解放される。

以上、二つの目標を実現するには、法律、補助金制度、購買方針、研究と助言という形で、政府と消費者と企業が、強い行動に出ることが求められる。

## 食品廃棄物を減らす

北米とヨーロッパは食べ物の半分を無駄にしている。世界各地で飢えに苦しむ10億人の腹を満たすのに必要な食料の3倍から7倍もの量である。(注8) 実に驚くべき数字だ。先進国では、レストラン、給食業者、一般家庭など、フードサプライチェーンの至るところで食べ物が捨てられている。(注9) この問題に関するトリストラム・スチュアートの画期的な著作『世界の食料ムダ捨て事情』には、捨てられたさまざまな食べ物の写真が掲載されている。スーパーマーケットに納入を拒まれ、畑で腐るにまかされている野菜。見栄えが悪いからと、店頭に並ぶことなく捨てられたジャガイモ。溝に捨てられた「難あり」のバナナ。捨てられるのは野菜や果物ばかりではない。英国だけで、毎年、5000万羽の鶏、1500万匹の豚、10万頭の牛に相当する肉が、家庭で捨てられている。

昔は、地面の上で家畜を育てていた。家畜は草を食み、豚や家禽類は、台所から出る残飯を食べていた。このシステムは多様性に基づいており、資源を最大限に活用し、自然のプロセスに従い、ごみは出さないようにしていた。動物は、農場の自然なサイクルの一環として、糞と食物を提供した。しかし、工業型農業の台頭で、「わたしたちは、合理的だった畜産を180度ひっくり返し、人間が食べられるものを家畜に与え、かつては家畜に与えていたものを廃棄するようになった」とスチュアートは指摘する。

捨てられている食べ物を家畜の餌としてリサイクルできないだろうか。それを大規模で展開することは可能だろうか。わたしはロンドンの北東に位置するダゲナムに向かった。そこでは持続可能な産業が育てられている。リサイクル工場の中を見させてもらった。プラスチックのボトルが並ぶベルトコンベアから、飲料水の缶が選り分けられていく。金属製のヘラが銀白色の液体をかき回す。巨大な洗浄機がプラスチックとそのほかのごみを分別する。倉庫にはスパゲッティのように入り組んだパイプ、フレーム、音を立てている機械が並び、プラスチックボトルを再生していた。外では、膨大な量のつぶれたプラスチックボトルが順番を待っていた。ここを運営するクローズド・ループ社は、年間8億7500万本もの使用済みボトルを再生している。「10年前は、この工場のように、ごみを資源にする設備を作る技術がありませんでした。今、食品廃棄物はその段階にあります」と同社のニック・クリフは言った。

EUでは現在、家畜に畜産副産物（人間の食用にならない皮や血など）を与えることは禁止されている。2001年に口蹄疫が発生し、パニックになったのを受けての措置だ。その結果、大量の食品が埋立地に廃棄されるようになった。しかし、英国でもほかの国でも、埋立地はそろそろ尽きかけている。人口密度が高い英国南東部では、あと5年もすれば満杯になるため、ただ捨てるために、わざわざ何マイルも北にごみを運んでいる。このような埋立地の減少が、リサイクルを進める新たな動因となっている。

一方、野菜や果物は、生ごみでも正しく処理されたものは動物に与えてよいことになった。クローズド・ループ社は、英国の冷凍食品大手と協力して、廃棄野菜を動物の餌に加工している。現在、英国では、乳清や野菜くずといった大量の副産物が豚の餌になっているそうだ。(注10) できることは、さらにあるだろう。

より規模の小さい、地域的な取り組みもある。フランス北西部のパンスという村では、残飯を減らす試みとして、一般家庭に鶏を提供している。(注11) タワーハムレッツ・ロンドン特別区では、週に一度、残飯を回収している。さまざまなゴミが混じっているので、これはコンポストに回される。動物の餌にするより効率が悪いが、埋め立て地に送るよりはましだ。(注12) しかし、週1回しか収集がないので、多くの人、特に、家が狭い人は、この取り組みに参加するのをためらっているようだ。

日本、韓国、台湾はこの点で一歩進んでいる。どの国も、家畜に残飯を与えるのは最も効率的にリサイクルする方法だとわかっていて、残飯のリサイクルセンターを設けている。そこでは、残飯はきちんと殺菌され、いずれ人間が食べる家畜にとって安全なように加工される。(注13) 英国とEUで、食品をもっと簡単にリサイクルできるようにすれば、南米から毎年輸入している家畜の餌4000万トンを減らせるだけでなく、埋立地の負荷も軽減され、豚はもっとバラエティーに富む餌を食べられるようになるはずだ。

もちろん、残飯は、商業主義の食文化の産物である。この食文化では、人々に正しい食を届けることより利益が優先され、健康への害を無視して、必要以上に肉を食べるよう人々をけしかける。

新興国にも食品廃棄の問題はある。しかし、それは浪費によるものではなく、大方は、基本的な技術とインフラの欠如によるものだ。満足な貯蔵施設、冷蔵設備、輸送手段がないため、主食となる作物の半分がダメになることも珍しくない。(注14) そうした国々の食料安全保障を向上させるには、作物をより多く育てるだけでなく、基本的インフラを向上させることも重要である。

国連の調べによると、世界全体では、食べ物の3分の1が捨てられるか腐るにまかせるかして、ごみになっている。(注15) 世界の農地の28パーセントが、やがてごみとなる食べ物の生産に使われており、そのコストは7500億ドルにのぼる。スイスのGDP並みだ。(注16) これが半分になれば、10億人に食べ物を届けることができる。(注17) 残飯も、豚や家畜に餌として与えるなど、できるかぎりリサイクルすれば、さらに効率よく節約できる。

また、これまでの章で述べたように、肉の食べすぎを避けることは、先進国に住むわたしたちの健康のためにも真剣に検討すべき事項である。

## 解決策

### ・豚と家禽に残飯を与え、餌をあさらせる

豚と家禽類は、餌をあさり、リサイクルする天性の能力に恵まれており、残飯の処理はお手のものだ。しかし、現在では、それらに穀類や大豆を与え、大量の食品を無駄にしている。これらの家畜を工場式畜産で飼育するのをやめ、混合農場で餌をあさらせ、残飯を卵や肉に変えさせるべきだ。政府は、その実現に向けて法律と政策を整備しなければならない。

・ごみの減量に投資する

政府、市民社会、企業は、農家から企業、そして消費者に至るあらゆる段階で、食品の廃棄を減らす努力をすべきだ。手段としては、奨励金、購買方針、研究と助言の提供などがある。

・肉の食べ過ぎをやめる

安い肉を大量に食べるのではなく、高品質の肉を適量、食べるようにすれば、自分の体にとっても、地球にとっても、プラスになる。数々の研究が、肉と乳製品から飽和脂肪酸を過剰摂取するのは体に悪く、肥満、2型糖尿病、心臓疾患を招く恐れがあることを示している。(注18)動物性脂肪の摂取を30パーセント減らせば、英国とブラジルでは心臓病が約15パーセント減ると予想される。(注19)消費者、政府、企業、市民社会が協力して、健康で持続可能なバランスの良い食事を促進すべきだ。欧米諸国においてそれは、食べ過ぎをやめて、健康と幸せに配慮した環境で育てられている動物の高品質の肉を食べることを意味する。人々の健康にとっていいことだし、環境負荷も減る。

## 未来を見据えた農業

中国には次のような箴言《しんげん》がある。「いかに偉大な人物でも、生きていけるのは、5寸(約15センチ)の表土とそこに雨が降るおかげだ」

集約農業と気候変動のせいで、その大切な表土が失われつつある。そして一部の地域では、雨が降るという保証もなくなりつつある。

過去50年間で多くの家畜が野原から消え、小屋に閉じ込められた。そうなったのは、農業が土地から切り離され、「栄養の循環」をしなくなったせいだ。「栄養の循環」とは、太陽の光と雨が草に降り注ぎ、その草が動物の餌となり、その糞が土を肥やすという自然のサイクルのことだが、それが、化石燃料から合成した肥料に依存する新たなシステムに取って代わられた。化学殺虫剤と化学肥料にまみれた単式農法が土壌と環境を痛めつけている。国連は、今世紀中に世界の農地の生産性はおよそ25パーセント低くなると警告している。(注20) すでに世界の耕作地の3分の1では土壌の浸食が起きており。(注21) EU諸国も例外ではない。(注22) それ以外にも、土地は、都市化によって失われ、灌漑によって汚染され、(注23) 人間のせいであろうとなかろうと、かなりのスピードで砂漠化が進んでいる。(注24) そのうえ、バイオ燃料と工業型畜産の餌を育てるために、さらに負荷がかかっている。

土壌を健康にするには、さまざまな作物と家畜を育て、牧草で飼育する輪換放牧に移行するべきだ。そうすれば化学肥料に依存しなくてすむし、家畜もはるかに幸せな生活を送ることができる。輪作、緑肥（クローバーなどの作物をそのまますき込んで肥料にする）、森林再生を進め、急勾配の土地での農作をやめるなどすれば、土壌の浸食や劣化を防ぎ、再生することができるだろう。

解決策

## ・土壌の持続可能性を高めるために、作物と家畜を一緒に育てる混合農業に戻ろう

輪換放牧と輪作を軸とする混合農業を促進するべきだ。現在、欧米の豚と家禽の大半は、工場式畜産場に閉じ込められている。家畜と土地の自然なつながりを取り戻すのに、広大なスペースが必要なわけではない。たとえば英国では、年間で8億羽以上の食肉用の鶏を育てているが、それらを平飼いで育てるのに必要な面積は、ワイト島（訳注＊イングランド南東部の島。日本の種子島くらいの大きさ）の3分の1ほどにすぎない。英国の農地の1000分の1以下だ。(注25) 混合農業で育てれば、動物福祉上、望ましく、土壌の保全と持続可能性の推進にもつながる。

グローバル社会では、生産する食べ物の半分を、家畜に与える、廃棄する、基本的な技術の欠如ゆえに腐らせる、のいずれかによって無駄にしている。また、土地を酷使して目先の利益を追い求め、未来の持続可能な収穫を犠牲にしている。2050年までに、世界の人口はさらに20億人増える見込みであり、食物システムは今よりも70パーセントから100パーセント、効率を上げなければならない。従来のやり方で生産高を倍にすればいい、ということではない。

現行のシステムで食料の生産を2倍にするというのは、水漏れのひどい水道管の脇に、同じく水漏れのひどい水道管を敷設するようなものだ。家庭に届く水は増えるだろうが、無駄になる水も等しく増える。水道管を修理するほうが、はるかに得策だ。

本書を執筆する過程で、ヨーロッパ、南北米国、中国など各地を旅してきた。いろいろ見聞きし

た結果、世界を養うことについて早急に考え直さなければならないという思いはさらに強くなった。確かなのは、工業型農業がその答えではない、ということだ。表面的な効率性は、裸の王様の服に等しい。このシステムは食べ物を作っているのではなく、無駄にしている。

ほかにも発見したことがある。それは、現在そして近い未来の世界人口を養う手段を、わたしたちはすでに手にしているということだ。無駄にさえしなければ、現在世界では、110億人を養うに足る食料が生産されている。将来、世界を正しく公平に養おうとするのなら、食料の生産にはたくさんの共通認識が必要だろう。まず、食料をめぐって家畜と競い合うのはもう終わりにしよう。さらに、食品の廃棄を減らしてリサイクルし、家畜を工場式畜産の小屋から出して平原に放とう。そうすれば、人口が増える一方の縮みゆく地球で、真に持続可能な食べ物のレシピを手に入れることができるだろう。

## 図表4 世界の食料生産量（カロリー）と、サプライチェーンにおける損失、転換、廃棄

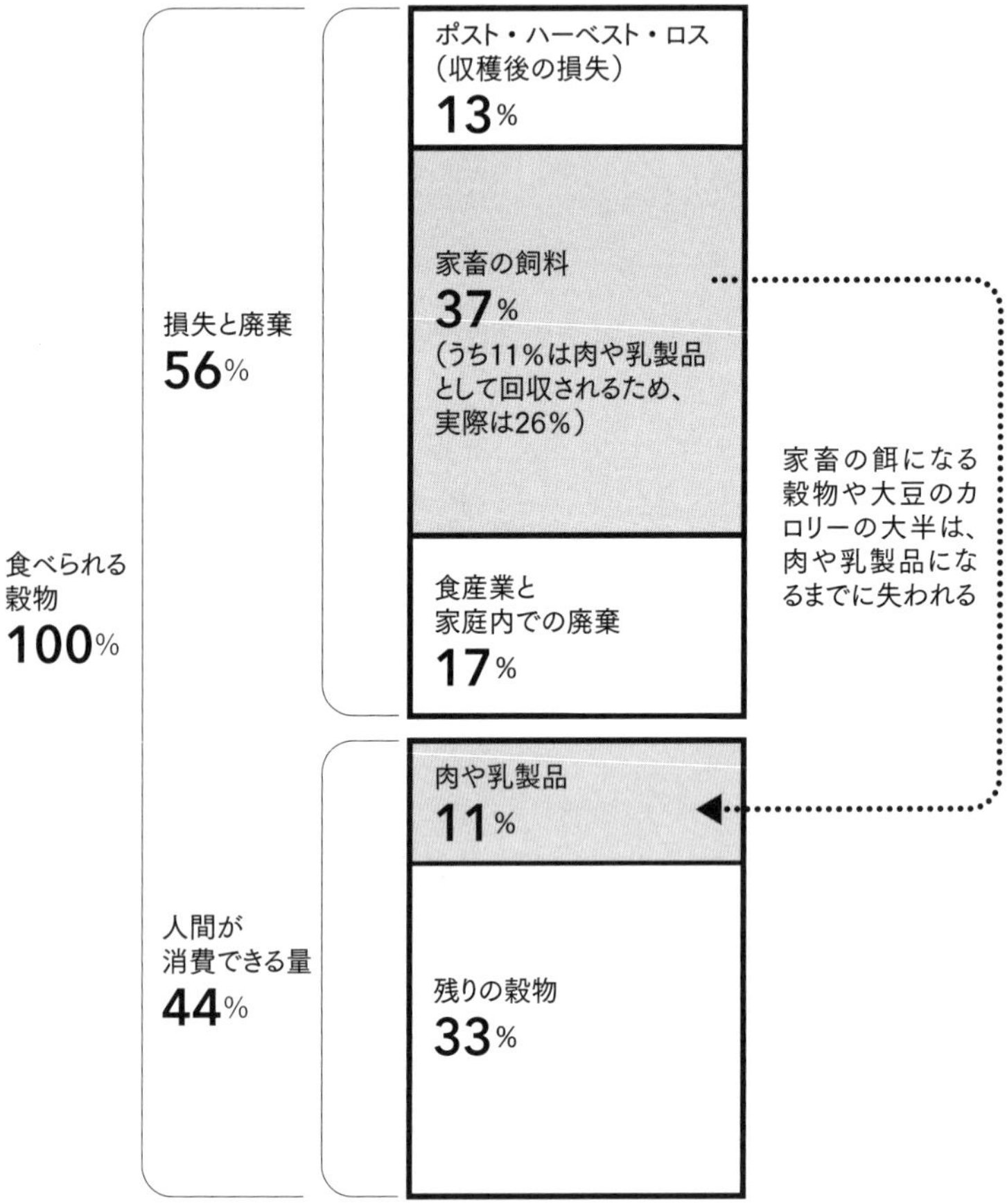


（出典）
Lundquist,2008 inC.Nellemann et al., *The Environmental Food Crisis-The Environment's Role in Averting Future Food Crises.*
A UNEP rapid response assessment,February 2009

図表5 廃棄——食べ物になるために飼われていながら、捨てられる家畜

第19章

# 消費者パワー――あなたにできること

未来の食をより良いものにする取り組みは、誰でもすぐ始められる。よりまともで、動物に優しい食のシステムを作る手助けをできる大きな機会が、食事を通じて1日に三度もある。

有名なシェフのヒュー・ファーンリー＝ウィッティングストールは、英国南岸にある自らの農場、リヴァー・コテージで、健全で素晴らしい料理を提供している。「すぐれた動物福祉はすぐれた食べ物につながることをわたしは常に見てきた」と彼は語った。「その違いは目でも舌でもわかるし、食べた後の身体の調子も違ってくるんだ」

ヒューと同じくわたしも、消費者は本物のパワーを持っていて、わたしたちが何を買うかによって、動物福祉も含め、農業のあり方がいい方向に変わると信じている。「思いやりのある消費」は、質の高い食べ物を選び、世界をファーマゲドンから救う素晴らしい方法だ。わたしはこうアドバイスしたい。まず、地面で生産された食物を買おう。工場ではなく真の農場で作られたものを。残りものを大切にして、食品の廃棄を減らそう。そして、肉を食べすぎずバランスのとれた食事をしよう。地面で生産された食品を買うには、「平飼い」「牧草育ち」「屋外飼育」「有機」というラベルがついているものを選ぼう。反芻動物（羊と牛）の肉と乳を買おう。最も持続可能な選択肢であり、どちらも牧草を食べ物に変える。

豚と家禽は、放し飼いで有機飼育であっても、欠点がある。現在のところ、それらは主に穀物や大豆で育てられている。EUの法律は食品廃棄物を家畜に与えることを禁じている。この法律はいずれ廃止され、自然のリサイクルの名手であるそれらは、再び野を駆け回るようになり、人間が食べられないものを食べられるものに変えてくれるだろう。しかし当面は餌には目をつむり、放牧した豚と鶏の肉と卵を買うことが、よりより食品を手に入れ、動物によりよい暮らしをもたらす手段となり、未来のより大きな変化を加速することにもなる。

「農場直送」「地方直送」「自然」「新鮮」といったラベルが付いた商品は避けよう。おそらく工場式農場で生産されている。「トウモロコシで育った」というラベルの商品も避けるべきだ。英国でよく見かける「レッド・トラクター」ラベルは、その肉や卵が全国農民連合などの基準に則って生産されたということであり、動物福祉のレベルが高いという証ではない。

英国では、王立動物虐待防止協会が、動物福祉レベルの高い食品には、「フリーダム・フード」のラベルを付与している。オランダでは、「ベター・レーベン（より良い生活）」ラベル、米国では「AWA（動物福祉基準承認済）」ラベルと「GAP（グローバル・アニマル・パートナーシップ）」ラベルを探すといい。オーストラリアでは、「RSPCA（動物虐待防止協会認証農業）」のラベルが目安となる。

### 子羊肉

通常、羊はほかの家畜よりも戸外で過ごす時間が長い。そこで、牧草を食べさせた家畜の肉で何を買おうかと迷ったら、子羊か羊の肉を選ぶとよい。育て方について、ラベルを確認するか、店のスタッフに尋ねること。牧草で育った子羊は、工場式畜産で育った子羊よりも健康で、慢性疾患の予防に役立つオメガ3脂肪酸を多く含んでいる。

### 牛肉

放牧、もしくは牧草を食べて育った牛の肉が望ましい。こうして育った牛は、行動も餌のとり方も、より自然に近い。工場式畜産で育てられた牛の肉よりも、飽和脂肪酸が少なく、ビタミンEとベータカロテンが豊富だ。

牛はたいてい集約的に飼育されている。小屋に閉じ込められ、不快なすのこ状の床の上で暮らすか、殺風景な肥育場に押し込められ、穀物か大豆を与えられている。米国では、包装に「牧草育ち」もしくは「放牧」となければ、おそらくその牛は肥育場で一生を終えたはずで、それは動物福祉に大いに反する飼い方である。繰り返しになるが、きちんとラベルを確認しよう。

### 乳製品

牛乳は、草原でのんびり草を食んで育った牛の乳房から搾るという、健康的なイメージがある。英国では今でも大方の酪農場では、夏季にはそうしている。しかし、米国やほかの国では、乳牛は「牧草なし」で育てられている。屋内か肥育場の囲いの中に閉じ込められ、新鮮な牧草を食むことなど決してない。残念ながら牛乳に関して、選択の目安になるようなラベルはほとんどないので、選ぶとしたら、オーガニックのものか、「フリーダム・フード」などの認証を得た、動物福祉に留意している生産者のものを買うようにしよう。

米国では、「AWA」ラベルがついたものを探そう。なければ、「Certified Humane（人道的飼育）」か、「農務省（USDA）認定オーガニック」のラベルがついた商品を選ぶ。乳製品の代わりに、豆乳、ココナツミルク、アーモンドミルク、デザートを選ぶという手もある。「BGH-free」「rBST-free」（乳の出がよくなる遺伝子組み換えホルモンを牛が注入されていない）ラベルを探そう。これらのホルモンはEUでは禁止されているが、米国では依然として広く使われている。

チーズとヨーグルトのラベルのチェックも忘れずに！　外食時には、紅茶に入っている牛乳やサンドウィッチに挟まれているチーズがオーガニックかどうかも確認しよう。メニューにそう明記していなければ、おそらくオーガニックではない。

オーガニックは富裕層や高級料理向けだとお考えだろうか？　英国のマクドナルドは、ホットドリンクにはオーガニックの牛乳しか使っていない。

## 卵

多くの卵は、今もケージ飼いの鶏から生産されている。世界では、殺風景なバタリーケージが一般的だ。そこでは、ワイヤー製の狭いケージに、何羽もの鶏が閉じ込められ、一生、羽を広げることもできない。

EUでは、バタリーケージは禁止されているが、今もかなりの割合の卵が、いわゆる「改良型」ケージで生産されている。これは止まり木があり、通常のケージよりやや広いが、相変わらず鶏は、適度な運動や自然な行動をとることができない。

EUでは卵には、生産方法のラベル表記が義務づけられていないが、「平飼い」や「オーガニック」の卵を探そう。そう書いてあれば、鶏は屋外に出る機会を与えられていたはずだ。平飼い卵はケージ飼いの鶏の卵に比べて、オメガ3脂肪酸や抗酸化物質、それにビタミンEが多い。一般に、戸外へ出ることができ、草やさまざまな餌を食べることができる家畜の肉や畜産物は体にいい。

「納屋」飼いとは、大きな小屋で飼われ、自由には動けるが、外には出られない鶏が産んだ卵だ。「ケージ飼い」や「改良型ケージもしくはコロニー・ケージ」というラベルのついた卵は避けよう。それらは、工場式養鶏場で生産されたことを告げるまれな例だ。

EU以外では、戸外へのアクセスを示す言葉がなければ、おそらくバタリーケージで飼われる鶏の卵だ。繰り返しになるが、「新鮮」とか「自然」と書かれているものは避けよう。よく「平飼い」と混同されるが、そのような意味はまったくない。

米国では、ほとんどの卵は、バタリーケージで採れたものだ。ケージ飼いではない鶏卵を買うには、「ケージ・フリー」と書いてあるか、「AWA」や「Certified Humane（人道的飼育）」など、動物愛護基準を満たしていると認証を受けたものを買おう。

マヨネーズ、ケーキ、クッキー、パスタ、キッシュなどの食品にも卵が入っている。材料の欄に「非ケージ飼い」とか「平飼い」となければ、おそらくはケージ飼いの鶏卵を使っている。

**鶏肉**

鶏肉を選ぶときに、わずかに多く支払うだけで、鶏の生活はずいぶん違ったものになり、あなたはより健康な鶏肉を買えるようになる。平飼いでオーガニックの鶏は、工場式畜産のものに比べて、50パーセントも脂肪が少ない。

一般に、スーパーの棚に並んでいる鶏肉は、生後6週間前後で食肉になる。平飼いの鶏は8週間、オーガニック、あるいは牧草を食べて育った鶏は12週間だ。

「平飼い」「放牧」、あるいは「オーガニックの鶏」なら、戸外に出る機会が与えられているはずだ。米国では「AWA」「GAP」「Certified Humane」など、動物福祉の基準を満たしていると認証を受けたものを選ぼう。「新鮮」「農場直送」「トウモロコシで育った」「野菜で育った」「自然」としか書いていない鶏肉は避けること。工場式養鶏場で育てた鶏なのに、とんでもない表記をしているものもある。「フレッシュ＆ナチュラル」、あろうことか「ケージ・

フリー」という表記もある！　鶏肉はごまかしが一番多い肉かもしれない。

妥協するとしてもせいぜい、動物福祉基準を満たして屋内で育てられた鶏だろう。そうした鶏には、英国では動物虐待防止協会の「フリーダム・フード」ラベルが、米国では「Certified Humane」ラベルがついている。

## 七面鳥の肉

鶏肉と同様に、「平飼い」や「オーガニック」のラベルを探そう。英国では、「フリーダム・フード」のラベルがあるかを見る。思いやりのある消費者としては、ゆっくり育てられた昔ながらの品種であるノーフォーク・ブラック、ブラックウィング・ブロンズ、ケンブリッジ・ブロンズを選ぶといい。

## 豚肉、ベーコン、ソーセージ

鶏と同じく、豚も工場式畜産で飼育されるのが常だ。畜舎に詰め込まれ、窮屈な檻に閉じ込められ、穀物、大豆、その他人間が食べるものを大量に与えられる。

しかし、近年は、少なくとも繁殖の時期、豚を外で飼うようになってきている。なかには一生の大半を外で過ごせる豚もいる。これはいい知らせだ。豚は好奇心旺盛な動物で、自分の世界をあちこち嗅ぎまわって探検する自由が必要だからだ。犬並みに賢いので、その自由を奪われると、非常に退屈し、苦痛を覚える。

EU諸国では、放牧かオーガニックの豚肉を求めるようにしよう。そうラベルにあれば、豚は戸外を自由に歩き回れる環境で生まれ、育てられたはずだ。放牧で育った豚の肉には、集約的に飼育された豚の肉よりもビタミンEと鉄分が豊富に含まれる。

「屋外飼育された」とある商品もお勧めだ。そうラベルにあれば、豚は屋外に出られる環境で生まれ、一生の半分ほどを屋外で過ごした。

「屋外生まれ」とあれば、その豚は屋外で生まれた（親豚にとって望ましいことではある）が、育てられたのは屋内だ。

米国では、妊娠した豚を閉じ込める「妊娠期間檻」を用いる生産者の豚肉やベーコンは避け、こうした道具を許可しない認証団体のラベルを探そう。「AWA」「Certified Humane」「家畜飼育5段階評価」「オーガニック」「米国人道協会認証」などがある。

いつものように、「新鮮」など、聞こえはいいが意味のない表現のものは避けること。

**養殖魚**

扱いに慎重を要する領域である。というのも、養殖魚のせいで、天然の魚の多くが危機に瀕しているからだ。サーモン、マス、タラ、ヒラメなど、肉食性の養殖魚は避けるべきだ。それらは、ペルー産のカタクチイワシなどの天然魚を餌にして育てられている可能性が高い。

持続可能性を考慮して捕獲されたのであれば、天然のサーモンとマスは、養殖ものよりずっと価値がある。天然のサーモンは、養殖ものよりも60パーセントも脂肪が少ない。

養殖ものを買うのであれば、「フリーダム・フード」の認証を受けたものか「オーガニック」と記された品を探そう。

## 地元で買い物をしよう

地元で生産された食べ物を買うというのは、理に適った選択である。もちろん、地元産だからといって、それが工業型農業由来ではないというわけではない。しかし、顔見知りの生産者から、あるいは地元の直売所や、スーパーの地元産のコーナーで買えば、食品の輸送距離が短くてすむので、カーボンフットプリント（CO2排出量）を減らすことができる。また、農家の人と親しくなり、ことによっては生産過程を見させてもらえるかもしれない。このようなつながりが地元の食料生産コミュニティーの絆を強める。当然ながら、地元で生産された食品のほうが、世界的なサプライチェーンに組み込まれた食品よりも、内情を調べるのが容易だ。英国のフードジャーナリストであるジョアンナ・ブリスマンはこう指摘する。「工場式農場はわざわざ一般開放日を設けて中を見せてくれたりはしない。だとすれば、数千キロも遠くの工場式農場で何が起きているかを、わたしたちに知るすべがあるだろうか」(注1)

## 残飯を大切にし、廃棄しない

食べ物を無駄にしないというのが、食料システムの改善に大きく貢献する、一番簡単な方法かもしれない。そうすれば、最終的にゴミ処理場に向かうために浪費される農地、水、石油、そして言うまでもなく動物の苦しみを減らすことができる。おまけに食費の倹約にもなる。

## 肉を食べ過ぎない

先進国の人々が一般に、肉、卵、乳製品を食べ過ぎて健康を害しているという証拠が揃っている。月曜日は肉を食べない、というように、肉の摂取を減らすことが、工場式畜産で生産された畜産物を避け、また、あなた自身が食のバランスを正す、簡単な第一歩になる。誰でも手軽に試せる健康にいい食事で、地球の負荷の軽減にもなるのが、肉、卵、乳製品抜きの食事だ。

ファーマゲドンを回避するのは簡単だ。信頼できる地元の生産者や小売店を通じて、地面で育った（平飼いやオーガニック）家畜の産物を買い、それを残さず食べてごみを減らし、あわせて肉を食べ過ぎないようにすれば、田園地帯、自分の健康、動物の福祉のすべてに恩恵を与えつつ、食事を堪能することができる。

# エピローグ

夏の盛りを迎え、庭は美しかった。小さな草地には野草が茂り、ポピー、コーンフラワー、タチアオイが高く伸び、もうわたしの背丈を超えていた。それらはわたしと妻が、雌鶏たちを喜ばすため、また、チョウやミツバチを保護するために、植えたものだ。

朝のひんやりとした空気のなかで鶏小屋の戸を開くと、6羽の赤茶色の雌鶏が走り出て、朝食をとろうと、せわしなくあたりをつつき始めた。日が高くなると、雌鶏たちは地面に座って羽をばたばたさせ、楽しそうに目を輝かせる。その姿は毎日わたしに、動物は自らの欲求と願望を持つ、独立した存在であることを思い出させる。

村のすぐ向こうに広がる丘陵では、顔だけが白い黒牛の群れが草を食む。丘が近いので、牛の声がまるで庭先にいるかのように聞こえる。わたしたちの小さな住まいは、築200年の田舎家で、サウスダウンズ国立公園の田園地帯の中心にある。この村とその一帯は、多くの変化を見てきた。古くはローマ人に占領され、その後アルフレッド大王の領地となり、ウィリアム征服王の検地と厳しい統治を経験した。ヒットラーのドイツ空軍は、この地に足跡を残すべく、何千もの爆弾を投下したが、死んだのは不運な豚1匹だけだった。

そうした変遷を経ながらも、あるいはその変遷ゆえに、この田園地帯は素晴らしく美しい。歴史によって形作られ、土地から実りを得る何代もの農家に守られてきた。わたしはチョークストリーム（石灰岩質の土地を流れる小川）のせせらぎや、隣のパブから聞こえる酔客の低い声に耳を傾けながら、2年に及ぶ旅を振り返った。この旅でわたしは世界各地を巡り、黒々と空を覆いつつある嵐雲の背後にある問題、すなわち食料と田園地帯と全人類を危険にさらすファーマゲドン（農場の危機）というシナリオを検証してきた。

およそ50年前、レイチェル・カーソンの『沈黙の春』は、田園地帯での営みを工業のプロセスのように見なすことの危険性について警鐘を鳴らした。カーソンは、農場で化学薬品の時代が幕を開き、自然を敵と見なし、殺虫剤を武器とする戦いが始まったことを暴いた。環境運動の「母」たるカーソンが火をつけた論争は、国家レベルのものとなり、当時の大統領ジョン・F・ケネディまでもが、それについて語った。カーソンは重要な改革をいくらか成し遂げたが、全体として見れば、工業化は間違っているという彼女の呼びかけは無視された。

わたしは本書を書く過程で、自然を大切にしない農業、変化に富んでいた小さな畑をひとまとめにして、単一の作物を工業的に育てる農業が何をもたらすかを知った。フランスのブルターニュの海岸に押し寄せる海藻、中国の湖や川で異常に繁茂する藻、米国のチェサピーク湾の汚染、そのすべてに集約農業が大きく影響していた。ヘリコプターから75万羽の雌鳥を飼育する工場式養鶏場を見下ろしたが、鶏は1羽も見えず、メキシコの谷で100万頭の豚を飼う養豚場の脇を車で通ったが、豚は1匹も見なかった。その時の不気味な感覚をわたしは忘れられない。また、大豆生産のために土地をとりあげられた人々や、魚粉工場の煙害に苦しむ人々の涙を目にした。いずれも、遠い国の工場式農場の飼料を提供するために起きた悲劇だ。大規模で集約的な酪農場の経営に失敗し、多額の借金に追い詰められ、5人の子を残して自殺した男性の話には、わたし自身、涙を禁じ得なかった。

わたしたちが食べるものには、すべてそこに至るまでの物語がある。わたしは数えきれないほど多くの人から話を聞き、彼らの個人的な物語を本書に反映した。チキン&チップスも、ベーコンエッグも、ただのグラス1杯の牛乳も、それぞれそこに至るまでの独自の特徴があり、そうした過程の結果である。驚くほどの大きな変化は、劇的なシーンを伴って起きるとはかぎらない。鳥やミツバチやチョウが消えたように、それは密やかに起きている。いつの間にか食べ物と生活の質が落ちたように、それはゆっくりと進行する。しかし、田園地帯と社会を脅かすファーマゲドンというシナリオのあまりに巨大で深刻な問題に、わたしはしばしば打ちのめされた。

それと同時に、わたしは希望の種も見つけようとした。支配的な工業的手法を超える方法を見つけたかった。それらは往々にして身近にあった。自分の足元にはこれから育てなければならない小さなドングリが落ちていて、別の場所では、同じようなドングリが大きな樫の木に成長していた。ジョージア州では、牧場で家畜が放牧されているのを見て誇らしく思い、アルゼンチンでは、殺虫剤にまみれて生気を失っているGM作物畑のすぐ隣の畑で、チョウが群れ飛ぶさまを見て、気持ちが浮き立った。中国では、林の中を鶏が自由に歩き、北京のモデル農場で豚が生き生きと暮らしているのを見て、多くを学んだ。英国とヨーロッパでは、従来型の農場が家畜を大切にし、環境に気を配り、おいしい作物を生産している様子に刺激を受けた。心を励まされる事例は、思っていたよりずっと多く、しかも、ごく身近なところにもあった。

わたしが暮らす村では毎年、ビール祭りが開かれる。その折に、混合農業を営む村人が、食料生産と野生動物の保護を両立したことを表彰されたと誇らしげに語るのを聞いて、励まされた。彼だけではない。村のすぐ近くにある丘陵では多くの家畜が放牧され、見ていると幸せな気分になる。茶色と白のまだらの牛が、小さな子牛とともに草を食んでいる。豚は小屋が点在するキャンプ場のような草地を走り回っている。珍しい光景ではないが、ありふれたものとは言えなくなった。工場型農場が田園地帯に取って代わった先進国にあって、このようなオアシスは希望の灯だ。

地球上の陸地の3分の1が、家畜の飼育かその飼料の栽培に使われているのだから、それが環境に甚大な影響を及ぼしているのは当然だが、しかし、実情を目の当たりにしてわたしは驚かずにいられなかった。また、家畜の飼育方法と畜産物の質に密接な関係があることを知って、衝撃を受けた。一般に、家畜が自然で多様な餌を与えられ、地面で育てられると、得られる食料はより健康的で、よりおいしくなる。わたしたちは直感的にそれを知っているので、「自然のまま」や「放牧」といった表示に惹かれる。そのために工場式農場の産品を売ろうとする企業やマーケターは、パッケージに緑あふれる農場や小さな農家を描き、「農家直送」とか「産地直送」といったラベルで工場で育てられた食品を偽装しようとする。この状況は、その生産方法をもっと正確に伝えるラベルが必要とされていることを語っている。消費者から目隠しをとりはずし、当然の権利である選択権を行使できるようにしなければならない。

また、わたしは人類が直面する大きな問題のいくつかを探求した。とりわけ注目したのは、いずれ90億になる（現在より20億増える）世界人口をどうすれば養えるかという問題である。食料生産の工業化と集約化をさらに推し進めなければ、わたしたちは餓死するのだろうか。そこでは「持続可能な集約化」という一見、環境に良さそうな言葉が使われている。しかし、わたしはそれが真実でないことを知った。この地球は今現在、全人類に行き渡るよりも多くの食料を生産しており、それは今後も変わらない。食料を無駄にさえしなければ。現在の70億人よりもはるかに多い110億の人が、現在生産される食料で、十分食べていける。問題は、食料の生産が足りないのではなく、あまりに多くの食料が無駄にされているところにある。先進国では家庭やスーパーマーケットで大量の食品が捨てられており、発展途上国では、穀物貯蔵庫など、ごく基本的な設備がないせいで、収穫した作物を腐らせている。しかし、最大の食料廃棄がしばしば見逃されていることをわたしは悟った。それは、工場飼育の家畜に人間が食べられる穀物、大豆、魚を食べさせていることだ。家畜たちが肉、牛乳、卵の形でタンパク質やカロリーを還元するのは、そのごく一部にすぎない。家畜を放牧して、草で育てたら、彼らは世界の食料バスケットから奪い取るのではなく、バスケットの食料を増やしてくれるだろう。

現在の食料システムは水漏れのするバケツのようなもので、生産物の半分を無駄にしている。漏れを修繕しないで、生産量を増やしても、より多くの無駄を出し、生態系にかかる荷重をさらに重くするだけだ。もちろん、世界のどこか、特に発展途上国などにおいて、生産性が高まるのは喜ばしい。しかし、地球全体で見れば、生産の増強は失敗し、しかも高い代償を伴うだろう。水漏れを止めるほうが、はるかに経済的で賢明ではないだろうか。そうすれば、どれほどの食料が得られるだろう？　まず、廃棄される食料や腐らせる食料を半分にするだけで、10億人を養うことができる。加えて、工業飼育される家畜に与える穀類を半減させれば、さらに10億人以上を養うことができる。(注1)それだけで、環境にほとんど負担をかけずに、将来の人口を養えるようになる。

工業的な食料生産システムは、質より量の大量生産をむねとし、土地、土壌、石油、水など限りある資源に大いに頼っている。それらの基本的材料が枯渇し始めたらどうなるのだろう。かつてアルベルト・シュバイツァー博士は「人間は、未来を見通し、備える能力を失った」と語った。ファーマゲドンを回避するために、わたしたちはその能力を取り戻す必要がある。本書のための調査を通してわたしは、しばしば人々を養うことより利益が優先されるということを知った。そして十分な証拠を見た。今すぐ手を打たなければ、ファーマゲドンの警告は現実となり、田園地帯は消え、病気が蔓延し、食べ物は不健康になり、世界を飢餓が襲う。だが、ありがたいことに、必ずそうなるわけではないということも、わたしは知った。

大企業の代表者たちとの夕食会で、米国大統領か英国首相と会見する時間を3分与えられたら、何を尋ねたいか、と聞かれた。もしそのような機会があれば、家畜を工場から農場に戻し、農業を土地と結びついたものに戻し、田園地帯にも動物福祉にもプラスになる形で、より栄養価の高い食料を供給するよう訴えたい。政府は、天然資源、すなわち世界の農地の4分の1、英国の農地の3分の2を占める牧草地を活用して、国民の健康を改善し、将来の食料供給を守ることができるはずだ。現代の消費者は、工場式農場の現実を知らされず、農場にテレビ番組の「ゆかいな牧場」そのままのイメージを抱いて育ち、コマーシャルやラベルによってますますその思い込みを上塗りされてきた。彼らにとって、真実は衝撃的だ。選挙の際に、家畜を本来の居場所である農場に戻すことを公約に掲げれば、多くの人の心をつかめるだろう。なぜなら、彼らもそうあるべきだと思っているからだ。

意識が高まるにつれて、状況は変化し始めた。欧州では、子牛を拘束する狭いクレート（檻）や、鶏が羽ばたくこともできないバタリーケージは禁止された。家畜たちは「繊細な感覚を持つ動物」であることが法律で認められた。それは、地域によっては長く否定されてきた見方である。欧州の大手の食品会社は、平飼い卵と、福祉に配慮して育てられた鶏だけを扱うようになってきている。

わたしは、コンパッション・イン・ワールド・ファーミングのCEOとして活動しながら、欧州での変化が世界各地に波及することを願っていた。工業型農業が誕生した地である米国でも、変化が起きつつある。米国の同志たちは、関心を持つ市民や消費者、政治家とともに、最悪な工場式農場のいくつかを改革しようとしている。それはコンパッションの設立者であるピーター・ロバーツがずっと夢見ていたことだ。

2006年の晩秋、ピーターの病室を訪れた日のことをよく覚えている。その日、コンパッションの本部にアリゾナ州でクレートが禁止されたというニュースが届き、皆が歓喜した。ピーターにとってクレートはずっと最大の関心事であり、英国では20年前に彼自身がそれを廃止させたのだった。ピーターの容態が悪化していると聞き、わたしは急遽スケジュールを変更して、病院に向かった。白い階段をどきどきしながら駆けあがった。ピーターは個室で、奥さんと3人の娘さんに囲まれていた。ここ数日、意識がなく、反応もないという。目をかたく閉じ、静かに横たわる姿を目の当たりにして、こみあげる悲しみに息がつまりそうになった。取り乱している奥さんたちに挨拶をし、身をかがめてピーターの手をとり、震えながら、彼が英国で始めた運動が、さざ波となってついに太平洋の向こうに届いた、というニュースを伝え始めた。話しているうちにピーターは目を開き、わたしを見つめ、ひとことひとことにじっと耳を傾けた。わたしが話し終えると、ピーターの目はゆっくりと閉じた。そしてまもなく、彼は息を引きとった。

本書の執筆を通して、わたしたちには大きな変化を起こす力があるということを確信した。多くの人に話を聞き、彼らの物語をここに記せたことを光栄に思う。消費者は大きなパワーを持っており、1日三度の食事を通じて変化を起こすことができる。わたしたちの選択がすべてを変える。食品の背景に存在する人、家畜、環境、そして、わたしたち自身と家族を変えることができる。買った食品を無駄にせず、すべて食べるようにし、より良質の肉をより少なく食べるようにし、工業式農業の産物ではなく、平飼いや牧場飼育やオーガニックのものを選ぶようになれば、スーパーマーケットも政治家も気づくはずだ。そして変化が始まる。ファーマゲドンは回避され、人にも、動物にとっても、地球にも、よりよい未来に向けて――。

イングランド、ハンプシャーにて

フィリップ・リンベリー

# 謝辞

１９９０年の春、動物福祉団体コンパッション・イン・ワールド・ファーミングのメンバーになった時には、それが30年にも及ぶ探求の第一歩になろうとは思いもしなかった。本書はこれまでの思考、調査、膨大な数の人から聞いた話の集大成といえるだろう。コンパッション・イン・ワールド・ファーミングを設立した故ピーター・ロバーツと夫人のアンナ・ロバーツには、エネルギーと熱意しか持たないわたしを採用してくれたことに、まず感謝を述べたい。試用期間中に大切なガラス製のサイドテーブルを割ったことも含め、わたしの当初の失敗の数々に、ピーターが目をつぶってくれたことは、とてもありがたかった。

新人時代のわたしの目標は、できるかぎり多くの農業システムを見て、関係者と話をし、彼らの言葉に耳を傾け、誰にとってもプラスになる方法を探すことだった。本書はその初心が自然に発展し、結実したものといえそうだ。個別に名前を挙げることはできないが、自らの農場や会社にわたしを招き入れ、仕事の説明をする労をとってくれた多くの方々に謝意を表したい。また、動物福祉や環境保護団体の仲間たちと交わした総じて長時間に及ぶ議論は、貴重な情報をもたらしてくれた。

２０１１年に本書の執筆に着手した時には、どれほど多くの人の手を借りることになるか、わかっていなかった。時間を惜しまず、考えを語ってくれた多くの人に、心からお礼を申し上げたい。

共著者で協力者でもあるイザベル・オークショットには、熱心な働きと、ストーリーテリングの才能、事実を述べるだけでなく「色づけ」が肝心だと教えてくれたことに感謝したい。また、調査旅行中の数々の苦難に耐えてくれたことにも、感謝申し上げる。

調査担当のジャッキー・ターナーの熱意と几帳面さがなければ、本書はこれほど充実しなかっただろう。ティナ・クラークには、草稿を何度も読んでコメントしてくれ、現地調査を計画してくれ、嫌な顔一つせず全般をサポートしてくれたことにお礼を言いたい。ヴェロニカ・オークショットは中国への調査旅行を手配してくれた。ジェフ・ジョウは苦境にあったわたしたちを見守ってくれた。ジム・ウィケンズはこの件に通じていて、どこへ行き、誰と会うべきかを教えてくれた。撮影班のアレハンドロ・レイノソ、ブライアン・ケリー、ジム・フィルポットにも感謝を述べたい。ルーク・スターは現地調査に関連する研究を行い、ロレンス・スティーヴンソンは調査旅行の写真とビデオの編集をしてくれた。プリュ・エリオットは、図表の原案を作ってくれた。

草稿に丁寧なコメントをくれたブレイク・リー・ハーウッド、ディル・ピーリング、エミリ・ルイス・ブラウン、ヘザー・ピケット、ジェフ・ジョウ、ジョン・ロビンズ、ジョイス・ド・シルヴア、リー・ガルケス、リチャード・ヤング、スティーヴ・マキヴォーにお礼を申し上げる。サー・デイヴィッド・マドンとルネ・オリヴィエリは長い時間を割いて初期の草稿を読み、有意義な助言をくれた。ピーター・スティーヴンソンには本書の細部に気を配ってくれたこと、動物を残忍に扱うことなく世界の人口を養う最良の方法についての刺激的な会話に感謝している。

ブルームズベリ社の編集チーム、ビル・スウェインソン、エリザベス・ウオーバンク、スティーヴ・コックス、そしてわたしの著作権代理人ロビン・ジョーンズの助力と励ましに感謝する。

ポール・ブランチャードには改めて謝意を表したい。本書を書くよう励まし、著者をまとめ、大変熱心にこのプロジェクトに取り組んでくれた。きわめて貴重な支援と助言と手引きをしてくれたアルゼンチンのアルベルト・ビラリアル、チンボテ、ナトゥーラのマリア・エレーナ・フォロンダ・ファッロ、フード・アニマル・イニシアティブのロン・レイン、ムンド・アズールのステファン・アウステルムーレ、そしてカリフォルニアのトム・フランツに感謝する。

ヴァレリー・ジェイムズ、ジェレミー・ヘイワード、サー・デイヴィッド・マデン、マイケル・ライス、マイケル・ヴァンデンボッシュ、ローズマリー・マーシャル、セーラ・ペトリーニ、テディ・ボーンは確固たる信念のもと、一貫して支えてくれた。

最後に、妻ヘレンに特別な感謝を捧げたい。結婚して間もない頃から長い旅に出てしまったわたしを理解し、支えてくれてありがとう。

# 訳者あとがき

バタリーケージ、クレート、ソウ・ストール。これらの言葉の意味を読者の皆様はご存じだったでしょうか。バタリーケージとはブロイラー用のケージで、1羽あたりの面積はA4用紙1枚ほど。卵を集めやすくするために金網の床は傾斜しています。クレートは子牛用の狭い檻で、子牛は向きを変えることも、体を伸ばすことも、横たわることもできないまま半年を過ごし、「柔らかく白い子牛肉」となって出荷されます。ソウ・ストールは妊娠した雌豚用の、狭い檻で、豚は出産までの4カ月間、自らの排泄物がたまった床からわずか10センチ上のすの子状の床の上で、立ったり座ったりすることしかできません。家畜は、EUでは1997年になってようやく「繊細な感覚を持つ存在」だと認められましたが、その大半は今もこのような檻に閉じ込められています。

著者は、慈善団体、コンパッション・イン・ワールド・ファーミング（世界の家畜に思いやりを）のメンバーとして、長年にわたって畜産動物の福祉の向上に尽力してきました。もっとも、本書は肉食に反対するものでも、菜食を説くものでもありません。動物の命を食することは避けられないとしても、このわずか50年の間に密やかに進んできた農業の工業化のせいで、家畜の扱いがあまりにも「いびつ」になっていることを知ってほしい、考えてほしいというのが、その第一の主張です。

「毎年、世界全体で700億頭もの家畜が生産されているが、そのうち3分の2は工場式畜産によるものだ。家畜たちは生涯を通じて屋内で飼育され、機械のように扱われ、自然の限界以上の生産を強要される……それでも人々は、農場とは鶏が駆けまわり、数頭の豚がのんびりと居眠りし、雌牛が満足げに反芻する、健全な場所だと思い込もうとする」と著者は断じます。

もっとも、著者の取り組みは動物への愛情に始まったものだとしても、本書を読み進むうちに、農業の工業化、大規模化の犠牲になっているのは、動物たちだけではないということに気づかされます。その害はすでに地球のあちこちで表出しています。

カリフォルニアでは、大規模農場の上空を除草剤や殺虫剤の雲が覆い、工場式酪農場の周辺では汚水のせいで水道水が飲めなくなりました。心臓病、先天性異常、高血圧、脳卒中、小児喘息が多発しています。ペルーでは魚粉工場の廃水が「生物のいない海」をもたらし、また、大気汚染のせいで子どもたちは皮膚病や喘息に苦しめられています。フランスでは、大規模畜産場の汚水が流れ込み、かつて美しかった海が緑の藻に覆われてしまいました。堆積した藻から生じるメタンガスのせいで、犬や馬、人が死にました。インドでは、さらに信じがたいほどの悲劇が起きています。環境に合わないGM作物の種を購入した小規模農家が破産し、1995年以降、25万人以上の農民が自殺に追い込まれているのです。

これほどの犠牲を地球と動物と人間に強いておきながら、工業型農業は飢えを解消するどころか、むしろ深刻化させています。「このシステムは食べ物を作っているのではなく無駄にしている」のだと著者は看過します。

また、より身近なこととしては、食のサプライ・チェーンが長く複雑になったため、消費者は、「目隠しされてスーパーマーケットの通路を歩くような」状況に陥っており、食品偽装が日常茶飯事となっています。農薬まみれの餌で育ち、抗生剤を大量に投与された家畜の肉をそうと知らずに食べ続けることは、さらに恐ろしく思えます。そして最大の破滅をもたらすのは、抗生剤の濫用がもたらす豚や鶏由来の疫病のパンデミック。それに抗する手段をわたしたちは持っているのでしょうか。

本書の原題は〝FARMAGEDDON〟(ファーム＋ハルマゲドン)、すなわち「農業がもたらす世界の破滅」。最初見た時には、仰々しく思えたのですが、読んでいくうちに、この言葉が現実を的確にとらえていることを痛感しました。ファーマゲドン——それを避けるために、自分に何ができるのか、何をすべきなのか、考え続けたいと思います。

日経BP社の沖本健二氏には、意義ある本書をご紹介いただき、刊行に至るまで、きめ細やかなご配慮とご指導をいただきました。この場をお借りして御礼申し上げます。

野中香方子

Agency, Copenhagen, 2010.

**23** European Commission, Joint Reseach Centre, http://eusoils.jrc.ec.europa.eu/library/themes/Salinization/ (accessed 17 September 2012).

**24** N. V. Fedoroff et al., 'Radically rethinking agriculture for the 21st century', ***Science***, 327 (12 February 2010), pp. 833–4.

**25** Own calculation

## 第19章｜消費者パワー――あなたにできること

**1** J. Blythman, What to Eat, Fourth Estate, London, 2012.

## エピローグ

**1** P. Stevenson, 'Feeding nine billion: How much extra do we need to produce?', 13 June 2013, http://www.eating-better.org/blog/3/Feedingnine-billion-how-much-extra-food-do-we-need-to-produce.html (accessed 25 July 2013).

*Synthesis Report C1: Trends in food demand and production*, 2011; S. Msangi and M. Rosegrant, *World agriculture in a dynamicallychanging environment: IFPRI's long term outlook for food and agriculture under additional demand and constraints*, Expert Meeting on 'How to feed the World in 2050', Rome, FAO; H. Steinfeld et al., Livestock's Long Shadow, environmental issues and options, FAO, Rome, 2006, Introduction, p. 12.

4 Calculated from FAOSTAT online figures for global grain harvest (2009) and food value of cereals. Based on a calorific intake of 2,500 kcalories per person per day.

5 Steinfeld et al., *Livestock's Long Shadow*, p. 43.

6 David Pimentel et al., 'Reducing energy inputs in the US food system', *Human Ecology*, 36 (2008), pp. 459–71.

7 FAO, *State of the World Fisheries and Aquaculture*, 2010.

8 T. Stuart, *Waste: Uncovering the global food scandal*, Penguin, 2009.

9 S. Fairlie, *Meat – a Benign Extravagance*, Permanent Publications, 2010, see pp. 46–50.

10 Tristram Stuart, personal communication, 2 May 2012.

11 BBC, 'French village Pince to hand out chickens to cut waste', 28 March 2012, http://www.bbc.co.uk/news/world-europe-17540287 (accessed 17 September 2012).

12 Nick Cliff e, Project Manager, Closed Loop, Dagenham, London, personal communication, 2 May 2012.

13 Stuart, personal communication, 2 May 2012.

14 J. Parfitt, M. Barthel and S. Macnaughton, 'Food waste within food supply chains: quantification and potential for change to 2050', *Phil. Trans. R. Soc. B*, 365, 27 September 2010, pp. 3065–81; Institution of Mechanical Engineers, *Population: One planet, too many people?*, 2011.

15 J. Gustavsson, C. Cederberg, U. Sonesson et al., *Global Food Losses and Food Waste: extent, causes and prevention*, FAO, Rome, 2011, www.fao.org/fileadmin/user_upload/ags/publications/GFL_web.pdf.

16 UN FAO, 2013, Food wastage footprint: impact on natural resources, http://www.fao.org/docrep/018/i3347e/i3347e.pdf (accessed 13th September 2013).

17 P. Stevenson, 'Feeding nine billion: How much extra do we need to produce?', 13 June 2013, http://www.eating-better.org/blog/3/Feedingnine-billion-how-much-extra-food-do-we-need-to-produce.html (accessed 25 July 2013).

18 K. Lock et al., 'Health, agricultural, and economic effects of adoption of healthy diet recommendations', Lancet, vol. 376, issue 9753 (2010), pp. 1699–1709.

19 S. Friel et al., 'Public health benefits of strategies to reduce greenhousegas emissions: food and agriculture', *Lancet*, vol. 374, issue 9706 (2009), pp. 2016–25.

20 Stuart, *Waste*.

21 Lester R. Brown, *Plan B 4.0: Mobilizing to save civilization*, Earth Policy Institute, W. W. Norton, 2009.

22 EEA, *The European environment – state and outlook 2010: synthesis*, European Environment

archive.catholicherald.co.uk/article/27th-september-1985/1/monks-of-storrington-cease-veal-production (accessed 14 September 2012); A. Johnson, ***Factory Farming***, Blackwell, Oxford, 1991.

**14** Assured Food Standards website, http://www.redtractor.org.uk/Why-Red-Tractor (accessed 14 September 2012).

**15** ***Farmers Weekly***, 'Farming under fire', 2011, http://www.fwi.co.uk/business/farming-under-fire/ (accessed 14 September 2012).

## 第17章｜新しい材料——食物について再考する

**1** J. Parfitt, M. Barthel and S. Macnaughton, 'Food waste within food supply chains: quantification and potential for change to 2050', ***Phil. Trans. R. Soc. B***, 365, 27 September 2010, pp. 3065–81.

**2** C. Nellemann et al., ***The Environmental Food Crisis – The Environment's Role in Averting Future Food Crises***, a UNEP rapid response assessment, February 2009, United Nations Environment Programme, GRIDArendal, www.unep.org/pdf/foodcrisis_lores.pdf.

**3** S. Fairlie, ***Meat – a Benign Extravagance***, Permanent Publications, 2010, see pp. 46–50.

**4** B. White, ***Alaska Salmon Fisheries Enhancement Program Report 2010***, Annual Report, Alaska Department of Fish and Game, 2011, http://www.adfg.alaska.gov/FedAidPDFs/FMR11-04.pdf (accessed 27 September 2012).

**5** G. P. Knapp, 'Alaska Salmon Ranching: an Economic Review of the Alaska Salmon Hatchery Programme', in B. R. Howell, E. Moksness and T. Svasand (eds), ***Stock Enhancement and Sea Ranching***, Fishing News Books, Blackwell Science, Oxford, 1999, pp. 537–56.

**6** M. Kaeriyama, 'Hatchery Programmes and Stock Management of Salmonid Populations in Japan', in Howell et al., ***Stock Enhancement and Sea Ranching***.

**7** S. D. Sedgwick, ***Salmon Farming Handbook***, Fishing News Books, Surrey, 1988.

**8** ABC News, 'Google Co- founder: The man behind the $300k test-tube burger', 5 August 2013, http://abcnews.go.com/Technology/googlefounder-sergey-brin-man-300k-test-tube/story?id=19872215 (accessed 16 August 2013).

**9** B. Gates, ***The Future of Food***, The Gates Notes, 2013, http://www.thegatesnotes.com/Features/Future-of-Food (accessed 21 May 2013).

**10** Ibid.

## 第18章｜解決策——迫り来る食料危機をどう回避するか

**1** UN Food and Agriculture Organization (FAO), ***World Livestock 2011: Livestock in Food Security***, Rome, 2011.

**2** J. Bruinsma, The resource outlook to 2050: ***By how much do land, water and crop yields need to increase by 2050?***, FAO Expert Meeting on 'How to Feed the World in 2050', FAO, Rome, 24–26 June 2009; United Nations, ***World Economic and Social Survey 2011: The great green technological transformation***, United Nations, New York, 2011.

**3** Government Office for Science, ***Foresight Project on Global Food and Farming Futures***

**20** ***Economist,*** 'China: A lot to be angry about', 1 May 2008, http://www.economist.com/node/11293734 (accessed 23 July 2012).

**21** AFP, 'China environmentalist alleges brutal jail treatment', 11 May 2010, http://www.google.com/hostednews/afp/article (accessed 23 July 2012).

**22** Article: 'Development of organic agriculture in Taihu Lake region governance of agricultural nonpoint source pollution'', http://eng.hi138.com/?i274195_Development_of_organic_agriculture_in_Taihu_Lake_region_governance_of_agricultural_nonpoint_source_pollution (accessed 23 July 2012). An Olympic-sized swimming pool holds 2,500 square metres of water.

**23** Ibid.

## 第16章 国王、庶民、そして企業——力のありか

**1** The Prince of Wales website, http://www.princeofwales.gov.uk/personalprofiles/residences/highgrove/homefarm/ (accessed 14 September 2012).

**2** BBC website, http://news.bbc.co.uk/onthisday/hi/dates/stories/december/1/newsid_3204000/3204279.stm (accessed 14 September 2012).

**3** R. Body, ***Farming in the Clouds,*** Maurice Temple Smith, London, 1984.

**4** 4 January 1986. In R. Body, ***Our Food, Our Land, Rider, London,*** 1991.

**5** Statistics Canada, ***Agriculture Economic Statistics,*** Cat. No. 21-603, and ***Canadian Economic Observer,*** Cat. No. 11- 210. Cited in D. Qualman and F. Tait, ***The Farm Crisis, Bigger Farms, and the Myths of 'Competition and Efficiency',*** Canadian Centre for Policy Alternatives, 2004, http://www.policyalternatives.org/documents/National_Office_Pubs/farm_crisis2004.pdf.

**6** R. Harrison, ***Animal Machines,*** Vincent Stuart Ltd, London, 1964.

**7** SNAP to health, website, US Farm Bill: Frequently asked questions, http://www.snaptohealth.org/farm-bill-usda/u-s-farm-bill-faq/ (accessed 14 September 2012); Wikipedia, http://en.wikipedia.org/wiki/Food,_Conservation,_and_Energy_Act_of_2008 (accessed 14 September 2012).

**8** M. Bittman, 'Don't End Agricultural Subsidies, Fix Them', ***New York Times,*** 1 March 2011, http://opinionator.blogs.nytimes.com/2011/03/01/dont-end-agricultural-subsidies-fix-them/; J. Steinhauer, 'Farm Subsidies Become Target Amid Spending Cuts', New York Times, 6 May 2011, http://www.nytimes.com/2011/05/07/us/politics/07farm.html.

**9** Environmental Working Group, National data from EWG farm subsidy database, 2011, http://farm.ewg.org.

**10** Planet Retail, 'Global Retail Rankings, 2011', 2012, http://www.planetretail.net/Presentations/GlobalRetailRankings2011-Grocery.pdf (accessed 14 September 2012).

**11** Planet Retail, 'Global Retail Rankings 2011; Food Service', 2012, http://www.planetretail.net.

**12** U. Kjaernes, M. Miele and J. Roex, ***Attitudes of Consumers, Retailers and Producers to Farm Animal Welfare,*** Quality Report Number 2, EU 6th Framework Programme, Cardiff University, 2007, Welfare, March 2007, http://www.welfarequality.net/everyone/37097/7/0/22.

**13** ***Catholic Herald,*** 'Monks of Storrington cease veal production', 27 September 1985, http://

hi/world/asia-pacific/7614083.stm (accessed 18 July 2012).

**9** Chinese milk scandal, http://en.wikipedia.org/wiki/2008_Chinese_milk_scandal (accessed 23 July 2012); SKY News, 'China Milk: Two sentenced to death', 22 January 2009, http://news.sky.com/story/663668/china-milktwo-sentenced-to-death (accessed 23 July 2012); ***Daily Mail***, 'Two men sentenced to death for roles in Chinese milk scandal which killed six babies', 22 January 2009, http://www.dailymail.co.uk/news/article-1126484/Twomen-sentenced-death-roles-Chinese-milk-scandal-killed-babies.html (accessed 23 July 2012); BBC News, 'Chinese baby milk scare "severe"'.

**10** Clenbuterol side effects website, http://www.clenbuterolsideeffects.org/ (accessed 4 October 2012); Clenbuterol website, http://www.lenbuterol.tv/clenbuterol-side-effects/ (accessed 4 October 2012); ***Independent***, 'Clenbuterol: The new weight- loss wonder drug gripping planet zero', 20 March 2007, http://www.independent.co.uk/life-style/health-and-families/health-news/clenbuterol-the-new-weightlosswonder-drug-gripping-planet- zero-441059.html (accessed 4 October 2012).

**11** ***China Daily***, 'Who can guarantee China's pork is safe?', 6 April 2011, http://www.chinadaily.com.cn/china/2011-04/06/content_12281515.htm (accessed 18 July 2012).

**12** ***People's Daily***, 'Three arrested in pig meat food poisoning of 300 people in Shanghai', 4 November 2006, http://english.peopledaily.com.cn/200611/04/eng20061104_318172.html (accessed 18 July 2012).

**13** International Finance Corporation, 'Muyuan Pig. Summary of proposed investment', 2010, http://www.ifc.org/ifcext/spiwebsite1.nsf/Project-Display/SPI_DP29089 (accessed 18 July 2012).

**14** Ibid.

**15** Calculation based on typical energy use in conventional pig production of 16–17 MJ energy per kg of pigmeat produced (Basset-Mens et al., 2005; Williams et al., 2006); annual production of 450,000 pigs slaughtered at average carcass weight for China of 76.7 kg (FAOSTAT, 2009); C. Basset-Mens and H. M. G. van der Werf, 'Scenario- based environmental assessment of farming systems: the case of pig production in France', ***Agriculture, Ecosystems & Environment***, 105 (1–2) (2005), pp. 127–44; A. G. Williams, E. Audsley and D. L. Sandars, ***Determining the environmental burdens and resource use in the production of agricultural and horticultural commodities***, Defra Project report ISO25, Bedford, Cranfield University and Defra, 2006.

**16** International Finance Corporation (IFC) press release, 'IFC Equity Investment in Muyuan Food Supports Chinese Farming Sector', 18 August 2010, http://www.ifc.org/ifcext/agribusiness.nsf (accessed 18 July 2012).

**17** The average commercial British pig farm has 500 sows, http://www.publications.parliament.uk/pa/cm200809/cmselect/cmenvfru/96/96.pdf ; Muyuan farm #21 said to be set to house 6,500 sows.

**18** CSRchina.net, 'China's economic engine forced to face environmental deficit', http://www.csrchina.net/page-1231.html (accessed 23 July 2012); http://factsanddetails.com/china.php?itemid=391&catid=10&subcatid=66.

**19** ***China Daily***, 'Wen urges cleanup of algae-stenched lakes', 1 July 2007, http://www.chinadaily.com.cn/china/2007-07/01/content_907145.htm (accessed 4 October 2012).

September 2012).

49 European Commission, 'Europeans' attitudes towards animal cloning', October 2008, http://ec.europa.eu/public_opinion/flash/fl_238_en.pdf.

50 *Daily Mail*, 'Clone beef's been on sale: After clone milk, now food watchdogs launch an investigation into illegal meat sold in British shops', 4 August 2010, http://www.dailymail.co.uk/news/article-1300097/Clonebeefs-sale-After-clone-milk-investigation-launched-illegal-meat.html (accessed 13 September 2012).

51 FSA, 'Cloned meat is safe – hypothetically speaking', 25 November 2010, http://www.food.gov.uk/news-updates/news/2010/nov/acnfcloned (accessed 13 September 2012).

52 FDA website: http://www.fda.gov/AnimalVeterinary/SafetyHealth/AnimalCloning/default.htm (accessed 13 September 2012).

53 The Poultry Site, 'Israeli scientists breed featherless chicken', 1 November 2011, http://www.thepoultrysite.com/poultrynews/24138/israeliscientists-breed-featherless-chicken (accessed 13 September 2012); *NewScientist*, 'Featherless chicken creates a flap', 21 May 2002, http://www.newscientist.com/article/dn2307-featherless-chicken-creates-a-flap.html (accessed 13 September 2012).

54 *Daily Telegraph*, 'Genetically modified cows produce "human" milk', 2 April 2011, http://www.telegraph.co.uk/earth/agriculture/geneticmodification/8423536/Genetically-modified-cows-produce-humanmilk.html# (accessed 13 September 2012).

## 第15章｜中国──毛沢東の巨大畜産工場が実現

1 Nationmaster.com, http://www.nationmaster.com/graph/foo_por_con_per_cap-food-pork-consumption-per-capita (accessed 18 July 2012).

2 Defra press release, 'Vince Cable signs multi-million pound export deal to China', 8 November 2010, http://www.defra.gov.uk/news/2010/11/08/export-pig-china/ (accessed 18 July 2012).

3 V. Elliott, 'Why British pigs are flying in jumbo jets to China: Beijing snaps up our livestock to boost poor-quality herds', *Daily Mail*, 2 October 2011, http://www.dailymail.co.uk/news/article-2044201/Chinaship-British-pigs-Beijing-boost-poor-quality-herds.html (accessed 18 July 2012); JSR Genetics,'900 high genetic merit JSR pigs delivered to China', 20 July 2012, http://www.jsrgenetics.com/news.php?sid=121 (accessed 4 October 2012).

4 F. Dikotter, *Mao's Great Famine*, Bloomsbury, London, 2010.

5 Ibid.

6 UNDP, China Human Development Report, 2007–2008, *Access for all: Basic public services for 1.3 billion people*, China Translation and Publishing Corporation, Beijing, 2008, http://hdr.undp.org/en/reports/national/asiathepacific/china/China_2008_en.pdf (accessed 23 July 2012).

7 A. Park, 'Still much to be done in fight against poverty', *China Daily*, 4 August 2009, http://www.chinadaily.com.cn/opinion/2009-04/08/content_7657358.htm (accessed 18 July 2012); CIA World Factbook, https://www.cia.gov/library/publications/the-world-factbook/fields/2046.html (accessed 23 July 2012).

8 BBC News, 'Chinese baby milk scare "severe"', 13 September 2008, http://news.bbc.co.uk/1/

**34** Yahoo voices, 'Dr. Duane Carl Kraemer'; Hawthorne, 'A Project to Clone Companion Animals'; Warner, 'Inside the Very Strange World'.

**35** BioTechnology, 'Genetic Savings and Clone forced to shut down', 2009, http://biotechnology-industries.blogspot.co.uk/2009/01/genetic-savings-and-clone-forced-to.html (accessed 13 September 2012).

**36** *National Geographic,* 'First Dog Clone', 28 October 2010, http://news.nationalgeographic.com/news/2005/08/photogalleries/dogclone/ (accessed 13 September 2012).

**37** Genome Alberta, 'Californian pit bull lives on in 5 cloned puppies', 5 August 2008, http://genomealberta.ca/connect-with-us/news-releases/ge3ls08070801.aspx (accessed 13 September 2012); ***Guardian,*** 'Pet cloning service bears five baby Boogers', 5 August 2008, http://www.guardian.co.uk/science/2008/aug/05/genetics.korea (accessed 13 September 2012); ***Independent,*** 'Saved by a pit bull, Californian owner clones five more', 6 August 2008, http://www.independent.co.uk/news/world/americas/saved-by-a-pit-bull-californian-owner-clones-fivemore-886108.html (accessed 13 September 2012).

**38** *New York Post,* 'Adorable little abominations of nature', 14 May 2011, http://www.nypost.com (accessed 13 September 2012).

**39** L. Goldwert, 'First cloned cat nears 10 but pet replicating business has not boomed due to money, ethical woes', *NY Daily News,* 16 August 2011, http://articles.nydailynews.com/2011-08-16/entertainment/29913126_1_duane-kraemer-genetic-savings-and-clone-bioarts.

**40** *Southwest Farm Press* staff , 'Disease resistant bull cloned at Texas A&M', 11 January 2001, Southwest Farm Press, http://southwestfarmpress.com/disease-resistant-bull-cloned-texas-am.

**41** Viagen website, http://www.viagen.com/ (accessed 13 September 2012).

**42** H. Pickett, 'Farm Animal Cloning', Godalming, Compassion in World Farming, 2010, http://www.ciwf.org.uk/includes/documents/cm_docs/2010/c/compassion_2010_farm_animal_cloning_report.pdf.

**43** University of Utah website, http://learn.genetics.utah.edu/content/tech/cloning/cloningrisks/ (accessed 13 September 2012).

**44** FDA, ***Potential Hazards and Risks to Animals Involved in Cloning,*** http://www.fda.gov/animalveterinary/safetyhealth/animalcloning/ucm124840.htm (accessed 13 September 2012).

**45** P. Loi, L. della Salda, G. Ptak, J. A. Modliński and J. Karasiewicz, 'Periand post-natal mortality of somatic cell clones in sheep', ***Animal Science Papers and Reports,*** 22 (Suppl. 1) (2004), pp. 59–70.

**46** EFSA, 'Scientific Opinion of the Scientific Committee on a request from the European Commission on food safety, animal health and welfare and environmental impact of animals derived from cloning by somatic cell nucleus transfer (SCNT) and their off spring and products obtained from those animals', ***EFSA Journal,*** 767 (2008), pp. 1–49.

**47** EGE, Opinion No. 23: 'Ethical Aspects of Animal Cloning for Food Supply', The European Group on Ethics in Science and New Technologies to the European Commission, 16 January 2008.

**48** CIWF, 'Cloned animal suffering forces end to AgResearch programme', 23 February 2011, http://www.ciwf.org.uk/includes/documents/cm_ docs/2011/n/nr1103.pdf (accessed 13

www.vanityfair.com/politics/features/2008/05/monsanto200805 (accessed 30 July 2012).

19 Monsanto, news & views, 'Gary Rinehart', http://www.monsanto.com/newsviews/pages/gary-rinehart.aspx (accessed 30 July 2012).

20 'Who We Are', http://www.monsanto.co.uk/.

21 Bloomberg, '"Mounting evidence" of bug-resistant corn seen by EPA', 5 September 2012, http://www.bloomberg.com/news/2012-09-04/-mounting-evidence-of-bug-resistant-corn-seen-by-epa.html (accessed 8 May 2013).

22 *Farm Industry News*, 'In- field resistance to Bt corn rootworm trait documented', 16 August 2011, http://farmindustrynews.com/corn-rootworm-traits/field-resistance-bt-corn-rootworm-trait-documented (accessed 5 October 2012).

23 Bloomberg, 'Monsanto Corn Falls to Illinois Bugs as Investigation Widens', 2 September 2011, http://www.bloomberg.com/news/2011-09-02/monsanto-corn-is-showing-illinois-insect-damage-asinvestigation-widens.html (accessed 8 May 2013).

24 OECD-FAO, *OECD-FAO Agricultural Outlook 2011–2020*, Summary and highlights, 2011.

25 BBC News online, 'Germany bans Monsanto's GM maize', 14 April 2009, http://news.bbc.co.uk/1/hi/world/europe/7998181.stm.

26 J. Smith, 'An FDA-Created Crisis Circles the Globe', October 2007, available at http://www.newswithviews.com/Smith/jeffrey17.htm (accessed 30 July 2012).

27 Institute for Responsible Technology, 'Genetically Modified Soy Linked to Sterility, Infant Mortality', 2010, http://www.responsibletechnology.org/article-gmo-soy-linked-to-sterility (accessed 30 July 2012).

28 Science Nordic, 'Growing fatter on a GM diet', 17 July 2012, http://sciencenordic.com/growing-fatter-gm-diet (accessed 30 July 2012).

29 G. F. Seralini et al, 'Long term toxicity of a Roundup herbicide and a Roundup-tolerant genetically modified maize', *Food and Chemical Toxicology*, volume 50, issue 11, November 2012, pp. 4221–31, http://www.sciencedirect.com.

30 My Sanantonio, 'First cloned cat is turning 10', 18 May 2011, http://www.mysanantonio.com/news/article/first-cloned-cat-is-turning-10-1383604.php (accessed 13 September 2012).

31 http://www.chron.com/life/article/First-cloned-cat-turns-10-1383844.php; http://articles.nydailynews.com/2011-08-16/entertainment/29913126_1_duane- kraemer-genetic-savings-and-clone-bioarts; http://en.wikipedia.org/wiki/CC_(cat).

32 Texas A&M University website, http://vetmed.tamu.edu/rsl/faculty/duane-kraemer (accessed 13 September 2012).

33 Yahoo voices, 'Dr. Duane Carl Kraemer: The Transfer Scientist', 2003, http://voices.yahoo.com/dr-duane-carl-kraemer-transfer-scientist-134787.html (accessed 13 September 2012); L. Hawthorne, 'A Project to Clone Companion Animals', *Journal of Applied Animal Welfare Science*, 5(3) (2002), pp. 229–31, http://www.animalsandsociety.net/assets/library/147_jaws050307.pdf; M. Warner, 'Inside the Very Strange World of Billionaire John Sperling', 29 April 2002, Center for Genetics & Society, http://www.geneticsandsociety.org/article.php?id=108 (accessed 13 September 2012).

## 第14章 | 遺伝子組み換え――人の食料とするか、工場式農場の餌とするか

1 I. Potrykus, 'The "Golden Rice" tale', Agbioworld: http://www.agbioworld.org/biotech-info/topics/goldenrice/tale.html (accessed 30 July 2012).

2 *New York Times*, 'Scientist at work: Ingo Potrykus; Golden Rice in a Grenade-Proof Greenhouse', 21 November 2000, http://www.nytimes.com/2000/11/21/science/scientist-at-work-ingo-potrykus-golden-ricein-a-grenade-proof-greenhouse.html?

3 http://agropedia.iitk.ac.in/?q=content/golden-rice (accessed 30 July 2012).

4 Golden Rice Project, Golden Rice Humanitarian Board website, http://www.goldenrice.org/index.php (accessed 30 July 2012).

5 Golden Rice Project website, 'Frequently Asked Questions (2)', http://goldenrice.org/Content3-Why/why3a_FAQ.php#Pseudo-science (accessed 5 October 2012).

6 Greenpeace press release, 'Golden Rice is a technical failure standing in way of real solutions for vitamin A deficiency', 17 March 2005, http://www.greenpeace.org/international/en/press/releases/golden-rice-is-atechnical-fai/ (accessed 30 July 2012).

7 World Health Organization (WHO) website article 'Micronutrient deficiencies', http://www.who.int/nutrition/topics/vad/en/index.html (accessed 8 May 2013).

8 Golden Rice Project, Golden Rice Humanitarian Board website, http://www.goldenrice.org/index.php (accessed 30 July 2012).

9 Defra, 'Farm scale evaluations: Managing GM crops with herbicides: effects on farmland wildlife', 2005.

10 M. A. Altieri, 'The Ecological Impacts of Large- Scale Agrofuel Monoculture Production Systems in the Americas', ***Bulletin of Science Technology Society***, June 2009, 29(3), pp. 236–44, http://bst.sagepub.com/content/29/3/236.

11 FAO Food Outlook, May 2012, http://www.fao.org/giews/english/fo/index.htm.

12 H. Steinfeld et al., ***Livestock's Long Shadow: environmental issues and options***, Food and Agriculture Organization of the United Nations, Rome, 2006.

13 National Corn Growers Association (NCGA), ***Corn Facts***, 2011 (accessed 22 June 2011).

14 GMO Compass, Field areas 2009, 2010, www.gmocompass.org/eng/agri_biotechnology/gmo_planting/257.global_gm_planting_2009.html.

15 Ibid.

16 GMO Compass, 'Genetically modified plants: global cultivation area: Soybeans, Maize', 2010, www.gmo-compass.org/eng/agri_biotechnology/gmo_planting/342.genetically_modified_soybean_global_area_under_cultivation.htm; www.gmo-compass.org/eng/agri_biotechnology/gmo_planting/341.genetically_modified_maize_global_area_under_cultivation.html.

17 J. Lundqvist, C. de Fraiture and D. Molden, ***Saving Water: From Field to Fork – Curbing Losses and Wastage in the Food Chain***, SIWI Policy Brief, SIWI, 2008, figure 1.

18 D. L. Barlett and J. B. Steel, 'Monsanto's Harvest of Fear', ***Vanity Fair***, May 2008, http://

using genetically modified crops', 3 November 2008, http://www.dailymail.co.uk/news/article-1082559/The-GMgenocide-Thousands-Indian-farmers-committing-suicide-using-genetically-modified-crops.html (accessed 12 September 2012).

19 Ibid.

20 Center for Human Rights and Justice, ***Every Thirty Minutes: Farmer Suicides, Human Rights, and the Agrarian Crisis in India,*** New York, NYU School of Law, 2011.

21 ***Independent,*** 'Charles: "I blame GM crops for farmers' suicides"', 5 October 2008, http://www.independent.co.uk/environment/greenliving/charles-i--blame-gm-crops-for-farmers-suicides-951807.html (accessed 12 September 2012).

22 P. Sainath, 'Farm suicides: a 12- year saga', ***The Hindu,*** 25 January 2010, http://www.thehindu.com/opinion/columns/sainath/article94324.ece (accessed 12 September 2012).

23 Tata Institute of Social Sciences, ***Causes of Farmer Suicides in Maharashtra: An Enquiry,*** Final Report Submitted to the Mumbai High Court,15 March 2005, http://mdmu.maharashtra.gov.in/pdf/Farmers_suicide_TISS_report.pdf.

24 J. Mencher, commenting on online ISIS press release, 10 February 2010, http://www.i-sis.org.uk (accessed 12 September 2012).

25 S. Ashley, S. Holden and P. Bazeley, ***Livestock in Poverty-Focused Development,*** Livestock in Development, Crewkerne, UK, 1999, http://www.theidlgroup.com/documents/IDLRedbook_000.pdf.

26 IFAD, ***Rural Poverty Report,*** 2011, http://www.ifad.org/rpr2011/index.htm (accessed 12 September 2012).

27 L. R. Brown, ***Plan B 4.0: Mobilizing to save civilization,*** Earth Policy Institute, W. W. Norton, 2009.

28 Earth Policy Institute, ***World grain consumption and stocks, 1960–2009,*** supporting dataset for chapter 2 of Brown, ***Plan B 4.0,*** http://www.earth-policy.org/index.php?/books/pb4/pb4_data.

29 P. J. Gerber, H. Steinfeld, B. Henderson, A. Mottet, C. Opio, J. Dijkman, A. Falucci and G. Tempio, 'Tackling climate change through livestock – a global assessment of emissions and mitigation opportunities', Food and Agriculture Organisation of the United Nations (FAO), Rome, 2013.

30 ***Stern Review on the Economics of Climate Change,*** HM Treasury and Cabinet Office, 2006, part II, chapters 3 and 4, http://www.hmtreasury.gov.uk/sternreview_index.htm; Joachim von Braun, ***The world food situation: new driving forces and required actions,*** IFPRI, Washington DC, December 2007, http://www.ifpri.org/pubs/fpr/pr18.pdf; D. S. Battisti and R. L. Naylor, 'Historical Warnings of Future Food Insecurity with Unprecedented Seasonal Heat', ***Science,*** 323 (2009), pp. 240–4.

31 The Rights and Resources Initiative (RRI), ***Seeing People Through The Trees,*** RRI, Washington DC, 2008, http://www.rightsandresources.org/documents/files/doc_737.pdf.

32 Cabinet Office, ***Food Matters: towards a strategy for the 21st century,*** Strategy Unit, July 2008.

arrival-of-the-163199-chicken-778672.html (accessed 12 September 2012).

2 *Guardian,* 'High food prices are here to stay – and here's why', 17 July 2011, http://www.guardian.co.uk/lifeandstyle/2011/jul/17/food-pricesrise-commodities (accessed 12 September 2012).

3 M. Cacciottolo, 'The "hidden hunger" in British families', BBC news, 7 October 2010, http://www.bbc.co.uk/news/magazine-11427207.

4 J. Owen and B. Brady, 'Jobcentres to send poor and hungry to charity food banks', *Independent,* 18 September 2011, http://www.independent.co.uk/news/uk/politics/jo bcentres-to-send-poor-and-hungry-to-charity-food-banks-2356578.html.

5 UN Department of Social and Economic Affairs, *World Economic and Social Survey 2011,* United Nations, New York.

6 *Guardian,* 'High food prices are here to stay'.

7 Government Office for Science, *Foresight Project on Global Food and Farming Futures. Synthesis Report C1: Trends in food demand and production,* January 2011; S. Msangi and M. W. Rosegrant, *Agriculture in a dynamically-changing environment: IFPRI's long- term outlook for food and agriculture under additional demand and constraints,* paper written in support of Expert Meeting on 'How to feed the World in 2050', Rome, FAO, 2009, http://www.fao.org/wsfs/forum2050/wsfs-background-documents/wsfs-expert-papers/en/; H. Steinfeld et al., *Livestock's Long Shadow, environmental issues and options,* FAO, Rome, 2006, Introduction, p. 12.

8 Oxfam, *4-a-week: changing food consumption in the UK to benefit people and the planet,* Oxfam GB Briefing Paper, 2009.

9 Foresight, *The Future of Food and Farming: challenges and choices for global sustainability,* Final Project Report, The Government Office for Science, London, 2011.

10 *The Economist,* 'Food and the Arab Spring: Let them eat Baklava; Today's Policies are Recipe for Instability in Middle East', 17 March 2012, http://www.economist.com/node/21550328; UN, 'Soaring cereal tab continues to afflict poorest countries, UN agency warns', UN News Centre, 11 April 2008, www.un.org/apps/news/story.asp?NewsID=26289&Cr=food&Cr1=prices.

11 *New York Times,* 'Bread, the (subsidized) stuff of life in Egypt', 16 January 2008, http://www.nytimes.com/2008/01/16/world/africa (accessed 12 September 2012).

12 *Economist,* 'Food and the Arab Spring: Let them eat Baklava'.

13 Msangi and Rosegrant, *Agriculture in a dynamically- changing environment.*

14 Calculated from FAOSTAT online figures for global grain harvest (2009) and food value of cereals, based on a calorific intake of 2,500 kcalories per person per day.

15 David Pimentel et al., 'Reducing energy inputs in the US food system', *Human Ecology,* 36 (2008), pp. 459–71.

16 Vaclav Smil, *Feeding the world: a Challenge for the Twenty-first Century,* MIT Press, 2000.

17 BBC, 'Hundred- Dollar hamburger?', 14 June 2011, http://www.bbc.co.uk/news/business-13764242 (accessed 12 September 2012).

18 *Daily Mail,* 'The GM genocide: Thousands of Indian farmers are committing suicide after

**45** Steinfeld et al., *Livestock's Long Shadow.*

**46** BBC, 'Summer "wettest in 100 years" Met Office figures show', 30 August 2012, http://www.bbc.co.uk/news/uk-19427139 (accessed 11 September 2012).

**47** *Guardian,* 'Drought tanker ships considered', 17 May 2006, http://www.guardian.co.uk/environment/2006/may/17/water.uknews (accessed 4 October 2012).

**48** *Daily Mail,* 'Icebergs considered to help beat the drought', 17 May 2006, http://www.dailymail.co.uk/news/article-386582/Icebergs-consideredhelp-beat-drought.html (accessed 4 October 2012).

**49** BBC, 'Salt water plant opened in London', 2 June 2010, http://www.bbc.co.uk/news/10213835 (accessed 11 September 2012); N. Larkin, 'London Mayor appeals Thames Water desalination plant (Update 2)', Bloomberg, 21 August 2007, http://www.bloomberg.com (accessed 4 October 2012).

**50** Thames Water, 'Thames gateway water treatment works', 20 August 2012, http://www.thameswater.co.uk/your-water/9942.htm (accessed 4 October 2012).

**51** Economist, 'Australia's water shortage: The big dry', 26 April 2007, http://www.economist.com/node/9071007 (accessed 8 May 2013).

**52** ABC Riverland, 'Scientists quit flawed Murray- Darling process', 21 May 2011, http://www.abc.net.au/local/stories/2011/05/23/3223924.htm (accessed 8 May 2013).

**53** World Economic Forum, 'The bubble is close to bursting'.

**54** World Resources Institute, UN Environment Programme, UN Development Programme and the World Bank, *World Resources 1998–99: Environmental change and human health,* 1998, http://www.wri.org/publication/content/8261.

**55** American Geophysical Union (AGU), 'Groundwater depletion rate accelerating worldwide'.

**56** World Economic Forum, 'The bubble is close to bursting'.

**57** A. Mukherji et al., *Revitalizing Asia's irrigation: to sustainably meet tomorrow's food needs,* Colombo, Sri Lanka, International Water Management Institute; Rome, Italy, Food and Agriculture Organization of the United Nations, 2009.

**58** IWMI and FAO, 'IWMI-FAO report: Revitalising Asia's irrigation: to sustainably meet tomorrow's food needs', press release, 19 August 2009, http://www.fao.org/nr/water/docs/iwmi-fao-report-revitalizing-asiasirrigation-to-sustainably-meet-tomorrows-food-needs.pdf.

**59** J. Liu, H.Yang and H. H. G. Saveniji, 'China's move to high-meat diet hits water security', *Nature,* 454 (2008), p. 397.

**60** J. Bruinsma, *The resource outlook to 2050: by how much do land, water and crop yields need to increase by 2050?,* Expert meeting on 'How to Feed the World in 2050', Rome, FAO, 24–26 June 2009.

**61** Parente and Lewis- Brown, *Freshwater Use and Farm Animal Welfare.*

## 第13章｜100ドルのハンバーガー——安い食物という錯覚

**1** *Independent,* 'Tesco hits a new low with arrival of the £1.99 chicken', 6 February 2008, http://www.independent.co.uk/life-style/food-and-drink/news/tesco-hits-a-new-low-withabout-fiji-water/ (accessed 12 September 2012).

30 S. Parente and E. Lewis-Brown, ***Freshwater Use and Farm Animal Welfare***, CIWF/WSPA, 2012, http://www.ciwf.org.uk/includes/documents/cm_docs/2012/f/freshwater_use_and_farm_animal_welfare_12_page.pdf.

31 World Economic Forum, 'The bubble is close to bursting: A forecast of the main economic and geopolitical water issues likely to arise in the world during the next two decades', draft for discussion at the World Economic Forum Annual Meeting 2009.

32 Based on a bathtub holding 175 litres of water, and published figures showing the total water footprint for a kilo of beef, pork and chicken being 15,500, 5,900 and 4,300 litres consecutively; from Water Footprint Network, http://www.waterfootprint.org/?page=files/Animalproducts (accessed 10 September 2012).

33 P. W. Gerbens- Leenes, M. M. Mekonnen and A. Y. Hoekstra, ***A Comparative Study on the Water Footprint of Poultry, Pork and Beef in Different Countries and Production Systems***, University of Twente, September 2011.

34 Ibid.

35 C. S. Smith, 'Al Kharj Journal; Milk Flows From Desert At a Unique Saudi Farm', ***New York Times***, 31 December 2002, http://www.nytimes.com/2002/12/31/world/al-kharj-journal-milk-flows-from-desert-at-aunique-saudi-farm.html (accessed 10 September 2012).

36 Ibid.

37 Ibid.

38 2nd UN World Water Development Report, ***Water, A Shared Responsibility***, chapter 4, 'The State of the Resource', UNESCO, WMO and IAEA, 2006., http://www.unesco.org/water/wwap/wwdr/wwdr2/pdf/wwdr2_ch_4.pdf.

39 H. Steinfeld et al., ***Livestock's Long Shadow: environmental issues and options***, chapter 4, Food and Agriculture Organization of the United Nations, Rome, 2006, http://www.virtualcentre.org/en/library/key_pub longshad/A0701E00.htm.

40 Y. Wada et al., 'Global depletion of groundwater resources', ***Geophysical Research Letters***, vol. 37 (2010), L20402, doi: 10.1029/2010GL044571; American Geophysical Union (AGU), 'Groundwater depletion rate accelerating worldwide', AGU Release No. 10–30, 23 September 2010, www.agu.org/news press/pr_archives/2010/2010-30.shtml.

41 ibid.

42 Wired magazine, 'Peak Water: Aquifers and Rivers Are Running Dry. How Three Regions Are Coping', 21 April 2008, http://www.wired.com/science/planetearth/magazine/16-05/ff_peakwater?currentPage=all (accessed 10 September 2012); R. Courtland, 'News briefing, Enough water to go around?', Nature, published online 19 March 2008, doi:10.1038/news.2008.678, www.nature.com/news/2008/080319/full/news.2008.678.html.

43 M. Barlow and T. Clarke, ***Blue Gold: The Battle against Corporate Theft of the World's Water***, Earthscan, London, 2002.

44 B. Bates et al., ***Climate Change and Water***, IPCC Technical paper VI, IPCC, WMO and UNEP, 2008, http://www.ipcc.ch/pdf/technicalpapers/climate-hange-water- en.pdf.

(accessed 7 September 2012).

9 D. Pimentel, *Impacts of Organic Farming on the Efficiency of Energy Use in Agriculture: An Organic Center State of Science Review*, The Organic Center, August 2006. This review cites findings in several other of the Pimentel group papers.

10 World Bank, *World Development Report 2008. Agriculture for Development*, 2008, chapter 2, 'Agriculture's performance, diversity and uncertainties', http://siteresources.worldbank.org.

11 FAO, *The energy and agriculture nexus*, Environment and natural resources working paper 4. Rome, 2000, chapter 2, 'Energy for agriculture', http://www.fao.org/.

12 Pimentel, *Impacts of Organic Farming.*

13 A. A. Bartlett, 'Forgotten Fundamentals of the Energy Crisis', 1978, http://www.npg.org/specialreports/bartlett_section3.htm (accessed 7 September 2012).

14 World Bank, *World Development Report 2008*, chapter 2.

15 National Petroleum Council, *Summary Discussions on Peak Oil*, working document of the NPC Global Oil & Gas Study, Topic Paper #15, July 2007, http://downloadcenter.connectlive.com/events/npc071807/pdf-downloads/Study_Topic_Papers/15-STG-Peak-Oil-Discussions.pdf.

16 International Energy Agency, *World Energy Outlook 2010*, presentation to the press, London, 9 November 2010.

17 Oil Depletion Analysis Centre, 'Peak Oil Primer', 24 November 2009, http://www.odac-info.org/.

18 D. Howden, 'World oil supplies are set to run out faster than expected, warn scientists', Independent, 14 June 2007, http://www.independent.co.uk/news/science/world-oil-supplies-are-set-to-run-out-faster-thanexpected-warn-scientists-453068.html.

19 Shell International, *Shell Energy Scenarios to 2050: an era of volatile transitions*, 2011.

20 A. Coecup, letter to the editor, *The Times*, 30 May 2012.

21 Pimentel, *Impacts of Organic Farming.*

22 Ibid.

23 Soil Association, *Energy efficiency of organic farming: analysis of data from existing Defra studies*, published 31 January 2007.

24 Lloyd's, 'Investment in the Arctic could reach $100bn in ten years', 12 April 2012, http://www.lloyds.com/Lloyds/Press-Centre/Press-Releases/2012/04/Investment-in-the-Arctic-could-reach-USD100bn-in-tenyears.

25 *Guardian*, 'Arctic oil rush will ruin ecosystem'.

26 Fiji Water, official website, http://www.fijiwater.com/ (accessed 10 September 2012).

27 *Daily Telegraph*, 'Fiji Water accused of environmentally misleading claims', 20 June 2011, http://www.telegraph.co.uk/earth/earthnews/8585182Fiji-Water-accused-of-environmentally-misleading-claims.html (accessed 10 September 2012).

28 Ibid.

29 Fiji Water, official website, FAQ: About our water, http://www.fijiwater.com/company/faq/

48 *Guardian*, 'GM soya "miracle" turns sour in Argentina', 16 April 2004, http://www.guardian.co.uk/science/2004/apr/16/gm.food (accessed 6 September 2012).

49 CAST (Council for Agricultural Science and Technology), Issue Paper 49, ***Herbicide-Resistant Weeds Threaten Soil Conservation Gains: Finding a Balance for Soil and Farm Sustainability***, February 2012.

50 Faculty of Medical Sciences, National University of Cordoba, ***Report from the 1st National meeting of Physicians in the Crop- Sprayed Towns***, 27 August 2010, http://www.reduas.fcm.unc.edu.ar/statement-from-the-1st-national-meeting-of-physicians-in-the-crop-sprayed-towns/ (accessed 21 May 2013).

51 Ibid.

52 Le Monde/World Crunch, 'Where Soy Is King: In Argentina, Local Health Costs Rise As Agro Booms', 15 August 2011, http://www.worldcrunch.com/culture-society/where-soy-is-king-in-argentinalocal-health-costs-rise-as-agro-booms-/c3s3581/ (accessed 6 August 2012).

53 Monsanto, Corporate Profile, 2012, http://www.monsanto.com/investors/pages/corporate-profile.aspx (accessed 6 August 2012).

## 第12章｜水より濃い——枯れる川、湖、井戸

1 Energy Information Administration, ***Analysis of Crude Oil Production in the Arctic National Wildlife Refuge***, May 2008, http://www.eia.gov/oiaf/servicerpt/nwr/pdf/sroiaf (2008) 03.pdf (accessed 7 September 2012).

2 CIA Factbook, https://www.cia.gov/library/publications/the-worldfactbook/rankorder/2174rank.html (accessed 7 September 2012) (based on US daily consumption of 19.15 million barrels and EU, 13.68 million).

3 ***Alaska Journal of Commerce***, 'USGS estimates on Slope shale oil, gas puts Alaska near top', 1 March 2012, http://www.alaskajournal.com/Alaska-Journal-of-Commerce/AJOC-March-4-2012/USGS-estimates-on-Slope-shale-oil-gas-puts-Alaska-near-top/ (accessed 7 September 2012).

4 ***Time***, 12 November 2007, The Eco vote, http://www.time.com/time/2007/includes/eco_vote.pdf (accessed 7 September 2012).

5 National Review Online, 'The Campaign Spot', 16 January 2008, http://www.nationalreview.com/campaign-spot/10699/john-mccainim-raising-hundreds-thousands-day-new-hampshire (accessed 7 September 2012).

6 ***New York Times***, 'New and Frozen Frontier Awaits Off shore Oil Drilling', 23 May 2012, http://www.nytimes.com/2012/05/24/science/earth/shell-arctic-ocean-drilling-stands-to-open-new-oil-frontier.html (accessed 7 September 2012).

7 ***Daily Telegraph***, 'Total insists Shtokman Russian Arctic gas project not delayed "indefinitely" ', 31 August 2012, http://www.telegraph.co.uk/finance/newsbysector/energy/oilandgas/9512809/Total-insists-Shtokman-Russian-Arctic-gas-project-not-delayed-indefinitely.html (accessed 7 September 2012).

8 ***Guardian***, 'Arctic oil rush will ruin ecosystem, warns Lloyd's of London', 12 April 2012, http://www.guardian.co.uk/world/2012/apr/12/lloyds-london-warns-risks-arctic oil drilling

part II, chapters 3 and 4.

33 Ibid.

34 The Rights and Resources Initiative (RRI), ***Seeing People through the Trees: Scaling Up Efforts to Advance Rights and Address Poverty, Conflict and Climate Change,*** Washington DC, RRI, 2008, http://www.rightsandresources.org/documents/files/doc_737.pdf.

35 ***Stern Review on the Economics of Climate Change,*** HM Treasury and Cabinet Office, 2006.

36 Soystats, 'World soybean production 2010', 2011, http://www.soystats.com/2011/page_30.htm (accessed 21 August 2012).

37 FAOSTAT: http://faostat.fao.org (accessed 8 September 2012); Soystats, 'Adoption of Bio-tech enhanced soyabean seedstock 1997–2010', 2011, http://www.soystats.com/2011/page_36.htm (accessed 21 August 2012).

38 Soystats, 'World soybean production 2010'.

39 Soystats 2012, http://www.soystats.com/archives/2012/no-frames.htm. (accessed 8 September 2012); USDA Economic Research Service, 'Soybeans and oil crops', 2012, http://www.ers.usda.gov/topics/crops/soybeans-oil-crops/trade.aspx (accessed 21 August 2012); Soystats, 'World soybean meal exports 2010', 2011, shows Argentina accounting for 49% of global exports, ahead of Brazil (23%) and USA (14%), http://www.soystats.com/2011/page_33.htm (accessed 21 August 2012).

40 'What's feeding our food? The environmental and social impacts of the livestock sector', http://www.foe.co.uk/resource/briefings/livestock_impacts.pdf (accessed 8 September 2012).

41 Alternet, 'Feedlot Meat Has Spurred a Soy Boom That Has a Devastating Environmental and Human Cost', 17 March 2011, http://www.alternet.org/story/150277/feedlot_meat_has_spurred_a_soy_boom_that_has_a_devastating_environmental_and_human_cost (accessed 21 May 2013).

42 International Rivers website, 'Paraguay- Parana Hidrovia', 2012, http://www.internationalrivers.org/zh-hans/node/2348 (accessed 23 August 2012); The South American Hidrovia Parana – Paraguay, http://www.chasque.net/rmartine/hidrovia/Envxtrad.html (accessed 23 August 2012).

43 International Rivers website, 'Paraguay- Parana Hidrovia', http://www.internationalrivers.org/campaigns/paraguay-paran%C3%A1-hidrovia (accessed 21 May 2013).

44 Reuters, 'Eyeing flood waters, Argentine ranchers move cattle', 30 October 2009, http://www.reuters.com/article/2009/10/30/idUSN30241232 (accessed 23 August 2012).

45 IPS, 'ARGENTINA: Countryside No Longer Synonymous with Healthy Living', 4 March 2009, http://www.ipsnews.net/2009/03/argentina-countryside-no-longer-synonymous-with-healthy-living/ (accessed 21 May 2013).

46 J. Richardson, 'Feedlot Meat Has Spurred a Soy Boom That Has a Devastating Environmental and Human Cost', ***Axis of Logic,*** 26 March 2011, http://axisoflogic.com/artman/publish/Article_62629.shtml (accessed 24 August 2012).

47 Soystats, 'Adoption of biotech- enhanced soybean seedstock 1997–2010', 2011, http://www.soystats.com/2011/Default-frames.htm (accessed 5 October 2012).

article/2010/05/03/us-latamsummit-argentina-losgrobo-idUSTRE64259K20100503 (accessed 20 August 2012).

**17** L. Cotula, S. Vermeulen, R. Leonard and J. Keeley, ***Land Grab or Development Opportunity? Agricultural Investment and International Land Deals in Africa***, IIED/FAO/IFAD, London/Rome, 2009.

**18** D. Headley, S. Malaiyandi and F. Shenggen, ***Navigating the Perfect Storm: Reflections on the Food, Energy and Financial Crises***, August 2009, IFPRI (Online Resource) available at http://www.ifpri.org/sites/default/files/publications/ifpridp00889.pdf.

**19** Deininger, Byerlee et al., ***Rising Global Interest in Farmland.***

**20** 'Global Land Grabbing: Update from the International Conference on Global Land Grabbing', ISS, 2011, http://www.iss.nl/fileadmin/ASSETS/iss/Documents/Conference_programmes/LDPI_conference_summary_May_2011.pdf (accessed 20 August 2012).

**21** Chayton Africa website, http://www.chaytonafrica.com/ (accessed 20 August 2012).

**22** 'Chayton combines good land and secure water assets to grow its Atlas Agricultural operation', ***HedgeNews Africa, Journal of the African Alternatives and Hedge Fund Community***, Second Quarter, 2011, vol. 1, 7, http://www.oaklandinstitute.org (accessed 20 August 2012).

**23** Crowder, quoted in N. Nyagah, 'Zambia: Rich African farms draw international investors', 2 March 2011, http://allafrica.com/stories/201103021113.html (accessed 20 August 2012).

**24** ***Guardian***, 'Land deals in Ethiopia bring food self-sufficiency, and prosperity', 4 April 2011, http://www.guardian.co.uk/global-development/poverty-matters/2011/apr/04/ethiopia-land-deals-food-self-sufficiency (accessed 20 August 2012); ***Ethiopian Times***, 'Land grab in Africa: demystifying large-scale land investments', 2 April 2012, https://ethiopiantimes.wordpress.com/2012/04/02/land-grab-in-africa-demystifying-large-scaleland-investments/ (accessed 20 August 2012).

**25** Karuturi Global website, http://www.karuturi.com/ (accessed 20 August 2012).

**26** Karuturi Global website, Welcome to Karuturi Global Limited, http://www.karuturi.com/index.php?option=com_frontpage&Itemid=1 (accessed 3 October 2012).

**27** ***Guardian***, 'Land deals in Ethiopia'.

**28** Bloomberg, 'Ethiopian Government Slashes Karuturi Global Land Concession by Two-Thirds', 4 May 2011, http://www.bloomberg.com/news/2011-05-04/ethiopian-government-slashes-karuturi-global-land-concession-by-two-thirds.html (accessed 20 August 2012).

**29** Bloomberg, 'Ethiopian farms lure Bangalore- based Karuturi Global Ltd. As Workers Live in Poverty', 30 December 2009, http://www.bloomberg.com/apps/news?pid=newsarchive&sid=aeuJT_ pSE68c (accessed 20 August 2012).

**30** Ibid.

**31** M. Vermeer and S. Rahmstorf, 'Global sea level linked to global temperature', ***Proceedings of the National Academy of Sciences***, 2009; DOI: 10.1073/pnas.0907765106; Potsdam Institute for Climate Impact Research (PIK), 'Sea level could rise from 0.75 to 1.9 meters this century', ScienceDaily, 8 December 2009.

**32** ***Stern Review on the Economics of Climate Change***, HM Treasury and Cabinet Office, 2006,

**33** CIWF, 2010, press release, 'UK Consumers Vote for Higher Welfare Chicken and Eggs', 8 April 2010, http://www.ciwf.org.uk/includes/documents/cm_docs/2010/n/nr1009.pdf.

## PART V｜縮みゆく惑星

### 第11章｜土地――工場式農場がいかに多くの土地を必要とするか

**1** BBC, 'Argentina's forest people suffer neglect', 27 September 2007, http://news.bbc.co.uk/1/hi/programmes/from_our_own_correspondent/7014197.stm (accessed 20 August 2012); University of Pennsylvania website, http://www.sas.upenn.edu/~valeggia/pdf (accessed 20 August 2012); Star of Hope website, http://www.starofhopeusa.org/component/myblog/argentian-some-history-regarding-toba-indians-565.html (accessed 20 August 2012); Ethnologue, Languages of Argentina, 2012, http://www.ethnologue.com/show_country.asp?name=AR (accessed 20 August 2012); http://intercontinentalcry.org/peoples/toba-qom/ (accessed 20 August 2012).

**2** BBC, 'Argentina's forest people suffer neglect.

**3** *Argentina Independent*, 'Qom indigenous leader hit by truck in alleged attack', 10 August 2012, http://www.argentinaindependent.com/tag/formosa/ (accessed 20 August 2012).

**4** Calculation by Compassion in World Farming, 2012.

**5** Thomas K. Rudel et al., 'Agricultural intensification and changes in cultivated areas, 1970–2005', *PNAS*, 106 (49) (2009), pp. 20675–80.

**6** Calculation by Compassion in World Farming, 2011.

**7** J. Lundqvist, C. de Fraiture and D. Molden, *Saving Water: From Field to Fork – Curbing Losses and Wastage in the Food Chain*, SIWI Policy Brief, 2008.

**8** G. Borgstrom, *The Hungry Planet*, 2nd revised edition, New York, Collier Books, 1972.

**9** R. K. Pachauri, 'Global warning! The impact of meat production and consumption on climate change', CIWF Peter Roberts Memorial Lecture, London, 8 September 2008, http://www.ciwf.org.uk/includes/documents/cm_docs/2008/l/1_london_08sept08.pps.

**10** OECD- FAO, *Agricultural Outlook 2009–2018: Highlights*, 2009.

**11** K. Deininger, D. Byerlee et al., *Rising Global Interest in Farmland: can it yield sustainable and equitable benefits?*, World Bank, 2010.

**12** C. Vicente, GRAIN, Buenos Aires, personal communication, 2012.

**13** Soybean and Corn Advisor website, http://www.soybeansandcorn.com/Argentina- Crop-Acreage (accessed 21 May 2013).

**14** *Chicago Tribune*, 'ANALYSIS – Argentina's soy addiction comes back to bite farmers', 22 April 2013, http://articles.chicagotribune.com/2013-04-22/news/sns-rt-argentina-soy-analysisl2n0d6135-20130422_1_soy-yields-corn-yields-pampas-farm-belt (accessed 21 May 2013).

**15** Ibid.

**16** Harvard Business School, from website, www.losgrobo.com (accessed 20 August 2012); Reuters, 'High yields boost Argentine soy outlook', 3 May 2010, http://www.reuters.com/

**16** Ibid.

**17** Cunningham, 'Contract Broiler Production'.

**18** Knowles T. G., Kestin S. C., Haslam S. M., Brown S. N., Green L. E., et al. (2008) 'Leg Disorders in Broiler Chickens: Prevalence, Risk Factors and Prevention'. PLoS ONE 3(2): e1545, doi: 10. 1371/journal. pone. 0001545. http://www.plosone.org/article/info.

**19** Pilgrim's Pride, http://www.turnaround.org/cmaextras/PilgrimsPride.pdf (accessed 16 December 2011).

**20** D. L. Cunningham, 'Cash Flow Estimates for Contract Broiler Production in Georgia: A 30-Year Analysis', The University of Georgia College of Agricultural and Environmental Sciences, 31 January 2011, http://www.caes.uga.edu/Publications/pubDetail.cfm?pk_ id=7052 (accessed 5 December 2011).

**21** Georgians for Pastured Poultry, ***Out of Sight, Out of Mind.***

**22** Interview conducted by Compassion in World Farming of Southern Poverty Law Center members who have worked with catchers, 2 November 2011.

**23** B. Kiepper, 'Poultry Processing: Measuring True Water Use', University of Georgia Cooperative Extension, 2011.

**24** Bureau of Labor Statistics, Table SNR12, 'Highest incidence rates of total nonfatal occupational illness cases 2010', Bureau of Labor Statistics US Department of Labor, October 2011.

**25** Georgia Education Agricultural Curriculum Office, 'Broilers: An overview of broiler production in Georgia. Powerpoint presentation', 2006, http://www.powershow.com/view/108ba-YTFiY/Broilers_An_Overview_of_Broiler_Production_in_Georgia_flash_ppt_presentation (accessed 15 December 2011); 'Injury and Injustice – America's Poultry Industry', United Food and Commercial Workers International Union, cited in Southern Poverty Law Center, ***Injustice on Our Plates: Immigrant Women in the US Food Industry,*** 2010, p. 36; G. Guthey, 'The New Factories in the Fields: Georgia Poultry Workers', ***Southern Changes,*** vol. 19, no. 3–4, 1997, pp. 23–5.

**26** Human Rights Watch, ***Blood, Sweat, and Fear: Workers' Rights in US Meat and Poultry Plants,*** New York, NY, 2004.

**27** Wage and Hour Division, US Department of Labor, Poultry Processing Compliance Survey Fact Sheet, US Department of Labor, 2001.

**28** T. Ashdown, 'Poultry Processing', in J. M. Stellman (ed.), ***Encyclopaedia of Occupational Health And Safety*** III, Geneva, Switzerland, International Labor Organization, 1998.

**29** Human Rights Watch, ***Blood, Sweat, and Fear.***

**30** Ibid.

**31** N. Stein and D. Burke, 'Son Of A Chicken Man. As he struggles to remake his family's poultry business into a $24 billion meat behemoth, John Tyson must prove he has more to offer than just the family name', from ***Fortune*** Magazine, quoted in Human Rights Watch, ***Blood, Sweat, and Fear.***

**32** ***Independent,*** 'The true cost of cheap chicken', 4 January 2008, http://www.independent.co.uk/news/uk/home-news/the-true-cost-of-cheapchicken-768062.html (accessed 9 August 2012).

18 D. Gurian-Sherman, ***CAFOs Uncovered: the untold costs of confined animal feeding operations,*** Union of Concerned Scientists, 2008.

19 Ibid.

20 European Commission, 'The EU Nitrates Directive', factsheet, January 2010, http://ec.europa.eu/environment/pubs/factsheets.htm.

## 第10章 | 南部の苦しみ——工場式養鶏の出現

1 Georgians for Pastured Poultry, ***Out of Sight, Out of Mind: The Impacts of Chicken Meat Factory Farming in the State of Georgia,*** GPP, Decatur, 2012.

2 Red Earth Farm website, http://redearthfarm.weebly.com/ (accessed 7 August 2012).

3 2010 FAOSTAT: http://faostat.fao.org; FAO, ***Livestock's Long Shadow: Environmental Issues and Options,*** Rome, 2006 – proportion industrially reared.

4 Numbers indicate broiler chickens sold and farms with broiler chicken sales, taken from the USDA Census of Agriculture through 2007, Census information, www.agcensus.usda.gov/Publications/2007/Full_Report/Volume_1,_Chapter_1_US/st99_1_001_001.pdf.

5 Pew Environment Group, ***Big Chicken: Pollution and industrial poultry production in America,*** Pew, Washington, July 2011.

6 USDA, National Agriculture Statistics Service, 2010, 'Broilers: Inventory by State, US', http://www.nass.usda.gov/Charts_and_Maps/Poultry/brlmap.asp (accessed 1 December 2011); United States Department of Agriculture, ***2007 Census of Agriculture – Georgia,*** http://www.agcensus.usda.gov/Publications/2007/Full_Report/Volume_1,_Chapter_1_State_Level/Georgia/gav1.pdf (accessed 16 November 2011).

7 FAOSTAT data, 2010, http://faostat.fao.org.

8 The New Georgia Encyclopedia, http://www.georgiaencyclopedia.org/nge/Article.jsp?id=h-1811 (accessed 1 December 2011).

9 Ibid.; 'From Supply Push to Demand Pull: Agribusiness Strategies for Today's Consumers', available from http://www.ers.usda.gov/Amber-Waves/November03/Features/supplypushdemandpull.htm (accessed 2 December 2011).

10 The New Georgia Encyclopedia; Cagle's, Inc., History, http://www.fundinguniverse.com/company-histories/Cagles-Inc-Company-History.html (accessed 2 December 2011).

11 ***Today in Georgia History,*** 'Jesse Jewell', http://www.todayingeorgiahistory.org/content/jesse-jewell (accessed 7 August 2012).

12 The New Georgia Encyclopedia.

13 Ibid.

14 Georgians for Pastured Poultry, ***Out of Sight, Out of Mind.***

15 D. L. Cunningham, 'Contract Broiler Production: Questions and Answers', in Science UoGCoAaE, CAES, 2009; Poultry Workshop, Public Workshops Exploring Competition in Agriculture, 21 May 2010, Alabama A&M University, Knight Reception Center, Normal, Alabama, United States Department of Justice, 2010.

3 *BPEX Weekly*, 'French producers will go bust', 3 December 2010, http://www.bpex.org/bpexWeekly/BW031210.aspx (accessed 12 August 2012).

4 WattAgNet, 'French pig producers are determined to thrive in spite of new welfare, environmental regulations', 10 November 2011, http://www.wattagnet.com/French_pig_producers_are_determined_to_thrive_in_spite_of_new_welfare,_environmental_regulations.html (accessed 6 August 2012).

5 *Daily Telegraph*, 'Toxic seaweed on French coast sparks health fears', 22 July 2011, http://www.telegraph.co.uk/news/worldnews/europe/france/8655329/Toxic-seaweed-on-French-coast-sparks-health-fears.html (accessed 6 August 2012).

6 *New York Times*, 'Cultivated environment French farmer pushes green methods', 28 May 1993, http://www.nytimes.com/1993/05/28/business/worldbusiness/28iht-farm.html (accessed 3 October 2012); *Central Brittany Journal*, website, Andre Pochon, http://www.thecbj.com/andrepochon/ (accessed 3 October 2012).

7 Rodale Institute, extracts from Senate Testimony by Rick Dove, 2002, http://newfarm.rodaleinstitute.org/depts/pig_page/rick_dove/index.shtml (accessed 6 August 2012); *Waterkeeper* magazine, Summer 2004, http://www.waterkeeper.org/ht/a/GetDocumentAction/i/9899 (accessed 6 August 2012); *Waterkeeper* magazine, Fall 2005, http://www.waterkeeper.org/ht/a/GetDocumentAction/i/9903 (accessed 6 August 2012).

8 North Carolina State University website, http://www.ncat.edu/academics/schools-colleges1/saes/facilities/farm/swineunit.html (accessed 21 May 2013).

9 North Carolina in the Global Economy website, http://www.soc.duke.edu/NC_GlobalEconomy/hog/overview.shtml (accessed 21 May 2013).

10 Food and Water Watch website, http://www.factoryfarmmap.org/facts/ (accessed 21 May 2013).

11 Centre for research on globalization, 'Pork's dirty secret', 4 May 2009, http://globalresearch.ca/index.php?context=va&aid=13479 (accessed 6 August 2012).

12 J. Trotter, 'Hogwashed', *Waterkeeper* magazine, Summer 2004, http://www.waterkeeper.org/ht/a/GetDocumentAction/i/9899 (accessed 6 August 2012).

13 J. Tietz, 'Boss Hog', *Rolling Stone*, 14 December 2006, http://regionalworkbench.org/USP2/pdf_files/pigs.pdf (accessed 6 August 2012).

14 H. Steinfeld et al., *Livestock's Long Shadow, environmental issues and options*, FAO, Rome, 2006.

15 North Carolina Waterkeeper and Riverkeeper Alliance website, 'Hog pollution and our rivers', http://www.riverlaw.us/ (accessed 6 August 2012).

16 US Government Accountability Office, *Concentrated Animal Feeding Operations: EPA Needs More Information and a Clearly Defined Strategy to Protect Air and Water Quality*, statement of Anu K. Mittal, Director Natural Resources and Environment, 24 September 2008, highlights of GAO-08-1177T, a testimony before the Subcommittee on Environment and Hazardous Materials, Committee on Energy and Commerce, House of Representatives.

17 S. R. Carpenter and E. M. Bennett, 'Reconsideration of the planetary boundary for phosphorus', *Environmental Research Letters*, 14 February 2011.

**25** Anthony J. McMichael et al., 'Food, livestock production, energy, climate change, and health', ***Lancet***, vol. 370, issue 9594 (2007), pp. 1253–63.

**26** Reed Business Media, 'Meat- free drive is impacting consumer markets', Euromonitor, news release 30 August 2011, http://www.foodanddrinkeurope.com/Products-Marketing/Meat-free-drive-isimpacting-consumer- markets- Euromonitor/.

**27** World Poultry news online, 'Rabobank predicts sharp decline in meat and poultry production', 30 September 2011, http://www.worldpoultry.net/news/rabobank-predicts-sharp-decline-in-meat-and-poultry-production-9428.html.

**28** Meat & Poultry staff , 'Flexitarians will increase in 2012: study', M&P news online, 28 December 2011, http://www.meatpoultry.com/News.

**29** World Poultry news online, 'Rabobank predicts'.

## PART IV｜汚物

**1** ***Daily Telegraph***, 'Farmers warn Beckett over "EU manure mountains"', 12 March 2002, http://www.telegraph.co.uk/news/uknews/1387466/Farmers-warn-Beckett-over-EU-manure-mountains.html# (accessed 1 October 2012).

**2** Dairy Co, 2011, UK cow numbers, 13 December 2011, http://www.dairyco.org.uk/market-information/farming-data/cow-numbers/ukcow-numbers/ (accessed 3 October 2012).

**3** Natural England, website article 'Capital Grant Scheme', http://www.naturalengland.org.uk/ourwork/farming/csf/cgs/default.aspx (accessed 3 October 2012).

## 第9章｜豚みたいに幸せ——汚染の話

**1** ***Independent***, 'Farmers and greens fight the war of the killer seaweed', 15 August 2011, http://www.independent.co.uk/environment/nature/farmers-and-greens-fight-the-war-of-the-killer-seaweed-2337803.html (accessed 6 August 2012); ***The Connexion***, 'Brittany beaches after toxic fumes', 1 September 2011, http://www.connexionfrance.com/50-brittany-beaches-closed-after-toxic-fumes-kill-boar-13715-view-article.html (accessed 6 August 2012); ***Daily Mail***, 'Holidaymakers warned of deadly seaweed on Brittany's popular beaches', 28 July 2011, http://www.dailymail.co.uk/travel/article-2019700/Brittany-seaweed-warning-Holidaymakers-told-beware-toxic-fumes-rotting-seaweed.html (accessed 6 August 2012); ***Daily Telegraph***, 'Toxic seaweed on French coast sparks health fears', 22 July 2011, http://www.telegraph.co.uk/news/worldnews/europe/france/8655329/Toxic-seaweed-on-Frenchcoast-sparks-health-fears.html (accessed 6 August 2012); ***Guardian***, 'Brittany beaches hit by toxic algae', 27 July 2011, http://www.guardian.co.uk/environment/2011/jul/27/brittany-beaches-toxic-algae-boars (accessed 6 August 2012); ***The Horse***, 'Horse Dies in Decomposing Seaweed; Toxic Gas Blamed', 6 August 2009, http://www.thehorse.com/ViewArticle.aspx?ID=14674 (accessed 6 August 2012); Guardian, 'Lethal algae take over beaches in northern France', 10 August 2009, http://www.guardian.co.uk/world/2009/aug/10/france-brittany-coastseaweed-algae (accessed 6 August 2012); Science Ray, 'Green algae is fatal to men', 11 September 2011, http://scienceray.com/technology/green-algae-is-fatal-to-men/ (accessed 6 August 2012).

**2** S. Heliez et al., 'Risk factors of new Aujeszky's disease virus infection in swine herds in Brittany (France)', ***Veterinary Research***, 31 (2000), pp. 146–7, http://www.vetres.org/ (accessed 6 August 2012).

Cardiovascular Disease and Other Chronic Diseases'.

**8** H. Pickett, 'Nutritional benefits of higher welfare animal products', 2012, http://www.ciwf.org.uk/includes/documents/cm_docs/2012/n/nutritional_benefits_of_higher_welfare_animal_products_report_june2012.pdf.

**9** C. A. Daley et al., 'A review of fatty acid profiles and antioxidant content in grass- fed and grain- fed beef ', Nutrition Journal, 9:10, 2010, http://www.nutritionj.com/content/9/1/10.

**10** J. D. Wood et al., 'Fat deposition, fatty acid composition and meat quality: A review', ***Meat Science,*** 78 (2008), pp. 343–58.

**11** H. Pickett, 'Nutritional benefits of higher welfare animal products'.

**12** Ibid.

**13** Ibid.

**14** Danyel Jennen, ***Chicken fatness: from QTL to candidate gene,*** PhD thesis, Wageningen University, The Netherlands, 2004, with summary in Dutch, ISBN 90-8504-069-8.

**15** Jon Ungoed- Th omas, '"Healthy" chicken piles on the fat', ***Times,***3 April 2005, http://www.timesonline.co.uk/.

**16** Richard Young, 'Does organic farming off er a solution?', ***The Meat Crisis,*** ed. Joyce D'Silva and John Webster, Earthscan, 2010, chapter 5.

**17** Z. Hunchar, 'A Hard Story to Swallow: McDonald's Forced to Pay Employee for Weight Gain', ***Technorati Blogging,*** 2010, available from: http://technorati.com/blogging/article/a-hard-story-to-swallow-mcdonalds/ (accessed 2 September 2011); http://www.neatorama.com/2010/10/30/man-sued-mcdonalds-for-making-him-fat-and-won/ (accessed 2 September 2011); Legal Zoom, 'McDonald's Manager in Brazil Wins Obesity Lawsuit', Legal Zoom News Sources, 2010, available from http://www.legalzoom.com/news/politics/international/mcdonaldsmanager-brazil-wins (accessed 2 September 2011).

**18** Veg Lawyer, 'McDonald's made me fat . . . revisited', ***Veg Lawyer's Weblog,*** 2007, available from http://veglawyer.wordpress.com/2007/11/23/mcdonalds-made-me-fatrevisited-2/ (accessed 2 September 2011); S. Krum, 'It's fat, fat and more fat', ***Guardian,*** 27 August 2002, available from http://www.guardian.co.uk/world/2002/aug/27/usa.health (accessed 2 September 2011).

**19** Veg Lawyer, 'McDonald's made me fat . . . revisited'.

**20** J. Cloud, 'A Food Fight Against McDonald's', ***TIME,*** 2 December 2002, available from http://www.time.com/time/magazine/article/0,9171,1003804,00.html (accessed 2 September 2011).

**21** Ibid.

**22** S. English, 'Judge pulls plug on teenagers' claim against McDonald's', ***Daily Telegraph,*** 6 September 2003, available from http://www.telegraph.co.uk/news/1440693/Judge-pulls-plug-on-teenagers-claim-against-McDonalds.html (accessed 2 September 2011).

**23** A. Freeman, 'Fast Food: Oppression Through Poor Nutrition', ***California Law Review,*** 2007, available from http://www.bfair. net/?p=1054 (accessed 4 September 2011).

**24** Dietz, 'Reversing the tide of obesity'.

Britannica, 'Influenza pandemic (H1N1) of 2009', http://www.britannica.com/EBchecked/topic/1574480/influenza-pandemic-H1N1-of-2009#toc281756 (accessed 27 July 2012).

52 Ibid.

53 GCM website, http://www.granjascarroll.com/ing/ing_preguntas.php (accessed 27 July 2012).

54 Ibid.

55 Ibid.

## 第8章｜太くなるウエスト――食品の質の低下

1 *Daily Mail*, '58st and a £500,000 bill: But I deserve NHS support says world's fattest man', 14 February 2012, http://www.dailymail.co.uk/news/article-2100052/Worlds-fattest-man-Keith-Martin-lives-London-58-stone.html (accessed 5 October 2012).

2 News- Medical, 'World's "fattest man" needs an army of carers', 15 February 2012, http://www.news-medical.net/news/20120215/Worlde28099s-e2809cfattest-mane2809d-needs-an-army-of-carers.aspx (accessed 15 August 2012); Daily Mail, '"I ate 20,000 calories a day, had a 6ft waist . . . and last left my house on 9/11": Horrifying life of the blonde-haired little boy who grew into the world's fattest man', 6 May 2012; http://www.dailymail.co.uk/news/article-2140307/Keith- Martin-Horrifying-life-worlds-fattest-man.html#ixzz23b7wAYay; (accessed 15 August 2012); *Daily Mail*, 'Britain's fattest man who weighs 58 stone when he was a regular-sized 15st', 9 April 2012, http://www.dailymail.co.uk/news/article-2126848/Keith-Martin-Britains-fattest-man-weighs-58stone-regular-sized-15st.html#ixzz23b8aJom8; (accessed 15 August 2012); *Daily Telegraph*, 'Fire crews demolish walls to release Britain's fattest teen from house after she posted plight on Facebook', 25 May 2012, http://www.telegraph.co.uk/health/healthnews/9288612/Fire-crewsdemolish-walls-to-release-Britains-fattest-teen-from-house-after-sheposted-plight-on-Facebook.html (accessed 15 August 2012).

3 W. H. Dietz, 'Reversing the tide of obesity', *Lancet*, 378 (2011), pp. 744–6.

4 S. Friel et al., 'Public health benefits of strategies to reduce greenhouse-gas emissions: food and agriculture', *Lancet*, 374, 9706 (2009), pp. 2016–25.

5 G. L. Huber, 'Fats and the prevention of coronary heart disease', http://www.livingheartfoundation.org/fatscoronaryprevention.pdf (accessed 17 August 2012); *Lancet*, 'Plasma Lipid and Lipoprotein Pattern in Greenlandic West- Coast Eskimos', June 1971, http://www.thelancet.com/journals/lancet/article/PIIS0140-6736 (71) 91658-8/abstract (accessed 17 August 2012).

6 A. P. Simopoulos, 'The importance of the omega-6/omega-3 fatty acid ratio in cardiovascular disease and other chronic diseases', *Experimental Biology and Medicine*, 233 (2008), pp. 674–88.

7 C. A. Daley et al., 'A Literature Review of the Value- Added Nutrients found in Grass-fed Beef Products', June 2005, draft manuscript available at All Things Grass Fed: A cooperative project between California State University, Chico College of Agriculture and University of California Cooperative Extension, http://www.csuchico.edu/grassfedbeef/; A. P. Simopoulos (2000), 'Human requirement for N- 3 polyunsaturated fatty acids, *Poultry Science*, 79(7) (2000), pp. 961–70; A. P. Simopoulos, 'The Importance of the Omega-6/Omega-3 Fatty Acid Ratio in

wwwpewtrustsorg/Reports/Industrial_Agriculture/PCIFAP_FINAL.pdf; M. Greger, 'The Human/Animal Interface: Emergence and Resurgence of Zoonotic Infectious Diseases', ***Critical Reviews in Microbiology***, 33 (2007) pp. 243–99, DOI: 10.1080/10408410701647594.

36 FAOSTAT, http://faostat.fao.org.

37 WHO (2010) Cumulative Number of Confirmed Human Cases of Avian Influenza A/(H5N1), reported to WHO, 9 August 2011, www.who.int/csr/disease/avian_ influenza/country/cases_table_2011_08_09/en/index.html.

38 M. Du Ry van Beest Holle, 'Human- to- human transmission of avian influenza A/H7N7, The Netherlands, 2003', ***Eurosurveillance*** 10(12), 1 December 2005, pp. 264–8; http://www.eurosurveillance.org/em/v10n12/1012- 222.asp.

39 D. MacKenzie, 'Five easy mutations to make bird flu a lethal pandemic', New Scientist, 24 September 2011, p. 14 (online article 21 September).

40 Editorial, 'The risk of an influenza pandemic is fact, not fiction', New Scientist, 24 September 2011, p. 3.

41 C. J. L. Murray et al., 'Estimation of potential global pandemic influenza mortality on the basis of vital registry data from the 1918–20 pandemic: a quantitative analysis', ***Lancet,*** 368 (2006), pp. 2211–18.

42 Oxford Centre for Animal Ethics, news release, 'Bird Flu Will Remain A Threat As Long As Factory Farms Exist', 17 February 2012, http://www.oxfordanimalethics.com/2012/02/news-release-bird-flu-will-remain-athreat-as-long-as-factory-farms-exist/.

43 GCM website, http://www.granjascarroll.com/ing/ing_historia.php (accessed December 2011).

44 GCM website, http://www.granjascarroll.com/ing/ing_preguntas.php (accessed 27 July 2012).

45 GCM website, http://www.granjascarroll.com/ing/ing_preguntas.php (accessed 3 October 2012).

46 Guardian, 'La Gloria, swine flu's ground zero, is left with legacy of anger', 23 April 2010, http://www.guardian.co.uk/world/2010/apr/23/swineflu-legacy-la-gloria (accessed 27 July 2012).

47 ***Washington Post,*** 'Mexicans blame industrial hog farms', 10 May 2009, http://www.washingtonpost.com/wp-dyn/content/article/2009/05/09/ (accessed 27 July 2012).

48 S. M. Burns, 'H1N1 Influenza is here', ***Journal of Hospital Infection,*** 17 July 2009, http://download.thelancet.com/flatcontentassets/H1N1-flu/epidemiology/epidemiology-76.pdf (accessed 27 July 2012).

49 World Health Organization, South East Asia Regional Office (SEARO), 'Message from the Regional Director', November 2009, http://www.searo.who.int/linkfiles/news_letters_nov2010.pdf (accessed 30 May 2012).

50 World Health Organization, 2010, http://www.who.int/csr/don/2010_05_14/en/index.html (accessed 30 May 2012).

51 ***Guardian,*** 'La Gloria, swine flu's ground zero, is left with legacy of anger'; Encyclopedia

(accessed 2 August 2011).

14 Ibid.

15 *Huffington Post,* http://www.huffingtonpost.com/everly-macario-scdms-edm (accessed 21 May 2013).

16 IDSA (Infectious Diseases Society of America), March 2006, article: http://www.idsociety.org/Simon_Macario/ (accessed 21 May 2013).

17 http://www.wired.com/wiredscience/2011/05/grief-moms-antibiotics/#more-59108.

18 European Commission, ***Staff working paper of the services of the Commission on antimicrobial resistance,*** SANCO/6876/2009r6, 18 November 2009.

19 C. Nunan and R. Young, ***MRSA in farm animals and meat: a new threat to human health,*** Soil Association, 2007.

20 Ibid.

21 E. de Boer et al.,'Prevalence of methicillin- resistant Staphylococcus aureus in meat', ***Int. J Food Microbiology,*** 134(1–2) (2009), pp. 52–6.

22 EFSA Panel on Biological Hazards, 'Foodborne antimicrobial resistance as a biological hazard. Scientific Opinion', ***EFSA Journal,*** 765 (2008), pp. 1–87.

23 L. Garcia- Alvarez et al., 'Meticillin- resistant ***Staphylococcus aureus*** with a novel mecA homologue emerging in human and bovine populations in the UK and Denmark: a descriptive study', ***Lancet Infectious Diseases,*** 2011.

24 Defra, ***Zoonoses Report: UK 2010,*** 2011.

25 EFSA- ECDC, 'The European Union Summary Report on Trends and Sources of Zoonoses, Zoonotic Agents and Food- borne Outbreaks in 2009', ***EFSA Journal,*** 2011, 9(3), 2090.

26 Defra, ***Zoonoses Report: UK 2010.***

27 Chief Medical Officer's Annual Report, 2008, 'Antibiotic resistance'.

28 E. Scallan et al., 'Foodborne illness acquired in the United States—major pathogens', ***Emerging Infectious Diseases,*** 2011 (Epub ahead of print), DOI: 10.3201/eid1701.P11101.

29 *MeatPoultry* Staff , 'Salmonella Heidelberg infections rise to 107', 12 August 2011, http://www.meatpoultry.com/News.

30 B. Salvage, 'Salmonella Heidelberg infections rise to 119: CDC', Meat-Poultry.com, 15 September 2011, http://www.meatpoultry.com/News/.

31 FAWC, ***Report on the welfare of laying hens,*** 1997, Section: History, Table 1, http://www.fawc.org.uk/reports/layhens/lhgre007.htm.

32 Defra, Egg Statistical Notice, 4 August 2011.

33 Defra, ***Zoonoses Report: UK 2010.***

34 C. Snow et al., 'Investigation of risk factors for Salmonella on commercial egg-laying farms in Great Britain, 2004–2005', ***Veterinary Record,*** 166 (2010), pp. 579–86.

35 Pew Commission on Industrial Farm Animal Production, ***Putting Meat on the Table: Industrial Farm Animal Production in America,*** 2008; http://www.pewtrusts.org/uploadedFiles/

## PART III | 健康


1 http://en.wikipedia.org/wiki/Guy's_Hospital; http://www.bbc.co.uk/history/historic_figures/bevan_aneurin.shtml.

2 http://www.nhs.uk/NHSEngland/thenhs/about/Pages/overview.aspx.


## 第7章 | 無数の抗生剤――公衆衛生上の脅威


1 Hansard, 13 May 1953, 1327–43.

2 Chief Medical Officer's Annual Report, 2008, chapter: 'Antimicrobial resistance: up against the ropes'.

3 Dr Margaret Chan, Director- General World Health Organization (WHO), speaking on World Health Day, 7 April 2011.

4 ***Case Study of a Health Crisis: How Human Health Is under Threat from Over-use of Antibiotics in Intensive Livestock Farming,*** a report for the Alliance to Save Our Antibiotics, Godalming, 2011.

5 The Joint Committee on the use of Antibiotics in Animal Husbandry and Veterinary Medicine, chaired by Professor M. M. Swann, was appointed jointly by Health and Agriculture Ministers in July 1968. Its report was issued in November 1969.

6 J. Harvey and L. Mason, ***The Use and Misuse of Antibiotics in UK Agriculture,*** Part 1, Current Usage, Soil Association, Bristol, 1968.

7 ***Case Study of a Health Crisis.***

8 C. Nathan, 'Antibiotics at the crossroads', ***Nature,*** 431 (2004), pp. 899–902; World Health Organization, 2011, 'World Health Day 2011. Urgent action necessary to safeguard drug treatments', http://www.who.int/mediacentre/news/releases/2011whd_ 20110406/en/.

9 M. Mellon, C. Benbrook and K. L. Benbrook, 'Hogging It. Estimates of Antimicrobial Abuse in Livestock', Union of Concerned Scientists, 2001; K. M. Shea, 'Antibiotic resistance: what is the impact of agricultural uses of antibiotics on children's health?', ***Pediatrics,*** 112(1) (2003), pp. 253–8.

10 Committee for Medicinal Products for Veterinary Use, ***Reflection Paper on the Use of Fluoroquinolones in Food- producing Animals in the European Union: Development of Resistance and Impact on Human and Animal Health,*** 2006, www.emea.europa.eu/pdfs/vet/srwp/18465105en.pdf.

11 Naheeda Portocarero, 'Continued focus on food security and welfare', ***World Poultry,*** vol. 27, no. 5, online version 23 August 2011; X. Manteca, 'Physiology and disease', in M. C. Appleby et al. (eds), ***Long Distance Transport and Welfare of Farm Animals,*** CABI, 2008, pp. 69–76.

12 M. McKenna, 'Turning grief into action: Moms and antibiotic misuse', ***Wired.com.,*** 2011, available from http://www.wired.com/wiredscience/2011/05/grief-moms-antibiotics/#more-59108 (accessed 2 August 2011).

13 V. Jones, 'Deadly Bacteria (MRSA) Kill A Baby Boy, Part 1', ***Revolution Health,*** 2008, available from http://www.revolutionhealth.com/blogs/valjonesmd/deadly-bacteria-mrsa-15730

**49** Seafish, 'Seafish publishes comprehensive review of feed fish stocks used to produce fishmeal and fish oil for the UK market', 16 April 2012, http://www.seafish.org/about-seafish/news/seafish-publishes-comprehensive-review-of-feed-fish-stocks-used-to-produce-fishmeal-and-fishoil-for-the-uk- market (accessed 3 August 2012).

**50** Seafish, ***Fishmeal and Fish Oil Facts and Figures***, 2011, www.seafish.org.

**51** http://www.mapsofworld.com/peru/provinces-and-cities/chimbote.html; iWatch News, '"Free for all" decimates fish stocks in the South Pacific'; ***New York Times***, 'In Mackerel's Plunder, Hints of Epic Fish Collapse', 25 January 2012, http://www.nytimes.com/2012/01/25/science/earth/in-mackerels-plunder-hints-of-epic-fish-collapse.html?pagewanted=all (accessed 3 August 2012).

**52** J. Del Hoyo, A. Elliott and J. Sargatal (eds), ***Handbook of the Birds of the World***, vol. 1, Lynx Edicions, Barcelona, 1992.

**53** W. M. Mathew, 'Peru and the British guano market 1840–1870', The Economic History Review New Series, vol. 23, no. 1 (April 1970), pp. 112–28, Blackwell Publishing; http://is.gd/F1HbXg (accessed 3 August 2012).

**54** I. Newton, ***Population Limitation in Birds***, Academic Press, London, 1998.

**55** ***The Economist***, 'Fishing in Peru: The next anchovy coming to a pizza near you', 5 May 2011, http://www.economist.com/node/18651372 (accessed 3 August 2012).

**56** Evans and Tveteras, ***Status of Fisheries and Aquaculture Development in Peru.***

**57** J. Jacquet et al., 'Conserving wild fish in a sea of market- based efforts', Oryx, 44(1) (2009), pp. 45–6.

**58** The Goldman Environmental Prize, http://www.goldmanprize.org/2003/southcentralamerica (accessed 3 August 2012).

## 第6章｜アニマルケア——獣医に何が起きたか

**1** Defra website: http://www.defra.gov.uk/food-farm/animals/welfare/slaughter/premises/ (accessed 13 August 2012).

**2** Food Standards Agency website: http://www.food.gov.uk/enforcement/monitoring/mhservice/workwithindustry/workforce (accessed 13 August 2012).

**3** Animal Aid, 'The "humane" slaughter myth', http://www.animalaid.org.uk/h/n/CAMPAIGNS/slaughter/ (accessed 13 August 2013).

**4** Compassion in World Farming, 'Suffering at slaughter exposed by new film', http://www.ciwf.org.uk/news/factory_farming/suffering_exposed_by_film.aspx (accessed 13 August 2013).

**5** British Veterinary Association, personal communication, 2012.

**6** J. Mackey, ***Conscious capitalism: Creating a new paradigm for business***, 2007, http://www.wholeplanetfoundation.org/files/uploaded/John_Mackey- Conscious_ Capitalism.pdf (accessed 13 August 2013).

**7** http://thinkexist.com/quotation/i-hope-to-make-people-realize-howtotally/380118.html (accessed 13 August 2012).

Salmon', Science, vol. 318 no. 5857 (2007), pp. 1772–5.

34 BC Pacific Salmon Forum, ***Final report and recommendations to the Government of British Columbia,*** January 2009.

35 B. Harvey, ***Sea lice and salmon farms: a second look,*** prepared for the BC Pacific Salmon Forum, 2009.

36 A. A. Rosenberg, 'The price of lice', ***Nature,*** 451 (2008), pp. 23–4.

37 The FishSite, 'Salmon Escape ill- timed as Data Published on Global Incidents', 4 December 2007, http://www.thefishsite.com/fishnews/5834/salmon-escape-illtimed-as-data-published-on-global-incidents (accessed 2 August 2012).

38 FRS Marine Laboratory, ***Scottish Fish Farms Annual Production Survey 2000,*** Fisheries Research Services Marine Laboratory, Aberdeen, 2001.

39 Orr, 'The Way to Save the Salmon', ***Independent,*** 30 July 1999.

40 Mackay, 'Perspectives on the Environmental Effects of Aquaculture'.

41 ***Orcadian,*** 28 September 2000, cited in P. Lymbery, ***In Too Deep: The welfare of intensively farmed fish,*** CIWF Trust, Petersfield, 2002.

42 SSPO, 'Confirmed breaches of containment, 1st January – 1st Dec 2010', www.scottishsalmon.co.uk/userFiles/769/SSPO_breaches_of_ containment_2010.pdf.

43 USDA Nutrient Database, 2011, USDA Agricultural Research Service, National Agricultural Library, Nutrient Database for Standard Reference, Release 24, Nutrient Data Laboratory Home Page: http://ndb.nal.usda.gov/ndb/foods/list (accessed 2 October 2012).

44 R. A. Hites et al., 'Global Assessment of Organic Contaminants in Farmed Salmon', Science, vol. 303 no. 5655 (2004), pp. 226–9, http://www.sciencemag.org/content/303/5655/226.short.

45 L. Madsen, J. Arnbjerg and I. Dalsgaard, 'Spinal deformities in triploid all- female rainbow trout (Oncorhynchus mykiss)', ***Bull. Eur. Ass. Fish Pathol.,*** 20 (5) (2000), pp. 206–8; R. Johnstone, ***Production and Performance of Triploid Atlantic Salmon in Scotland,*** Marine Laboratory, The Scottish Office Agriculture and Fisheries Department, 1992; S. Willoughby, ***Manual of Salmonid Farming,*** Fishing News Books, Blackwell Science, Oxford, 1999; A. E. Wall and R. H. Richards, 'Occurrence of cataracts in triploid Atlantic salmon (Salmo salar) on four farms in Scotland', ***Veterinary Record,*** 131 (1992), pp.553–7.

46 BBC, 'Headless seals may have been shot', 20 May 2008, http://news.bbc.co.uk/1/hi/scotland/highlands_and_islands/7410701.stm (accessed 2 August 2012).

47 iWatch News, '"Free for all" decimates fish stocks in the South Pacific', http://www.iwatchnews.org/2012/01/25/7900/free-all-decimates-fishstocks-southern-pacific (accessed 3 August 2012).

48 Institut de Recherche pour le developpement, 'Scientists working for responsible fishing in Peru', scientific bulletin no. 349 – May 2010, http://www.en.ird.fr/content/download/17178/146692/.../4/.../FAS349a- web.pdf; C. E. Paredes, 'Reforming the Peruvian anchoveta sector', Instituto del Peru, July 2010, http://www.ebcd.org/pdf/presentation/164-Paredes.pdf; Y. Evans and S. Tveteras, ***Status of Fisheries and Aquaculture Development in Peru: Case Studies of Peruvian Anchovy Fishery, Shrimp Aquaculture, Trout and Scallop Aquaculture,*** FAO, Rome, 2011, available from www.fao.org/.

Hague, 2011.

17 Naylor et al., 'Feeding aquaculture'.

18 Seafish, Annual Review of the status of the feed grade fish stocks used to produce fishmeal and fish oil for the UK market, March 2012, http://www.seafish.org/media/publications/Seafish AnnualReviewFeedFishStocks_201203.pdf.

19 Naylor et al., 'Feeding aquaculture'.

20 Lenfest Ocean Program (2009), ***Summary: Important protein sources for the world's impoverished in competition with aquaculture and animal feed.*** Lenfest, September 2009 www.lenfestocean.org/publication/importantprotein-source-world%E2%80%99s-impoverished-competitionaquaculture-and-animal-feed.

21 FAO, ***State of the World Fisheries.***

22 B. A. Costa- Pierce et al., 'Responsible use of resources for sustainable aquaculture', ***Global Conference on Aquaculture 2010,*** 22–25 September 2010, Phuket, Thailand, Food and Agriculture Organization of the United Nations (FAO), Rome, Italy, 2011.

23 P. Stevenson, Closed Waters: ***The welfare of farmed Atlantic Salmon, Rainbow Trout, Atlantic Cod and Atlantic Halibut,*** WSPA/CIWF, London, 2007; P. Lymbery, In Too Deep: The welfare of intensively farmed fish, CIWF Trust, Petersfield, 2002.

24 FAO, ***State of the World Fisheries.***

25 Atlantic Salmon Trust, 'Salmon farming in Scotland: economic success or ecological failure?', http://www.atlanticsalmontrust.org/concerns/salmon-farming-in-scotland-economic-success-or-ecological-failure.html (accessed 2 August 2012).

26 M. J. Costello, 'How sea lice from salmon farms may cause wild salmonid declines in Europe and North America and be a threat to fishes elsewhere', ***Proc. R. Soc. B,*** 276 (2009), pp. 3385–94; M. Krkošek et al., 'Epizootics of wild fish induced by farm fish', ***PNAS,*** 103(42) (2008), pp. 15506–10; M.Krkošek et al., 'Sea lice and salmon population dynamics: effects of exposure time for migratory fish', ***Proc. R. Soc. B,*** 276 (2009), pp. 2819–28.

27 SEPA, ***Regulation and monitoring of marine cage fish farming in Scotland,*** Annex H, Scottish Environment Protection Agency, May 2005.

28 The FishSite, 'Sea Lice: a Parasite of Fish and Farmers Alike', 6 February 2009, http://www.thefishsite.com/articles/616/sea-lice-a-parasite-of-fishand-farmers-alike (accessed 2 August 2012).

29 Krkošek et al., 'Sea lice and salmon population dynamics'.

30 The FishSite, 'Sea Lice'.

31 Atlantic Salmon Trust, 'Salmon farming in Scotland: economic success or ecological failure?', http://www.atlanticsalmontrust.org/concerns/salmon-farming-in-scotland-economic-success-or-ecological-failure.html (accessed 2 August 2012).

32 D. Mackay, 'Perspectives on the Environmental Effects of Aquaculture', presented to the Aquaculture Europe Conference, Norway, August 1999, Scottish Environment Protection Agency.

33 M. Krkošek et al., 'Declining Wild Salmon Populations in Relation to Parasites from Farm

## 第5章｜魚──農業が海洋資源を奪う


1 'Mauritius Aquaculture Masterplan goes green', The FishSite.com, 17 April 2009, http://www.thefishsite.com/fishnews/9633/mauritius-aquaculture-masterplan-goes-green (accessed 2 March 2012); Department of Environment: Ministry of Environment and national development unit, 2009. EIA guidelines for fish farming in the sea, Mauritius, http://environment.gov.mu.

2 IPS Inter Press News Service Agency, 'Our sea and lagoon are not forsale', 1 August 2007, http://ipsnews.net/africa/nota.asp?idnews=38753 (accessed 2 March 2012).

3 'Fish farms: Emerging threats coming ashore', The FishSite.com., 28 June 2007, http://www.thefishsite.com/fishnews/4615/fish-farmsemerging-threats-coming-ashore (accessed 2 March 2012).

4 P. Coppens, 'The sacred island of the moon', http://www.philipcoppens.com/lochmaree.html (accessed 1 August 2012); http://www.ovguide.com/islemaree-9202a8c04000641f8000000006ecb0a0# (accessed 1 August 2012); http://www.ancientsites.com/aw/Post/1264229&authorid=238 (accessed 1 August 2012).

5 S. Millar, 'Last leap for the wild salmon', Observer, 11 June 2000, available from http://www.guardian.co.uk/uk/2000/jun/11/stuartmillar.theobserver (accessed 2 August 2012); Wester Ross Fisheries Trust, article, 'Sea trout: River Ewe and Loch Maree', http://www.wrft.org.uk/fisheries/seatrout.cfm (accessed 2 August 2012).

6 H. Davis, L. Lamb and S. Frost, 'Fishing in the Gairloch area', http://www.gairloch-fishing.co.uk/maree.htm.

7 Wester Ross Fisheries Trust, article, 'Sea trout: River Ewe and Loch Maree', http://www.wrft.org.uk/fisheries/seatrout.cfm (accessed 2 August 2012).

8 Wester Ross Fisheries Trust Review (2011), available from www.wrft.org.uk/files/WRFT.

9 J. Owen, 'Sea trout loss linked to salmon farm parasite', ***National Geographic*** News, 22 October 2002, http://news.nationalgeographic.com/news/2002/10/1022_021022_seatroutfish.html (accessed 2 August 2012).

10 A. Mood, ***Worse things happen at sea: the welfare of wild- caught fish,*** 2010, www.fishcount.org.uk.

11 FAOSTAT online database, http://www.faostat.fao.org.

12 Lenfest Ocean Program (2008), 'Research series: global assessment of aquaculture impacts on wild salmon', Lenfest, www.lenfestocean.org/publication/global-assessment-aquaculture-impacts-wild-salmon.

13 A. G. J. Tacon and M. Metian, 'Global overview on the use of fish mealand fish oil in industrially compounded aquafeeds: Trends and future prospects', Aquaculture, 285 (2008), pp. 146–58.

14 R. L. Naylor et al., 'Feeding aquaculture in an era of finite resources', ***PNAS,*** 106(36) (2009), pp.15103–10; Tacon and Metian, 'Global overview'.

15 FAO, ***State of the World Fisheries and Aquaculture,*** 2010.

16 Ibid.; Henk Westhoek et al.,***The protein puzzle: the consumption and production of meat, dairy and fish in the European Union,*** PBL Netherlands Environmental Assessment Agency, The

23 A. Manriquez, Apinews, 'China–hand pollination', 17 December 2010, http://www.apinews.com/en/news/item/12780-china-hand-pollination/ (accessed 19 July 2012).

24 *Los Angeles Times,* 'Pesticides suspected in mass die- off of bees', 29 March 2012, http://articles.latimes.com/2012/mar/29/science/la-sci-bees-pesticides-20120330 (accessed 21 May 2013); *Natural News,* 'Confirmed: Common pesticide crashing honeybee populations around the world', 10 April 2012, http://www.naturalnews.com/035518_honey_bees_pesticides_science.html (accessed 21 May 2013).

25 BBC, 'Bee deaths: EU to ban neonicotinoid pesticides', 29 April 2013, http://www.bbc.co.uk/news/world-europe-22335520 (accessed 21 May 2013).

26 Ibid.

27 D. Goulson, University of California website, 'David Goulson: Ecology and Conservation of Bumble Bees', 17 April 2013, http://entomology.ucdavis.edu/News/David_Goulson_Ecology_and_Conservation_of_Bumble_Bees/ (accessed 21 May 2013).

28 Achim Steiner, quoted in 'Bees under bombardment: Report shows multiple factors behind pollinator losses', United Nations Environment Programme, Geneva/Nairobi, 10 March 2011, http://www.unep.org.

29 J. Simpson, 'Chasing butterflies: The Victorian hobby of entomology', 2010, http://suite101.com/article/chasing-butterflies-the-victorian-hobbyof-entomology-a222953 (accessed 27 July 2012).

30 http://www.monarchwatch.org/ (accessed 27 July 2012).

31 http://nationalzoo.si.edu/Animals/Invertebrates/News/monarchmigration.cfm; http://www.sciencelatest.com/2011/12/the astounding monarch butterfly voyage/.

32 *The McGill Tribune,* 2010, 'Follow the butterflies: A monarch migration under threat' (updated 21 September 2010), http://www.mcgilltribune.com/2.12327/follow-the-butterflies-a-monarch-migration-underthreat-1.1626302 (accessed 27 July 2012).

33 http://www.unityserve.org/butterfly/urquharts.html; http://www.sciencelatest.com/2011/12/the astounding monarch butterfly voyage/; http://www.ecology.info/monarch butterfly page 3.htm; http://www.monarchbutterfly.com/monarch butterflies facts.html; http://www.worldwildlife.org/species/finder/monarchbutterflies/monarchbutterflies.html#; http://www.monarchwatch.org/news/urquhart.htm.

34 Butterfly Conservation, Natural England and FWAG, ***Butterflies and Farmland,*** http://www.butterfly-conservation.org/uploads/bc0011%20Butterflies%20and%20Farmland(1).pdf, no date, bc0011.

35 UK Butterfly Monitoring Scheme (2010), UK Summary of changes table 2010, http://www.ukbms.org/docs/reports/2010/Summary.

36 http://news.bbc.co.uk/1/hi/sci/tech/3568321.stm (accessed 27 July 2012).

37 http://www.butterfly-conservation.org/article/9/103/large_blue_butterflies_back_in_britain.html (accessed 27 July 2012).

available from http://www.birdlife.org/datazone/sowb/casestudy/62.

5 North American Bird Conservation Initiative, US Committee, ***The State of the Birds 2011: report on public lands and waters, United States of America,*** 2011.

6 North American Bird Conservation Initiative, US Committee ***The State of the Birds 2009, United States of America,*** 2009.

7 Defra statistical release, 'Wild bird populations in the UK [to 2009]', 20 January 2011, http://archive.defra.gov.uk/evidence/statistics/environment/wildlife/download/pdf/110120- stats- wild-bird- populations- uk.pdf.

8 Krebs et al., 'The second Silent Spring?'

9 R. Watson, S. Albon et al., ***UK National Ecosystem Assessment: Synthesis of the Key Findings,*** 2011, National Ecosystem Assessment project, Defra, NERC, together with agencies in Scotland, Wales and Northern Ireland.

10 New World Encyclopedia, http://www.newworldencyclopedia.org/entry/earthworm (accessed 24 July 2012); Wikipedia, http://en.wikipedia.org/wiki/Earthworm (accessed 24 July 2012).

11 S. Kragten et al., 'Abundance of invertebrate prey for birds on organic and conventional arable farms in the Netherlands', ***Bird Conservation International*** (2011) 21, pp. 1–11.

12 BirdLife International, 'Grassland birds are declining in North America', 2004, presented as part of the BirdLife State of the world's birds website, www.birdlife.org/datazone/sowb/casestudy/63.

13 See F. Dikotter, ***Mao's Great Famine,*** Bloomsbury, London, 2010.

14 Bumblebee Conservation Trust, www.bumblebeeconservation.org.uk (accessed July 2011).

15 C. Carvell et al., 'Comparing the efficacy of agri-environment schemes to enhance bumble bee abundance and diversity on arable field margins', ***Journal of Applied Ecology*** (2007), 44, pp. 29–40.

16 'Colony Collapse Disorder and the Human Bee', 12 August 2008, http://www.articlesbase.com/environment-articles/colony-collapse-disorderand-the-human-bee-519377.html (accessed 21 May 2013).

17 Ibid.

18 ***Daily Mail,*** 'Rescuers battle 17 million angry bees after flatbed trailer crashes in fatal U.S. accident', 25 May 2010, http://www.dailymail.co.uk/news/article-1281226/Truck-carrying-17million-bees-crashes-Minnesota.html.

19 ***Los Angeles Times,*** 'Hives for hire', 3 March 2012, http://articles.latimes.com/2012/mar/03/business/la-fi-california-bees-20120304 (accessed 21 May 2013); Slate magazine, 'Rent- a- hive' , 27 June 2008, http://www.slate.com/articles/news_and_politics/explainer/2008/06/rentahive.html (accessed 21 May 2013).

20 A. Benjamin and B. McCullum, ***A World Without Bees,*** Guardian Books, London, 2008.

21 Ibid.

22 ***Los Angeles Times,*** 'Hives for hire', 3 March 2012.

strain', 3 February 2007, http://news.bbc.co.uk/1/hi/uk/6328161.stm (accessed 2 October 2012).

## PART II | 自然

1 http://www.macla.co.uk/nocton/index.php; http://www.allsaintsnocton.org.uk/history.htm; http://www.nocton.org/#today; http://en.wikipedia.org/wiki/Nocton.

2 http://www.youtube.com/watch?v=nnWb9WJ8anU&feature=related; http://www.youtube.com/watch?v=0ht1741iqlM&feature=related.

3 Butterfly Conservation website: http://www.butterfly-conservation.org/Butterfly/32/Butterfly.html?ButterflyId=15 (accessed 2 October 2012); Bumblebee Conservation Trust leaflet, Farms, crofts and bumbles, http://www.snh.gov.uk/docs/A463311.pdf (accessed 2 October 2012).

## 第3章 | 沈黙の春——農薬時代の始まり

1 Rachel Carson, ***Silent Spring***, Penguin, London, 1962 (2000 reprint); Conor Mark Jameson, Silent Spring Revisited, Bloomsbury, London 2012.

2 W. J. L. Sladen et al., 'DDT residues in Adelie penguins and a crabeater seal from Antarctica' , ***Nature***, 210, 14 May 1966, pp. 670–3, http://www.nature.com/nature/journal/v210/n5037/abs/210670a0.html (accessed 10 May 2013).

3 ***Baltimore Sun***, 'Geese's movie careers take flight: Scientist Dr. William J. L. Sladen is director of environmental studies at the Airlie Sanctuary in Virginia, home to several of the geese that star in the movie "Fly Away Home"', 6 September 1996, http://articles.baltimoresun.com/1996-09-06/news/1996250099_1_sladen-igor-swans (accessed 10 May 2013).

4 National Wildlife Federation, 'Chesapeake Bay', http://www.nwf.org/wildlife/wild- places/chesapeake- bay.aspx (accessed 7 August 2012).

5 http://www.chesapeakebay.net/issues/issue/agriculture#inline (accessed 7 August 2012).

6 US EPA, Chesapeake Bay Program, 'Health of Freshwater Streams in the Chesapeake Bay Watershed', www.chesapeakebay.net/status_streamhealth.aspx?menuitem=50423.

7 Pew Environment Group, ***Big Chicken: Pollution and industrial poultry production in America***, Pew, Washington, July 2011.

## 第4章 | 野生生物——大いなる喪失

1 J. R. Krebs et al., 'The second Silent Spring?', ***Nature***, 400, 12 August 1999, pp. 611–12.

2 British Trust for Ornithology (BTO), 'Breeding birds in the wider countryside 2010. Trends in numbers and breeding performance for UK birds' , accessed July 2011, http://www.bto.org/about-birds/bird-trends; British Trust for Ornithology (BTO), 'Breeding birds in the wider countryside 2010, Trends in numbers and breeding performance of UK birds. Section 4.2, Latest long term alerts', http://www.bto.org/birdtrends2010/discussion42.shtml.

3 Defra, 'Wild bird populations: farmland birds in England 2009', news release 29 July 2010.

4 BirdLife International, 'Europe- wide monitoring schemes highlight declines in widespread farmland birds', 2008, presented as part of the BirdLife State of the world's birds website,

DNA and Phenylbutazone: no food safety issues but tougher penalties to apply in the future to fraudulent labelling', 16 April 2013, http://europa.eu/rapid/press-release_IP-13-331_en.htm (accessed 20 June 2013).

**12** BBC, 'Horsemeat in Tesco burgers prompts apology in UK papers', 17 January 2013, http://www.bbc.co.uk/news/uk-21054688 (accessed 20 June 2013).

**13** Simon Neville, 'Frozen beefburger sales down 43% since start of horsemeat scandal', 26 February 2013, http://www.guardian.co.uk/uk/2013/feb/26/frozen-beefburger-sales-down-43-horsemeat (accessed 20 June 2013).

**14** BBC, 'Horsemeat in Tesco burgers prompts apology in UK papers', 17 January 2013, http://www.bbc.co.uk/news/uk-21054688 (accessed 20 June 2013).

## PART I｜厳しい現実

**1** *Daily Telegraph*, 14 June 2012, Where do milk, eggs and bacon come from? One in three youths don't know, http://www.telegraph.co.uk/foodanddrink/foodanddrinknews/9330894/Where-do-milk-eggs-andbacon-come-from-One-in-three-youths-dont-know.html (accessed 13 September 2013).

## 第1章｜カリフォルニア・ガールズ――これが未来か?

**1** http://www.esri.com/mapmuseum/mapbook_gallery/volume23/agriculture1.html (accessed 13 July 2012).

**2** http://www.nass.usda.gov/Statistics_by_State/California/Publications/California_Ag_Statistics/2010cas-ovw.pdf (accessed 13 July 2012).

**3** Calculated from formula; 200 dairy cows produce as much manure as a town of 10,000 people: ***Animal waste pollution in America: an emerging national problem, 1997. Environmental risks of livestock and poultry production***. A report by the Minority Staff of the US Senate Committee on Agriculture, Nutrition and Forestry for Senator Tom Harkin.

**4** http://www.farmland.org/programs/states/futureisnow/default.asp (accessed 13 July 2012).

**5** http://www.sraproject.org/wp-content/uploads/2007/12/dairytalkingpoints.pdf.

## 第2章｜くちばしでつつく――ラベルに隠された真実

**1** *Guardian*, 'Why are we all keeping hens', 1 August 2011, http://www.guardian.co.uk/lifeandstyle/2011/aug/01/keeping-hens (accessed 2 October 2012); 'Your chickens', article, http://www.yourchickens.co.uk/home/advertise (accessed 2 October 2012); *Daily Mail*, 'How to . . . keep hens and harvest your own eggs in the comfort of your garden', 15 February 2010, http://www.dailymail.co.uk/femail/article-1251042/How--hens.html (accessed 2 October 2012).

**2** Defra, *Outbreak of Highly Pathogenic h5n1 Avian Influenza in Suffolk in January 2007: a Report of the Epidemiological Findings by the National Emergency Epidemiology Group*, 5 April 2007, http://archive.defra.gov.uk/foodfarm/farmanimal/diseases/atoz/ai/documents/epid_findings070405.pdf; Cabinet Office, UK Resilience, 2007, http://webarchive.nationalarchives.gov.uk/+/http://www.cabinetoffice.gov.uk/ukresilience/response/recovery_guidance/case_studies/grey1_bmatthews.aspx (accessed 2 October 2012); BBC News, 'Bird flu virus is Asian

# 原注

## 日本語版発刊に寄せて


1 http://www.travel-around-japan.com/k22-02-koiwai-farm.html.

2 http://www.natureasia.com/ja-jp/advertising/sponsors/climate-change/agriculture.

3 R. Harrison, ***Animal Machines***, Vincent Stuart, London, 1964.

4 M. Bittman, 'Don't End Agricultural Subsidies, Fix Them', ***New York Times***, 1 March 2011. http://opinionator.blogs.nytimes.com/2011/03/01/dont-end-agricultural-subsidies-fix-them.

5 http://www.mhlw.go.jp/english/topics/foodsafety/bse/dl/5.pdf.

6 http://www.theguardian.com/world/2013/nov/12/japan-menu-scandal-diners-duped.

7 http://www.scmp.com/news/asia/article/1349005/japans-dishonest-labelling-scandal-spreads-top-department-stores.


## 序章｜マクドナルドじいさんの農場


1 G. Dvorsky, 'China's worst self- inflicted environmental disaster', 2012, http://io9.com/5927112/chinas-worst-self+inflicted-disaster-the-campaign-to- wipe-out-the-common-sparrow (accessed 8 May 2013).

2 Ibid.

3 Jonathan Leake, 'Farmers to be paid to feed starving birds', ***Sunday Times***, 13 May 2012, http://www.thesundaytimes.co.uk/sto/news/uk_news/Environment/article1037693.ece (accessed 8 May 2013).

4 Defra, Agriculture in the UK 2010.

5 Ibid.

6 Government Office for Science, ***Foresight Project on Global Food and Farming Futures Synthesis Report C1: Trends in food demand and production, 2011; S. Msangi and M. Rosegrant, World agriculture in a dynamically-changing environment: IFPRI's long term outlook for food and agriculture under additional demand and constraints***, paper written in support of Expert Meeting on 'How to Feed the World in 2050', Rome, FAO, 2009; H. Steinfeld et al., Livestock's Long Shadow, environmental issues and options, FAO, Rome, 2006, Introduction, p. 12.

7 FAO, ***State of the World Fisheries and Aquaculture 2010***, UN Food and Agriculture Organization, Rome.

8 Calculated from FAOSTAT online figures for global grain harvest (2009) and food value of cereals. Based on a calorific intake of 2,500 kcalories per person per day.

9 WHO press release, 'World Health Day 2011, Urgent action necessary to safeguard drug treatments', 6 April 2011, http://www.who.int/mediacentre/news/releases/2011/whd_20110406/en/index.html.

10 Food Safety Authority Ireland, press release, 'FSAI Survey Finds Horse DNA in Some Beef Burger Products', 15 January 2013, http://www.fsai.ie/news_centre/press_releases/horseDNA15012013.html (accessed 20 June 2013); http://www.guardian.co.uk/world/2013/feb/08/how-horsemeat-scandal-unfolded-timeline.

11 European Commission press release, 'Commission publishes European test results on horse

著者

## フィリップ・リンベリー

Philip Lymbery

家畜の福祉向上を牽引する国際的な慈善団体、コンパッション・イン・ワールド・ファーミング（Compassion in World Farming、世界の家畜に思いやりを）の最高経営責任者。工業化された農業の影響について傑出した意見を述べてきた。彼のリーダーシップのもと、コンパッションは、英紙オブザーバーが主催する「オブザーバー・エシカル・アワード・フォー・キャンペーナー・オブ・ザ・イヤー（最もすぐれた倫理的活動をした団体を讃える賞）」や、BBC Radio4の「フード・アンド・ファーミング・アワーズ・フォー・ベスト・キャンペーナー・アンド・エデュケーター（食料・農業分野のすぐれた活動家と教育者を讃える賞）」など、数々の賞を受賞した。生涯を通じて野生生物を愛しており、妻と養子の息子とハンプシャーの田舎に暮らしている。

## イザベル・オークショット

Isabel Oakeshott

サンデー・タイムズ紙の政治部記者。BBCのテレビやラジオ、スカイニュースなど多数のチャンネルで政治コメンテーターを務める。2012年、英国プレス・アワード（報道賞）の「その年のすぐれた政治ジャーナリスト」に選ばれる。ゴードン・ブラウン政権下の内幕を暴露した『インサイド・アウト』をゴーストライターとして著した。ウエストミンスターでの取材を許される下院公認の政治記者。夫と3人の幼い子どもとコッツウォルズに暮らしている。

訳者

## 野中香方子

Kyoko Nonaka

翻訳家。お茶の水女子大学文教育学部卒業。主な訳書に『137億年の物語』『ねずみに支配された島』（ともに文藝春秋）、『2052』『ジエンド・オブ・イルネス』（ともに日経BP社）などがある。

# ファーマゲドン

安い肉の本当のコスト

2015年2月9日　第1版第1刷発行

著者　フィリップ・リンベリー、イザベル・オークショット

訳者　野中香方子

発行者　高畠 知子

発行　日経BP社

発売　日経BPマーケティング

〒108-8646　東京都港区白金1-17-3

電話　03-6811-8650（編集）

03-6811-8200（営業）

http://ec.nikkeibp.co.jp/

ブックデザイン　遠藤 陽一

DTP・制作　河野 真次

印刷・製本　株式会社廣済堂

ISBN978-4-8222-5074-4

2015 Printed in Japan

定価はカバーに表示してあります。